夏新与恩师张岱年合影　　　师母 冯让兰 摄

书赠

夏新同志

努力前进

振兴中华

张岱年

95.8.26.

自强不息

厚德载物

书赠

夏新同志

张岱年

2001年6月

时年九十二

谨以此书献给恩师张岱年先生

论语古今品评

夏新 编著

线装书局

图书在版编目（CIP）数据

论语古今品评 / 夏新编著 . -- 北京 : 线装书局，
2017.9

ISBN 978-7-5120-2360-4

Ⅰ . ①论… Ⅱ . ①夏… Ⅲ . ①儒家②《论语》- 研究
Ⅳ . ① B222.25

中国版本图书馆 CIP 数据核字（2016）第 173452 号

论语古今品评

编　　著：夏　新
责任编辑：李　旻
装帧设计：王文龙
出版发行：线装书局
　　地　址：北京市丰台区方庄日月天地大厦B座17层（100078）
　　电　话：010-58077126（发行部）010-58076938（总编室）
　　网　址：www.zgxzsj.com
经　　销：新华书店
印　　制：北京市天正元印务有限公司
开　　本：710mm × 1000mm　1/16
印　　张：38.25
字　　数：350千字
版　　次：2017年9月第1版第1次印刷
印　　数：0001—1000

线装书局官方微信

定　　价：72.00元

序 言

春秋开启的雅斯贝尔斯所说的轴心时代，是人类的英雄时代，迎来世界文明史上第一个文化高潮。各民族、邦国的政治家、思想家纷纷伸头挺立，东西方上空群星灿烂，但华夏一国的英杰比其他各国的总和还有多。在人类文明演进中，华夏这个道德优秀、智力超群的东方民族已然雄姿英发，一马当先。孔子是中国文化前行的一位创新巨擘舵手。自从孔子诞生后，新文化现象就出现了：世界第一所私学办起来，从前“学在官府”，而今“学在民间”，穷人的孩子可以读书了。贵贱观念标准不同了，以前是门阀身份定尊卑，而孔子提出有德有才者为君子，无德无智者皆小人；为官者也不一样了，以前是贵族世袭权力垄断，而孔子以为应当是“学而优则仕”，斗胆向权贵挑战。以前统治者刑罚苛酷，而孔子提出“为政以德”“焉用杀”新理念，弄得统治者一个个好生狼狈。以前人们信鬼神图腾，而孔子以为文武之道“在人”不在神，创立独特的人文新信仰。社会消费亦从靡奢戾气中发出一股俭朴之风在微微吹动。孔子骂一声：“始作俑者，其无后乎”？诅咒贵族丧葬以人殉，甚至连木甬殉也反对了。顺乎天而应乎人，孔子是何人？

愚以为，孔子是东周旧时代最后一位思想家，也是春秋新时期最初一位思想家。孔子儒家思想长期与中华同质同在。俯瞰寰宇，为什么四大文明唯一中华五千年传承不绝？为什么世界古大国唯有中华基本保持统一？为什么中国出现汉唐盛世？为什么中国曾经两千年为世界第一大经济体？为什么中国不侵略殖民亚非拉澳？为什么中国没有形成真正宗教？为什么中国公开宣示不称霸？为什么中国共产党提出建设和谐世界？为什么世界百千政党唯一中国共产党提出“为人民服务”宗旨？为什么中华民族在被侵略蹂躏后有振兴崛起？等等。自炎黄开埠和儒学创立至今，中华文明创造和蕴含多少巨大奥秘?

毋庸置疑，中华民族创建和奉献出的东方文明文化是独一无二的，它具有道德性、优秀性和历史先进性。中国古代传统文化是中华民族的根和魂。其根为道统、其魂为人性。道德元素是一切先进文化的基础和前提。梁漱溟先生曾云，中华文化早熟理性早启，中国文化伟大原只在人类理性伟大。或问此早熟因何而来？梁氏未答。而愚却以为，中华文化早熟之起点根源当在轩辕黄帝和孔子。黄帝一个“修德振兵”政治纲领中的道德元素，被儒家弘扬光大，把一个华夏文明滋养而蓬勃起来。夏商周三代创一个礼文化体系，孔子创一个儒文化体系，孙中山毛泽东邓小平创一个“革”文化体系。五千年华夏文明生生不息，一以惯之！

跨越天地玄黄，宇宙洪荒。待孔子降临，却时世乖张。今日斗筲之徒以为孔子无功，儒学无用，却不知孔子在中华文明中为天之木铎。柳贻征一语成箴：中国上古三千年文化因孔子而传，后三千年文化因孔子而开。朱熹以为，天不生仲尼，万古长于夜。今之智者竟谓世界要回首千年去向古代中国孔子请教智慧，此皆因孔子思想道德光芒超越时空。而儒学本诞生于民间，落地不久即被焚书坑儒打杀。然而这个新思想一旦被汉武帝“独尊儒术”擢升为社会主流意识，立即显示出一切先进思想文化所具有的经天纬地、治国安邦的巨大功力，一举给中国带来“大汉盛世”的惊喜，让世界仰望。中华至今受其赐，在被列强侵略百年后正走向伟大复兴。愚以为一部《论语》，是中华文明的正气颂！是中华民族的志气篇！是人类成长的思想者，是世界未来的“理想国”。其唯孔子乎？若问中华对人类有何贡献，只在两次奉献时代先进思想文化。孔子思想是轴心时代人类先进文化，而今由古代优秀文化传承与创新而来的“中国化理论”又成为当代世界先进文化。中华精神、中华文明必将再传承五千年。

余生也晚，却亲历国内文革、改革两场迥异波涛大潮，亲睹冷战以美利坚瓦解苏联结局。触目惊心，鲜血淋漓。而今世界一超独存，丛林法则主流意识汹涌，磨刀霍霍，要将华夏历史虚无，要将中华一统分化，要使耶主永远独大。内外勾结，去孔倒毛，文化绞杀，岛链包围，南海挑衅，哪一天不刀光剑影？呜呼，中国当前的主要危险在鬼在右！痛哉！痛哉！愚进而对中华文化愈发挚爱，与孔毛二圣愈发心通，迄今尤甚，至于晚寝不瞻圣容则无寐，朝起不仰圣像则无行之极端。自知已病而坚拒岐黄。竟以为孔子为人类精神导师，《论语》为人世生存指南，即使一万年以后，人要成为人，还要读《论语》。魑魅魍魉妄图毁我道统，岂非蚍蜉撼树。愚竟有觉，当代世界正处于“三千年未有之大变局”与“300 年未有之新变局”逆转叠加之新时期，人类面临十字关口，是祸是福，只在中华担当。

吾读《论语》一书，每每以为最出奇诡异处，乃在孔子为一介村夫，门徒几个草民，陋居陬邑穷乡，饭疏饮水，在体制外徘徊，竟含包藏宇宙之机，吞吐天下之志，13 年徒步游说长征，干 80 余君王。欲革新求变，为政以德，改造世界，天下归仁。真真可谓自不量力，而惊神泣鬼、感天动地者也。

本书三人品评，《论语》事在春秋，南宋朱熹注评，明朝李贽纵评，与愚之痴评已逾千百年。时移世易，愚不揣浅陋，忝列其中，颇可比阅，或有趣味。它是古代的，又是现今的；是经典的，又是大众的；是哲理的，又是生活的。道器合一，天人一体，欲尽展中华伦理之大观大智大思大理。且《论语》自秦汉成书后本是篇有名而章无名，愚今遂予各章一一予以命名而使全书之篇、章体例一致，此一形式创新当为汉代以来头一回。当否？恭候读者方家同仁臧否教正。

余 2015 年秋临东岳，于孔子“登泰山而小天下”处，心事浩茫，眺望前方，但见云缭雾绕，天地迷茫。愚却顿觉对世界未来信心倍增。历史昭示，仁者兴，霸者亡，中华道德文明将生生不息。炎黄孔孟开创光大的道统，尊天理，合人性。道德的力量才是真正的力量，道德的方向才是人类的方向。有中华道德文章在，人类，你还担心什么没有未来？

丙申正月二十

于武汉水果湖千里斋

《论语》序说

朱 熹

《史记·世家》曰："孔子名丘，字仲尼。其先宋人。父叔梁纥，母颜氏。以鲁襄公二十二年，庚戌之岁，十一月庚子，生孔子于鲁昌平乡陬邑。为儿嬉戏，常陈俎豆，设礼容。及长，为委吏，料量平；为司职吏，畜蕃息。适周，问礼于老子，既反，而弟子益进。昭公二十五年甲申，孔子年三十五，而昭公奔齐，鲁乱。于是适齐，为高昭子家臣，以通乎景公。公欲封以尼溪之田，晏婴不可，公惑之。孔子遂行，反乎鲁。定公元年壬辰，孔子年四十三，而季氏强僭，其臣阳虎作乱专政。故孔子不仕，而退修诗、书、礼、乐，弟子弥众。九年庚子，孔子年五十一。公山不狃以费畔季氏，召，孔子欲往，而卒不行。定公以孔子为中都宰，一年，四方则之，遂为司空，又为大司寇。十年辛丑，相定公会齐侯于夹谷，齐人归鲁侵地。十二年癸卯，使仲由为季氏宰，堕三都，收其甲兵。孟氏不肯堕成，围之不克。十四年乙巳，孔子年五十六，摄行相事，诛少正卯，与闻国政。三月，鲁国大治。齐人归女乐以沮之，季桓子受之。郊又不致膰俎于大夫，孔子行。适卫，主于子路妻兄颜浊邹家。适陈，过匡，匡人以为阳虎而拘之。既解，还卫，主蘧伯玉家，见南子。去适宋，司马桓魋欲杀之。又去，适陈，主司城贞子家。居三岁而反于卫，灵公不能用。晋赵氏家臣佛肸以中牟畔，召孔子，孔子欲往，亦不果。将西见赵简子，至河而反，又主蘧伯玉家。灵公问陈，不对而行，复如陈。季桓子卒，遗言谓康子必召孔子，其臣止之，康子乃召冉求。孔子如蔡及叶。楚昭王将以书社地封孔子，令尹子西不可，乃止。又反乎卫，时灵公已卒，卫君辄欲得孔子为政。而冉求为季氏将，与齐战有功，康子乃召孔子，而孔子归鲁，实哀公之十一年丁巳，而孔子年六十八矣。然鲁终不能用孔子，孔子亦不求仕，乃叙书传礼记。删诗正乐，序易彖、系、象、说卦、文言。弟子盖三千焉，身通六艺者七十二人。十四年庚申，鲁西狩获麟，孔子作春秋。明年辛酉，子路死于卫。十六年壬戌、四月己丑，孔子卒，年七十三，葬鲁城北泗上。弟子皆服心丧三年而去，惟子贡庐于冢上，凡六年，孔子生鲤，字伯鱼，先卒。伯鱼生急，字子思，作中庸。”

何氏曰：“鲁论语二十篇。齐论语别有问王、知道，凡二十二篇，其二十篇中章句，颇多于鲁论。古论出孔氏壁中，分尧曰下章子张问以为一篇，有两子张，凡二十一篇，篇次不与齐鲁论同。”

程子曰：“论语之书，成于有子曾子之门人，故其书独二子以子称。”

程子曰：“读论语：有读了全然无事者；有读了后其中得一两句喜者；有读了后知好之者；有读了后直有不知手之舞之足之蹈之者。”

程子曰：“今人不会读书。如读论语，未读时是此等人，读了后又只是此等人，便是不曾读。”

程子曰：“颐自十七八读论语，当时已晓文义。读之愈久，但觉意味深长。”

目 录

学而篇第一…………001
为政篇第二…………023
八佾篇第三…………051
里仁篇第四…………079
公冶长篇第五…………109
雍也篇第六…………141
述而篇第七…………175
泰伯篇第八…………215
子罕篇第九…………239
乡党篇第十…………275
先进篇第十一…………305
颜渊篇第十二…………339
子路篇第十三…………367
宪问篇第十四…………401
卫灵公篇第十五…………449
季氏篇第十六…………493
阳货篇第十七…………513
微子篇第十八…………543
子张篇第十九…………559
尧曰篇第二十…………587

学而篇第一

1．1子曰："学而时习之，不亦乐乎？有朋自远方来，不亦悦乎？人不知而不愠，不亦君子乎？"

朱熹注：子曰："学而时习之，不亦说乎？说、悦同。学之为言效也。人性皆善，而觉有先后，后觉者必效先觉之所为，乃可以明善而复其初也。习，鸟数飞也。学之不已，如鸟数飞也。说，喜意也。既学而又时时习之，则所学者熟，而中心喜说，其进自不能已矣。程子曰"习，重习也。时复思绎，浃洽于中，则说也。"又曰："学者，将以行之也。时习之，则所学者在我，故说。"谢氏曰："时习者，无时而不习。坐如尸，坐时习也；立[①]如齐，立时习也。"有朋自远方来，不亦乐乎？乐，音洛。朋，同类也。自远方来，则近者可知。程子曰："以善及人，而信从者众，故可乐。"又曰："说在心，乐主发散在外。"人不知而不愠，不亦君子乎？"愠，纡问反。愠，含怒意。君子，成德之名。尹氏曰："学在己，知不知在人，何愠之有。"程子曰："虽乐于及人，不见是而无闷，乃所谓君子。"愚谓及人而乐者顺而易，不知而不愠者逆而难，故惟成德者能之。然德之所以成，亦曰学之正、习之熟、说之深，而不已焉耳。程子曰："乐由说而后得，非乐不足以语君子。"

李贽评："学而时习之，不亦乐乎？亲切有味。有朋自远方来，不亦悦乎？人不知而不愠，缩。不亦君子乎？"伸。

学则有悦乐而无愠，何等快活！何等受用！不学真是小人，一生唯有烦恼而已矣。

夏新评：此儒家"学乐章"也。乐之由也。古今书生却开卷有疑：为何此章置于《论语》五百篇之首？愚以为：当初孔氏门徒必有共识。生民于世，人生作何？"学而时习"，乃作人类最基本之实践活动。人生意何？人生当乐！乐学、乐朋，乃持人生大常当有之情志。而"不愠"最不易！彼此间有几多误解诽嫉？然吾之心情岂可因他"人不知"而恶劣？只一个心主于我，自强不息，波澜不惊。故孔子有此著名"三问"，实为"三乐"：乐学、乐朋、乐不愠，乃奠定华夏民族情绪乐观基调之大章也！世人以为"乐文化"为中华独有，竟是滥觞于此？全

① "立"，原作"一"，据清仿宋大字本改。

章之旨，“学”字当头。中华高举学习旗帜，孔子是古代旗手。孔子心血，引国人好学，现正建设学习型创新型国家；“习”字意深，孔子遗风，践行实干。世界哲学第一篇《实践论》为后代中国人手出，岂非偶然？此章俨然又是人类的学习篇、友朋篇、心理篇。故此，“学而”旨趣，居于首篇，实乃以诲学开篇，实践开篇，快乐开篇，起始不凡。哲人思远，生存大要，奠下主调，引领全书。

孔子去世逾两千年，给中华、给人类留下什么？纵然有天风雨，社会刀兵，地球上碳基生命最高形式群体必以前瞻：无贵无贱，悦己乐人；人生自信，和谐天下，善莫大焉！

看官，若问此一部孔子《论语》如何拔擢宇宙生命？当卑微你我面对大块洪荒、沟壑、讥馋，痛彻而惆怅，此时，何不身体中蓦然升腾起孔圣情怀：人生，将快乐进行到底！

1.2有子曰："其为人也孝弟，而好犯上者，鲜矣；不好犯上，而好作乱者，未之有也。君子务本，本立而道生。孝弟也者，其为仁之本与！"

朱熹注： 有子曰："其为人也孝弟，而好犯上者，鲜矣；不好犯上，而好作乱者，未之有也。弟、好，皆去声。鲜，上声，下同。有子，孔子弟子，名若。善事父母为孝，善事兄长为弟。犯上，谓干犯在上之人。鲜，少也。作乱，则为悖逆争斗之事矣。此言人能孝弟，则其心和顺，少好犯上，必不好作乱也。君子务本，本立而道生。孝弟也者，其为仁之本与！"与，平声。务，专力也。本，犹根也。仁者，爱之理，心之德也。为仁，犹曰行仁。与者，疑辞，谦退不敢质言也。言君子凡事专用力于根本，根本既立，则其道自生。若上文所谓孝弟，乃是为仁之本，学者务此，则仁道自此而生也。程子曰："孝弟，顺德也，故不好犯上，岂复有逆理乱常之事。德有本，本立则其道充大。孝弟行于家，而后仁爱及于物，所谓亲亲而仁民也。故为仁以孝弟为本。论性，则以仁为孝弟之本。"或问："孝弟为仁之本，此是由孝弟可以至仁否？"曰："非也。谓行仁自孝弟始，孝弟是仁之一事。谓之行仁之本则可，谓是仁之本则不可。盖仁是性也，孝弟是用也，性中只有个仁、义、礼、智四者而已，曷尝有孝弟来。然仁主于爱，爱莫大于爱亲，故曰孝弟也者，其为仁之本与！"

李贽评： 指点孝弟为本，亦甚切近。

夏新评： 此儒家"孝悌章"也。后世书生开卷又疑：此章何异？这位有子乃孔门后辈，岂可以一言而居于《论语》全书之次席？儒家有"君臣"纲常，将门生有若与先师孔子平起平坐，伦常何在？

必有情！生物进化出人类已属性大变，根本标志，在将哺育本能发展而生出"孝悌"情感，此乃一大人性升华质变飞跃，为人类所独具。虽文人们有所谓"羊有跪乳之恩，乌有反哺之义"，不过是他们笔下之主观想象。故而有子谓之"孝悌也者，其为仁之本与"？此章一举提出"仁之本"至高命题，切中肯綮，实在太重要、太邃远！人兽之异正在此。大本大源，穷极抽象，构建人类家庭伦理，立此中华文化"孝悌"大伦。仅此一言即可奠定有若在孔门后学中之卓越地位。他人莫及！

而有子为何将不作乱作为推行孝悌之目的？盖因仁礼、孝道非个人之事，乃与社会秩序、百姓生活日日相连，契合先师孔子“为政以德”之政治纲领。孔氏门徒生于春秋乱世，每日目睹庶众小民喋血毙命，岂不痛哉！故有子以为有孝则无乱，不乱则民安。此亦为孔夫子终生追求之“安民、安百姓”念想，就是要去祸反乱。师徒心心相印，一以贯之。孔子逝后，虽儒分八派，有子不愧得孔氏真传，坚守先师志业。推古及今，动荡政局曾使孔子更智慧坚定，动荡岁月经历亦让中国新一代领导更聪睿坚强（基辛格语）。

1．3子曰：“巧言令色，鲜矣仁！”

朱熹注：巧，好。令，善也。好其言，善其色，致饰于外，务以悦人，则人欲肆而本心之德亡矣。圣人辞不迫切，专言鲜，则绝无可知，学者所当深戒也。程子曰：“知巧言令色之非仁，则知仁矣。”

李贽评：倒“鲜矣”二字在“仁”上，便令人骨悚。圣人文字真能醒醉觉梦。

夏新评：此儒家“辨伪章”也。后世书生开卷三疑：此章言简，只区区七字，何以居于《论语》一书之季位？诸君，谬矣！孔子此言，乃表达重大文化立场：君子当以忠信仁义为根本，而与巧言令色伪诈小人不共戴天。你观孔子一生诚信忠实坚守，岂不如此？在儒家鼓吹下，偌大华夏，容不得那诡佞奸邪！社会深恶痛疾者：巧与令，鲜以仁。此小题大做吗？实为老人家对世道深邃洞察而所发心声。巧言令色，或为民间之伪；诡谲讹诈，或为官场之术。一伙人的两厢丑恶表演，且愈演愈烈。若他们步步登高，个性张扬，强奸政治，布衣百姓还有什么活头吗？要得一个政治清明，必得崇诚信而去伪巧。惜哉！2000年后社会现实竟被孔子言中。在华夏，有腐败贪官，商界大鳄，民主精英，政治达人，粉墨登场，哪一个丑类不是一场场“秀”，弄的个庶民眼花缭乱？在世界，有强盗恶徒鼓吹“普世价值”、“民主人权”、“阿拉伯之春”，欺骗世人，愚弄民众。其所诈骗弄“巧”，乃皆在谋一己之私利又哪管他人死活？幸而孔子早已告诫宣示，朗朗之天，切不可让无德之徒呼风唤雨张狂！

归根结底，孔子抱一个“实事求是”，中华守一个道德和谐。五千年传承不绝，难道是偶然吗？谁是孔孟之徒，自清白！人类未来抉择，自心明！

1．4 曾子曰：“吾日三省吾身：为人谋而不忠乎？与朋友交而不信乎？传不习乎？”

朱熹注：曾子曰：“吾日三省吾身：为人谋而不忠乎？与朋友交而不信乎？传不习乎？”省，悉井反。为，去声。传，平声。曾子，孔子弟子，名参，字子舆。尽己之谓忠。以实之谓信。传，谓受之于师。习，谓熟之于己。曾子以此三者日省其身，有则改之，无则加勉，其自治诚切如此，可谓得为学之本矣。而三者之序，则又以忠信为传习之本也。尹氏曰：“曾子守约，故动必求诸身。”谢氏曰：“诸子之学，皆出于圣人，其后愈远而愈失其真。独曾子之学，专用心于内，故传之无弊，观于子思孟子可见矣。惜乎！其嘉言善行，不尽传于世也。其幸存而未泯者，学者其可不尽心乎！”

李贽评：你看圣贤念头，何尝一刻忘着师友。

夏新评：此儒家”省身章“也。曾子思维，道德矢量指向何方？在己，在自我主体。此“三省”之持，乃是中华文化道德主场大观点，是生活中的人性自觉。道德是要用来自我养身的，是自律的绳墨，自量的标尺，而非欲喋喋不休说教他人，更遑论作政治诈术。道德有了人性才是真的良德。曾子一个“省吾身”，忠、信两把尺子，使中国道德观念，光芒万丈；使中国文化生命，生生不息。认识自己是一种哲学，苏格拉底、孔子有同。只可惜儒家重“人性”，西方讲“人权”，那自由民主人权哪一条不是以欧美利益标准强势诠释？

1．5子曰：“道千乘之国，敬事而信，节用而爱人，使民以时。”

朱熹注：道、乘，皆去声。道，治也。马氏云：“八百家出车一乘。”①千乘，诸侯之国，其地可出兵车千乘者也。敬者，主一无适之谓。敬事而信者，敬其事而信于民也。时，谓农隙之时。言治国之要，在此五者，亦务本之意也。程子曰：“此言至浅，然当时诸侯果能此，亦足以治其国矣。圣人言虽至近，上下皆通。此三言者，若推其极，尧舜之治亦不过此。若常人之言近，则浅近而已矣。”杨氏曰：“上不敬则下慢，不信则下疑，下慢而疑，事不立矣。敬事而信，以身先之也。易曰：‘节以制度，不伤财，不害民。’盖侈用则伤财，伤财必至于害民，故爱民必先于节用。然使之不以其时，则力本者不获自尽，虽有爱人之心，而人不被其泽矣。然此特论其所存而已，未及为政也。苟无是心，则虽有政，不行焉。”胡氏曰：“凡此数者，又皆以敬为主。”愚谓五者反复相因，各有次第，读者宜细推之。

李贽评：一“敬事”，便足以“道千乘之国”，其余，总之是“敬”耳。

夏新评：此儒家“资治章”也。孔门弟子为春秋彼时华夏民族优秀子孙，一个个胸怀大块，志冲云霄。而在小小陬邑乡校，学生言语开口天下，闭口邦国，哪里像是一家俚巷陋室私塾之教？分明是未来之一所帝国大学也！“道千乘之国”，道出先生对学生未来何等期待！但此章底气却在“爱人”二字，这是孔子带来了新观念新文化现象！哪怕你再强再大邦国的国君亦应“敬事”、“节用”以为民。道德治国从哪里出发？孔子理论的基点是人，同样，2500年后，马克思理论的基点也是人。一个是古代先进文化，一个是现代先进文化。民人。在那遂古之初，华夏民族在东方踽踽独行，酋首、长老心中装着族民。这个人文传统可谓炎黄开局，尧舜践行，孔孟鼓吹，生生不息。古风如此炽盛！人类之幸。难怪，现今东西方驴党象党，世界千百政党，为何唯一中国共产党提出“为人民服务”的宗旨来？此绝非某人心血来潮主观臆造，亦非古希腊罗马舶来品。乃是中华人文始祖创立，而春秋孔子述之，自有古老文化渊源。中西文化之异处，中华文化多亲民，西方文化多亲利。一个民主政治，一个民生政治，使人类社会文化丰富而生动起来。大千世界，会有政治家做的事，可惜孔子看不到了。

1.6子曰："弟子，入则孝，出则悌，谨而信，泛爱众，而亲仁。行有馀力，则以学文。"

朱熹注：弟子之弟，上声。则弟之弟，去声。谨者，行之有常也。信者，言之有实也。泛，广也。众，谓众人。亲，近也。仁，谓仁者。余力，犹言暇日。以，用也。文，谓诗书六艺之文。程子曰："为弟子之职，力有余则学文，不修其职而先文，非为己之学也。"尹氏曰："德行，本也。文艺，末也。穷其本末，知所先后，可以入德矣。"洪氏曰："未有余力而学文，则文灭其质；有余力而不学文，则质胜而野。"愚谓力行而不学文，则无以考圣贤之成法，识事理之当然，而所行或出于私意，非但失之于野而已。

李贽评："则以"二字，犹言即用也。决不令之有一刻放空。如今为"先德行而后文艺"之说者，何啻千里。

夏新评：此儒家"亲仁章"也。孝悌于亲，信爱于众。先做人，后做事；先亲仁，后学文。孔子之前的"仁"，《尚书·金腾》云"予仁若考"；《诗经·郑风·叔于田》云"洵美且仁"，仁为好品德意。孔子将"仁"开拓到社会广阔领域，使伦理人学降临世间。孔子所谓学，乃在教人养成心性品格。时至春秋，人类的道德意识骤然苏醒狂奔。学好了做人则以备后来飞翔。孔子学说的长久生命力正在于理想人格锤炼和人文长进。儒家首提"人的道德心智发展"，马克思提出"人的全面发展"。古今有此两个关于"人的发展理论"。四大文明，两张名片，中西文化交汇贡献于此。

"行有余力，则以学文"，孔子在乡村办学世界最早教庶民识字。各文明之始皆为象形文字，难认难学，埃及等诸多国家皆放弃，中国为唯一使用七千年以上象形文字国家。夫子鼓励"学文"，功不可没。

诸君，若问春秋时期人类有什么精神资源，愚必曰：孔子来了！儒学来了！道德来了！孝悌来了！

1．7子夏曰：“贤贤易色；事父母，能竭其力；事君，能致其身；与朋友交，言而有信。虽曰未学，吾必谓之学矣。”

朱熹注：子夏，孔子弟子，姓卜，名商。贤人之贤，而易其好色之心，好善有诚也。致，犹委也。委致其身，谓不有其身也。四者皆人伦之大者，而行之必尽其诚，学求如是而已。故子夏言有能如是之人，苟非生质之美，必其务学之至。虽或以为未尝为学，我必谓之已学也。游氏曰：“三代之学，皆所以明人伦也。能是四者，则于人伦厚矣。学之为道，何以加此。子夏以文学名，而其言如此，则古人之所谓学者可知矣。故学而一篇，大抵皆在于务本。”吴氏曰：“子夏之言，其意善矣。然辞气之间，抑扬太过，其流之弊，将或至于废学。必若上章夫子之言，然后为无弊也。”

李贽评：是真知“学”者。

夏新评：此儒家“谓学章”也。乃孔门后学之价值观也，不同社会角色皆有不同道德义务要适应转换。事父、事君、交友，相应的须贤、须忠、须信。这样的人方可谓之有学养有人性，才可获社会敬重。子夏之思，至今未废。可惜，子夏之徒只能生出明代郑和那样驾驶世界第一大船率二万七千余众穿太平洋、越印度洋向列国播友好的呆笨后代，却不曾似西人哥伦布那样一条破船50水手成为抢掠、霸占、殖民四大洲的开拓者。彼可谓之学乎？

1．8子曰：“君子不重，则不威；学则不固。主忠信，无友不如己者。过则勿惮改。”

朱熹注：重，厚重。威，威严。固，坚固也。轻乎外者，必不能坚乎内，故不厚重则无威严，而所学亦不坚固也。主忠信。人不忠信，则事皆无实，为恶则易，为善则难，故学者必以是为主焉。程子曰：“人道惟在忠信，不诚则无物，且出入无时，莫知其乡者，人心也。若无忠信，岂复有物乎？”无友不如己者。无、毋通，禁止辞也。友所以辅仁，不如己，则无益而有损。过则勿惮改。”勿，亦禁止之辞。惮，畏难也。自治不勇，则恶日长，故有过则当速改，不可畏难而苟安也。程子曰：“学问之道无他也，知其不善，则速改以从善而已。”程子曰：“君子自修之道当如是也。”游氏曰：“君子之道，以威重为质，而学以成之。学之道，必以忠信为主，而以胜己者辅之。然或吝于改过，则终无以入德，而贤者亦未必乐告以善道，故以过勿惮改终焉。”

李贽评：首节反言病也，次节是对病之药，三节四节总是调理之方。

夏新评：此儒家“君子章”也。可见孔子头脑里一直盘旋着对人类现实生活与未来精神的思考，指出从凡人迈向君子的途径台阶。一个“重”字当玩味。重者，克己也，自励也，奋发也。君子重仪，当非狎藐，忠信神正，狐朋安在？

1．9 曾子曰："慎终追远，民德归厚矣。"

朱熹注：慎终者，丧尽其礼。追远者，祭尽其诚。民德归厚，谓下民化之，其德亦归于厚。盖终者，人之所易忽也，而能谨之；远者，人之所易忘也，而能追之：厚之道也。故以此自为，则己之德厚，下民化之，则其德亦归于厚也。

李贽评："归"字妙，可见"厚"是故乡。今之刻薄小人，俱是流落他乡之人，可怜，可痛！

夏新评：此儒家"慎终章"也。历史观与道德感，为社会开一个药方，使华夏古老文化为一根道统长线穿贯。曾子是有些政治意识，社会之根基只在"民德归厚"。此言含两股径：一慎终，二追远。绵长五千年，太坚韧！民德之上是政德，尧舜孔孟亲手酿造了王道文化，"道德、仁爱、友善"，哪一条不是自己吃闷亏的枷锁？而人家那"自由、民主、人权"，哪一条不是宰杀弱者的屠刀？

1.10子禽问于子贡曰:“夫子至于是邦也,必闻其政,求之与?抑与之与?”子贡曰:“夫子温、良、恭、俭、让以得之。夫子之求之也,其诸异乎人之求之与?”

朱熹注: 之与之与,平声,下同。子禽,姓陈,名亢。子贡,姓端木,名赐。皆孔子弟子。或曰:“亢,子贡弟子。”未知孰是。抑,反语辞。子贡曰:“夫子温、良、恭、俭、让以得之。夫子之求之也,其诸异乎人之求之与?”温,和厚也。良,易直也。恭,庄敬也。俭,节制也。让,谦逊也。五者,夫子之盛德光辉接于人者也。其诸,语辞也。人,他人也。言夫子未尝求之,但其德容如是,故时君敬信,自以其政就而问之耳,非若他人必求之而后得也。圣人过化存神之妙,未易窥测,然即此而观,则其德盛礼恭而不愿乎外,亦可见矣。学者所当潜心而勉学也。谢氏曰:“学者观于圣人威仪之间,亦可以进德矣。若子贡亦可谓善观圣人矣,亦可谓善言德行矣。今去圣人千五百年,以此五者想见其形容,尚能使人兴起,而况于亲炙之者乎?”张敬夫曰:“夫子至是邦必闻其政,而未有能委国而授之以政者。盖见圣人之仪刑而乐告之者,秉彝好德之良心也,而私欲害之,是以终不能用耳。”

李贽评: 禽问于子贡曰:“夫子至于是邦也,必闻其政,求之与?抑与之与?”原知不是求与。子贡曰:“夫子温、良、恭、俭、让以得之。夫子之求之也,其诸异乎人之求之与?”

子贡之言巧甚,“夫子之求之也”二语,不过形容其得之妙耳。

夏新评: 此儒家“异乎章”也。孔子非神非圣却有极大神秘性,连身边门徒子禽亦奇之。大千世界,人分阶层,当一己地位卑微与人如何交往?孔子竟发出巨大磁性气场吸引他人他物,奥妙何在?说破英雄,却原来孔子依托道德仁义魅力,已然构建起尊严的信息通道。“夫子温良恭俭让以得之”,天成奇术!这是孔子方法论耶?孔子伦理哲学深刻性丰富性高峰度,已达春秋时代人类生产力所反映之最大值,甚而是人类思想不可能及的一次意外收获,是人类智慧之花的提前绽放。孔氏高徒子贡亲眼得见。道德的力量是真正的力量,民族的方向已然校准。

尊德性，中华一个“温良恭俭让”，比起希腊那战神那达摩克里斯之剑，谁领风骚？华夏文明选择，后世子孙怎能不居于世界舞台中心引领人类？

1.11子曰：“父在，观其志；父没，观其行；三年无改于父之道，可谓孝矣。”

朱熹注：行，去声。〇父在，子不得自专，而志则可知。父没，然后其行可见。故观此足以知其人之善恶，然又必能三年无改于父之道，乃见其孝，不然，则所行虽善，亦不得为孝矣。〇尹氏曰：“如其道，虽终身无改可也。如其非道，何待三年。然则三年无改者，孝子之心有所不忍故也。”游氏曰：“三年无改，亦谓在所当改而可以未改者耳。

李贽评：决是有为之言。

夏新评：此儒家“父子章”也。孔子对世事几多思考！此即是对父与子、新与旧、继承与创新的一次深思。孔子有历史方向性、整体观和使命感，代际转换中如何承故旧与立新章？急功近利、机会主义，为智者所不取。三年无改，蕴藏奥妙。耐人寻味，寓意深远，夫子居然言“改”！给出三年后可“改”方略。一个“改”字，使中国古文化得了清白。谁谓中华文明无视改革创新？谁谓传统文化顽固保守？且看孔子近于科学合理的态度。儒家重“改”吗？必也！华夏重“传”乎？固也！五千年，太纠结。传中有改，改中有传。相对，绝对，传承不绝，生生不息！古人也是看清明白了。

1.12有子曰："礼之用，和为贵。先王之道，斯为美；小大由之。有所不行，知和而和，不以礼节之，亦不可行也。"

朱熹注：有子曰："礼之用，和为贵。先王之道斯为美，小大由之。礼者，天理之节文，人事之仪则也。和者，从容不迫之意。盖礼之为体虽严，而皆出于自然之理，故其为用，必从容而不迫，乃为可贵。先王之道，此其所以为美，而小事大事无不由之也。有所不行，知和而和，不以礼节之，亦不可行也。"承上文而言，如此而复有所不行者，以其徒知和之为贵而一于和，不复以礼节之，则亦非复理之本然矣，所以流荡忘反，而亦不可行也。程子曰："礼胜则离，故礼之用和为贵。先王之道以斯为美，而小大由之。乐胜则流，故有所不行者，知和而和，不以礼节之，亦不可行。"范氏曰："凡礼之体主于敬，而其用则以和为贵。敬者，礼之所以立也；和者，乐之所由生也。若有子可谓达礼乐之本矣。"愚谓严而泰，和而节，此理之自然，礼之全体也。毫厘有差，则失其中正，而各倚于一偏，其不可行均矣。

李贽评："礼"是面貌，"和"是血脉，"节"是骨节，总而命之曰"道"。

夏新评：此儒家"王道章"也。天下万物，世间万民，物与我、小与大，整体与部分交织关联，如何相处？仁者焦虑！好个有子，你这里一个"和为贵"，以礼节之，岂不使炎黄文化折服天下？岂不让中华文化大放光明？岂不使人类未来普天共和？华夏文化的高贵血统——王道，三千年的血脉生成。夏商周三代开奠东方礼乐之基，而终于王道天下。若问何谓王道？一个"和为贵"尽知矣！先王有道，中华有德，四方有幸！家和、族和、国和、邻和，天下和。共和共存，岂非大道之行也？岂非大同世界耶？在孔子二千余年后，中国人仍高举"和平发展"旗帜不松手。先王之道，祖宗之德，子孙传播，和平之声，已响彻五洲，披靡世界，天下共鸣。岂是强盗恶徒的四大舰队可以阻遏得了？

1.13 有子曰：“信近於义，言可复也。恭近於礼，远耻辱也。因不失其亲，亦可宗也。”

朱熹注：有子曰：“信近于义，言可复也；恭近于礼，远耻辱也；因不失其亲，亦可宗也。”近、远，皆去声。信，约信也。义者，事之宜也。复，践言也。恭，致敬也。礼，节文也。因，犹依也。宗，犹主也。言约信而合其宜，则言必可践矣。致恭而中其节，则能远耻辱矣。所依者不失其可亲之人，则亦可以宗而主之矣。此言人之言行交际，皆当谨之于始而虑其所终，不然，则因仍苟且之间，将有不胜其自失之悔者矣。

李贽评：汉儒谓因“义”“礼”而“不失其亲”，于末句“亦”字殊有着落。近、远，皆去声。信，约信也。义者，事之宜也。复，践言也。恭，致敬也。礼，节文也。因，犹依也。宗，犹主也。言约信而合其宜，则言必可践矣。致恭而中其节，则能远耻辱矣。所依者不失其可亲之人，则亦可以宗而主之矣。此言人之言行交际，皆当谨之于始而虑其所终，不然，则因仍苟且之间，将有不胜其自失之悔者矣。

夏新评：此儒家“交往章”也。言君子生存自尊自保之道，在一个信而恭。你若要寻求永远不败的力量获取，请读此章。孔子门徒多为卑贱出身，卑鄙为业，自信不足，心存畏葸，往往是“口将言而嗫嚅”，生怕贵族王侯不搭理而受耻辱。孔子替他们寻得自强远辱之方，坚守一个“信”字，大丈夫可顶天立地也。人若有信，内不失亲，外不失友。真真德震天下四方，气逼魑魅魍魉。孔子道德哲学已使中华民族居于世界政治舞台高地中心。若问信义在当代有甚用：你一个资本诈术，岂能撼动？

1.14子曰："君子食无求饱，居无求安，敏於事而慎於言，就有道而正焉，可谓好学也已。"

朱熹注：好，去声。不求安饱者，志有在而不暇及也。敏于事者，勉其所不足。慎于言者，不敢尽其所有余也。然犹不敢自是，而必就有道之人，以正其是非，则可谓好学矣。凡言道者，皆谓事物当然之理，人之所共由者也。尹氏曰："君子之学，能是四者，可谓笃志力行者矣。然不取正于有道，未免有差，如杨墨学仁义而差者也，其流至于无父无君，谓之好学可乎？

李贽评：此是训君子如此，不是赞君子如此。若作赞君子看，末句血脉便碍。

夏新评：此儒家"人生章"也。吾读此章心事浩茫，一个民族树立似此般"好学"追求榜样，呈现于世界，幸哉！孔子饱、安两无求，而确有终身之求。何者？道也。学道在食、居之上。孔子定义的读书人形状若此。此亦中华文化之真精神也，中国士人之自作派也。

1.15子贡曰：“贫而无谄，富而无骄，何如？”子曰：“可也。未若贫而乐，富而好礼者也。”子贡曰：“《诗》云：‘如切如磋，如琢如磨’，其斯之谓与？”子曰：“赐也，始可与言《诗》已矣，告诸往而知来者。”

朱熹注：子贡曰：“贫而无谄，富而无骄，何如？”子曰：“可也。未若贫而乐，富而好礼者也。”乐，音洛。好，去声。谄，卑屈也。骄，矜肆也。常人溺于贫富之中，而不知所以自守，故必有二者之病。无谄无骄，则知自守矣，而未能超乎贫富之外也。凡曰可者，仅可而有所未尽之辞也。乐则心广体胖而忘其贫，好礼则安处善，乐循理，亦不自知其富矣。子贡货殖，盖先贫后富，而尝用力于自守者，故以此为问。而夫子答之如此，盖许其所已能，而勉其所未至也。子贡曰：“诗云：‘如切如磋，如琢如磨。’其斯之谓与？”磋，七多反。与，平声。诗卫风淇澳之篇，言治骨角者，既切之而复磋之；治玉石者，既琢之而复磨之；治之已精，而益求其精也。子贡自以无谄无骄为至矣，闻夫子之言，又知义理之无穷，虽有得焉，而未可遽自足也，故引是诗以明之。子曰：“赐也，始可与言诗已矣！告诸往而知来者。”往者，其所已言者。来者，其所未言者。愚按：此章问答，其浅深高下，固不待辨说而明矣。然不切则磋无所施，不琢则磨无所措。故学者虽不可安于小成，而不求造道之极致；亦不可骛于虚远，而不察切己之实病也。

李贽评：子贡曰：“贫而无谄，富而无骄，何如？”子曰：“可也。未若贫而乐，富而好礼者也。”子贡曰：“《诗》云：‘如切如磋，如琢如磨’，其斯之谓与？”子曰：“赐也，始可与言《诗》已矣，许其悟也。告诸往而知来者。”

此处已进“无谄”“无骄”为“乐”与“好礼”矣，不是空空谈论一番而已。

夏新评：此儒家“精气章”也。孔氏门徒真实心理状态，修齐治平大志，时刻胸中激荡，又有几多未知疑难困惑缠绕？可见孔子每日要处于为大家解惑排忧常态。子贡这小伙子聪明而恰恰时时在琢磨世人世事。若贫穷当作何态？倘富贵又作什状？不打紧处，引出名师高徒步步深入对话。好一个“如切如磋，如琢如磨”，正可谓教学相长，如诗如乐，如沐春风，下学上达；“告往知来”，至高学境，无穷思妙，唯天人可也。若问诗一般美丽的人生何在？此情此景，直使吾等后生后学太向往嫉妒孔子师徒了！

1. 16 子曰：**“不患人之不己知，患不知人也。”**

朱熹注：子曰：“不患人之不己知，患不知人也。”尹氏曰：“君子求在我者，故不患人之不己知。不知人，则是非邪正或不能辨，故以为患也。”

李贽评：今人亦有患知人者否？

夏新评：此儒家“知人章”也。古代士人生于世间，不在乎他人是否知我，只忧患一个我不知人。此何等大气魄，大力量！人我之间，主因在己，主体在我，自强不息，无求于人。哪管他旁人说客几多蛙鸣蝉噪，吾心中只持一个“不患”。中华放眼天下，怕谁？倘有所患者，在己之不能，即内因主导论。此等思维高大上，不患而又患，大丈夫焉能不自主自立自强自尊自爱而俯瞰寰宇？孔子独传一礼文化又创一儒文化共二个体系，以一人而为天下做出如此贡献，“人不己之”甚而被痛打又何患耶？

为政篇第二

2．1子曰：“为政以德，譬如北辰，居其所而众星共之。”

朱熹注：共，音拱，亦作拱。政之为言正也，所以正人之不正也。德之为言得也，得于心而不失也。北辰，北极，天之枢也。居其所，不动也。共，向也，言众星四面旋绕而归向之也。为政以德，则无为而天下归之，其象如此。程子曰：“为政以德，然后无为。”范氏曰：“为政以德，则不动而化、不言而信、无为而成。所守者至简而能御烦，所处者至静而能制动，所务者至寡而能服众。”

李贽评：有穆然之思。

夏新评：此儒家“德政章”也。何其了得！此章乃古代世界第一个治国政纲！乃华夏民族发出的第一篇政治宣言！孔子政治，以德为先。一介草民，一个书生，在陋巷，何以在人类治理上首次提出“德政”命题？竟开口“为政以德”，可谓惊天地泣鬼神！太奢侈！太高大上！中国文化举什么旗、走什么路此君已定。道德主义，人文主义，人类政治文明行程至于轴心时代，一支族旅欲要理性高悬，旗幡高挂，众星拱之。此真真伟大民族，真真优秀文化也！中国古人仰望星空，竟有如此一说。确乎人类的德治始于中华，人类的希望在此中国。可知即使在奴隶社会、封建社会，中华也绝不容许有一个穿人皮长靴的人做总统的事。仅此一条，中华文明能不五千年吗？

2．2子曰：“《诗》三百，一言以蔽之，曰：‘思无邪。’”

朱熹注：诗三百十一篇，言三百者，举大数也。蔽，犹盖也。“思无邪”，鲁颂駉篇之辞。凡诗之言，善者可以感发人之善心，恶者可以惩创人之逸志，其用归于使人得其情性之正而已。然其言微婉，且或各因一事而发，求其直指全体，则未有若此之明且尽者。故夫子言诗三百篇，而惟此一言足以尽盖其义，其示人之意亦深切矣。程子曰：“‘思无邪’者，诚也。”范氏曰：“学者必务知要，知要则能守约，守约则足以尽博矣。经礼三百，曲礼三千，亦可以一言以蔽之，曰‘毋不敬’。”

李贽评：三个字便讲了一部《诗经》。

夏新评：此儒家“雅颂章”也。谁谓孔子严肃呆板冰冷无情？实则夫子乃爱诗之人，性情中人。毕生将一部《诗经》亲手收集、编辑，几多心血！而华夏以一个诗歌之国回报，值了！《诗经》乃孔子发出的人民心声，中华民族的情感记录，人类第一部诗歌总集。古代华章，意气高远，几多信息！诗言志，思无邪，拒污染。孔子选取代表人民文化立场，中华文化早在青春时代立下一个文学标准：道德置于第一位。谁与心通？与毛泽东主席于1944年在张思德同志追悼会上所作的《为人民服务》有异曲同工之妙。

2．3子曰：“道之以政，齐之以刑，民免而无耻；道之以德，齐之以礼，有耻且格。”子曰：“道之以政，齐之以刑，民免而无耻。”

朱熹注：道，音导，下同。道，犹引导，谓先之也。政，谓法制禁令也。齐，所以一之也。道之而不从者，有刑以一之也。免而无耻，谓苟免刑罚。而无所羞愧，盖虽不敢为恶，而为恶之心未尝忘也。道之以德，齐之以礼，有耻且格。礼，谓制度品节也。格，至也。言躬行以率之，则民固有所观感而兴起矣，而其浅深厚薄之不一者，又有礼以一之，则民耻于不善，而又有以至于善也。一说，格，正也。书曰：“格其非心。”愚谓政者，为治之具。刑者，辅治之法。德礼则所以出治之本，而德又礼之本也。此其相为终始，虽不可以偏废，然政刑能使民远罪而已，德礼之效，则有以使民日迁善而不自知。故治民者不可徒恃其末，又当深探其本也。

李贽评：由今以思古也，亦对病而下药也。

夏新评：此儒家“刑耻章”也。为孔子德治思想之大章也，为孔子恶酷刑之表白，亦可谓古代世界比较政治学之滥觞！德治刑治，两种政治，两种结果。人民什么态度，孔夫子感知。道德是良善，道德是文明，道德是人性。孔子理论自信，德政与刑政，孰优孰劣，格耻之间，那么早古即被古人果断认知选择。孔子创立的儒家思想确乎为轴心时代世界先进文化的代表，太深刻远观了！孔子一生在为人类寻求正确道路，但生命短暂未能成功，后人站在巨人肩上继之，“独尊儒术”，终于引领封建社会两千年，终于带来汉唐盛世，至今其优秀思想文化仍在传承。

2.4子曰："吾十有五而志于学，三十而立，四十而不惑，五十而知天命，六十而耳顺，七十而从心所欲，不逾矩。"

朱熹注：子曰："吾十有五而志于学，古者十五而入大学。心之所之谓之志。此所谓学，即大学之道也。志乎此，则念念在此而为之不厌矣。三十而立，有以自立，则守之固而无所事志矣。四十而不惑，于事物之所当然，皆无所疑，则知之明而无所事守矣。五十而知天命，天命，即天道之流行而赋于物者，乃事物所以当然之故也。知此则知极其精，而不惑又不足言矣。六十而耳顺，声入心通，无所违逆，知之之至，不思而得也。七十而从心所欲，不逾矩。"从，如字。从，随也。矩，法度之器，所以为方者也。随其心之所欲，而自不过于法度，安而行之，不勉而中也。程子曰："孔子生而知之也，言亦由学而至，所以勉进后人也。立，能自立于斯道也。不惑，则无所疑矣。知天命，穷理尽性也。耳顺，所闻皆通也。从心所欲，不逾矩，则不勉而中矣。"又曰："孔子自言其进德之序如此者，圣人未必然，但为学者立法，使之盈科而后进，成章而后达耳。"胡氏曰："圣人之教亦多术，然其要使人不失其本心而已。欲得此心者，惟志乎圣人所示之学，循其序而进焉。至于一疵不存、万理明尽之后，则其日用之间，本心莹然，随所意欲，莫非至理。盖心即体，欲即用，体即道，用即义，声为律而身为度矣。"又曰："圣人言此，一以示学者当优游涵泳，不可躐等而进；二以示学者当日就月将，不可半途而废也。"愚谓圣人生知安行，固无积累之渐，然其心未尝自谓已至此也。是其日用之间，必有独觉其进而人不及知者。故因其近似以自名，欲学者以是为则而自勉，非心实自圣而姑为是退托也。后凡言谦辞之属，意皆放此。

李贽评：孔子年谱，后人心诀。

夏新评：此儒家"立志章"也。孔子早已以后世西人培根之"归纳法"，来提挈人之生命关节大要，从必然到自由。自我发展，修齐治平，自强不息。愚以为，此乃是孔子发现的人生大策略！大方向！回首当年，几多感悟！人之一生却任凭一个"志"字起跑。君子小人，为何有井底之蛙，又有行空天马？后人学《论语》只将"吾十有五"这几句文字背诵吟记而已，可惜了！此章深邃人文价值有何人识得？又有几人效法夫子成长奋发旅程？少年郎须知人生当早起步、高起点，心有天下，志在云霄，生命方有地有天，包藏宇宙。一生六步最要紧其实只在“志于学”一处，而后则接踵而开而进而顺而立矣。懂啊！

2．5孟懿子问孝。子曰："无违。"樊迟御，子告之曰："孟孙问孝于我，我对曰，无违。"樊迟曰："何谓也？"子曰："生，事之以礼；死，葬之以礼，祭之以礼。"孟懿子问孝。

朱熹注：子曰："无违。"孟懿子，鲁大夫仲孙氏，名何忌。无违，谓不背于理。樊迟御，子告之曰："孟孙问孝于我，我对曰'无违'。"樊迟，孔子弟子，名须。御，为孔子御车也。孟孙，即仲孙也。夫子以懿子未达而不能问，恐其失指，而以从亲之令为孝，故语樊迟以发之。樊迟曰："何谓也？"子曰："生，事之以礼；死，葬之以礼，祭之以礼。"生事葬祭，事亲之始终具矣。礼，即理之节文也。人之事亲，自始至终，一于礼而不苟，其尊亲也至矣。是时三家僭礼，故夫子以是警之，然语意浑然，又若不专为三家发者，所以为圣人之言也。胡氏曰："人之欲孝其亲，心虽无穷，而分则有限。得为而不为，与不得为而为之，均于不孝。所谓以礼者，为其所得为者而已矣。"

李贽评：樊迟一段，偶然之事，今人都看作有心，便非圣人举动。

夏新评：此儒家"无违章"也。孔子对樊迟其实决无轻蔑之意，此处实证。"子告之曰"与"子曰"，先生两次对门生樊迟掏心里话，其状态为主动向学生平等传递、交流信息。乃是先事后理，有层有递，有情有理，循循善诱之。愚以为，后文有樊迟问稼章之杯葛其实为孔子真的不大精于农桑之故也。

2．6 孟武伯问孝。子曰：“父母唯其疾之忧。”

朱熹注：武伯，懿子之子，名彘。言父母爱子之心，无所不至，惟恐其有疾病，常以为忧也。人子体此，而以父母之心为心，则凡所以守其身者，自不容于不谨矣，岂不可以为孝乎？旧说，人子能使父母不以其陷于不义为忧，而独以其疾为忧，乃可谓孝。亦通。

李贽评：只说父母之心，真善言孝者。

夏新评：此儒家“疾忧章”也。孝在哪里？将父母健康疾患记在心中，人子不空心啊？可见孔子伦理学决非洋洋大篇，泛空议论，晦涩难懂范畴概念满天飞，而是接地气，面向实际生活。此一个回答孟武伯问孝，让你不要使父母担心你生疾病。你能不敢动心彻而反去关心？中国这个孝文化就把上下几代人凝结，与西方个人中心主义天壤之别。孝难吗？孔子告诉你，孝不遥远抽象，在每日每事的具体生活之中。谁能推却说做不到？

2.7子游问孝。子曰：“今之孝者，是谓能养。至于犬马，皆能有养；不敬，何以别乎？”

朱熹注：养，去声。别，彼列反。子游，孔子弟子，姓言，名偃。养，谓饮食供奉也。犬马待人而食，亦若养然。言人畜犬马，皆能有以养之，若能养其亲而敬不至，则与养犬马者何异。甚言不敬之罪，所以深警之也。胡氏曰：“世俗事亲，能养足矣。狎恩恃爱，而不知其渐流于不敬，则非小失也。子游圣门高弟，未必至此，圣人直恐其爱踰于敬，故以是深警发之也。”

李贽评：今之孝者，并“能养”亦无之类，岂不可叹！

夏新评：此儒家“能养章”也。此章意深。孔子将中国哲学之人、人性、人天、人物的本质诠释。孔子以一个孝文化让天下明白做人。芸芸众生之浅解误区，皆以为孝者，奉养而已，这跟养猫养羊有何不同？你是人当以人情表现于奉老养老之上，那就是必须有一个尊“敬”之心在里边。道德情感，人性淋漓。当代中美家庭文化异彩纷呈：一个强调子女独立，互不干涉；一个主张子女孝悌，情意绵长。中西孰长？恩格斯说：传统是历史的堕力。中国文化这一个孝道非堕力而是合力，欧美却无。

2．8子夏问孝。子曰："色难。有事，弟子服其劳；有酒食，先生馔，曾是以为孝乎？"

朱熹注：食，音嗣。色难，谓事亲之际，惟色为难也。食，饭也。先生，父兄也。馔，饮食之也。曾，犹尝也。盖孝子之有深爱者，必有和气；有和气者，必有愉色；有愉色者，必有婉容；故事亲之际，惟色为难耳，服劳奉养未足为孝也。旧说，承顺父母之色为难，亦通。程子曰："告懿子，告众人者也。告武伯者，以其人多可忧之事。子游能养而或失于敬，子夏能直义而或少温润之色。各因其材之高下，与其所失而告之，故不同也。"

李贽评："色难"者，言以"色"为第一义也，非真以"色"为"难"也。

夏新评：此儒家"色难章"也。看官，你读《论语》当留一个心于书中之问处，啧啧可赞太精彩。那孔门学校师徒问题意识超强，问得滋滋有味。"大哉问""善哉问""疑思问""每事问""敢问""或问""切问""鄙夫问""门人问"，问声一片。孔子如此教学却来一个反问让门生自去思忖，扪心自省做得如何？"色难"，为紧要处；弟子服其劳，事要抢先做；酒食先生馔，这是有进有让。"曾是以为孝乎？"人世几多误解啊！

2．9子曰：“吾与回言终日，不违，如愚。退而省其私，亦足以发，回也不愚。”

朱熹注：回，孔子弟子，姓颜。字子渊。不违者，意不相背，有听受而无问难也。私，谓燕居独处，非进见请问之时。发，谓发明所言之理。愚闻之师曰：“颜子深潜纯粹，其于圣人体段已具。其闻夫子之言，默识心融，触处洞然，自有条理。故终日言，但见其不违如愚人而已。及退省其私，则见其日用动静语默之间，皆足以发明夫子之道，坦然由之而无疑，然后知其不愚也。”

李贽评：“退而省其私”，从既别之后，思其相对之时也。如此则一节之血脉贯通矣。“

夏新评：此儒家“不愚章”也。是对门徒的最高赞赏。颜回“退而省其私，亦足以发”，大可称为“颜氏学习法”。前无古人，何其了得！足证夫子创造性教育多么成功。孔子教学，盼望门徒达到什么学习境界？只在学生有新思维、新发现，从而超越老师。把一个看似愚笨的后生拯救。颜渊哪里是愚笨？竟然还达于求学之最高妙境！此一“以发”创新之特质，只有百万分之一学生可具。孔子那一双伯乐眼睛啊！目光炯炯，独具慧眼，发现了！颜回这位出身贫寒的下层农家子弟有独特聪质，有求异思维，有磐石之守。好学生，好老师，好导师！颜回有幸，学子有福。孔子爱颜回，乃是爱贫贱，爱好学，爱人才，爱上进，爱新思。而今资本主导时代，师生之间不与，校园文化变味。可叹，可叹！而中国需要创新思维，需要“颜回学习法”。在下建议，将“亦足以发”四字作中国985高校之第二校训，可乎？

2．10子曰：“视其所以，观其所由，察其所安。人焉 哉？人焉 哉？”

朱熹注：子曰：“视其所以，以，为也。为善者为君子，为恶者为小人。观其所由，观，比视为详矣。由，从也。事虽为善，而意之所从来者有未善焉，则亦不得为君子矣。或曰：“由，行也。谓所以行其所为者也。”察其所安。察，则又加详矣。安，所乐也。所由虽善，而心之所乐者不在于是，则亦伪耳，岂能久而不变哉？人焉廋哉？人焉廋哉？”焉，于虔反。廋，所留反。焉，何也。廋，匿也。重言以深明之。程子曰：“在己者能知言穷理，则能以此察人如圣人也。”

李贽评：好相法！“观由”“察安”都在“视以”处。

夏新评：此儒家“察人章”也。由此推知，孔子一生受过多少骗，又上过多少当？甚而察之，认知来源于生活实践观，孔子以为固也。“人焉”连问，感叹之深，自信之高，骗子岂不悲伤？所以，为什么中国人坚如磐石，心硬似铁，任人家巧舌如簧唾沫横飞，把“普世价值”喊得震天响，公知也摇旗呐喊说只要中国人信仰“民主”，一定会像异域他邦那样得到西方休克疗法和颜色革命帮助光顾，过上伊拉克阿富汗那样的民主自由血肉横飞日子。只可惜顽固的中国人纹丝不动未相信还嗤之以鼻，“人焉廋哉”！说来怪只怪孔子这个“视、观、察”早提醒，不然岂不跟精英一样抱起西方大腿当喽啰有领到“弗里德曼自由奖”犬粮了？

2．11 子曰：“**温故而知新，可以为师矣。**”

朱熹注：温，寻绎也。故者，旧所闻。新者，今所得。言学能时习旧闻，而每有新得，则所学在我，而其应不穷，故可以为人师。若夫记问之学，则无得于心，而所知有限，故学记讥其“不足以为人师”，正与此意互相发也。

李贽评：口诀。

夏新评：此儒家“知新章”也。吾读此章拍案直呼：夫子，圣之时者也！时髦者也！孔子的文化立场向前看展露无遗！儒家的求新心在此宣示：孔子是东周旧时代最后一位思想家，也是春秋新时期最初一位思想家。学知识为了什么？知新出新而创造！万万不可以做知识口袋容器。孔子以为知识有两个阶段并存在内在联系，须先掌握旧知而后创造新知。温故是基础，是手段；知新是方向，是目的。打好基础，旨在创新。夫子对此理解、表述得多么明明白白！现在终于知道老人家为什么要抢救、恢复、传承夏商周礼文化了吧？那是传承温故。而孔子为什么又别出心裁创立一个儒家文化？这就是知新而立新，乃根本宗旨。老人家致力呼唤新思想、新文化。苟日新、日日新、又日新。谁谓孔子倒退守旧？谁谓儒学无辩证法？先生一句“温故而知新”，中华哲人发出冲锋号角，岂不将世界一个古老伟大文明与未来创新大国之人类担当从而写就？

2．12 子曰：**“君子不器。”**

朱熹注：器者，各适其用而不能相通。成德之士，体无不具，故用无不周，非特为一才一艺而已。

李贽评：“下学而上达”，便是“不器”。

夏新评：此儒家“不器章”也。当为中华古代人学思想之重要立论。只可惜其博大内涵一向未被阐释忽略。器皿乃物，君子乃人。器皿无思，君子有虑。器皿无动，君子主动。器皿日旧，君子时新。人不是物品，人就是人。这是多么重大的“人非物”哲学命题，是中国古代哲人多么重要的人学观点，和多么丰富的人性思想。对人的极大推崇肯定，正是孔子儒学思想极其重要的方面。孔子一贯以为，在各种事物中，人是第一位的，人是最宝贵的。他不仅以为“君子不器”，同时“问伤人乎，不问马”，以及“为人、举人、弘人、诲人、得人、事人、知人、达人、立人、安人、兼人、由人、成人、正人、惠人”等一系列关于人的论述，无可辩驳地表现出孔子对人在宇宙位置的首位性、能动性、主动性、自主性、非物性的独到认知。太深刻！太人性！人非物品器皿，人是万物之灵，人洁己以进。人与物的决定性“在人”。这一理论在轴心时代光芒四射，无人能及！而放眼世界四大文明，中华文化此一“人论”，只需“君子不器”四字，大可引领世界人文！

2．13 子贡问君子。子曰："先行其言而后从之。"

朱熹注：周氏曰："先行其言者，行之于未言之前；而后从之者，言之于既行之后。"范氏曰："子贡之患，非言之艰而行之艰，故告之以此。"

李贽评："先行其言"，立定主意；"而后从之"，始行也

夏新评：此儒家"先行章"也。孔子答子贡所问，再次论及人的言与行的整体关系，我们以为，此可谓中国古代哲学的知行观立场。人贵其言，更须重行，先把讲过的做了再说话吧，长期在第一线拼命干活是聪明。这里包含实践检验、结果验证和收获。学子进德修业，别嘴巴向前，夸夸其谈，应敏行讷言，行胜于言。这是孔子的一贯思想。两千年后，唯有中国人写成一部《实践论》，原来滥觞于此？

各位看官，中国人造出"学问"一词，太聪明感性。学要问啊。《论语》一书中你将看到孔氏门徒太多问，问天问地问人，问仁问孝问政，问生问死问耻，大哉问、妙哉问、每事问，真真把个世间万象问遍。孔门师生好活跃好亲切，孔门学校好开放好火热呀！

2．14 子曰：“君子周而不比，小人比而不周。”

朱熹注：周，普遍也。比，偏党也。皆与人亲厚之意，但周公而比私耳。君子小人所为不同，如阴阳昼夜，每每相反。然究其所以分，则在公私之际，毫厘之差耳。故圣人于周比、和同、骄泰之属，常对举而互言之，欲学者察乎两闲，而审其取舍之几也。

李贽评：分言其病，正是对下其药。

夏新评：此儒家“周比章”也。马克思氏以为，人是自己的“类”。毛氏以为，除了沙漠，凡有人群的地方，都有左中右。而孔氏以为君子与小人周比不同。可见两千年以前，中国儒家对人类群体已有类别认知。孔子当然是要学子门徒树立志向榜样，朝君子修身以进，不要拉帮结伙，钻垃圾堆。当代世界现实，人当然有周有比的，庶人羡慕好人，公知喜爱痈疽。道德这把尺子一出，你归属吧！

2．15 子曰：**“学而不思则罔，思而不学则殆。”**

朱熹注：不求诸心，故昏而无得。不习其事，故危而不安。程子曰：“博学、审问、慎思、明辨、笃行五者，废其一，非学也。”

李贽评：分言其病，正是对下其药。

夏新评：此儒家“学思章”也。孔子良师，担心学子门生在学知与思考上偏于一隅，顾此失彼，指出那样会带来“迷惑”“危殆”，也许意在防患于未然吧。但实际上此类错误每每发生，至今仍存。片面性如何断得了根的？但是，无论如何，此处可见中国古代哲学思维已将学、思、行视为一个主客观连续整体过程。此一风格框架，如何获得？孔子重思，哲人云：一个民族要站在科学的最高峰，一刻也不能没有理论思维。中华早出发了。

2．16子曰：**“攻乎异端，斯害也已。”**

朱熹注：范氏曰：“攻，专治也，故治木石金玉之工曰攻。异端，非圣人之道，而别为一端，如杨墨是也。其率天下至于无父无君，专治而欲精之，为害甚矣！”程子曰“佛氏之言，比之杨墨，尤为近理，所以其害为尤甚。学者当如淫声美色以远之，不尔，则骎骎然入于其中矣。”

李贽评：“斯”字可味。

夏新评：此儒家“异端章”也。此章凸显孔子思想之远虑，视野之开阔。其中隐蔽信息太多；可知文化的真善淫邪，异端之害，古已有之。彼时图腾宗教勃兴，神鬼妖怪满天。邪神邪说邪徒，大行其道。而其最恶者，当为异端之说与邪教之害。孔子对一班思维活跃年轻门徒，有大爱大教，提醒勿要沾那异端，否则必受其危害，画出边界，避免了多少任性懊悔？孔子又自我约束不语“怪力乱神”作表率。窃以为，此一忠告迄今仍不过时。世间妖魔还在，妖言未绝，多少人中毒伤身遭殃？所以，圣人告诫，善莫大焉。

2．17 子曰：**“由！诲女知之乎！知之为知之，不知为不知，是知也。”**

朱熹注：女，音汝。由，孔子弟子，姓仲，字子路。子路好勇，盖有强其所不知以为知者，故夫子告之曰：我教女以知之之道乎！但所知者则以为知，所不知者则以为不知。如此则虽或不能尽知，而无自欺之蔽，亦不害其为知矣。况由此而求之，又有可知之理乎？

李贽评：两“为”字煞有工夫。

夏新评：此儒家“求实章”也。一句唯实主义大白话。愚仿佛目睹孔子授徒，耳提面命，推心置腹，科学严谨。这孔门学校校园文化特点，老师抱一个实事求是，学生要知之为知之，不知为不知。孔门校风接地气，中国文化讲诚实！

2.18 子张学干禄。子曰："多闻阙疑，慎言其馀，则寡尤。多见阙殆，慎行其馀，则寡悔。言寡尤，行寡悔，禄在其中矣。"

朱熹注：子张，孔子弟子，姓颛孙，名师。干，求也。禄，仕者之奉也。行寡之行，去声。吕氏曰："疑者所未信，殆者所未安。"程子曰："尤，罪自外至者也。悔，理自内出者也。"愚谓多闻见者学之博，阙疑殆者择之精，慎言行者守之约。凡言在其中者，皆不求而自至之辞。言此以救子张之失而进之也。程子曰："修天爵则人爵至，君子言行能谨，得禄之道也。子张学干禄，故告之以此，使定其心而不为利禄动，若颜闵则无此问矣。或疑如此亦有不得禄者，孔子盖曰耕也馁在其中，惟理可为者为之而已矣。"

李贽评：子张学干禄，只是"多闻""多见"耳。夫于若不此处说起，其心决不服。夫子就从此处说起，真是以病为药。

夏新评：此儒家"干禄章"也。乡村穷人泥土家庭子弟竟然求教要去学如何做官，笑话吗？没有！孔子却给力，这是人性内动力。上了几年学校，樵夫村妇的子女生发有了朝廷梦，多好的事！但他们却不知怎么做。那就教吧，孔子教之励之。穷小子们要入官场须知："多闻阙疑""多见阙殆"。既要大胆，又要谨慎。多听、多看、多分析，少犯错。一身冷汗！古今同理，在官场混一口饭吃，不容易啊！

2．19 哀公问曰："何为则民服？"孔子对曰："举直错诸枉，则民服；举枉错诸直，则民不服。"

朱熹注： 哀公，鲁君，名蒋。凡君问，皆称孔子对曰者，尊君也。错，舍置也。诸，众也。程子曰："举错得义，则人心服。"谢氏曰："好直而恶枉，天下之至情也。顺之则服，逆之则去，必然之理也。然或无道以照之，则以直为枉，以枉为直者多矣，是以君子大居敬而贵穷理也。"

李贽评： 哀公之民所以不服，只为"举枉错诸直"耳。

夏新评： 此儒家"民心章"也。政治乱象，国君向草民问政请教，尊卑颠倒，贵贱易位，只有孔子做到。不仅提出封建社会两千年选官的理论与政策，也提出使"民服"须得公平与正义尺度。孔子其实在暗讽哀公这类当权者：尔举直乎？举枉耶？又想各地"民服"又要举枉用亲，揭示兴亡奥秘。妙哉！妙哉！

2.20季康子问："使民敬、忠以劝，如之何？"子曰："临之以庄，则敬；孝慈，则忠；举善而教不能，则劝。"

朱熹注：季康子，鲁大夫季孙氏，名肥。庄，谓容貌端严也。临民以庄，则民敬于己。孝于亲，慈于众，则民忠于己。善者举之而不能者教之，则民有所劝而乐于为善。张敬夫曰："此皆在我所当为，非为欲使民敬忠以劝而为之也。然能如是，则其应盖有不期然而然者矣。"

李贽评：不消得使。

夏新评：此儒家"举善章"也。可见春秋时代官民关系糟糕透顶。上有哀公问"民服"，此有季康问"民服"。"使民敬，如之何"，可窥见那季康子之流多么寝食难安窘态。孔子一定是民情民意在胸中，仁爱之心与民通，当下向统治者说出真言：老百姓的忠诚要以孝善去换取。古代社会学、心理学、政治学、舆情学，民心向背与政权之间奥秘，哲人已然洞悉。而与当代公知鹦鹉学舌照搬西方术语概念不同，人类思想家都是新思想新范畴的创造者发明家。你看这里孔子即有"敬、忠、劝、孝、慈、善"诸词汇范畴。孔子发掘创立"仁"的精神概念，发明了"均"的物质分配概念；马克思发现了"剩余价值"生产概念，又发明了"共产"的未来概念，建构了他们新体系的思想世界。创造历史的当然是人民，指引未来的则只有孔子、马克思等大哲了吗？

2.21 或谓孔子曰："子奚不为政？"子曰："《书》云：'孝乎！惟孝，友于兄弟，施于有政。'是亦为政，奚其为为政？"

朱熹注：或谓孔子曰："子奚不为政？"定公初年，孔子不仕，故或人疑其不为政也。子曰："书云：'孝乎惟孝、友于兄弟，施于有政。'是亦为政，奚其为为政？"书周书君陈篇。书云孝乎者，言书之言孝如此也。善兄弟曰友。书言君陈能孝于亲，友于兄弟，又能推广此心，以为一家之政。孔子引之，言如此，则是亦为政矣，何必居位乃为为政乎？盖孔子之不仕，有难以语或人者，故托此以告之，要之至理亦不外是。

李贽评：又委婉，又直截，圣人之言。

夏新评：此儒家"家国章"也。民间一定有高人，孔子心思被曝光。老人家实在是一直以"为政以德"为人生志向追求的呀。但是，贵族世袭，门阀政治，哪有庶民百姓拥权力机遇？"子奚不为政"？正刺孔子心痛处。傻子，这是孔子的过错吗？是孔子不作为吗？好在孔子已把握相对论：有国家大政治，有家庭小政治，成为儒家"齐家治国平天下"统一整体。"孝乎，惟孝"，中国政治文化奥秘，关乎家庭人伦的大政治论，已然明白？实则，夫子被人问得内心澎湃，"子奚不为政"？乃不得已吧。

2.22子曰:“人而无信,不知其可也。大车无輗,小车无軏,其何以行之哉?”

朱熹注:輗,五兮反。軏,音月。大车,谓平地任载之车。輗,辕端横木,缚轭以驾牛者。小车,谓田车、兵车、乘车。軏,辕端上曲,钩衡以驾马者。车无此二者,则不可以行,人而无信,亦犹是也。

李贽评:真是一步行不去。

夏新评:此儒家“诚信章”也。了不得!夫子将诚信与人格关联,与国家方向关联。中国文化道德品格业已高耸,只可让寰宇仰视。愚以为,孔子已早早找到了道德的力量,早早发现了人性的光辉。可惜儒家又十分顽固,死守仁义,为信所累,“大车无輗”,犹千年一叹!害得中国人连“侵略”都不会,连殖民都不懂,怎能成为“民主国家”?从来不动心思亚非拉大片辽阔土地,哪有“普世价值”?被人家看傻欺负,还有“现代先进”国家风范萌芽吗?你看发达民主列强以鸦片换中国丝绸,以上帝换非洲土地,以谎言侵略伊、阿主权国家,真正自由民主做派。他有四大舰队,“人而无信”,你又能拿他怎么样?

2．23 子张问：“十世可知也？”子曰：“殷因于夏礼，所损益，可知也；周因于殷礼，所损益，可知也。其或继周者，虽百世，可知也。”子张问：“十世可知也？”

朱熹注：陆氏曰：“也，一作乎。”王者易姓受命为一世。子张问自此以后，十世之事，可前知乎？子曰：“殷因于夏礼，所损益，可知也；周因于殷礼，所损益，可知也；其或继周者，虽百世可知也。”马氏曰：“所因，谓三纲五常。所损益，谓文质三统。”愚按：三纲，谓：君为臣纲，父为子纲，夫为妻纲。五常，谓：仁、义、礼、智、信。文质，谓：夏尚忠，商尚质，周尚文。三统，谓：夏正建寅为人统，商正建丑为地统，周正建子为天统。三纲五常，礼之大体，三代相继，皆因之而不能变。其所损益，不过文章制度小过不及之间，而其已然之迹，今皆可见。则自今以往，或有继周而王者，虽百世之远，所因所革，亦不过此，岂但十世而已乎！圣人所以知来者盖如此，非若后世谶纬术数之学也。胡氏曰“子张之问，盖欲知来，而圣人言其既往者以明之也。夫自修身以至于为天下，不可一日而无礼。天叙天秩，人所共由，礼之本也。商不能改乎夏，周不能改乎商，所谓天地之常经也。若乃制度文为，或太过则当损，或不足则当益，益之损之。与时宜之，而所因者不坏，是古今之通义也。因往推来，虽百世之远，不过如此而已矣。”

李贽评：子张以为奇特，孔子甚是平常。

夏新评：此儒家“知世章”也。子张心中有疑“十世可知也”？而孔子明明白白曰：“可以！”这一思想只有马克思历史唯物主义和毛泽东“人类的历史是一个不断地从必然王国向自由王国发展的历史”的观点可以与立。孔子当是古代世界“可知论”的祖师爷，是轴心时代思想家中第一个见察世代变革客观性的人文学者。愚以为孔子几乎是规律论者、变化论者、客观论者。然而，夫子竟好似对古代历史长河历历在目：夏、殷、周三代，过去未来，传承变化，增减损益，皆有迹可循。即使未来十世而百世，仍然也可推论了。这是一个哲人的逻辑推理。孔子一介布衣视野也太远大了。更加了不起的是，孔子认同社会变革。四大文明中在认知社会变化理论上，高于孔子的，有谁？唯孔子为了然变革必然性，又是赞赏变革必要性的政治家。可惜两千年来为学者熟视无睹的，是孔子创造出的“损益”这个重要的哲学范畴。中国哲学五千年辩证思想光辉仅一个“损益”足以骄傲于世，只有近代黑格尔、马克思氏“扬弃”一词可与之媲美！有大学者不服气？尔拿一个来比比看看！

2．24 子曰：“非其鬼而祭之，谄也。见义不为，无勇也。”

朱熹注：子曰：“非其鬼而祭之，谄也。非其鬼，谓非其所当祭之鬼。谄，求媚也。见义不为，无勇也。”知而不为，是无勇也。

李贽评：说得痛快！

夏新评：此儒家“其鬼章”也。谄为人类古老诈术。奸者谄官，愚者谄鬼，佞者装神。竟皆是鬼神传授教会。美味佳肴先祭鬼，这不就是谄吗？只是春秋时代，神鬼势力太强大太嚣张，孔子未有正面与妖魔对抗，却对盲目拜神祀鬼进行一种策略性批判。谁谓文人无勇？

八佾篇第三

3．1 孔子谓季氏：“八佾舞于庭，是可忍也，孰不可忍也？”

朱熹注：佾，音逸。季氏，鲁大夫季孙氏也。佾，舞列也，天子八、诸侯六、大夫四、士二。每佾人数，如其佾数。或曰：“每佾八人。”未详孰是。季氏以大夫而僭用天子之乐，孔子言其此事尚忍为之，则何事不可忍为。或曰：“忍，容忍也。”盖深疾之之辞。范氏曰：“乐舞之数，自上而下，降杀以两而已，故两之间，不可以毫发僭差也。孔子为政，先正礼乐，则季氏之罪不容诛矣。”谢氏曰：“君子于其所不当为不敢须臾处，不忍故也。而季氏忍此矣，则虽弑父与君，亦何所惮而不为乎？”

李贽评：季氏要哭。

夏新评：此儒家“天怒章”也。真生气了！此章实为孔子反分裂反割据的文化呼号。老人家虽然身在陬邑乡间，心却在庶民福祉治理邦国，时刻关注天下大事。你看看，一帮野心勃勃之徒把鲁国弄得什么样子！季氏公然在自家大堂跳起八佾之舞。这是天子的舞蹈啊！八佾乱象，岂止是舞礼僭越？背后阴谋巨大。他们是要取代国君分裂鲁国。季氏礼乐之乱，野心家蜂起，山大王称雄，将国无宁日。天下纷争割据，中华一统无存，周礼荡然矣，受害的只是人民。夫子见微而知著，从文化之乱见政治危机，毅然表达自己维护统一的正义立场，站出来振臂一呼：“八佾舞于庭，是可忍，孰不可忍也”？这一声斥责，正气贯日，勇气干云！旗帜鲜明反分裂反动乱生死置之度外。有险！真真替老人家捏一把汗，当是时，老聃何在？墨子何在？孔子代表万千庶众，发出人民心声。孰不可忍者，深忧也！天子式微，卿候独国，岂可忍乎？

3．2三家者以《雍》彻。子曰：“‘相维辟公，天子穆穆’，奚取于三家之堂？”

朱熹注： 彻，直列反。相，去声。三家，鲁大夫孟孙、叔孙、季孙之家也。雍，周颂篇名。彻，祭毕而收其俎也。天子宗庙之祭，则歌雍以彻，是时三家僭而用之。相，助也。辟公，诸侯也。穆穆，深远之意，天子之容也。此雍诗之辞，孔子引之，言三家之堂非有此事，亦何取于此义而歌之乎？讥其无知妄作，以取僭窃之罪。程子曰：“周公之功固大矣，皆臣子之分所当为，鲁安得独用天子礼乐哉？成王之赐，伯禽之受，皆非也。其因袭之弊，遂使季氏僭八佾，三家僭雍彻，故仲尼讥之。”

李贽评： 三家要笑。

夏新评： 此儒家“反乱章”也。孔子对家乡鲁国政治最熟悉了。上层的孟孙、叔孙、季孙三家野心勃勃，把持国家大权，操纵政治，跃跃欲试，要各自独立为王。先造舆论，在祭祀祖宗时，演唱《雍》这首周颂诗歌。这是天子祭祖才配唱的颂歌啊！三家狼子野心，岂不昭然若揭？对此三个野心家，孔子站出来挺身质问，抨击其以《雍》彻，将自家生死安危忘却。反《雍》彻篡越的行为太冒风险！但是，真的猛士，一个书呆，欲舍身求仁，谁让上天以夫子为木铎呢？

3．3子曰：“人而不仁，如礼何？人而不仁，如乐何？”

李贽评：季氏三家哭不得，笑不得。

夏新评：此儒家“忧郁章”也。人类的历史就是人被压抑和求解放的历史。孔子知之？礼既能文明人又可约束人，仁高于礼而不要压抑。从夏商之礼到春秋之仁，是中国文化的第一次重大创新前进。孔子向往的人与仁的关系是：我欲仁斯仁至矣！人是主动追求仁的。中国古代文化重视人的发展，孔子特别重视勉励和引导人们，每个个体去自主地追求自身的道德发展、认知发展、后天发展、自我发展、群我发展、共同发展。

谁谓中国哲学无有“人”的定义？不仁不礼不乐，则不人。孔子反证之，“人”必有仁，必有礼，必有乐。礼乐为表象，人之有礼乐，实在心中怀有仁的萌动。此方为人也！可以沐猴而冠，然而沐猴有乐耶？你看见哪一只丛林野兽放火圆明园焚烧人类文明有“礼”的？所以中西文化于人意识有异，西人以为丛林法则赢者通吃屠宰印第安人落后民族天经地义，中国书呆却要“德邻贵和，己立立人”。幸哉？祸哉？

3.4林放问礼之本。子曰："大哉问！礼，与其奢也，宁俭；丧，与其易也，宁戚。"

朱熹注：林放问礼之本。林放，鲁人。见世之为礼者，专事繁文，而疑其本之不在是也，故以为问。子曰："大哉问！孔子以时方逐末，而放独有志于本，故大其问。盖得其本，则礼之全体无不在其中矣。礼，与其奢也，宁俭；丧，与其易也，宁戚。"易，去声。易，治也。孟子曰："易其田畴。"在丧礼，则节文习熟，而无哀痛惨怛之实者也。戚则一于哀，而文不足耳。礼贵得中，奢易则过于文，俭戚则不及而质，二者皆未合礼。然凡物之理，必先有质而后有文，则质乃礼之本也。范氏曰："夫祭与其敬不足而礼有余也，不若礼不足而敬有余也，丧与其哀不足而礼有余也，不若礼不足而哀有余也。礼失之奢，丧失之易，皆不能反本，而随其末故也。礼奢而备，不若俭而不备之愈也；丧易而文，不若戚而不文之愈也。俭者物之质，戚者心之诚，故为礼之本。"杨氏曰："礼始诸饮食，故污尊而抔饮，为之簠、簋、笾、豆、罍、爵之饰，所以文之也，则其本俭而已。丧不可以径情而直行，为之衰麻哭踊之数，所以节之也，则其本戚而已。周衰，世方以文灭质，而林放独能问礼之本，故夫子大之，而告之以此。"

夏新评：此儒家"大哉章"也。愚观乎中华大哲，一派天人气象：孔丘思考"礼之本"，老聃思索"非常道"，孙膑思考"上之上"。只怕那异域蕞尔牛鬼魑魅魍魉"全知全能""唯一独尊"之者来提鞋都不够格。孔子在那一所乡下民间学校，却要引导衣敝缊袍门徒包藏宇宙，去思维世界根底。此一日老人家心情大悦，原来有后生林放提出一个重大问题：何谓"礼之本"？孔子当下好不高兴："大哉问，问得好！"今之学者，你难道看不见孔门学校教学风格的先进性么？仅一个"问题意识"教法，让当今照本宣科满堂灌填鸭式教师羞煞！孔子不仅是启发式教学法的创造者，是问题意识教学法的创造者，又是事物本根主要矛盾的思考者。善问者问根本，不善者问皮毛。再看夫子如何比较和阐释生活态度的："与其，宁可"，去奢就俭，去易宁戚。同情心、节俭俗乃人性根质，让学子明白抉择。可见中国文化思维方式提纲挈领、删繁就要的大智慧。此章一个"大哉问"，得了一个"礼之本"；后又一个"妙哉问"，得"崇德辨惑"。孔门学校思想是多么激越、前沿、开放啊！

3．5子曰：**“夷狄之有君，不如诸夏之亡也。”**

朱熹注：吴氏曰：“亡，古无字，通用。”程子曰：“夷狄且有君长，不如诸夏之僭乱，反无上下之分也。”尹氏曰：“孔子伤时之乱而叹之也。亡，非实亡也，虽有之，不能尽其道尔。”

李贽评：凄然。

夏新评：此儒家“夷狄章”也。孔子中华文化自信力彰显！有世界各地域部族文明进程相对论认知，见多样性、丰富性。古人已关注并揭示出文明发展的不同步现象，夷狄有君而无文，虽存若亡，没有文化的王国多么可怕。而华夏礼乐存则可不王而治。中华早有文化优秀性、先进性呀！

3.6季氏旅于泰山。子谓冉有曰："女弗能救与？"对曰："不能。"子曰："呜呼！曾谓泰山不如林放乎？"

朱熹注：女，音汝。与，平声。旅，祭名。泰山，山名，在鲁地。礼，诸侯祭封内山川，季氏祭之，僭也。冉有，孔子弟子，名求，时为季氏宰。救，谓救其陷于僭窃之罪。呜呼，叹辞。言神不享非礼，欲季氏知其无益而自止，又进林放以厉冉有也。范氏曰："冉有从季氏，夫子岂不知其不可告也，然而圣人不轻绝人。尽己之心，安知冉有之不能救、季氏之不可谏也。既不能正，则美林放以明泰山之不可诬，是亦教诲之道也。"

李贽评：季氏闻之，不胜扯谈。这便是夫子救季氏处。

夏新评：此儒家"弗能章"也。世人见一真孔子也！夫子有无能为力之时方是真人，敢于放下架子求助于门徒冉有。此事明证，道德文明可以暂时被武力邪恶征服。文人就一张口一支笔的批判武器，不能代替武器的批判。故两千年后中国共产党明白了要有枪杆子那东西，是文化思维认知进步。谁救中华？反思历史，当年一个"独尊儒术"举措带来汉唐盛世；今日一个传承弘扬创新中国化理论，迎来伟大复兴。老祖宗，神了！

3.7子曰:“君子无所争。——必也射乎!揖让而升,下而饮。其争也君子。”

朱熹注: 饮,去声。揖让而升者,大射之礼,耦进三揖而后升堂也。下而饮,谓射毕揖降,以俟众耦皆降,胜者乃揖不胜者升,取觯立饮也。言君子恭逊不与人争,惟于射而后有争。然其争也,雍容揖逊乃如此,则其争也君子,而非若小人之争矣。

李贽评: “必也射乎”以下,正说君子无所争。

夏新评: 此儒家“论争章”也。何以有争?盖因我们只有一个地球行星。君子有争否?无所争。这是孔子文化立场。清华园里有孔子后学啊!清华大学领导班子持一个“党政不争,不翻烧饼”理念,而又有为国担当为民争光的世界之争。北大老师教诲,争理不争气,都是为国为民,不伤和气。但是,孔子界定,纵然君子有争,却是争而不失礼,争而不称霸。却未有完全否定后世市场经济的狂野动力——竞争。两千多年前,孔子竟然给中华子孙后代留下腾跃空间,高瞻远瞩!

3．8子夏问曰：“‘巧笑倩兮，美目盼兮，素以为绚兮。’何谓也？”子曰：“绘事后素。”曰：“礼后乎？”子曰：“起予者商也！始可与言《诗》已矣。”子夏问曰：“‘巧笑倩兮，美目盼兮，素以为绚兮。’何谓也？”

朱熹注：倩，七练反。盼，普苋反。绚，呼县反。此逸诗也。倩，好口辅也。盼，目黑白分也。素，粉地，画之质也。绚，采色，画之饰也。言人有此倩盼之美质，而又加以华采之饰，如有素地而加采色也。子夏疑其反谓以素为饰，故问之。子曰：“绘事后素。”绘，胡对反。绘事，绘画之事也。后素，后于素也。考工记曰：“绘画之事后素功。”谓先以粉地为质，而后施五采，犹人有美质，然后可加文饰。曰：“礼后乎？”子曰：“起予者商也！始可与言诗已矣。”礼必以忠信为质，犹绘事必以粉素为先。起，犹发也。起予，言能起发我之志意。谢氏曰：“子贡因论学而知诗，子夏因论诗而知学，故皆可与言诗。”杨氏曰：“‘甘受和，白受采，忠信之人，可以学礼。苟无其质，礼不虚行’。此‘绘事后素’之说也。孔子曰‘绘事后素’，而子夏曰‘礼后乎’，可谓能继其志矣。非得之言意之表者能之乎？商赐可与言诗者以此。若夫玩心于章句之末，则其为诗也固而已矣。所谓起予，则亦相长之义也。”子夏问曰：“‘巧笑倩兮，美目盼兮，素以为绚兮。’何谓也？”倩，七练反。盼，普苋反。绚，呼县反。此逸诗也。倩，好口辅也。盼，目黑白分也。素，粉地，画之质也。绚，采色，画之饰也。言人有此倩盼之美质，而又加以华采之饰，如有素地而加采色也。子夏疑其反谓以素为饰，故问之。子曰：“绘事后素。”绘，胡对反。绘事，绘画之事也。后素，后于素也。考工记曰：“绘画之事后素功。”谓先以粉地为质，而后施五采，犹人有美质，然后可加文饰。

李贽评：“与言《诗》”，非许可子夏也，正救礼苦心处。要知，要知！

夏新评：此儒家“素质章”也。亦为启发式引得思想升华一例。孔子高徒这里有一次思维飞跃，入木三分。“礼后乎”？底色和基础常被忽视看不见。先生兴奋找到了言诗的知音。倘若基础不牢，地动山摇。现代中学生懂，学好基础数理化，走遍天下都不怕。孔子与门徒或探讨过这一话题，重基础，讲实在。儒家风格，走生活路线，步步接地气，把那虚无缥缈的大神怀疑。是故，机会主义文化在中国难以大昌也。

3.9子曰：“夏礼，吾能言之，杞不足征也；殷礼，吾能言之，宋不足征也。文献不足故也。足，则吾能征之矣。

朱熹注：杞，夏之后。宋，殷之后。征，证也。文，典籍也。献，贤也。言二代之礼，我能言之，而二国不足取以为证，以其文献不足故也。文献若足，则我能取之，以证君言矣。

李贽评：末二语有无限徘徊。

夏新评：此儒家“危机章”也。这是多么巨大的历史文化视野，与一个文明捍卫的自觉担当！为何孔氏门徒对先生高山仰止、景行行止？只因为胸襟宽阔、使命崇高！孔子一介草民，竟将那千年夏朝礼文化、千年殷商礼文化，看在眼里，纳入胸中，放到肩上。礼文化是三代先祖数千年积累的啊！可惜此时孔子面对的残酷现实是：夏礼，“杞不足征”；殷礼，“宋不足征”。这是春秋笔法，暗讽统治者无为。为什么文化遭浩劫？只因春秋乱象，道统破坏，统一不存，天下分裂，邦国林立所致。炎黄尧舜创造的上古礼文化已命悬一线，岌岌可危。如此下去，中华文明岂不中断？那又干卿何事？但孔子竟然如丧考妣，寝食难安。这是最动人心魄处。吾每读及此章，潸然泪下。当今我等每日熙熙，却忙的什么？可怜一个自我生存。国人每每大言：中华文明，深远流长；又云：世界四大文明，唯我中华五千年传不绝。又有谁上溯两千年想到此皆为一位“少也贱”庶民之功之力？想到这个“唯一”乃发端于夫子抢救？今之炎黄子孙，可曾追问：何以中华文化独独不绝？大哉！孔子。故此，孔孟贤孙须切切知晓铭记：中华上古三千年文化得传，非偶然也，固赖孔子之挽救也，盖凭孔子之文化自觉也。由此知之：中国士人责任系于人类文明一念！

3．10子曰：“自既灌而往者，吾不欲观之矣。”

朱熹注：禘，大计反。赵伯循曰：“禘，王者之大祭也。王者既立始祖之庙，又推始祖所自出之帝，祀之于始祖之庙，而以始祖配之也。成王以周公有大勋劳，赐鲁重祭。故得禘于周公之庙，以文王为所出之帝，而周公配之，然非礼矣。”灌者，方祭之始，用郁鬯之酒灌地，以降神也。鲁之君臣，当此之时，诚意未散，犹有可观，自此以后，则浸以懈怠而无足观矣。盖鲁祭非礼，孔子本不欲观，至此而失礼之中又失礼焉，故发此叹也。谢氏曰：“夫子尝曰：‘我欲观夏道，是故之杞，而不足征也；我欲观殷道，是故之宋，而不足征也。’又曰：‘我观周道，幽厉伤之，吾舍鲁何适矣。鲁之郊禘非礼也，周公其衰矣！’考之杞宋已如彼，考之当今又如此，孔子所以深叹也。”

夏新评：此儒家“不观章”也。后世对上古礼文化及其贯彻实行，必有走样，岂可一味赞美？帝祭礼不敬，山川失时，则民三思矣。士人心中当有道德选择、文化立场，对反文化行为愤愤不平。

3.11 或问禘之说。子曰："不知也，知其说者之于天下也，其如示诸斯乎！"指其掌。

朱熹注：先王报本追远之意，莫深于禘。非仁孝诚敬之至，不足以与此，非或人之所及也。而不王不禘之法，又鲁之所当讳者，故以不知答之。示，与视同。指其掌，弟子记夫子言此而自指其掌，言其明且易也。盖知禘之说，则理无不明，诚无不格，而治天下不难矣。圣人于此，岂真有所不知也哉？

李贽评：此二篇不曾说出一字，实是无一字不曾说出。

夏新评：此儒家"指掌章"也。深入浅出形象说话一例。古人有惑，谁可解之。孔子竟曰"不知也"。老人家实事求是，知之为知之，不知为不知，一以贯之，此其一。其二者，心知而口不欲言。禘祭之义，关乎治国，不明其义，君子不智。若知之为国，犹如运掌。宏大与微末相对论，其具象虽有异，其规律实如一。论天下而"指其掌"，政治公开性、透明性定力，政治家的无隐性，谁谓不然？

3．12 祭如在，祭神如神在。子曰：“吾不与祭，如不祭。”

朱熹注：与，去声。又记孔子之言以明之。言己当祭之时，或有故不得与，而使他人摄之，则不得致其如在之诚。故虽已祭，而此心缺然，如未尝祭也。范氏曰：“君子之祭，七日戒，三日齐，必见所祭者，诚之至也。是故郊则天神格，庙则人鬼享，皆由己以致之也。有其诚则有其神，无其诚则无其神，可不谨乎？吾不与祭如不祭，诚为实，礼为虚也。”程子曰：“祭，祭先祖也。祭神，祭外神也。祭先主于孝，祭神主于敬。”愚谓此门人记孔子祭祀之诚意

李贽评：恐“不与祭“而先言，非真”不与祭“而后言也。

夏新评：此儒家“讽神章”也。祭神鬼实在影响中国人生活数千年，是精神文化与庶民生活结合最紧密处。仅此八个字，竟表达明白孔子的文化信仰与高明策略。孔子信神么？死去的先祖有魂灵么？“祭如在，祭神如神在”，这是多么智慧聪明的应对。当一种精神图腾信仰似洪水席卷，又若泰山压顶而来，倘与之硬性抗拒，必死无疑。殷周朝野民间崇拜鬼神猖獗，势如万仞高山，孔子本对神鬼不信无敬，但他不是正面对抗而是以独到思维策略周旋。人问：“你信吗？”他装作“祭如在”，管它个有无，从民欲也。

3．13 王孙贾问曰：“与其媚于奥，宁媚于灶，何谓也？”子曰：“不然。获罪于天，无所祷也。”

朱熹注：王孙贾问曰：“与其媚于奥，宁媚于灶，何谓也？”王孙贾，卫大夫。媚，亲顺也。室西南隅为奥。灶者，五祀之一，夏所祭也。凡祭五祀，皆先设主而祭于其所，然后迎尸而祭于奥，略如祭宗庙之仪。如祀灶，则设主于灶陉，祭毕，而更设馔于奥以迎尸也。故时俗之语，因以奥有常尊，而非祭之主；灶虽卑贱，而当时用事。喻自结于君，不如阿附权臣也。贾，卫之权臣，故以此讽孔子。子曰：“不然，获罪于天，无所祷也。”天，即理也；其尊无对，非奥灶之可比也。逆理，则获罪于天矣，岂媚于奥灶所能祷而免乎？言但当顺理，非特不当媚灶，亦不可媚于奥也。谢氏曰：“圣人之言，逊而不迫。使王孙贾而知此意，不为无益；使其不知，亦非所以取祸。”

李贽评：说一“媚”字便“获罪于天”矣。

夏新评：此儒家“有畏章”也。天地自然，人类得罪不起呀！一个“媚”一个“与其”，道出乡民祭神之滑稽。夫子通晓权衡轻重利弊，有趋避！不然，获罪于天，被群氓群殴，不值！

3．14子曰：“周监于二代，郁郁乎文哉！吾从周。”

朱熹注：郁，于六反。监，视也。二代，夏商也。言其视二代之礼而损益之。郁郁，文盛貌。尹氏曰：“三代之礼至周大备，夫子美其文而从之。”

夏新评：此儒家“从周章”也。亦为“文明颂”也。“郁郁乎文哉”五字，乃是国人的第一次文化自信自觉！是世界文明的第一个“文化颂”！孔子爱中华文明跃然纸上！中华文化之大美，孔子已然认知，仿佛以那一双慧眼远眺华夏文明长河竟有两大发现：周朝文化有如此之蓬勃繁盛！周朝文化原来是继承、借鉴夏商二代才生发起来的！这是事物客观性、联系论和发展观，孔子因而又有了三大自信：炎黄文化自信、华夏文明自信、士人精神自信。了不得！夏殷周数千年谁对中华古文化如此多情？唯孔子，一个“监”字用得何其妙，既已看到夏商先祖积淀方有此周朝“郁郁乎文”茂盛，果敢选择“吾从周”理所当然！这是复古吗？周是离他最近的历史啊。愚以为，若从夏从殷才是倒退。孔子此一自主理性认知心声是有着感性基础并向前看的。“从周”乃是抱定道统之传，一以贯之，掷地有声。好一个中华文明自觉者，捍卫者，建设者，创造者！

诸君，当代知识青年呼出爱我中华，爱我文化，岂不正是两千年前夫子呼声回应？孔孟子孙拥抱一个传统文化爱不释手，归根到底是有来头的。你想，现在有人要把华夏老祖宗从庶民怀中抓去丢弃换个他方大神来信仰，中国老百姓能不愤怒打破他的狗头吗？

3.15子入太庙，每事问。或曰："孰谓鄹人之子知礼乎？入太庙，每事问。"子闻之，曰："是礼也。"

朱熹注：大，音泰。鄹，侧留反。大庙，鲁周公庙。此盖孔子始仕之时，入而助祭也。鄹，鲁邑名。孔子父叔梁纥，尝为其邑大夫。孔子自少以知礼闻，故或人因此而讥之。孔子言是礼者，敬谨之至，乃所以为礼也。尹氏曰："礼者，敬而已矣。虽知亦问，谨之至也，其为敬莫大于此。谓之不知礼者，岂足以知孔子哉？"

李贽评：曰是礼，夫子便是"礼"矣，何处着一"知"字。

夏新评：此儒家"事问章"也。此章当细品，一部大书抵不得它散发的古代信息。当小孔丘年幼时被允许头一次进太庙，引发极大好奇心天性，目不暇接，问个不停。知识巨人必有好奇，一定多问。却引发旁人不满，指责他不知礼却连他的名字也不提，何其不足挂齿藐视！可知卑贱者在等级社会底层受歧压。又可见孔子之知来自生活，源于问事，求知强烈。并且可见小孔丘已生发反抗意识："或曰"何防？"陬人之子"怎么了？我就是"少也贱"出身，"入太庙，每事问"惹谁了？你们叽喳什么？不懂我就要问，这是合礼仪的！仁者多问。好个孔子，反击得好！大凡世之奇伟之人之事，必有非议，你又何必把它当真？让人家说去吧。

3．16 子曰：**“射不主皮，为力不同科，古之道也。”**

朱熹注: 为，去声。射不主皮，乡射礼文。为力不同科，孔子解礼之意如此也。皮，革也，布侯而栖革于其中以为的，所谓鹄也。科，等也。古者射以观德，但主于中，而不主于贯革，盖以人之力有强弱，不同等也。记曰：“武王克商，散军郊射，而贯革之射息。”正谓此也。周衰，礼废，列国兵争，复尚贯革，故孔子叹之。杨氏曰：“中可以学而能，力不可以强而至。圣人言古之道，所以正今之失。”

李贽评：今则何如。”

夏新评：此儒家“射道章”也。此射之娱乐活动，孔子已有细致观摩，结果虽有异，道理却般同。“射不主皮”乃因“为力不同科”。古之道也，好传统规矩倒可以继之。

3．17 子贡欲去告朔之饩羊。子曰：“赐也！尔爱其羊，我爱其礼。”

朱熹注：子贡欲去告朔之饩羊。去，起吕反。告，古笃反。饩，许气反。告朔之礼：古者天子常以季冬，颁来岁十二月之朔于诸侯，诸侯受而藏之祖庙。月朔，则以特羊告庙，请而行之。饩，生牲也。鲁自文公始不视朔，而有司犹供此羊，故子贡欲去之。子曰：“赐也，尔爱其羊，我爱其礼。”爱，犹惜也。子贡盖惜其无实而妄费。然礼虽废，羊存，犹得以识之而可复焉。若并去其羊，则此礼遂亡矣，孔子所以惜之。杨氏曰：“告朔，诸侯所以？命于君亲，礼之大者。鲁不视朔矣，然羊存则告朔之名未泯，而其实因可举。此夫子所以惜之也。”

李贽评：此一羊也，留之则为礼，去之则为羊；故曰“其羊”、“其礼”。

夏新评：此儒家“爱礼章”也。信仰在物质之上。孔子的认知实在比门徒之意高一筹。那位子贡对动物怀有朴素情感，类似佛教“不忍杀生”，“生命平等”，但“告朔”祭祖庙是古代多么重大的信事！岂可随意取消？你若反对乡党村民不打得你一个尸骨不全才怪。礼是什么？礼是中华在文明史上创造的第一个成熟的系统文化、形态体系，至于孔子时代，礼文化已传二三千年，岂可冒险行因爱羊而废礼之妄为？

3．18子曰：“事君尽礼，人以为谄也。”

朱熹注：子曰：“事君尽礼，人以为谄也。”黄氏曰：“孔子于事君之礼，非有所加也，如是而后尽尔。时人不能，反以为谄。故孔子言之，以明礼之当然也。”程子曰：“圣人事君尽礼，当时以为谄。若他人言之，必曰我事君尽礼，小人以为谄，而孔子之言止于如此。圣人道大德宏，此亦可见。”

李贽评：惟避“谄”之名，则蹈“非礼”之实矣。事父母亦然。

夏新评：此儒家“尽礼章”也。这就是生活。为臣之道实在是：要么混，要么狠；要么恭，要么滚。误解、非议他人者古已有之，由他说去吧。而人我和谐，社会有序，在于一礼。把握分寸，不可逾越，过之为谄。如此而已！

3．19定公问：“君使臣，臣事君，如之何？”孔子对曰：“君使臣以礼，臣事君以忠。”

朱熹注：定公，鲁君，名宋。二者皆理之当然，各欲自尽而已。吕氏曰：“使臣不患其不忠，患礼之不至；事君不患其无礼，患忠之不足。”尹氏曰：“君臣以义合者也。故君使臣以礼，则臣事君以忠。”

李贽评：正当。

夏新评：此儒家“君使章”也。好一个定公小盘算！你使唤大臣，大臣侍奉你，如之何去达成？这是他心中好梦，途径却不知。王侯将相宁有智乎？定公只认知表象，孔子为其释义理。其实要实现的话，太简单！太简单！只需两字：“礼”与“忠”！定公岂不豁然开朗，如获至宝。读到此处，当由衷佩服孔子，不啻为思想家、政治家。出一个小主意就把公卿王侯搞定。由此可见，真的是高人在民间啊。

3．20子曰：“**《关雎》，乐而不淫，哀而不伤。**”

朱熹注：乐，音洛。关雎，周南国风诗之首篇也。淫者，乐之过而失其正者也。伤者，哀之过而害于和者也。关雎之诗，言后妃之德，宜配君子。求之未得，则不能无寤寐反侧之忧；求而得之，则宜其有琴瑟钟鼓之乐。盖其忧虽深而不害于和，其乐虽盛而不失其正，故夫子称之如此。欲学者玩其辞，审其音，而有以识其性情之正也。

李贽评：赞乐也，非赞诗也；赞《诗》则说不去矣。

夏新评：此儒家“关雎章”也。人民的文学，世界之文化，何为情感表达正好恰当之分寸拿捏？乐而不淫哀而不伤之合中庸耶？《关雎》是也！毛泽东看《诗经·关雎》曾大为感动而感叹：孔夫子思想很新潮，太解放，男女恋爱的诗他都敢收。爱恋自由，其实这不过是儒家人性所在和光大而已。布洒人道而拒绝兽道，而那粗野、低俗、淫诲、伤害，皆当远之。不偏又不倚，广大而精微，一个道德学家对人类精神的伦理德行思考至今依稀可见。而当今色情臭肉当道，丰乳肥臀飞舞，人类文明前进了？

3．21 哀公问社于宰我。宰我对曰："夏后氏以松，殷人以柏，周人以栗，曰，使民战栗。"子闻之，曰："成事不说，遂事不谏，既往不咎。"

朱熹注：哀公问社于宰我。宰我对曰："夏后氏以松，殷人以柏，周人以栗，曰使民战栗。"宰我，孔子弟子，名予。三代之社不同者，古者立社，各树其土之所宜木以为主也。战栗，恐惧貌。宰我又言周所以用栗之意如此。岂以古者戮人于社，故附会其说与？子闻之曰："成事不说，遂事不谏，既往不咎。"遂事，谓事虽未成，而势不能已者。孔子以宰我所对，非立社之本意，又启时君杀伐之心，而其言已出，不可复救，故历言此以深责之，欲使谨其后也。尹氏曰："古者各以所宜木名其社，非取义于木也。宰我不知而妄对，故夫子责之。"

李贽评：实是说他，谏他，咎他；亦是说哀公，谏哀公，咎哀公。

夏新评：此儒家"问社章"也。周人以栗，只在使民"不寒而栗"。哪个可恶的文人给周代统治者出此馊主意的？亏他想得出。对这样的人可以"既往不咎"，成事不说，以物象拜，人类早已自造神秘之心理。

3.22子曰："管仲之器小哉！"或曰："管仲俭乎？"曰："管氏有三归，官事不摄，焉得俭？""然则管仲知礼乎？"曰："邦君树塞门，管氏亦树塞门。邦君为两君之好，有反坫，管氏亦有反坫。管氏而知礼，孰不知礼？"

朱熹注：子曰："管仲之器小哉！"管仲，齐大夫，名夷吾，相桓公霸诸侯。器小，言其不知圣贤大学之道，故局量褊浅、规模卑狭，不能正身修德以致主于王道。或曰："管仲俭乎？"曰："管氏有三归，官事不摄，焉得俭？"焉，于虔反。或人盖疑器小之为俭。三归，台名。事见说苑。摄，兼也。家臣不能具官，一人常兼数事。管仲不然，皆言其侈。"然则管仲知礼乎？"曰："邦君树塞门，管氏亦树塞门；邦君为两君之好，有反坫，管氏亦有反坫。管氏而知礼，孰不知礼？"好，去声。坫，丁念反。或人又疑不俭为知礼。屏谓之树。塞，犹蔽也。设屏于门，以蔽内外也。好，谓好会。坫，在两楹之间，献酬饮毕，则反爵于其上。此皆诸侯之礼，而管仲僭之，不知礼也。愚谓孔子讥管仲之器小，其旨深矣。或人不知而疑其俭，故斥其奢以明其非俭。或又疑其知礼，故又斥其僭，以明其不知礼。盖虽不复明言小器之所以然，而其所以小者，于此亦可见矣。故程子曰"奢而犯礼，其器之小可知。盖器大，则自知礼而无此失矣。"此言当深味也。苏氏曰："自修身正家以及于国，则其本深，其及者远，是谓大器。扬雄所谓'大器犹规矩准绳'，先自治而后治人者是也。管仲三归反坫，桓公内嬖六人，而霸天下，其本固已浅矣。管仲死，桓公薨，天下不复宗齐。"杨氏曰："夫子大管仲之功而小其器。盖非王佐之才，虽能合诸侯、正天下，其器不足称也。道学不明，而王霸之略混为一途。故闻管仲之器小，则疑其为俭，以不俭告之，则又疑其知礼。盖世方以诡遇为功，而不知为之范，则不悟其小宜矣。"

李贽评：孔子于夷吾可谓"好而知恶"。

夏新评：此儒家"器小章"也。大千世界万象，种种形色人等。孔子赞管仲有"九合诸侯"之为，"一匡天下"之功，使"民受其赐"，而又有"器量小哉""官事不摄""行不知理"之失。管仲是法家，俭、礼不足但改革有功，孔子舍弃门户之见而褒扬他，实则为赞扬改革。大德大气大量！是故有苍穹之广袤，有井底之仄狭。天地若此，而况人心？何不早读《论语》救周郎？

3.23 子语鲁大师乐，曰："乐其可知也：始作，翕如也；从之一，纯如也，皦如也，绎如也，以成。"

朱熹注：子语鲁大师乐。曰："乐其可知也：始作，翕如也；从之，纯如也，皦如也，绎如也，以成。"语，去声。大，音泰。从，音纵。语，告也。大师，乐官名。时音乐废缺，故孔子教之。翕，合也。从，放也。纯，和也。皦，明也。绎，相续不绝也。成，乐之一终也。谢氏曰："五音六律不具，不足以为乐。翕如，言其合也。五音合矣，清浊高下，如五味之相济而后和，故曰纯如。合而和矣，欲其无相夺伦，故曰皦如，然岂宫自宫而商自商乎？不相反而相连，如贯珠可也，故曰绎如也，以成。"

李贽评：当时之乐不能如此，可知。

夏新评：此儒家"乐其章"也。音乐之奥妙，中国古人早有体味。优美音乐乃人之精神家园之神器，影响古人之心智。孔子以为，人能够通过增长知识而洞察自己、丰富自己。世界不可缺乐啊！

3．24仪封人请见，曰：“君子之至于斯也，吾未尝不得见也。”从者见之。出曰：“二三子何患于丧乎？天下之无道也久矣，天将以夫子为木铎。”

朱熹注：仪封人请见。曰：“君子之至于斯也，吾未尝不得见也。”从者见之。出曰：“二三子，何患于丧乎？天下之无道也久矣，天将以夫子为木铎。”请见、见之之见，贤遍反。从、丧，皆去声。仪，卫邑。封人，掌封疆之官，盖贤而隐于下位者也。君子，谓当时贤者。至此皆得见之，自言其平日不见绝于贤者，而求以自通也。见之，谓通使得见。丧，谓失位去国，礼曰“丧欲速贫”是也。木铎，金口木舌，施政教时所振，以警众者也。言乱极当治，天必将使夫子得位设教，不久失位也。封人一见夫子而遽以是称之，其所得于观感之间者深矣。或曰：“木铎所以？于道路，言天使夫子失位，周流四方以行其教，如木铎之？于道路也。”

李贽评：仪封人是仲尼第一个知己，亦是老天一个知己。异人，异人！

夏新评：此儒家“木铎章”也。“担当篇”也。实则显中国士人无与伦比责任意识也。忧患、天命、担当，一气呵成，给人以信心力量。最可叹者在孔夫子“文明自觉”，一个“天将以夫子为木铎”，从而毕生戮力，要把那华夏上三千年文化传之，后三千年文化开之。五千年传承不绝，滥觞于此！孔子于中华文明之劳心，之贡献，天地为证！

3.25 子谓《韶》："尽美矣，又尽善也。"谓《武》："尽美矣，未尽善也。"

朱熹注：子谓韶，"尽美矣，又尽善也。"谓武，"尽美矣，未尽善也"。韶，舜乐。武，武王乐。美者，声容之盛。善者，美之实也。舜绍尧致治，武王伐纣救民，其功一也，故其乐皆尽美。然舜之德，性之也，又以揖逊而有天下；武王之德，反之也，又以征诛而得天下，故其实有不同者。程子曰："成汤放桀，惟有惭德，武王亦然，故未尽善。尧、舜、汤、武，其揆一也。征伐非其所欲，所遇之时然尔。"

李贽评：评乐也，非评舜与武王也。。

夏新评：此儒家"美善章"也。裔周音乐有《韶》，尽美尽善；又有《武》，尽美未善。音乐是纯艺术么？孔子哂之。音乐里边是饱含道德情操意义的。为什么文化有食肉性与食草性？孔子早已嗅出二千余年后必有一个西方文化食肉的特质和风格吗？但整体认知向前看，孔子眼中的人世间何其美渥啊！既有丰富性又有差异性。只可惜有一种文化有大美而未有善？"武"为强力，似西方。西方文化是食肉，儒家文化是食草。食肉动物要食食草动物——此为后话。中国文化追求至善至美而至于《韶》，西方文化追求至利至欲而至于《武》？虽然夫子在春秋民间，此只可谓"位卑未敢忘善美"也。

3．26子曰：“居上不宽，为礼不敬，临丧不哀，吾何以观之哉？”

朱熹注：居上主于爱人，故以宽为本。为礼以敬为本，临丧以哀为本。既无其本，则以何者而观其所行之得失哉？

李贽评：可以“居上”矣，可以“为礼”矣，可以“临丧’矣。

夏新评：此儒家“居上章”也。在夫子眼中，那些高贵统治者竟是如此一身臭毛病！不宽、不敬、不哀。孔子为何对上层贵族充满敌意和鄙视？为什么总是将身段立场放置民间？只在那士人心中存有一个“理想”——为政以德；存在一个“梦魇”——安民安百姓。可知，中国文人的精神负担重啊！此章三个“不”连用否定式表达内心何等愤懑及对官场极其鄙夷，而多有当代大学者坚称“孔子代表没落奴隶贵族阶级之利益”，这学问，可叹啊！

里仁篇第四

4．1子曰：“里仁为美。择不处仁，焉得知？”

朱熹注：处，上声。焉，于虔反。知，去声。里有仁厚之俗为美。择里而不居于是焉，则失其是非之本心，而不得为知矣。

李贽评：择而不处，所以为愚。

夏新评：此儒家“寓居章”也。为孔子对于人与环境、物质与人的精神关系之著名论断也。人所谓：上有天堂，下有苏杭；现在时髦的是欧洲古堡，美加别墅。土豪大鳄费尽心思，也只不过为安放那一个男儿身！而居有“仁”之地，方智者也！君不见：始皇阿房宫，朱棣紫禁城，法王凡尔赛，英王白金汉，极尽奢华，美轮美奂，只可惜，物是人非，梦里依稀，一个香港“李家的城”又如何？皆以为“奢豪为上”，却是古代中国士人轻轻一句“里仁为美”，羞煞多少中西大亨肥佬？以丰腴物质相伴何如以道德礼义为友。但孔子并未作结论评判，只是诘问。真美未识，仁在哪里？多少呆傻本末倒置。诸君，一个“焉”字，问得天下人你我好生仓皇啊！

4．2子曰："不仁者不可以久处约，不可以长处乐。仁者安仁，知者利仁。

朱熹注：乐，音洛。知，去声。约，穷困也。利，犹贪也，盖深知笃好而必欲得之也。不仁之人，失其本心，久约必滥，久乐必淫。惟仁者则安其仁而无适不然，知者则利于仁而不易所守，盖虽深浅之不同，然皆非外物所能夺矣。谢氏曰："仁者心无内外远近精粗之间，非有所存而自不亡，非有所理而自不乱，如目视而耳听，手持而足行也。知者谓之有所见则可，谓之有所得则未可。有所存斯不亡，有所理斯不乱，未能无意也。安仁则一，利仁则二。安仁者非颜闵以上，去圣人为不远，不知此味也。诸子虽有卓越之才，谓之见道不惑则可，然未免于利之也。"

李贽评：世上惟"仁""知"的讨了便宜。

夏新评：此儒家"安仁章"也。为何掠夺者昼夜凄惶？为什么盗墓贼时刻心慌？身中有鬼？心中有愧？社会乱象病根焉在？夫子早已揭示：不仁者不可以久处约，不可以久处乐。老百姓可以看到太阳升起就快乐，而威尼斯商人只有看到金灿灿的货币才快乐。人生有多少峰回路转的变数？中国徐才厚、陈水扁贪污那么多钱币，快乐了么？根子在"不仁者"造下的利疾啊？而夫子又坦荡指出正道明途：仁者安人，智者利人。人我双赢，利他利己，立己立人，如何不好？伦理哲学反向思维，人无仁者不乐，仁利人利己有乐。却有中国后人大哲与孔子心通，提倡一个"毫不利己、专门利人"，实在是得了中华古代优秀文化精髓真传。西方八国联军抢劫了中华那么多珍宝和辽阔美洲的土地财富，而今却日薄西山。只因人性软肋要补，仁是万万不可缺失的呀！这是简单不过的大道理。

4．3子曰：“唯仁者能好人，能恶人。”

朱熹注：好、恶，皆去声。唯之为言独也。盖无私心，然后好恶当于理，程子所谓“得其公正”是也。游氏曰：“好善而恶恶，天下之同情，然人每失其正者，心有所系而不能自克也。惟仁者无私心，所以能好恶也。”

李贽评：不仁的如何“好”“恶”得人？

夏新评：此儒家“好恶章”也。儒者精神中庸，不偏不倚，可绝不是忠厚呆痴好欺骗的。孔子师徒恰是火眼金睛，见识大千世界，看彻宇间万象。且瞧他们如何自知自信：唯仁者能好人，能恶人。心中有一个“仁”，能分辨好恶人，然后敢于好人恶人。仁者非铁石，性情之人也。真可谓：天下当敬者，唯仁者而已；天下当鄙者，非不仁者而其谁？

人以为中国哲学是伦理学、道德学，愚以为其实是“人学”。儒家思想的主体是人，核心是仁。谁的道德？何人伦理？其发生者发出者皆为人，故而是人的道德学，人的伦理学，即乃人的哲学。孔子是人的哲学的论述者、构建者。什么是人？他曾从否定方面以置疑方式追问：“人而不仁，如礼何”？又怎样成为人？“己所不欲，勿施于人”可也。人可也成仁吗？可以的！“我欲仁，斯人至矣”。人是一个集合，成为人类。

为什么出现“仁”？为什么出现孔子？社会演进的呼唤，春秋乱世造就，使平时不可能发挥的天才发挥出来。“郁郁乎文哉”，礼文化已达极致，但已不适应春秋时代生产力发展要求，不能代表新兴地主阶层利益，正可谓“礼数已尽”，不足以引领社会发展，要求更高更新的思想文化。于是，儒家思想应运而生了。儒学是一个历史现象，孔子是一个文化现象。孔子来到世间，新文化现象风潮开启了。

4．4子曰：“苟志于仁矣，无恶也。”

朱熹注：恶，如字。苟，诚也。志者，心之所之也。其心诚在于仁，则必无为恶之事矣。杨氏曰：“苟志于仁，未必无过举也，然而为恶则无矣。”

李贽评：直截。

夏新评：此儒家“志仁章”也。乃孔子向世人明明白白指出，人之向善与去恶之途径。切记！切记！果如此，世道善矣，天下和气！你看东方伟大文明，堂堂正正，虽历史上短暂被侵略者欺压却无法挡住中华乃为人类智慧最高、文化最先进民族之事实。只可惜当今世象，又有几个“苟志于仁”而不苟志于利？资本主导，丛林法则，一超独霸，美丑倒置，天下混沌，善恶不分，坚船利炮，普世横行，血肉横飞，“无恶”只是孔夫子幻想而已。若古人再世，岂不气煞？

4．5子曰："富与贵，是人之所欲也。不以其道得之，不处也。贫与贱，是人之所恶也。不以其道得之，不去也。君子去仁，恶乎成名？君子无终食之间违仁，造次必于是，颠沛必于是。"

朱熹注：子曰："富与贵是人之所欲也，不以其道得之，不处也；贫与贱是人之所恶也，不以其道得之，不去也。恶，去声。不以其道得之，谓不当得而得之。然于富贵则不处，于贫贱则不去，君子之审富贵而安贫贱也如此。君子去仁，恶乎成名？恶，平声。言君子所以为君子，以其仁也。若贪富贵而厌贫贱，则是自离其仁，而无君子之实矣，何所成其名乎？君子无终食之间违仁，造次必于是，颠沛必于是。"造，七到反。沛，音贝。终食者，一饭之顷。造次，急遽苟且之时。颠沛，倾覆流离之际。盖君子之不去乎仁如此，不但富贵、贫贱、取舍之间而已也。言君子为仁，自富贵、贫贱、取舍之间，以至于终食、造次、颠沛之顷，无时无处而不用其力也。然取舍之分明，然后存养之功密；存养之功密，则其取舍之分益明矣。

李贽评：都作训辞看，血脉便贯通无碍。

夏新评：此儒家"富贵章"也。天下思想家，谁能把世事人心参透？有孔子。天下政治学，谁能掏心窝话、道真情？有孔子。一句"富与贵，是人之所欲也"，多么通民心！多么接地气！多么人性化！但是，千百年下来，多少刀枪剑戟直对着儒家？孔子说假话吗？假清高吗？唱高调了吗？伪君子吗？非也。诸位看官，须知"人之所欲"亦是孔子对自己说的。此章让世人见真实内心之真实孔子，而又可见宋明后儒之"灭人欲、存天理"论有多怪诞。人心是肉长的，时存的，实在的，变数的，物质的，饥饿时只有一个愿望，吃饱会生出多个。自从地球所载之物被人类私心当作财产占有分割以来，人与人开始疯狂为富与贵争夺拼杀至今数千年。结局是大众挫败，人多贫穷，衣食无着，世代忧愁。寡头胜利，家财万贯，独占鳌头，成功欢笑。但是，得来容易守成难。一代盈天，二代耗干，三代讨饭。自古年来，世象轮回，喜剧悲剧，煞是好看！好看！可笑人心不足蛇吞象，要把地球独霸。大傻生瓜啊，尔咋不清白，哲人早已揭示："不以其道得之，不处也"，必然亡。大道在此，大鳄必如是，贪官必如是，超霸必如是？

4．6子曰：“我未见好仁者，恶不仁者。好仁者，无以尚之；恶不仁者，其为仁矣，不使不仁者加乎其身。有能一日用其力于仁矣乎？我未见力不足者。盖有之矣，我未之见也。”

朱熹注：子曰：“我未见好仁者，恶不仁者。好仁者，无以尚之；恶不仁者，其为仁矣，不使不仁者加乎其身。好、恶，皆去声。夫子自言未见好仁者、恶不仁者。盖好仁者真知仁之可好，故天下之物无以加之。恶不仁者真知不仁之可恶，故其所以为仁者，必能绝去不仁之事，而不使少有及于其身。此皆成德之事，故难得而见之也。有能一日用其力于仁矣乎？我未见力不足者。言好仁恶不仁者，虽不可见，然或有人果能一旦奋然用力于仁，则我又未见其力有不足者。盖为仁在己，欲之则是，而志之所至，气必至焉。故仁虽难能，而至之亦易也。盖有之矣，我未之见也。”盖，疑辞。有之，谓有用力而力不足者。盖人之气质不同，故疑亦容或有此昏弱之甚，欲进而不能者，但我偶未之见耳。盖不敢终以为易，而又叹人之莫肯用力于仁也。此章言仁之成德，虽难其人，然学者苟能实用其力，则亦无不可至之理。但用力而不至者，今亦未见其人焉，此夫子所以反复而叹惜之也。

李贽评：“无以尚之”、“不使不仁者加乎其身”，正是“用力”“力足”处。

夏新评：此儒家“好仁章”也。孔子敢于直面对道德社会的期望与现实之巨大反差。虽不免令人失望，但现实只是如此。岂有欲仁而力不足者？好一个“不足”理由推脱。世人当自扪问：有能一日用其力于仁矣乎？东西方亿万斯民之中总会有自觉之几个人身者吗？“我未见好仁者”，两千年了能不让夫子太失望？亦“未见力不足”者呀？人类你就拿出点儿勇气、出息，让我们的孔夫子撞见一个吧？

4．7子曰：“人之过也，各于其党。观过，斯知仁矣。”

朱熹注：子曰："人之过也，各于其党。观过，斯知仁矣。"党，类也。程子曰："人之过也，各于其类。君子常失于厚，小人常失于薄；君子过于爱，小人过于忍。"尹氏曰："于此观之，则人之仁不仁可知矣。"吴氏曰："后汉吴佑谓：'掾以亲故：受污辱之名，所谓观过知仁'是也。"愚按：此亦但言人虽有过，犹可即此而知其厚薄，非谓必俟其有过，而后贤否可知也。

李贽评：仁人之言。

夏新评：此儒家“人过章”也。乃孔子又一发见！人之过错是有党有类的？夫子观察分析实在深入而独到！人与人之差异，不仅在其之德不同，而且在其之过亦有类。身在江湖，必多抢掠。置于市井，必图小利。沉湎淫楼，必贪女色。此所谓“人之过也，各于其党”。但孔子自我认知，一不以自己为圣，二不以自己先知，三不以自己无过。孔子哪一点不将自己置于凡夫布衣行列呢？除了对一个华夏文明责任木铎担当例外。千万次教诲门徒庶子，要让人们去过向仁，道德向上，人性提升。孔子多么重视人的发展。中国古代儒家文化重视人的综合发展，马克思重视人的全面发展，毛泽东重视人的多方面发展。一言以蔽之，先进文化都重视人的发展。唯有大神文化是压制，扼杀人的发展。

4．8子曰：“朝闻道，夕死可矣。”

朱熹注：子曰：“朝闻道，夕死可矣。”道者，事物当然之理。苟得闻之，则生顺死安，无复遗恨矣。朝夕，所以甚言其时之近。程子曰“言人不可以不知道，苟得闻道，虽死可也。”又曰：“皆实理也，人知而信者为难。死生亦大矣！非诚有所得，岂以夕死为可乎？”

李贽评：说不闻道不可以死，非说闻道即当死也。

夏新评：此儒家“闻道章”也。令后生感叹唏嘘古志士仁人之崇高也！孔子铿锵宣示——人为什么活着！强烈的真理追求激情支配着其一生。而生民于世，肉体直觉寒冷饥饿昼夜袭击身心，不免朝暮时刻生出衣食欲求。哪一位帝王或庶人少得了饱暖？然而古之中华士人竟超越生命那物质需要并肉身欲望，将一己之求定位在高缈之“闻道”上。此种境界，如是精神，其谁不肃然？然则何谓“道”？夫子之道乃上古三代之道统也，乃炎黄先祖之道德也，乃华夏文化之信念也。此则为中华文明精神之核心。令人拍案的是，中国士人竟将一个求道之心置于生死之上，可叹！可叹！呜呼，人类对真理之追求，有甚于是人者乎？有甚于是族者乎？上古之道，乃中华道统，当代之道，乃中国化马克思主义。中华得儒学和中国化理论两个先进思想文化岂非偶然？只可惜中华民族专注形而上而忽略形而下，正因此忽视了美洲、澳洲吗？正可谓：高山仰止，中华！

4．9子曰：“士志于道，而耻恶衣恶食者，未足与议也。”

朱熹注：子曰：“士志于道，而耻恶衣恶食者，未足与议也。”心欲求道，而以口体之奉不若人为耻，其识趣之卑陋甚矣，何足与议于道哉？程子曰：“志于道而心役乎外，何足与议也？”

李贽评：耻恶衣恶食，真是可耻。

夏新评：此儒家“志道章”也。中华士人节操、境界、追求高耸入云！举世无双，四大文明，三个皆不及。其志于道的坚定性、一贯性，由此可识。胸怀大道，何惧恶衣恶食！孔子若是，门徒若是，子孙若是。民国时节，曾有一位北京大学校长炎夏穿一破洞汗衫，而曰：“此快哉衫”也；寒冬穿一破棉袄，而曰：“此暖兮袍”也。身外衫破，心内富强，泰然处之。如此士人，谁不肃然？如此民族，焉不自强？

4．10子曰：“君子之于天下也，无适也，无莫也，义之与比。”

朱熹注：适，丁历反。比，必二反。○适，专主也。春秋传曰“吾谁适从”是也。莫，不肯也。比，从也。谢氏曰：“适，可也。莫，不可也。无可无不可，苟无道以主之，不几于猖狂自恣乎？此佛老之学，所以自谓心无所住而能应变，而卒得罪于圣人也。圣人之学不然，于无可无不可之间，有义存焉。然则君子之心，果有所倚乎？”

李贽评：真，真！

夏新评：此儒家“天下章”也。吾读此章，每每拍案：奇了，奇了！孔子一介草民，其少也贱，居于陬邑乡下，犹若飞翔蓬蒿之间，竟何以生成偌大情怀南溟之志？一张口即是“君子之于天下也”，了不得，了不得！佩服！佩服！使我等晚生直要把皮袍下边的“小”掉出。夫子对人与客观外界关系在此又一次直白表述，自勉，亦为教诲门徒后生。但世人由此看见夫子之心，竟包藏宇宙。倘若志可比义，必可“无适”、必可“无莫”！君子之世界观广袤海纳，君士之生存法了然自在。你看古今中华士人若把一个“天下”怀之，还有什么装不下呢？我华夏，我中国人早已为世人仰视了！

4．11 子曰：“君子怀德，小人怀土；君子怀刑，小人怀惠。”

朱熹注： 怀，思念也。怀德，谓存其固有之善。怀土，谓溺其所处之安。怀刑，谓畏法。怀惠，谓贪利。君子小人趣向不同，公私之间而已。尹氏曰“乐善恶不善，所以为君子；苟安务得，所以为小人。”

李贽评： “怀”字妙！

夏新评： 此儒家“修养章”也。但见中华之文化高点，道德高点，人学高点，理论高点，在此闪闪发光见证。华夏炎黄为文化立意奇高之民族，由此章可见。中国士人怅然自立，中国文化凛然自信。虽然古往今来，大千世界君小并存，比比皆是。国亦如此，不必惊奇。人生下来皆赤条，老来死去有尊卑。只在你一个怀德？怀土？重和？重霸？在小人劣邦那里对道德之光可以视而不见，而一点蝇头小利、一己之私却引得他满头大汗，甚而四大舰队齐出动。蝼蚁之目看世界，虫萤之火炫夜空，自以为不可一世，可怜！可怜！诸君，你我生命数十载，快快长，向前走，睹小人，观君子。谁白活了呢？

4．12 子曰：“放于利而行，多怨。”

朱熹注：放，上声。孔氏曰：“放，依也。多怨，谓多取怨。”〇程子曰：“欲利于己，必害于人，故多怨。”

李贽评：何利之有？.

夏新评：此儒家“祛怨章”也。夫子算是看破尘寰、看透了生物人性软肋，鱼贪诱饵人贪利。在世界的果盘上，谁大嘴多吃，人家看清楚得很！能不心生怨意？唯尔自作聪明以为人神不知。小人们，别再装了！中国文化智慧力、洞察力、思维力，其谁可比？唯我中华脚踏实地，天马行空，宁立道德高地，不贪南北美洲。

4．13 子曰：“能以礼让为国乎，何有？不能以礼让为国，如礼何？”

朱熹注：让者，礼之实也。何有，言不难也。言有礼之实以为国，则何难之有，不然，则其礼文虽具，亦且无如之何矣，而况于为国乎？

李贽评：礼之用如此，令人那得知！

夏新评：此儒家“邦危章”也。愚以为，孔子心中已然有一幅“理想国”憧憬，那就是礼让为国，为政以德，一个完美世界的幻影。孔子何以谆谆教诲门徒“为政”，乃在培养“哲学王”。何以73载栖栖遑遑奋斗不息，乃在有此目标动力。然而理想很丰满，现实很骷髅。当然世人有“不以”，而种下生灭的根苗。此乃天地之理，兴亡之道。“如礼何”？数千年了，但看今日东西世道，纵然现代人智力聪明之至，科技发达之极，财富盈天满盆，却只是拥抱一个丛林法则，马太效应，以之为“普世价值”，邦国危殆临近竟丝毫未察。中华文化指点：“能以礼让为国乎”？且看它独霸下场，一声叹息而已！

4．14 子曰：“不患无位，患所以立。不患莫已知，求为可知也。”

朱熹注：所以立，谓所以立乎其位者。可知，谓可以见知之实。程子曰：“君子求其在己者而已矣。”

李贽评：至言。

夏新评：此儒家“所患章”也。人生忧患糊涂始，智者愚夫患不同，但是吃饱了饭就来忧患是真。人之所患自己选择，或患无位或患莫已知，皆是丢了自主怨天尤人。而患所以立，患求可知，方是主导在我，求知有得，修身有立，品位人尊。这一立论，高下分明，深刻另类。儒家思维，见大、见深、见异，心在时下乱局担当，思在立于不败之地。谁能与之？

4.15子曰："参乎！吾道一以贯之。"曾子曰："唯。"子出，门人问曰："何谓也？"曾子曰："夫子之道，忠恕而已矣。"

朱熹注：子曰："参乎！吾道一以贯之。"曾子曰："唯。"参，所金反。唯，上声。参乎者，呼曾子之名而告之。贯，通也。唯者，应之速而无疑者也。圣人之心，浑然一理，而泛应曲当，用各不同。曾子于其用处，盖已随事精察而力行之，但未知其体之一尔。夫子知其真积力久，将有所得，是以呼而告之。曾子果能默契其指，即应之速而无疑也。子出。门人问曰："何谓也？"曾子曰："夫子之道，忠恕而已矣。"尽己之谓忠，推己之谓恕。而已矣者，竭尽而无余之辞也。夫子之一理浑然而泛应曲当，譬则天地之至诚无息，而万物各得其所也。自此之外，固无余法，而亦无待于推矣。曾子有见于此而难言之，故借学者尽己、推己之目以着明之，欲人之易晓也。盖至诚无息者，道之体也，万殊之所以一本也；万物各得其所者，道之用也，一本之所以万殊也。以此观之，一以贯之之实可见矣。或曰："中心为忠，如心为恕。"于义亦通。程子曰："以己及物，仁也；推己及物，恕也，违道不远是也。忠恕一以贯之：忠者天道，恕者人道；忠者无妄，恕者所以行乎忠也；忠者体，恕者用，大本达道也。此与违道不远异者，动以天尔。"又曰："'维天之命，于穆不已'，忠也；'干道变化，各正性命'，恕也。"又曰："圣人教人各因其才，吾道一以贯之，惟曾子为能达此，孔子所以告之也。曾子告门人曰：'夫子之道，忠恕而已矣'，亦犹夫子之告曾子也。中庸所谓'忠恕违道不远'，斯乃下学上达之义。"

李贽评：天下有忠恕之人有一处不贯通否？乃知曾子之"唯"，实见到此处矣。今人看此，都瞶瞶。

夏新评：此儒家"忠恕章"也。夫子这个"一以贯之"，何其了得？士人思想意识，信仰立场，无须隐藏，大白天下！中华文明之一大个性特色为"有道统"，先祖炎黄尧舜创立，夏商西周三代传承，至春秋却有"坠于地"之危机。自有士人力挽狂澜，显英雄本色。然则何谓道？道在九天，道在世间。道乃夫子之"为政以德"也，"一匡天下"也，安民安百姓也！孔子生而"志于道"，自主担当，挽救礼乐，传承道统，是文化的幸运偶然还是士人的志向必然？无论如何，中华上古三千年文明得继，人类已是大赢家。而孔子门徒以为所谓道之深义，在"忠恕而已矣”，倒也明晰简切。曾子于此确有历史文化功劳。诸位看官，在下竟以为，先师孔子一句“吾道一以贯之”，岂不令你我等中华士人气贯长虹，要与华夏文明相思相守至地老天荒吗！

4．16子曰："君子喻于义，小人喻于利。"

朱熹注：喻，犹晓也。义者，天理之所宜。利者，人情之所欲。程子曰："君子之于义，犹小人之于利也。唯其深喻，是以笃好。"杨氏曰："君子有舍生而取义者，以利言之，则人之所欲无甚于生，所恶无甚于死，孰肯舍生而取义哉？其所喻者义而已，不知利之为利故也，小人反是。"

李贽评："喻"字妙！有不知其然而然者矣。

夏新评：此儒家"义利章"也。此章为夫子为后人阐释世界观人生观价值观也！世界本美好，而却又丑陋。只在因了有义有利，有君子有小人。夫子身为布衣，于艰难竭蹶之中，物质大贫，超低空飞行生存，竟然思索义利之辨与君小之分，要士人将己身怀义奇高，仰望苍穹，恰似天马行空。孔子儒家思想喻于仁义道德，结果在汉武帝独尊儒术后带来汉唐盛世，又引发今日伟大复兴。中国古贤之精神世界，后辈唯有高山仰止、景行行止而已矣！

4．17 子曰：**“见贤思齐焉，见不贤而内自省也。”**

朱熹注：省，悉井反。思齐者，冀己亦有是善；内自省者，恐己亦有是恶。胡氏曰：“见人之善恶不同，而无不反诸身者，则不徒羡人而甘自弃，不徒责人而忘自责矣。”

李贽评：参、苓、蛇、虺都是药。

夏新评：此儒家“齐贤章”也。此章当为对社会疾病诊断所开药方。孔子如何对待世俗乱象、芸芸众生的？乍看人间，确实为小人漫山遍野，污垢垃圾横陈。但你切切勿要失望。人有种种色色，吾有修身之则，“见贤思齐焉，见不贤而自省也”。岂不成为鞭策每一位生病个体主体向上的力量？哪里有一点点对客观之抱怨、对不屑之责言？此处最不易。故而孔子学校为何生机勃勃？师徒为何意气风发？自有此见贤与不贤功力使然。包容天下，输正能量，向前者，有信心，多给力。忽然感悟发现：此处当为中华文化千年之浩然宏大气象是也！

4．18 子曰：**“事父母几谏，见志不从，又敬不违，劳而不怨。”**

朱熹注：此章与内则之言相表里。几，微也。微谏，所谓“父母有过，下气怡色，柔声以谏”也。见志不从，又敬不违，所谓“谏若不入，起敬起孝，悦则复谏”也。劳而不怨，所谓“与其得罪于乡、党、州、闾，宁熟谏。父母怒不悦，而挞之流血，不敢疾怨，起敬起孝”也。

李贽评：“几谏”只是一个“敬”字，观“又敬”二字可知已。

夏新评：此儒家“事亲章”也。孔子对孝悌之道的推崇研究进入了实践中的操作性、具体性，事务性、日常性的微观层面。儿女孝的对象是父母长辈。主体不同，个性差异，年岁差距。老者有故步自封之病，经验主义，十分强大，不听人谏。孔子虽父逝早，但他是认知了此类弊端的。如何对待历史之堕力的长者？谏吧，虽不从，仍要“不违”，“不怨”，而敬不变。当然有纠结，可惜这一家庭伦理之微妙，恐是西方文化无论如何难以明白企及的。中国古文化之人性，见矣！

4．19子曰：“父母在，不远游，游必有方。”

朱熹注： 远游，则去亲远而为日久，定省旷而音问疏；不惟己之思亲不置，亦恐亲之念我不忘也。游必有方，如己告云之东，即不敢更适西，欲亲必知己之所在而无忧，召己则必至而无失也。范氏曰：“子能以父母之心为心则孝矣。”

李贽评： “游必有方”正是“不远游”，非真不游也。

夏新评： 此儒家“出游章”也。孔子思考血脉族亲成员之事多么周延、细致、人性！一个“不远”，一个“有方”，这是家庭人伦中一种“孝”的方法论。儿女长大当然要出外打拼，世事身不由己，还有官家兵役、徭役忽然骤至，谁敢抗拒不去？每每离家千里万里，何其牵挂？若是“游必有方”，岂不可解？通讯不易时代不得已而为之，含后辈多少用心孝道？今天通讯发达，夫子之叮嘱，谁已忘却九霄云外？

4．20 子曰：“三年无改于父之道，可谓孝矣。”

朱熹注：胡氏曰：“已见首篇，此盖复出而逸其半也。”

夏新评：此儒家“改道章”也。此章一直给孔子带来巨大损害，人以之为孔子复古顽固之铁证。事实俱在，中国古代文化真的主张倒退吗？儒家思想果然是守旧代表吗？天大误解！董仲舒鼓吹“天不变道亦不变”根本非原初儒学。此章一个“改”字，使儒家文化倾倒后生！洗白百代之冤。夫子是亲口允诺可“改”的呀？非常难得的是他还设了“改”的条件：时间三年之后。中国哲学是极少有量化的，而孔学有此。父殁子继，传承三年，然后调整、改革、变更、前进。这即是孔子哲学之“损益”论，马克思之“扬弃”观也。可见中华文明本质是追求向前变动之文化。这是《易》之精神，《易》者变也。孔子在中国文化史上首次使用了以人之主观意志为依托推动客观事物变化的语词“改”，可谓对人的意识能动性认知萌生，太早了！苏格拉底、柏拉图、亚里士多德，有哪一位言及此理？这是中国哲学之光彩华章！理论先导，改革先驱，两千年前先祖开明若此，20 世纪中国改革开放浩浩荡荡，岂不是题中应有之义？引领当代势所必然。人类幸矣！

4．21 子曰：“父母之年，不可不知也。一则以喜，一则以惧。”

朱熹注：知，犹记忆也。常知父母之年，则既喜其寿，又惧其衰，而于爱日之诚，自有不能已者。

李贽评：说尽人手至情。

夏新评：此儒家“父母章”也。世界羡慕中国人家庭观念牢固，孝悌之道亲情浓烈，孔子劝后辈要将父母之年与疾患喜忧装在心中。谆谆教诲啊！

4．22 子曰：**“古者言之不出，耻躬之不逮也。”**

朱熹注：言古者，以见今之不然。逮，及也。行不及言，可耻之甚。古者所以不出其言，为此故也。范氏曰：“君子之于言也，不得已而后出之，非言之难，而行之难也。人惟其不行也，是以轻言之。言之如其所行，行之如其所言，则出诸其口必不易矣。”

李贽评：可想见古人淳朴厚重之风。

夏新评：此儒家“耻躬章”也。在寰宇中，唯有中国人太将自己当回事，极要体面，太讲身份，太在乎尊严。倘有诺言，必须践履。所以，孔子此言一出，中国人说话要吞吞吐吐了。若说到做不到，一个“耻”字，何止千斤，恰似泰山！

4．23 子曰：“以约失之者鲜矣。”

朱熹注：鲜，上声。谢氏曰：“不侈然以自放之谓约。”尹氏曰：“凡事约则鲜失，非止谓俭约也。”

李贽评：口诀。

夏新评：此儒家“律约章”也。中国文化被人诟病者，大陆公知一针见血批判指责：你们中国无有“契约精神”！但孔子所见他那个时代君子“失约者鲜”却不为此君目睹。事实是，现代世界公认中国政府遵守条约信誉度获最高评价。能约束自己，说得到，做得到，中国人说话算数。但中国确也有失“约”之处呀，本来《南京条约》《马关条约》《辛丑条约》《望厦条约》之类不算少，一条条，厚厚的，却在有一年被中国人一家伙废光了！如此约在哪里？情何以堪？而去勒索弱小他人他国的“条约”家伙文字之类，中国至今也没有弄懂学会啊！

4．24 子曰："君子欲讷于言而敏于行。"

朱熹注：行，去声。谢氏曰："放言易，故欲讷；力行难，故欲敏。"胡氏曰："自吾道一贯至此十章，疑皆曾子门人所记也。"

李贽评："欲"字有孽孽矻矻意。

夏新评：此儒家"敏讷章"也。此是上古君子士人的"座右铭"么？讷言而敏行，君子之气象也。古今相通，有毛泽东氏犹喜《论语》此章，以自己之二爱女令"敏"与"讷"之名志之。此二字实在浓缩中华精神。当今高校之莘莘学子亦似喜爱之。曾见清华大学校园那荷塘近处有一石刻"行胜于言"，再看看清华人举止立马发现，清华很安静，真真喜少言而多行了！但孔子太重言行一致，行胜于言，太打击善于滔滔不绝对天狂吠好舌头，使得民主政治能手们在中华有劲不好出力啊。

4．25 子曰：“德不孤，必有邻。”

朱熹注： 邻，犹亲也。德不孤立，必以类应。故有德者，必有其类从之，如居之有邻也。

李贽评： 有一善端，善毕至矣。

夏新评： 此儒家“德邻章”也。中国人处理两大关系，创两大哲学观点方法。与客观外界，有“天人合一”；与他国别人，有“以德友邻”。杨振宁曾谓中国文化无推演思维而吾有腹诽。孔子并无长久掌权国家政治实践，何来邦国外交深刻认知？必以自家与乡党人际交往之经验推及之，又从而遂将此一人生感悟之大要示于门徒：“德不孤，必有邻”。这是大哲学！仅此六字，唯大哲大智大化大思方可偶然得之！乃先祖高瞻远瞩之思虑。自此，中华外交大计定矣！中华文化自信彰矣！孔子以降，惠及历代，谁谓不然？那文明奥妙几人知？一个“德”可以让一个文明五千年传承不绝，而核弹世界第一、军事基地遍全球却保不住世贸大厦，恐也难保住那美利坚。太强大、太聪明，富甲天下，独霸天下，你只缺一德啊！拉几个狐朋狗友，和利欲熏心之徒，各怀鬼胎心计，叫嚣乎东西，隳突乎南北，中东开火，南海捣乱，自以为得意，其实夕阳西下，一串秋后蚱蜢蹦跶？孔子此一个“德不孤”，中华智慧岂止高一筹？观天下，走着瞧！

4．26 子游曰："事君数，斯辱矣；朋友数，斯疏矣。"

朱熹注：数，色角反。程子曰："数，烦数也。"胡氏曰："事君谏不行，则当去；导友善不纳，则当止。至于烦渎，则言者轻，听者厌矣，是以求荣而反辱，求亲而反疏也。"范氏曰："君臣朋友，皆以义合，故其事同也。"

李贽评：非畏"辱"畏"疏"也，正恐"疏""辱"则不得谏耳。

夏新评：此儒家"谏言章"也。孔子的又一则做人心得。休要小心眼，丢大局。夫子教导门徒做人，实在是用心良苦、诲人不倦啊。看似小事一桩，实则含中华文化大智慧。于君于友，斤斤计较，伤不浅啊！

公冶长篇第五

5．1 子谓公冶长：“可妻也。虽在缧绁之中，非其罪也。”以其子妻之。

朱熹注： 妻，去声，下同。缧，力追反。绁，息列反。公冶长，孔子弟子。妻，为之妻也。缧，黑索也。绁，挛也。古者狱中以黑索拘挛罪人。长之为人无所考，而夫子称其可妻，其必有以取之矣。又言其人虽尝陷于缧绁之中，而非其罪，则固无害于可妻也。夫有罪无罪，在我而已，岂以自外至者为荣辱哉？

夏新评： 此儒家“可妻章”也。大仁大义大爱，夫子以至亲己女下嫁贫贱门徒力彰人性。眼睛不向上攀却向下看。昌明之世哪里有，冤案古已一桩桩！包拯千年一个，无讼只是想往。孔夫子仁者之心甚而系于缧绁弱者，虽无力为乡野小民申冤洗雪，却有能为受枉之人嫁己爱女。孔子圣人，德匹无乎？

5．2子谓南容："邦有道，不废；邦无道，免於刑戮。"以其兄之子妻之。

朱熹注：南容，孔子弟子，居南宫。名絛，又名适。字子容，谥敬叔。孟懿子之兄也。不废，言必见用也。以其谨于言行，故能见用于治朝，免祸于乱世也。事又见第十一篇。或曰："公冶长之贤不及南容，故圣人以其子妻长，而以兄子妻容，盖厚于兄而薄于己也。"程子曰："此以己之私心窥圣人也。凡人避嫌者，皆内不足也，圣人自至公，何避嫌之有？况嫁女必量其才而求配，尤不当有所避也。若孔子之事，则其年之长幼、时之先后皆不可知，惟以为避嫌则大不可。避嫌之事，贤者且不为，况圣人乎？"

李贽评："在缧绁之中"、"免于刑戮"，极有意味。记此以见夫子时中。

夏新评：此儒家"明哲章"也。夫子常有观察混沌之世和生存之道，只是见到险象环生，祸在旦夕。邦有道无道，自是君王有德无德，庶民岂可奈何之？唯有以"不废""免于"应对之。老人家可是读《尚书》、《礼乐》通晓古史的，多少人头被昏君砍掉？在朝廷伴君王，时时刻刻，可能一条小命丧失。如何与乱世周旋？孔子为门生着想一定思考已久，将切身防身保命真言嘱咐于门徒南容，亦是贤婿。利己利他，可谓亲亲为仁矣！

5．3子谓子贱：“君子哉若人！鲁无君子者，斯焉取斯？”

朱熹注：焉，于虔反。子贱，孔子弟子，姓宓，名不齐。上斯斯此人，下斯斯此德。子贱盖能尊贤取友以成其德者。故夫子既叹其贤，而又言若鲁无君子，则此人何所取以成此德乎？因以见鲁之多贤也。苏氏曰：“称人之善，必本其父兄师友，厚之至也。”

李贽评：把子贱来做一尊贤取友的样子，非徒赞子贱已也。

夏新评：此儒家“若人章”也。道出孔子心情对世道并未彻底悲切失望，也足见他是时时处处在观察、寻觅。要从乱世中发现美景，从乱民中得见君子，须是有心人。谁谓鲁无君子？孔子是道德自信论者，一旦发现一个，立表彰之，那就是门徒们有精神成长的楷模了，也是不负他教诲心血。一个子贱，顿让老人家心情大好！

5．4 子贡问曰："赐也何如？"子曰："女，器也。"曰："何器也？"曰："瑚琏也。"

朱熹注：女，音汝。瑚，音胡。琏，力展反。器者，有用之成材。夏曰瑚，商曰琏，周曰簠簋，皆宗庙盛黍稷之器而饰以玉，器之贵重而华美者也。子贡见孔子以君子许子贱，故以己为问，而孔子告之以此。然则子贡虽未至于不器，其亦器之贵者欤？

李贽评：子贡问曰："赐也何如？"也自负。子曰："女，器也。"曰："何器也？"曰："瑚琏也。"

知己。

夏新评：此儒家"瑚琏章"也。嘉奖人才。孔子是生活在思维冲突抵牾中吗？他曾曰"君子不器"，此又曰"汝，器也。"人到底算不算器皿？其实，这正是哲人之哲思。为了防止简单化走极端，而取中庸叩两端。君子可不是什么物品而是人。但是子贡这种学生人品、学识又恰似瑚琏宝器。这就是助力门徒后生拓展志气空间，伸长翅膀好放飞呀！夫子之人心，天人天心也？但真真气杀在下草芥庶民，此章奉出中国哲学一大命题竟为古今论者视而不见：人非器物，人就是人，顶天立地在此！宇宙之灵在此！中华古代哲学"人论"大放光华！

5.5或曰："雍也仁而不佞。"子曰："焉用佞？御人以口给，屡憎於人。不知其仁，焉用佞？"

朱熹注：或曰："雍也仁而不佞。"雍，孔子弟子，姓冉，字仲弓。佞，口才也。仲弓为人重厚简默，而时人以佞为贤，故美其优于德，而病其短于才也。子曰："焉用佞？御人以口给，屡憎于人。不知其仁，焉用佞？"焉，于虔反。御，当也，犹应答也。给，辨也。憎，恶也。言何用佞乎？佞人所以应答人者，但以口取辨而无情实，徒多为人所憎恶尔。我虽未知仲弓之仁，然其不佞乃所以为贤，不足以为病也。再言焉用佞，所以深晓之。或疑仲弓之贤而夫子不许其仁，何也？曰：仁道至大，非全体而不息者，不足以当之。如颜子亚圣，犹不能无违于三月之后；况仲弓虽贤，未及颜子，圣人固不得而轻许之也。"

李贽评：是故恶夫佞者。

夏新评：此儒家"不佞章"也。仁是德，佞是术。美德定位向在美言之上。小人说客，以为口给强项，暗自得意。其却不知中华不屑。一部《论语》，孔子只是对巧言佞口一路打将来。儒家道德文化与奸邪势不两立！

5．6 子使漆雕开仕。对曰：“吾斯之未能信。”子说。

朱熹注：说，音悦。漆雕开，孔子弟子，字子若。斯，指此理而言。信，谓真知其如此，而无毫发之疑也。开自言未能如此，未可以治人，故夫子说其笃志。程子曰：“漆雕开已见大意，故夫子说之。”又曰：“古人见道分明，故其言如此。”谢氏曰：“开之学无可考。然圣人使之仕，必其材可以仕矣。至于心术之微，则一毫不自得，不害其为未信。此圣人所不能知，而开自知之。其材可以仕，而其器不安于小成，他日所就，其可量乎？夫子所以说之也。”

李贽评：好弟子，好先生。

夏新评：此儒家“未信章”也。展示孔门学校校园文化风情：学生讲实话，老师方高兴。此一实证，孔子性情中人，一件生活小事，门徒一点开化，可使之愉悦快乐，心广天下。记住，美美共美，安有不乐？

5.7子曰：“道不行，乘桴浮于海。从我者，其由与？”子路闻之喜。子曰：“由也好勇过我，无所取材。”

朱熹注：桴，音孚。从、好，并去声。与，平声。材，与裁同，古字借用。桴，筏也。程子曰：“浮海之叹，伤天下之无贤君也。子路勇于义，故谓其能从己，皆假设之言耳。子路以为实然，而喜夫子之与己，故夫子美其勇，而讥其不能裁度事理，以适于义也。”

李贽评：子路痴。

夏新评：此儒家“失意章”也。当为孔子生涯最困顿时刻与最糟糕心情之时，已然做出最下策打算：“乘桴浮于海。”一句心里话，道出世事艰难，痛苦处莫过于“道不行”。当此一刻应是历尽千难万险政治长征游说七十余国干八十余君，而无一应允政治改革主张，希望破灭身陷绝境，而仰天长叹，向门徒直白心声。真人也！孔子也有悲观无力之时。你想：一个布衣草芥，毫无背景凭依，手无一寸兵铁，却要向上层建筑动利益蛋糕，进行改革，上青天比之易一点吧？

5．8孟武伯问："子路仁乎？"子曰："不知也。"又问。子曰："由也，千乘之国，可使治其赋也，不知其仁也。""求也何如？"子曰："求也，千室之邑，百乘之家，可使为之宰也，不知其仁也。""赤也何如？"子曰："赤也，束带立于朝，可使与宾客言也，不知其仁也。"

朱熹注：孟武伯问："子路仁乎？"子曰："不知也。"子路之于仁，盖日月至焉者。或在或亡，不能必其有无，故以不知告之。又问。子曰："由也，千乘之国，可使治其赋也，不知其仁也。"乘，去声。赋，兵也。古者以田赋出兵，故谓兵为赋，春秋传所谓"悉索敝赋"是也。言子路之才，可见者如此，仁则不能知也。"求也何如？"子曰："求也，千室之邑，百乘之家，可使为之宰也，不知其仁也。"千室，大邑。百乘，卿大夫之家。宰，邑长家臣之通号。"赤也何如？"子曰："赤也，束带立于朝，可使与宾客言也，不知其仁也。"朝，音潮。赤，孔子弟子，姓公西，字子华。

李贽评：孟武伯问："子路仁乎？"子曰："不知也。"妙。又问。子曰："由也，千乘之国，可使治其赋也，不知其仁也。""求也何如？"子曰："求也，千室之邑，百乘之家，可使为之宰也，不知其仁也。""赤也何如？"子曰："赤也，束带立于朝，可使与宾客言也，不知其仁也。"

"子罕言仁"。

夏新评：此儒家"英才章"也。可怜！光天化日，孔子竟做一场春秋大梦，欲以穷小子替代王侯。知其徒者莫如其师！好一个孔门学校，师生很拼，天道酬勤！孔子看在眼里，了然于心，门徒子路、冉求、公孙赤，一个个栋梁之材，各具强项，正在勃勃生长：或为百乘之材，或为千室之英，或有立朝之能。孔氏之门，已然人才济济！有教无类，实验成功！诸生皆可为官做事。卑贱入朝自孔子开始破题。可喜可贺！但是，小子们，可不得忘形忘仁了，对你们我尚"不知其仁"否啊。须知术易得而道难成，修身还须时日以进啊！孔子此一评价，只在实事求是。乃揭示人类普遍精神现象，道德增益滞后于智识成长。此即形上器下之谓乎？

5．9子谓子贡曰："女与回也孰愈？"对曰："赐也何敢望回？回也闻一以知十，赐也闻一以知二。"子曰："弗如也；吾与女弗如也。"

朱熹注：子谓子贡曰："女与回也孰愈？"女，音汝，下同。愈，胜也。对曰："赐也何敢望回。回也闻一以知十，赐也闻一以知二。"一，数之始。十，数之终。二者，一之对也。颜子明睿所照，即始而见终；子贡推测而知，因此而识彼。"无所不悦，告往知来"，是其验矣。子曰："弗如也！吾与女弗如也。"与，许也。胡氏曰："子贡方人，夫子既语以不暇，又问其与回孰愈，以观其自知之如何。闻一知十，上知之资，生知之亚也。闻一知二，中人以上之资，学而知之之才也。子贡平日以己方回，见其不可企及，故喻之如此。夫子以其自知之明，而又不难于自屈，故既然之，又重许之。此其所以终闻性与天道，不特闻一知二而已也。"

李贽评：子谓子贡曰："女与回也孰愈？"妙。对曰："赐也何敢望回？回也闻一以知十，赐也闻一以知二。"子曰："弗如也；吾与女弗如也。"

夫子造就子贡处，大有禅机。

夏新评：此儒家"开智章"也。一大奥妙令人不解：以孔子仁人之心，何以主动将爱徒子贡与颜回相比长短？有人以为当是时子贡因门第尊贵又怀才气盛，故夫子有此点拨，让他知天外有天。到底使得子贡有自知："回也闻一以知十，赐也闻一以知二。"而被人忽略的是，夫子此次自我解剖评价认知，并对门徒子贡坦承：这一点你与我皆远不及颜回啊！把自己摆进去，共睹共识：那一个颜回修养、学识、悟性、天赋何其了得？果然不虚！此一对话之间，把个颜回独创学习法"闻一知十"道出，振聋发聩，石破天惊，此乃古今文士为学中求之不得之天人之境也。此一"闻一知十""颜回学习法"不仅铁证孔门教学成功，而且是中国乃至世界教育学说的空前理论创新，教育方法的巨大创造！是人类求知的超级理想状态。"闻一知十"，惊为天术。这是认知的飞跃！这是创造的火花！这一学习方法只有依托伟大民族及其伟大深厚睿智之古老优秀文明文化方可蕴藏孕育！

5.10 宰予昼寝。子曰：“朽木不可雕也，粪土之墙不可圬也；于予与何诛？”子曰：“始吾于人也，听其言而信其行；今吾于人也，听其言而观其行。于予与改是。”

朱熹注：宰予昼寝。子曰：“朽木不可雕也，粪土之墙不可杇也，于予与何诛。”朽，许久反。杇，音污。与，平声，下同。昼寝，谓当昼而寐。朽，腐也。雕，刻画也。杇，镘也。言其志气昏惰，教无所施也。与，语辞。诛，责也。言不足责，乃所以深责之。子曰：“始吾于人也，听其言而信其行；今吾于人也，听其言而观其行。于予与改是。”行，去声。宰予能言而行不逮，故孔子自言于予之事而改此失，亦以重警之也。胡氏曰：“‘子曰’疑衍文，不然，则非一日之言也。”范氏曰：“君子之于学，惟日孜孜，毙而后已，惟恐其不及也。宰予昼寝，自弃孰甚焉，故夫子责之。”胡氏曰：“宰予不能以志帅气，居然而倦。是宴安之气胜，儆戒之志惰也。古之圣贤未尝不以懈惰荒宁为惧，勤励不息自强，此孔子所以深责宰予也。听言观行，圣人不待是而后能，亦非缘此而尽疑学者。特因此立教，以警群弟子，使谨于言而敏于行耳。”

李贽评：“始吾于人也”四语，要知专为幸予，勿牵连春秋之世为是。

夏新评：此儒家“观行章”也。古今多有误解之处，人皆以为孔子不满宰予，实则是宰予体质羸弱如朽木，学习负担不可太重。引起孔子以此事自省：从听其言而信其行，到听其言而观其行。一次认识论巨大飞跃在此产生，认知深化迈出巨大一步。此方法论被后人抽象为：去粗取精、去伪存真；由此及彼、由表及里。孔子曾自谓不是天才先知，而是实践认识论者、可知论者。认识客体，因材施教，实事求是，在这一个例中凝聚而达统一。这一点对中国哲学、世界哲学的理论贡献，竟被忽略。过谁？试想，中国现代有哲人以为“实践——认识，再实践——再认识”，以至于无穷。岂非肇始于《论语》此章？

5.11子曰："吾未见刚者。"或对曰："申枨。"子曰："枨也欲，焉得刚？"

朱熹注：焉，于虔反。刚，坚强不屈之意，最人所难能者，故夫子叹其未见。申枨，弟子姓名。欲，多嗜欲也。多嗜欲，则不得为刚矣。程子曰："人有欲则无刚，刚则不屈于欲。"谢氏曰："刚与欲正相反。能胜物之谓刚，故常伸于万物之上；为物揜之谓欲，故常屈于万物之下。自古有志者少，无志者多，宜夫子之未见也。枨之欲不可知，其为人得非悻悻自好者乎？故或者疑以为刚，然不知此其所以为欲尔。"

李贽评："枨也欲，焉得刚"，亦就申枨言耳，不可以"欲"字与"刚"字缠扰。夫子言"吾未见刚者"，自有深意。

夏新评：此儒家"刚欲章"也。孔子期望有什么样的人生？仁心，德行，智识，刚毅，现实又是怎么样的？小人漫上遍野，阿谀怯懦之徒蓬生，怎不怅然若失！刚傲者犹高山，有凛风之气。孔子崇之而未见。刚者必有岸然在外，而仁德守内。德者，无欲也。一无所求，何欲之有？此德最不易，只为人之欲根难除。故世所罕见，夫子亦不见。孔子曾谓"未见好仁者""未见好德如好色者"，未见隐居以求其志、行义以达其道者，此处"未见刚者"，皆为呼唤道德超人、越世君子耶？此章盖在孔子对人类出现新人之期盼，远于时代，太超越！曾子编《大学》云："大学之道，在明明德，在新民"。心意与同，但那是在孔夫子百年之后啊！

5．12子贡曰：“**我不欲人之加诸我也，吾亦欲无加诸人。**”子曰：“**赐也，非尔所及也。**”

朱熹注：子贡言我所不欲人加于我之事，我亦不欲以此加之于人。此仁者之事，不待勉强，故夫子以为非子贡所及。程子曰：“我不欲人之加诸我，吾亦欲无加诸人，仁也；施诸己而不愿，亦勿施于人，恕也。恕则子贡或能勉之，仁则非所及矣。”愚谓无者自然而然，勿者禁止之谓，此所以为仁恕之别。

李贽评：推他上路。

夏新评：此儒家“自由章”也。“无加”，这是子贡的人格宣示，民主宣言，平等呐喊！可见孔子平日里一番教诲已唤起门徒人性要求，自由、民主、平等意识在孔门学校生发。而孔子比子贡更明白看见现实世界忧虑：“非尔所及”，由不得你我啊！形势比人强。但纵观所为，孔门学校确乎弥漫着民主、平等清风。儒学可谓无民主之词，而存民主之实。子贡“无加于人”，思想多么现代！

5．13 子贡曰：“夫子之文章，可得而闻也；夫子之言性与天道，不可得而闻也。”

朱熹注： 文章，德之见乎外者，威仪文辞皆是也。性者，人所受之天理；天道者，天理自然之本体，其实一理也。言夫子之文章，日见乎外，固学者所共闻；至于性与天道，则夫子罕言之，而学者有不得闻者。盖圣门教不躐等，子贡至是始得闻之，而叹其美也。程子曰：“此子贡闻夫子之至论而叹美之言也。”

李贽评： 真。

夏新评： 此儒家“不闻章”也。门徒之言，再次铁证夫子决非“述而不作”。夫子有述有作即文章。孔子是一个坦荡胸怀长者，平日与学生打成一片，其文几乎可以在孔门学校让学生普遍分享传阅，但老师那深邃的人性与天道奥理，可不是容易听闻学到呀！

子贡此一感叹，足见他洞察之深入细密与内心，看到老师孔子的话语世界是有边界的，其天赋与精神需求的确高于身边那些学长学弟。

此章又可窥见孔子之人道关怀内心。为何慎言“性与天道”。天道高深且不论，一个“性”可是好随意挑动的？孔校门生皆处于血气方刚青春之际，自然规律，欲火旺盛，若言性岂不引发火上加油，不可遏止？故罕言性，少刺激，先生用心良苦似在此。

5．14 子路有闻，未之能行，唯恐有闻。

朱熹注：前所闻者既未及行，故恐复有所闻而行之不给也。范氏曰："子路闻善，勇于必行，门人自以为弗及也，故着之。若子路，可谓能用其勇矣。"

李贽评：画出子路。

夏新评：此儒家"能行章"也。子路这位忠厚乡村青年急躁个性与率性霎时跃然纸上！彼就是个闻之即行的追风憨直后生。他的担心为做得不够快，不够多，而怕先生又有新的教导了。这样的青年学子当今仍可爱呀！这个子路，可谓一浩然刚正之大生命也！而在另一面，可见先生教诲方式方法多么高明高妙！多么善于培植和调度学子门徒求知向上的内在动力！孔门学校正是有了如此一伙蓬勃向上，说干就干的好学生，才充满朝气，才活力四射！且看今日大学遍全球，高生当有，高师安在？

5．15 子贡问曰："孔文子何以谓之'文'也？"子曰："敏而好学，不耻下问，是以谓之'文'也。"

朱熹注：好，去声。孔文子，卫大夫，名圉。凡人性敏者多不好学，位高者多耻下问。故谥法有以"勤学好问"为文者，盖亦人所难也。孔圉得谥为文，以此而已。苏氏曰："孔文子使太叔疾出其妻而妻之。疾通于初妻之娣，文子怒，将攻之。访于仲尼，仲尼不对，命驾而行。疾奔宋，文子使疾弟遗室孔姞。其为人如此而谥曰文，此子贡之所以疑而问也。孔子不没其善，言能如此，亦足以为文矣，非经天纬地之文也。"

李贽评：于子贡身上亦甚有益。圣人有言，其妙如此。盖因平昔悦不若已，是子贡病痛耳。

夏新评：此儒家"学问章"也。此可以算得上一个"善哉向"么？只有聪慧若孔子门徒子贡者方得提出如此"上问"！使世人得以知晓，"文人"不可以自命，既有敏而好学，还有不耻下问。孔子是善见他人之长，亦掏心窝道出了自身成长经验，一个"下"字，而令当今之世多少腹中空空尊贵长官放得下他的臃肿身段？

5.16子谓子产:“有君子之道四焉:其行已也恭,其事上也敬,其养民也惠,其使民也义。”

朱熹注:子产,郑大夫公孙侨。恭,谦逊也。敬,谨恪也。惠,爱利也。使民义,如都鄙有章、上下有服、田有封洫、庐井有伍之类。吴氏曰:“数其事而责之者,其所善者多也,臧文仲不仁者三、不知者三是也。数其事而称之者,犹有所未至也,子产有君子之道四焉是也。今或以一言盖一人、一事盖一时,皆非也。”

李贽评:不但称赞子产而已,欲他人亦为子产也。

夏新评:此儒家“道四章”也。“梦幻篇”也。孔夫子有政治畅想吗?当然!此章当是?我怀疑正是由此而引发先生后来终于做出十三年政治游说长征行为动机。“君子之道”犹“为政之德”,在人。君子有道,君王有德,使民也义,这才是落脚点。但仅仅自恭自敬这一条,要齐刷刷砍下来多少政治人物?主观耽想美妙,现实一地鸡毛。

5．17 子曰：“晏平仲善与人交，久而敬之。”

朱熹注：晏平仲，齐大夫，名婴。程子曰：“人交久则敬衰，久而能敬，所以为善。”

李贽评：“久而敬之”四字，是交法。

夏新评：此儒家“敬之章”也。古代乃闭塞时代，孔子却想广交友朋，关注他人。其实晏婴为齐之善辞者也，有一副好口才，却与孔子相对。曾攻讦孔子之道“不可以平世，其教亦不可导民”。孔子却心胸乃大，不计其妒。可知孔氏师生心理健康、自信、开放、容人。开放乃为精神需要、发展需要，而与人交、与国交早已进入中国士人文化视界与思维，为孔门学校之必修课。且此一“与人交”特点，没有刀光剑影，先祖智慧，一个“善”，一个“敬”，天朝岂能不成为外交大国！八方来朝，非偶然耶，中华文化之神奇魅力使然也！

5．18子曰：“臧文仲居蔡，山节藻棁，何如其知也？”

朱熹注：棁，章悦反。知，去声。臧文仲，鲁大夫臧孙氏，名辰。居，犹藏也。蔡，大龟也。节，柱头斗栱也。藻，水草名。棁，梁上短柱也。盖为藏龟之室，而刻山于节、画藻于棁也。当时以文仲为知，孔子言其不务民义，而谄渎鬼神如此，安得为知？春秋传所谓作虚器，即此事也。张子曰：“山节藻棁为藏龟之室，祀爰居之义，同归于不知宜矣。”

李贽评：夫子论“知”只是个“务民之义”，“敬鬼神而远之”。

夏新评：此儒家“其智章”也。孔子观点立场：身居高位者未必有智。这一位臧文仲鲁国大夫为自家养的一只大乌龟盖房子，还山节斗拱，藻棁画梁，不仅迷信，且极奢靡，带坏了一代社会风气，孔子能不生气？反奢华反浪费反神化，先生勇猛冲杀，不遗余力吧。

5．19 子张问曰："令尹子文三仕为令尹，无喜色；三已之，无愠色。旧令尹之政，必以告新令尹。何如？"子曰："忠矣。"曰："仁矣乎？"曰："未知。焉得仁？""崔子弑齐君，陈文子有马十乘，弃而违。至于他邦，则曰：'犹吾大夫崔子也。'违之。之一邦，则又曰：'犹吾大夫崔子也。'违之。何如？"子曰："清矣。"曰："仁矣乎？"曰："未知。焉得仁？"

朱熹注：子张问曰："令尹子文三仕为令尹，无喜色；三已之，无愠色。旧令尹之政，必以告新令尹。何如？"子曰："忠矣。"曰："仁矣乎？"曰："未知，焉得仁？"知，如字。焉，于虔反。令尹，官名，楚上卿执政者也。子文，姓斗，名谷于菟。其为人也，喜怒不形，物我无闲，知有其国而不知有其身，其忠盛矣，故子张疑其仁。然其所以三仕三已而告新令尹者，未知其皆出于天理而无人欲之私也，是以夫子但许其忠，而未许其仁也。"崔子弑齐君，陈文子有马十乘，弃而违之。至于他邦，则曰：'犹吾大夫崔子也。'违之。之一邦，则又曰：'犹吾大夫崔子也。'违之。何如？"子曰："清矣。"曰："仁矣乎？"曰："未知。焉得仁？"乘，去声。崔子，齐大夫，名杼。齐君，庄公，名光。陈文子，亦齐大夫，名须无。十乘，四十匹也。违，去也。文子洁身去乱，可谓清矣，然未知其心果见义理之当然，而能脱然无所累乎？抑不得已于利害之私，而犹未免于怨悔也。故夫子特许其清，而不许其仁。愚闻之师曰："当理而无私心，则仁矣。今以是而观二子之事，虽其制行之高若不可及，然皆未有以见其必当于理，而真无私心也。子张未识仁体，而悦于苟难，遂以小者信其大者，夫子之不许也宜哉。"读者于此，更以上章"不知其仁"、后篇"仁则吾不知"之语并与三仁夷齐之事观之，则彼此交尽，而仁之为义可识矣。今以他书考之，子文之相楚，所谋者无非僭王猾夏之事。文子之仕齐，既失正君讨贼之义，又不数岁而复反于齐焉，则其不仁亦可见矣。

李贽评：仲尼认得"仁"字真。

夏新评：此儒家"未智章"也。在下我远眺那陬邑孔门学校，但见校园文化弥漫着一股仁风德气，师生们以修身为要，以君王为的，非达至善而不止，且又胸怀"天下归仁"担当。世人好生奇怪，孔学在民间，师生为草民，而何来官吏思维？朝廷政事、王侯做派何以成为校园谈资？这一境界高度应为老师长久指引之故。哈佛大学"以柏拉图为友"似此。孔门学校校园文化之博大，后世谁及！

5．20 季文子三思而后行。子闻之，曰：“再，斯可矣。”

朱熹注：三，去声。季文子，鲁大夫，名行父。每事必三思而后行，若使晋而求遭丧之礼以行，亦其一事也。斯，语辞。程子曰：“为恶之人，未尝知有思，有思则为善矣。然至于再则已审，三则私意起而反惑矣，故夫子讥之。”愚按：季文子虑事如此，可谓详审，而宜无过举矣。而宣公篡立，文子乃不能讨，反为之使齐而纳赂焉，岂非程子所谓私意起而反惑之验欤？是以君子务穷理而贵果断，不徒多思之为尚。

李贽评：“三”疑也。“再”决也。要知“三”不是“三遭”，“再”不是“两次”。

夏新评：此儒家“思行章”也。三千年前，中国早有思想家！人谓孔子重行，而孔子之行，必思而后行，必智者之行。暴虎冯河，必不与也，杜绝冲动。孔子之思，必比较反复，静思再思才会有准确的判断力，又拒绝优柔贻误，看似周全却失先机。唯再思则果敢决断恰到时机，可得中庸之妙。有思亦有行。为什么孔子所教学生中无有人云亦云的“死魂灵”？盖在此！孔子一生最高之思与最壮之行，为游说列国十三年惜未成，人以为愚，愚以为勇，其必已深思而行之矣！其必预判已知此行无果而壮行矣！

5．21 子曰：“宁武子，邦有道，则知；邦无道，则愚。其知可及也，其愚不可及也。”

朱熹注: 知，去声。〇宁武子，卫大夫，名俞。按春秋传，武子仕卫，当文公、成公之时。文公有道，而武子无事可见，此其知之可及也。成公无道，至于失国，而武子周旋其闲，尽心竭力，不避艰险。凡其所处，皆智巧之士所深避而不肯为者，而能卒保其身以济其君，此其愚之不可及也。程子曰：“邦无道能沈晦以免患，故曰不可及也。亦有不当愚者，比干是也。”

李贽评: 好赞法。

夏新评: 此儒家“智愚章”也。夫子一介村夫，乡间野叟，而天下达官，无出其视。一言一行，入木三分，些须小人哪里遁？官场凶险，宁武子之流虽早已练就百般保身之术，任邦有道无道，其或智或愚，处之泰然，炉火纯青。然则最难达及者，其愚也！聪明易效糊涂难，孔子洞见此官场之术竟然也赞赏这种小滑稽。春秋乱世，古代一统天下打破，一时间却是竹笋般冒出几百个小国。乱世无道，明哲保身，人心不古啊。

5．22 子在陈，曰："归与！归与！吾党之小子狂简，斐然成章，不知所以裁之。"

朱熹注：与，平声。斐，音匪。此孔子周流四方，道不行而思归之叹也。吾党小子，指门人之在鲁者。狂简，志大而略于事也。斐，文貌。成章，言其文理成就，有可观者。裁，割正也。夫子初心，欲行其道于天下，至是而知其终不用也。于是始欲成就后学，以传道于来世。又不得中行之士而思其次，以为狂士志意高远，犹或可与进于道也。但恐其过中失正，而或陷于异端耳，故欲归而裁之也。

李贽评：夫子之出，为何而出？夫子之归，为何而归？圣人！圣人！

夏新评：此儒家"狂简章"也。孔子与青年心连心！为什么门徒敬孔子？只因为孔子理解青年，宽容青年，关爱青年。他编的《诗经》中把"关雎"那样的恋爱情诗收入咏唱。孔子又关怀青年学文化，办一所乡校让他们认字去盲。孔子又接近后生，每日与他们打成一片，释难解惑。夫子情怀实为高瞻远瞩，着眼明天。青少年乃国之未来。夫子本有一颗童心，甚而愿同青少年学子"疯"一回，"风乎舞雩，泳而归"。此次在陈国，忽而恋乡，"归与，归与"，那一颗心急迫。回想到陬邑乡村小子们狂简淳朴，无拘无束，思维放开，斐然成章。那种惦念含着夸赞，对青年人偶尔轻狂也容忍了。他们优点毛病，两极鲜明，如何裁教，一时为难了。一句"吾党"，爱护青年溢于言表，已然将己之老身躯当下归属于学子狂简群类，哪里见识孔子保守复古倒退半点心态情状？

5．23 子曰：**“伯夷、叔齐不念旧恶，怨是用希。”**

朱熹注：伯夷、叔齐，孤竹君之二子。孟子称其“不立于恶人之朝，不与恶人言。与乡人立，其冠不正，望望然去之，若将浼焉。”其介如此，宜若无所容矣，然其所恶之人，能改即止，故人亦不甚怨之也。○程子曰：“不念旧恶，此清者之量。”又曰：“二子之心，非夫子孰能知之？”

李贽评：他弟兄两个是冷面孔，热心肠，所以没人怨他。

夏新评：此儒家“不念章”也。孔子之教诲方法，常是举例寓理，使抽象具象化。本是教人放开胸怀交友，却举出殷代二君子来。此乃借古人说事，哲者境界，伦理表志：“不念旧恶”，方“怨是用希”。谁无旧恨新仇？大可不必牢记心中背负，你不想“怨稀”吗？

5．24子曰："孰谓微生高直？或乞醯焉，乞诸其邻而与之。"

朱熹注：醯，呼西反。微生姓，高名，鲁人，素有直名者。醯，醋也。人来乞时，其家无有，故乞诸邻家以与之。夫子言此，讥其曲意殉物，掠美市恩，不得为直也。程子曰："微生高所枉虽小，害直为大。"范氏曰"是曰是、非曰非、有谓有、无谓无，曰直。圣人观人于其一介之取予，而千驷万钟从可知焉。故以微事断之，所以教人不可不谨也。"

李贽评：维直道也，非讥议微生高也。不然乞邻与人亦是好事，夫子何苛刻至此。

夏新评：此儒家"孰直章"也。孔子在社会底层得见卑贱者生活生存万象足够，小民微生高"乞诸其邻而与之"，此等自作聪明小把戏，只有孔子去用心，去关注了，放心里了，作评论了！旨在教诲门徒后生勿做自以为智，人知其拙的行为。但微生高百姓思维，自有道理。愚以为，此乃两千年前底层庶众小民生存状态再现，其状如画，活灵活现，栩栩如生，有趣！难得！

5.25子曰："巧言、令色、足恭，左丘明耻之，丘亦耻之。匿怨而友其人，左丘明耻之，丘亦耻之。"

朱熹注：足，将树反。足，过也。程子曰："左丘明，古之闻人也。"谢氏曰："二者之可耻，有甚于穿窬也。左丘明耻之，其所养可知矣。夫子自言'丘亦耻之'，盖窃比老、彭之意。又以深戒学者，使察乎此而立心以直也。"

李贽评：独说丘与左丘明，以两人都作《春秋》者耳。

夏新评：此儒家"亦耻章"也。孔子若与谁曾有生活过节，此人必巧言令色佞徒。君子最恶之者！一部《论语》可见儒家打压"巧言"，竟是连连出手，直呼其行为不齿可耻。世象虽繁，小人虽诡，孔子却对骗子种种骗术表演已然在目在心，"巧言令色足恭，匿怨而友其人"，见招拆招，让诡诈之徒无藏身之所。此章两个"耻之"连叨，似有不共戴天之恨！巧令劣风若流传，社会只能更晦暗，人性必然愈恶劣。是故孔子要痛打骗子落水狗的啊！

5．26 颜渊、季路侍。子曰："盍各言尔志？"子路曰："愿车马衣轻裘与朋友共，敝之而无憾。"颜渊曰："愿无伐善，无施劳。"子路曰："愿闻子之志。"子曰："老者安之，朋友信之，少者怀之。"

朱熹注：颜渊、季路侍。子曰："盍各言尔志？"盍，音合。盍，何不也。子路曰："愿车马、衣轻裘，与朋友共。敝之而无憾。"衣，去声。衣，服之也。裘，皮服。敝，坏也。憾，恨也。颜渊曰："愿无伐善，无施劳。"伐，夸也。善，谓有能。施，亦张大之意。劳，谓有功，易曰"劳而不伐"是也。或曰："劳，劳事也。劳事非己所欲，故亦不欲施之于人。"亦通。子路曰："愿闻子之志。"子曰："老者安之，朋友信之，少者怀之。"老者养之以安，朋友与之以信，少者怀之以恩。一说：安之，安我也；信之，信我也；怀之，怀我也。亦通。程子曰："夫子安仁，颜渊不违仁，子路求仁。"又曰："子路、颜渊、孔子之志，皆与物共者也，但有小大之差尔。"又曰"子路勇于义者，观其志，岂可以势利拘之哉？亚于浴沂者也。颜子不自私己，故无伐善；知同于人，故无施劳。其志可谓大矣，然未免出于有意也。至于夫子，则如天地之化工，付与万物而己不劳焉，此圣人之所为也。今夫羁靮以御马而不以制牛，人皆知羁靮之作在乎人，而不知羁靮之生由于马，圣人之化，亦犹是也。先观二子之言，后观圣人之言，分明天地气象。凡看论语，非但欲理会文字，须要识得圣贤气象。"

李贽评：这样三人，使他言志，当时所以无实事也。赖他言志，万世所以有实事也。

夏新评：此儒家"言志章"也。"理想国篇"也。意义非凡，孔子之志，大白天下。"老者安之，朋友信之，少者怀之"，胸中有他人唯独没有自己。这就是夫子"为政以德"之治蓝图憧憬。又可以窥见乃校乃师教学场景，恰似培养有志青年摇篮，原来如此！民间有"经师易得，人师难求"之语，何以也？授业解惑易，教人做人难。而世人有所不知，孔子恰是担起"经师、人师"两副双重角色，教学生以知，诲门生以仁。仁者人也，修身也，做人也。仁为核心，方得孔氏门徒皆德智兼备。而做人大要，当在立大志为先。引人立志，确为一篇大文章。情绪之把握，情景之选择，气氛之营造，方法之巧妙，孔子得之。孔子乡校是一所立志学校；孔子门徒是一群有志青年。每每师生共处时，一次谈心，不经意间，聊出志向。此章铁证。

但要声明，中国古代文化确无“民主“一词；又要指出：中国古代文化确有“民主”之实。在哪里？仅一个孔子教育思想、教育方式足见。孔门学校一开门，民主之风就吹进了。师生们如何教学？哪里见得到半点“师道尊严”？有的只是孔子与门徒随意坐立，人面相对，敞开心扉，争相发言，平等交流，民主对话。若以现今人家上大街扯横幅呼口号“新式民主”做派看，中国文化这个“民主”古董是“不及格”。但是，“盍各言尔志”——这是多么英明、殷切、及时、高远的生涯指导？多么自在、亲和、可人的“民主”风景！人贵有志，要让后生人人皆立志。孔子自身有如此，欲引弟子亦如此，春秋华夏陬邑乡村，如此充满憧憬恰似希望的田野！但见一所乡村民间学校，一群卑贱小子，却是一个个壮志干云，好一个中华雄姿英发气象！毛泽东说“中国人民有志气”，原来是有来头的啊！

5．27 子曰：“已矣乎！吾未见能见其过而内自讼者也。”

朱熹注：已矣乎者，恐其终不得见而叹之也。内自讼者。口不言而心自咎也。人有过而能自知者鲜矣，知过而能内自讼者为尤鲜。能内自讼，则其悔悟深切而能改必矣。夫子自恐终不得见而叹之，其警学者深矣。

李贽评：要“见”极矣！

夏新评：此儒家“内讼章”也。孔子对人类后天现实观察：圣人未有，完人未有，凡夫遍地。只因真正的生活中人皆逃不掉有过错。现代表述为每个人皆处于片面性思想状态之中。怎么办？孔子提出方法：内省、内讼。孔子实在是学术达人，此处创造一个“内讼”跨学科法学伦理学范畴，惊煞古今中外。可惜社会中人，少有自知之明，视自己若大树，视他人若草芥。见人短者多，见己短者稀，见己短而能自责自讼者几无。“内讼”有点似倡“内心革命”味道。孔门学校师徒于过错态度为：闻过，见过，不二过。在此呼吁：现代人们，让我们从哲学、伦理上来一场“自讼”高潮可好？

5．28 子曰：“十室之邑，必有忠信如丘者焉，不如丘之好学也。”

朱熹注：焉，如字，属上句。好，去声。十室，小邑也。忠信如圣人，生质之美者也。夫子生知而未尝不好学，故言此以勉人。言美质易得，至道难闻，学之至则可以为圣人，不学则不免为乡人而已。可不勉哉？

李贽评：正欲满天下都好学也。

夏新评：此儒家“不如章”也。鲁国人们以为孔子“圣而多能”，天生聪质，其实不明就里。而孔子倒是清醒，人应当有自我认知。孔子如何评价自我主体？本人就一特好学之庶民凡夫，旁者不及。倘若一个村子里有人比及我的话，也就是忠诚信实这个方面罢了。足见夫子之为学曾下得何等惊天地泣鬼神功夫？方有他此番造化智识成就。文化是古代的罕物，21 世纪初，印度尚有 45% 文盲，可见 2500 年前，中国乡村必文盲充斥，乡民必视读书为呆傻罕物，而孔子少年时父逝家贫失学流浪放羊牧牛从业治丧，与校无缘，却以好学、问学之文化自觉达于文化巨擘，多么了不得！此一句“不如丘之好学”，展现自信势所必然，毫不奇怪。但千万别死读书有后人误啊。

雍也篇第六

6．1子曰：“雍也可使南面。”

朱熹注：南面者，人君听治之位。言仲弓宽洪简重，有人君之度也。

夏新评：此儒家“南面章”也。雍也生活之某一天，老师孔子突然临之于他面前而曰：仲弓，你小子可以入朝廷做大官呀！当是时，倘使是你我，必吓一大跳！取笑？玩笑？皆不是。此乃孔夫子本性，老先生就一吹鼓手！他本来曾做过治丧仪式上的吹鼓手，后来在孔门学校到处鼓吹，天天鼓吹。为什么？旨在把一帮穷小子身上之恹气堕气丧气暮气吹到九天云外，把朝气志气生气盛气神气吹得孔门满校园！要让门徒后生一个个朝气蓬勃，斗志昂扬，意气风发，奋勇向上。要让乡人村夫庶民之子成大才，做栋梁，入朝廷，执政权，行仁政，安百姓，从而实践“学而优则仕”理想，颠覆生而尊卑先天定之荒谬。欲以一代新人知识青年取代那贵族奴隶主王位。这是对门阀政治之蔑视，对王侯社会之重构，孔子之野心大也，孔子乃春秋狂人耶？

难怪孔氏历来被不肖猛批。我亦来批他：孔子，你有一大阴谋，欲让穷鄙小子取代权贵；孔子，你又有一桩大罪，搅动庶民入朝梦想。对每一位门徒说：你行！成为时代信心发动机。像什么话！

吾读此章，竟目睹中华古今两位高大人师，一曰“雍也，可使南面”；一曰“希望寄托在你们身上”。人类未来，在人！在中华！

6．2仲弓问子桑伯子，子曰："可也，简。"仲弓曰："居敬而行简，以临其民，不亦可乎？居简而行简，无乃大简乎？"子曰："雍之言然。"

子曰："雍也可使南面。"

朱熹注：仲弓问子桑伯子，子曰："可也简。"子桑伯子，鲁人，胡氏以为疑即庄周所称子桑户者是也。仲弓以夫子许己南面，故问伯子如何。可者，仅可而有所未尽之辞。简者，不烦之谓。①仲弓曰："居敬而行简，以临其民，不亦可乎？居简而行简，无乃大简乎？"大，音泰。言自处以敬，则中有主而自治严，如是而行简以临民，则事不烦而民不扰，所以为可。若先自处以简，则中无主而自治疏矣，而所行又简，岂不失之太简，而无法度之可守乎？家语记伯子不衣冠而处，夫子讥其欲同人道于牛马。然则伯子盖太简者，而仲弓疑夫子之过许与？子曰："雍之言然。"仲弓盖未喻夫子可字之意，而其所言之理，有默契焉者，故夫子然之。程子曰"子桑伯子之简，虽可取而未尽善，故夫子云可也。仲弓因言内主于敬而简，则为要直；内存乎简而简，则为疏略，可谓得其旨矣。"又曰："居敬则心中无物，故所行自简；居简则先有心于简，而多一简字矣，故曰太简。"

李贽评：他两人原无隔碍，今人看作隔碍耳。

夏新评：此儒家"居敬章"也。盼望出一代新人新政新风。中国文化思维最高之方法论：化繁为简，很早就有认知而运用。孔子为此一简约思维之最大推手。居简、行简，这是观念；饭疏、饮水，这是实践。孔子对当权派为政者有什么标准和要求？实在只有"居敬而行简"五字。此乃为官之道，人父之道，亦衍生出文化之风。

6．3 哀公问："弟子孰为好学？"孔子对曰："有颜回者好学，不迁怒，不贰过。不幸短命死矣。今也则亡，未闻好学者也。"

朱熹注： 好，去声。亡，与无同。迁，移也。贰，复也。怒于甲者，不移于乙；过于前者，不复于后。颜子克己之功至于如此，可谓真好学矣。短命者，颜子三十二而卒也。既云今也则亡，又言未闻好学者，盖深惜之，又以见真好学者之难得也。程子曰："颜子之怒，在物不在己，故不迁。有不善未尝不知，知之未尝复行，不贰过也。"又曰："喜怒在事，则理之当喜怒者也，不在血气则不迁。若舜之诛四凶也，可怒在彼，己何与焉。如鉴之照物，妍媸在彼，随物应之而已，何迁之有？"又曰："如颜子地位，岂有不善？所谓不善，只是微有差失。纔差失便能知之，纔知之便更不萌作。"张子曰："慊于己者，不使萌于再。"或曰："诗书六艺，七十子非不习而通也，而夫子独称颜子为好学。颜子之所好，果何学欤？"程子曰："学以至乎圣人之道也。""学之道奈何？"曰："天地储精，得五行之秀者为人。其本也真而静。其未发也五性具焉，曰仁、义、礼、智、信。形既生矣，外物触其形而动于中矣。其中动而七情出焉，曰喜、怒、哀、惧、爱、恶、欲。情既炽而益荡，其性凿矣。故学者约其情使合于中，正其心，养其性而已。然必先明诸心，知所往，然后力行以求至焉。若颜子之非礼勿视、听、言、动，不迁怒贰过者，则其好之笃而学之得其道也。然其未至于圣人者，守之也，非化之也。假之以年，则不日而化矣。今人乃谓圣本生知，非学可至，而所以为学者，不过记诵文辞之间，其亦异乎颜子之学矣。"

李贽评："不迁怒，不贰过"，极切身的学问。令人勿看作难事，亦勿看作易事。

夏新评： 此儒家"好学章"也。统治者哀公怎么忽然对孔门学子的学业关心和怀疑起来？他要选人才吗？未知。然而夫子以礼据实回答：有颜回者好学。可见孔子之定义"好学"，并非读死书为唯一标准，而是从修身与学识整体并重，"不迁怒，不二过"品行亦是必修。可叹现代人太聪明，将一个个学生变成知识容器呆痴傻。如此下去，令人担忧啊！

6．4子华使于齐，冉子为其母请粟。子曰：“与之釜。”请益。曰：“与之庾。”冉子与之粟五秉。子曰：“赤之适齐也，乘肥马，衣轻裘。吾闻之也：君子周急不继富。”

朱熹注：子华使于齐，冉子为其母请粟。子曰：“与之釜。”请益。曰：“与之庾。”冉子与之粟五秉。使、为，并去声。子华，公西赤也。使，为孔子使也。釜，六斗四升。庾，十六斗。秉，十六斛。子曰：“赤之适齐也，乘肥马，衣轻裘。吾闻之也，君子周急不继富。”衣，去声。乘肥马、衣轻裘，言其富也。急，穷迫也。周者，补不足。继者，续有余。

夏新评：此儒家“周急章”也。看官，愚以为《论语》真真为孔氏门徒的学习笔记，亦是古代庶民的生活实录，又是新兴士人之心路，更是春秋奋斗者的足迹。此章可见，孔子是实实在在参与介入乡民与官场多层面生活之中了。这个“冉子为其母请粟”，足见孔子师徒并非每日只是“仁远乎哉”形而上学克里空，人间烟火还是广泛被他们吸入品尝之了，过着真实底层生活。孔子这一个“君子周急不继富”思想，多么平等、大公、人道，似乎隐含一点“共产”的味道。“周急”不仅长官可用，庶民也可以拿来应对呀！知否？自此以后，“均贫富”这一代表农民阶级利益的时髦口号，被唐朝以后多少起义农民兄弟用粗壮的喉咙喊出来！孔子这不是代表人民心声是什么？

6．5 原思为之宰，与之粟九百，辞。子曰：“毋！以与尔邻里乡党乎！”

朱熹注：原思为之宰，与之粟九百，辞。原思，孔子弟子，名宪。孔子为鲁司寇时，以思为宰。粟，宰之禄也。九百不言其量，不可考。子曰：“毋！以与尔邻里乡党乎！”毋，禁止辞。五家为邻，二十五家为里，万二千五百家为乡，五百家为党。言常禄不当辞，有余自可推之以周贫乏，盖邻、里、乡、党有相周之义。程子曰：“夫子之使子华，子华之为夫子使，义也。而冉子乃为之请，圣人宽容，不欲直拒人。故与之少，所以示不当与也。请益而与之亦少，所以示不当益也。求未达而自与之多，则己过矣，故夫子非之。盖赤苟至乏，则夫子必自周之，不待请矣。原思为宰，则有常禄。思辞其多，故又教以分诸邻里之贫者，盖亦莫非义也。”张子曰：“于斯二者，可见圣人之用财矣。”

李贽评：看五个“与”字，乃知向作“辞与”看者不是。

夏新评：此儒家“与之章”也。是周急又一例也。可见孔子均贫富思想并非一时心血来潮，而是坚如磐石，为“天下归仁”“为政以德”社会理想之一坚实内容。孔子与乡党心理距离贴近，只因其长期在底层滚爬摔打过，知民生之多艰，才说出“以与尔邻里乡党乎”这样接地气的人性话来的吧。他这样的人代表谁呀？乡党？贵族？但是，历代文人以为九百石乃孔子所出，吾虽不敏却不以为然，推断孔子办学当有富家富徒相助，非靠收束脩以生存也。

6．6子谓仲弓曰：“犁牛之子且角，虽欲勿用，山川其舍诸？”

朱熹注：子谓仲弓曰：“犁牛之子骍且角，虽欲勿用，山川其舍诸？”犁，利之反。骍，息营反。舍，上声。犁，杂文。骍，赤色。周人尚赤，牲用骍。角，角周正，中牺牲也。用，用以祭也。山川，山川之神也。言人虽不用，神必不舍也。仲弓父贱而行恶，故夫子以此譬之。言父之恶，不能废其子之善，如仲弓之贤，自当见用于世也。然此论仲弓云尔，非与仲弓言也。范氏曰：“以瞽瞍为父而有舜，以鲧为父而有禹。古之圣贤，不系于世类，尚矣。子能改父之过，变恶以为美，则可谓孝矣。”

李贽评：此夫子与仲弓论此耳。缘何便谓说仲弓因其子而及其父？圣人亦不忠厚极矣。断无此理，断无此理！

夏新评：此儒家“舍诸章”也。为孔子“有教无类”之一案例，以犁牛之子做比喻，为贫贱乡民之子仲弓鼓劲，为庶民长气。后来中国人有题词“卑鄙者最聪明，高贵者最愚蠢”，盖古今一念耶？且此章已含不忍小牛作牺牲之恻隐之心，应与“不问马”比同。可知孔子之道德、人性乃是出自本心，一以惯之。

6．7子曰：“回也，其心三月不违仁，其余则日月至焉而已矣。”

朱熹注：三月，言其久。仁者，心之德。心不违仁者，无私欲而有其德也。日月至焉者，或日一至焉，或月一至焉，能造其域而不能久也。程子曰：“三月，天道小变之节，言其久也，过此则圣人矣。不违仁，只是无纤毫私欲。少有私欲，便是不仁。”尹氏曰：“此颜子于圣人，未达一闲者也，若圣人则浑然无闲断矣。”张子曰：“始学之要，当知‘三月不违’与‘日月至焉’内外宾主之辨。使心意勉勉循循而不能已，过此几非在我者。”

李贽评：读此乃知仁人心也之语尚未精。

夏新评：此儒家“其心章”也。乃孔子对青年人道德意识成长过程规律认知之说。仁是人的内在善良之本质。仁远乎哉？倘若日不违仁，则月不违仁至矣。足见颜回的世界观、人生观近乎达于坚定形成时期，已然稳固。但孔子学校其他的青少年门徒思想似尚在摇摆晃荡之中。夫子当然看得真真切切，了然于胸，他老人家此刻是何种心情啊？可叹，有后人不肖却对孔子引导门徒学子不违仁、习人性多有攻讦，他们以非人性之思诠释人性孔子，以非理性之为打砸理性孔子，岂不悲哉？

6．8季康子问："仲由可使从政也与？"子曰："由也果，于从政乎何有"曰："赐也可使从政也与？"曰："赐也达，于从政乎何有？"曰："求也可使从政也与？"曰："求也艺，于从政乎何有？"

朱熹注：与，平声。从政，谓为大夫。果，有决断。达，通事理。艺，多才能。程子曰："季康子问三子之才可以从政乎？夫子答以各有所长。非惟三子，人各有所长。能取其长，皆可用也。"

李贽评：今之"从政"者亦"果"乎？"达"乎？艺乎？思之，思之。

夏新评：此儒家"人才章"也。陬邑乡村是有似当今清华大学还是中央党校？窃以为最像延安干校。冯友兰以为孔子是第一位老师，若老师只是教学生识几个字本领，那太小瞧孔子，或不知孔子了。生生以为孔子已悉心培育出接班人、掌权人群体。孔子办学校不是给乡民做扫盲，而是要培养邦国为政栋梁之士、经国济民之才。这是孔子心中的一个崇高目标。孔子的政治理想是大道之行，为政以德，而达于仁治之世，即"天下归仁焉"。必须以新人才代替旧贵族。所以，他办一乡学志在高远，欲教得门徒后生，个个有特点，能力强，可担当国家大任。种瓜得瓜，经过数年耕耘培养，门生茁壮成长很争气。老师不断向这帮贫贱小子输送正能量打气，对学子充满信任、殷切期望与激励太大！在孔子眼里，学生皆有优点，"由也果，赐也达，求也艺"，满堂个个乃人才，不禁心花怒放。孔子校门，生机勃勃，人才济济，于从政者何有？待贾而已矣！

6．9季氏使闵子骞为费宰。闵子骞曰："善为我辞焉！如有复我者，则吾必在汶上矣。"

朱熹注：费，音秘。为，去声。汶，音问。闵子骞，孔子弟子，名损。费，季氏邑。汶，水名，在齐南鲁北竟上。闵子不欲臣季氏，令使者善为己辞。言若再来召我，则当去之齐。程子曰："仲尼之门，能不仕大夫之家者，闵子、曾子数人而已。"谢氏曰："学者能少知内外之分，皆可以乐道而忘人之势。况闵子得圣人为之依归，彼其视季氏不义之富贵，不啻犬彘。又从而臣之，岂其心哉？在圣人则有不然者，盖居乱邦、见恶人，在圣人则可；自圣人以下，刚则必取祸，柔则必取辱。闵子岂不能早见而豫待之乎？如由也不得其死，求也为季氏附益，夫岂其本心哉？盖既无先见之知，又无克乱之才故也。然则闵子其贤乎？"

李贽评：訚訚如也。

夏新评：此儒家"善辞章"也。孔门学校是人类第一所成功的民办干部人才政治大学。门生许多稀世大才，有理想，有追求，跃跃欲试，要展"一匡天下"之志，行"天下归仁"之求。但也得主体在我，邦国有德。否则，"必在汶上矣"！

6．10 伯牛有疾，子问之，自牖执其手，曰："亡之，命矣夫！斯人也而有斯疾也！斯人也而有斯疾也！"

朱熹注： 夫，音扶。伯牛，孔子弟子，姓冉，名耕。有疾，先儒以为癞也。牖，南牖也。礼：病者居北牖下。君视之，则迁于南牖下，使君得以南面视己。时伯牛家以此礼尊孔子，孔子不敢当，故不入其室，而自牖执其手，盖与之永诀也。命，谓天命。言此人不应有此疾，而今乃有之，是乃天之所命也。然则非其不能谨疾而有以致之，亦可见矣。侯氏曰："伯牛以德行称，亚于颜、闵。故其将死也，孔子尤痛惜之。"

李贽评： 只是不起之疾，便是"斯疾"了，何必曰"恶疾"？

夏新评： 此儒家"命矣章"也。此章当最为天下后生唏嘘！如此先生，如此问之，如此真情，从窗口伸进手去拉住学生之手，安慰重疾病人，不怕传染。实在是人间大爱，人性淋漓！孔子师生太痴情。只可惜先生不谙歧黄，于重病学子生命无力回天，却送去临终关怀。伯牛，这是命吗？

6. 11 子曰："贤哉，回也！一箪食，一瓢饮，在陋巷，人不堪其忧，回也不改其乐。贤哉，回也！"

朱熹注：食，音嗣。乐，音洛。箪，竹器。食，饭也。瓢，瓠也。颜子之贫如此，而处之泰然，不以害其乐，故夫子再言"贤哉回也"以深叹美之。程子曰："颜子之乐，非乐箪瓢陋巷也，不以贫窭累其心而改其所乐也，故夫子称其贤。"又曰："箪瓢陋巷非可乐，盖自有其乐尔。其字当玩味，自有深意。"又曰"昔受学于周茂叔，每令寻仲尼颜子乐处，所乐何事？"愚按：程子之言，引而不发，盖欲学者深思而自得之。今亦不敢妄为之说。学者但当从事于博文约礼之诲，以至于欲罢不能而竭其才，则庶乎有以得之矣。

李贽评：臭味极矣！乐"者"贤"，乃知"忧"者"愚"矣。

夏新评：此儒家"箪食章"也。"志士篇"也。此章人文价值太大，传递古代信息太多，精气神太高。可见春秋时代已现社会价值认知差异，邻人以箪食为忧而颜回以为乐。只敬佩先生对门徒观察多么细致，关注了他们的衣食特点，进而发现他的精神世界，情不自禁加以肯定、赞扬。孔氏师徒过一种什么样的校园生活？此一记载大白天下：箪食、瓢饮、住陋巷，而却不改其乐！从具体到抽象，此处不仅是赞赏一位门生楷模，更是孔子提倡一种生活方式，树立一个生活榜样。孔氏门徒，贫贱学子，颜回之辈，竟创立中国式生存方式，有食有学有乐！被先生表彰推广。凡夫俗子，纵然生存贫困，皆可仿而效之。有哪一所学校似陬邑乡庠这般人气旺盛？什么是贤者人生？物质也简，精神也乐，中国文化自信大张。直下两千年，令人对颜回仍心生艳羡，自有步入山中云者？

6.12 冉求曰："非不说子之道，力不足也。"子曰："力不足者，中道而废。今女画。"

朱熹注： 说，音悦。女，音汝。力不足者，欲进而不能。画者，能进而不欲。谓之画者，如画地以自限也。胡氏曰："夫子称颜回不改其乐，冉求闻之，故有是言。然使求说夫子之道，诚如口之说刍豢，则必将尽力以求之，何患力之不足哉？画而不进，则日退而已矣，此冉求之所以局于艺也。"

李贽评： 冉求亦说不去。

夏新评： 此儒家"悦道章"也。在证明孔门学校后生个性之丰富，修业有参差。冉求后进叫难岂不正与颜回乐悦向上映衬？奋斗雄心大众多，遇挫借口下了坡。孔子倒是谅解他们，却又一语破谬，哪里是"力不足"呢？都是自作困嘛！还不奋起？

6．13 子谓子夏曰："女为君子儒！无为小人儒！"

朱熹注：儒，学者之称。程子曰："君子儒为己，小人儒为人。"〇谢氏曰："君子小人之分，义与利之闲而已。然所谓利者，岂必殖货财之谓？以私灭公，适己自便，凡可以害天理者皆利也。子夏文学虽有余，然意其远者大者或昧焉，故夫子语之以此。"

李贽评：孔夫子原知有"小人儒"。

夏新评：此儒家"做人章"也。什么叫"谆谆教诲"？什么是仙人指路？夫子对子夏此这里一句教诲"女为君子儒，无为小人儒"，开辟，点拨，期待！如拨云见日，振聋发聩！反复读此章，应然心得。做什么人？如何做人？根本在此！孔子此教，可谓立志之教、理想之教、奠基之教、方向之教也！严父教子，当如此！良师教徒，当如此！为什么乡间一所孔门学校，书生意气，人才盖世，壮志遏云？只为奔向君子儒啊！

天下父母，你可有一回如此之"大哉教"吗？

6．14 子游为武城宰。子曰：“女得人焉耳乎？”曰：“有澹台灭明者，行不由径，非公事，未尝至于偃之室也。”

朱熹注：女，音汝。澹，徒甘反。武城，鲁下邑。澹台姓，灭明名，字子羽。径，路之小而捷者。公事，如饮射读法之类。不由径，则动必以正，而无见小欲速之意可知。非公事不见邑宰，则其有以自守，而无枉己殉人之私可见矣。杨氏曰：“为政以人才为先，故孔子以得人为问。如灭明者，观其二事之小，而其正大之情可见矣。后世有不由径者，人必以为迂；不至其室，人必以为简。非孔氏之徒，其孰能知而取之？”愚谓持身以灭明为法，则无苟贱之羞；取人以子游为法，则无邪媚之惑。

李贽评：真能得人。

夏新评：此儒家“得人章”也。要靠人才！孔子这位2500年前的思想家如此高瞻远瞩，对社会发展主题切中肯綮。马克思说：人始终是主体。孔子思想岂不与马克思主义立场近在咫尺？为什么中国共产党党管人才？中国古政治文明，已然明白经国济世须抓住关键所在。关在哪里？正在人才。孔子人才思想有何？育才、识才、重才、荐才、用才。后世文化传承，曹孟德有“龟虽寿”，汉高祖有“大风歌”。此二人皆急迫呼唤人才，因是时形势危急欲定国保江山社稷。此章孔子问出道为官之门生子游“得人焉耳”，高屋建瓴一语中的，那才是上古政治家“治邦安民”行仁政的犀利眼光。呜呼，今之澹台灭明者稀矣！

6.15子曰：“孟之反不伐，奔而殿，将入门，策其马，曰：‘非敢后也，马不进也。’”

朱熹注：殿，去声。孟之反，鲁大夫，名侧。胡氏曰“反即庄周所称孟子反者是也。”伐，夸功也。奔，败走也。军后曰殿。策，鞭也。战败而还，以后为功。反奔而殿，故以此言自揜其功也。事在哀公十一年。谢氏曰：“人能操无欲上人之心，则人欲日消、天理日明，而凡可以矜己夸人者，皆无足道矣。然不知学者欲上人之心无时而忘也，若孟之反，可以为法矣。”

李贽评：画。

夏新评：此儒家“不伐章”也。当为中国文化之伟岸与消极共一处。不占鳌头，不贪上功，谦逊让贤。在古代乱世确是团结他人妙术，也是生存保命好方法。现代是“永不称霸，决不当头”，中国文化圆韵，焉能不得？祖宗智慧，白纸黑字，勿谓言之不预也！

6．16子曰：**“不有祝鮀之佞，而有宋朝之美，难乎免于今之世矣！”**

朱熹注：鮀，徒河反。祝，宗庙之官。鮀，卫大夫，字子鱼，有口才。朝，宋公子，有美色。言衰世好谀悦色，非此难免，盖伤之也。

夏新评：此儒家“难免章”也。孔子对上古政治复杂性了然于心，历代都是昏君众而贤王寡。庶民有才华者在险邦乱世何以得生存保性命？祝鮀、宋朝二人各有奇招。但天予人一长，必隐含一弊，尔岂可忘形耶？

6．17 子曰：“谁能出不由户？何莫由斯道也？”

朱熹注：言人不能出不由户，何故乃不由此道邪？怪而叹之之辞。○洪氏曰：“人知出必由户，而不知行必由道。非道远人，人自远尔。”

李贽评：都是“由道”的，夫子特喝破耳。

夏新评：此儒家“斯道章”也。有似孔子思虑社会人等生存处世方略。“出不由户”焉能？“莫由斯道”其谁？循事易，行道难。唯有奇士心中存险异，说破斯道惊煞人！

6．18 子曰：**“质胜文则野，文胜质则史。文质彬彬，然后君子。”**

朱熹注：野，野人，言鄙略也。史，掌文书，多闻习事，而诚或不足也。彬彬，犹班班，物相杂而适均之貌。言学者当损有余，补不足，至于成德，则不期然而然矣。杨氏曰：“文质不可以相胜。然质之胜文，犹之甘可以受和，白可以受采也。文胜而至于灭质，则其本亡矣。虽有文，将安施乎？然则与其史也，宁野。”

李贽评：乃知“后进于礼乐”非“君子”也。

夏新评：此儒家“文质章”也。足证孔子已思考于人类整体品质模样，且中国古代哲学已然有事物中之“形式与内容”孰重孰轻、孰主孰从的认知初步。多少士人毕生求文觅质而隐误于“野”“史”，竟唯有那明晓文质之间，中庸平衡，文质彬彬之者悄然得焉。

6．19子曰：**“人之生也直，罔之生也幸而免。”**

朱熹注：程子曰：“生理本直。罔，不直也，而亦生者，幸而免尔。”

李贽评：不“直”的都是死人。

夏新评：此儒家“直罔章”也。诸君，快看快看！这亦是中华文化的“生命颂”啊！珍惜生命，直道而行，唯我士人，何其痛快！世界惊讶中华古代哲人早已有人生、天命之深入思考，此乃中国文化早熟之一大特征。直生罔免，这是经验还是理论？个别性（特殊性）还是普遍性？就事论事与事而形上。有直之生，有罔之生，其何得免？幸与不幸？好人不长寿，王八千万年，偶然乎？必然耶？

6．20 子曰：“知之者不如好之者，好之者不如乐之者。”

朱熹注：好，去声。乐，音洛。尹氏曰：“知之者，知有此道也。好之者，好而未得也。乐之者，有所得而乐之也。”张敬夫曰：“譬之五谷，知者知其可食者也，好者食而嗜之者也，乐者嗜之而饱者也。知而不能好，则是知之未至也；好之而未及于乐，则是好之未至也。此古之学者，所以自强而不息者欤？”

李贽评：不到“乐”的地步那得知此？

夏新评：此儒家“知好章”也。“学习论”也。好一个“知”“好”“乐”！这就是中国哲学，中国哲人，研究什么都要研得一个透！层层深入，递进比较，对世象人性的认知，对学习规律的认识，进入到对主体主观活动引发与内在情感体验相结合及其波动变化的复杂兴奋点上了。这是中国文化有关认识论与快乐论之关系的经典表述。此章即一部古代的深刻《认知－学习论》。那么古早，“知之”“好之”“乐之”，三种类型，三个阶段，三种情态，及其相互作用，孔子已了然于胸了。此当为后代专著《学记》大章全面阐述学习规律、学习本质之理论源头。中华哲学，何其灿然！中华哲人，何等睿智！

6．21 子曰：“中人以上，可以语上也；中人以下，不可以语上也。”

朱熹注：以上之上，上声。语，去声。语，告也。言教人者，当随其高下而告语之，则其言易入而无躐等之弊也。张敬夫曰：“圣人之道，精粗虽无二致，但其施教，则必因其材而笃焉。盖中人以下之质，骤而语之太高，非惟不能以入，且将妄意躐等，而有不切于身之弊，亦终于下而已矣。故就其所及而语之，是乃所以使之切问近思，而渐进于高远也。”

李贽评：圣人无语不“上”，只是人自“不可以语上”耳。

夏新评：此儒家“中人章”也。看到了么，为什么毛泽东说一万年以后，人还有“左中右”？自有中国古代文化思想源头。这不仅是观点态度，也是客观实际。人群中各方面人物当然是具体的差别的。为何孔子有因材施教？其“有教无类”是大者，教而有类是善者。无时不认知人类，孔子在观察，在思考，在推进！

6. 22 樊迟问知。子曰："务民之义，敬鬼神而远之，可谓知矣。"问仁。曰："仁者先难而后获，可谓仁矣。"

朱熹注： 知、远，皆去声。民，亦人也。获，谓得也。专用力于人道之所宜，而不惑于鬼神之不可知，知者之事也。先其事之所难，而后其效之所得，仁者之心也。此必因樊迟之失而告之。程子曰："人多信鬼神，惑也。而不信者又不能敬，能敬能远，可谓知矣。"又曰："先难，克己也。以所难为先，而不计所获，仁也。"吕氏曰："当务为急，不求所难知；力行所知，不惮所难为。"

李贽评： "知者"多不"远鬼神"，"仁者"多不"后获"，所以夫子言此。

夏新评： 此儒家"鬼神章"也。亦为"启蒙篇"也。樊迟此一问，引孔子此一答，气杀鬼神。何以谓之智？对鬼神"敬而远"，只事民人而不事神。孔子曾经有言"远耻辱"，而此言"远鬼神"，实在有些狡猾，竟糊弄起大神来。可见那个鬼神图腾信仰压倒一切之时代，如何面对现实同鬼神论者周旋较量，孔子一定有一番深刻长考：若暴虎冯河，鲁莽蛮干，性命难保，绝对不行。潮流汹涌，岂可挑战社会主流百万民众心中崇高信仰之大神厉鬼？那必会招来粉身碎骨或似欧洲中世纪火烧异教徒之死祸。直面迷信，虚与委蛇，巧妙周旋，教学生以"敬鬼神而远之"方法，确乎为巨大智慧。一个"敬"，一个"远"，大概这就是中国文化的对待大神表里不一态度之独特立场，达到方法论至高境界了，契合中庸之道。

孔子又如何胆敢远鬼神呢？只因为他找到了道德的力量，看到了人自身的力量，建立起对祖宗的信仰、伦理的信仰。"务民之义，在于自觉"，这是人类精神的觉醒，这也是人文启蒙。自我认知，力量自获，人我自大，远神自立。孔子说过"在人"，说过"君子不器"。人可不是任何什么物品，人就是人。中华古人早早认知了人和道德的力量，而敢于远鬼神，实在是世界文明之幸了。这就是中国传统文化的历史先进性、优秀性的巨大力量！

6.23子曰："知者乐水，仁者乐山。知者动，仁者静。知者乐，仁者寿。"

朱熹注：知，去声。乐，上二字并五教反，下一字音洛。乐，喜好也。知者达于事理而周流无滞，有似于水，故乐水；仁者安于义理而厚重不迁，有似于山，故乐山。动静以体言，乐寿以效言也。动而不括故乐，静而有常故寿。程子曰："非体仁知之深者，不能如此形容之。"

李贽评：有说不尽之意。

夏新评：此儒家"仁智章"也。天在上而人在下，这是古人直观宇宙具象体认，中国文化又抽象出一个"天人合一"认知。人类文化早熟于此地。仁智、山水、动静、乐寿，这四组八方元素中，如何得心应手玩转天下？儒家的中庸可得而处之。中国文化对山水自然客体，和精神乐寿主观的把握考量，可谓已达"精骛八极，心游万仞"之境界也乎？

6．24 子曰：“齐一变，至于鲁；鲁一变，至于道。”

朱熹注：孔子之时，齐俗急功利，喜夸诈，乃霸政之余习。鲁则重礼教，崇信义，犹有先王之遗风焉，但人亡政息，不能无废坠尔。道，则先王之道也。言二国之政俗有美恶，故其变而之道有难易。程子曰：“夫子之时，齐强鲁弱，孰不以为齐胜鲁也，然鲁犹存周公之法制。齐由桓公之霸，为从简尚功之治，太公之遗法变易尽矣，故一变乃能至鲁。鲁则修举废坠而已，一变则至于先王之道也。”愚谓二国之俗，惟夫子为能变之而不得试。然因其言以考之，则其施为缓急之序，亦略可见矣。

李贽评：不至“道”，终非治也。

夏新评：此儒家“变革章”也。华夏文明伟大，中华孔子伟大，一个“变”字，惊煞天人！古典六经，《易》为其一。人谓中华文化皆出于《易》。故中国文化精神精髓，在“易”。“易”者“变也”。《易》之精妙，孔子悟得。夏商周道统，老子、孔子各得其一要，识其一变。老子是天道之变，形上之变，理论之变。而把《易》之文化观用于察社会、观世象，究损益，唯孔子。故孔子以为有宇宙之变，四时之变，人文之变，万物之变。古今历史，朝代邦国，兴衰更替，一“变”而已。子曰：“齐一变，至于鲁；鲁一变，至于道”，区区四言，概括多少社会人世变迁？抵得外邦一部大书。变的动力又在哪里？在人！夫子真是洞察根本！孔子是早期朴素“历史唯物论”者大家吗？先有“三年之改”，此言“齐鲁之变”。明明白白，孔子是知变、见变、赞变。无论如何，中国古代文化对于“改变”的立场是彻底地坚固而鲜明了。改变，向前——这正是中华文明生命力所在呀！

6．25 子曰：**“觚不觚，觚哉！觚哉！”**

朱熹注：觚，音孤。觚，棱也，或曰酒器，或曰木简，皆器之有棱者也。不觚者，盖当时失其制而不为棱也。觚哉觚哉，言不得为觚也。程子曰：“觚而失其形制，则非觚也。举一器，而天下之物莫不皆然。故君而失其君之道，则为不君；臣而失其臣之职，则为虚位。”范氏曰：“人而不仁则非人，国而不治则不国矣。”

李贽评：可叹，可叹！

夏新评：此儒家“觚哉章”也。“觚哉”！这是上古的器皿吗？（有人责备它变得不像）。孔子俨然肯定，这就是酒杯！它就是酒杯！为何对一只酒杯要如此大发议论？原来有人对酒杯形状改变大为不满。孔子看似为一个杯子正名，实则是为“改变”“变革”正声！谁谓凡是老祖宗的物品、规制改变不得？改了！它还是酒杯！老人家是向前看察本质的。由此观之，这位孔子是相当的新潮啊！

6．26 宰我问曰：“仁者，虽告之曰：‘井有仁焉。’其从之也？”子曰：“何为其然也？君子可逝也，不可陷也；可欺也，不可罔也。”

朱熹注：刘聘君曰，“有仁之仁当作人”，今从之。从，谓随之于井而救之也。宰我信道不笃，而忧为仁之陷害，故有此问。逝，谓使之往救。陷，谓陷之于井。欺，谓诳之以理之所有。罔，谓昧之以理之所无。盖身在井上，乃可以救井中之人；若从之于井，则不复能救之矣。此理甚明，人所易晓，仁者虽切于救人而不私其身，然不应如此之愚也。

李贽评：宰我借“从井”问夫子之出处耳。逼真言语之科。

夏新评：此儒家“拒欺章”也。对莘莘学子人生何其切要！当头棒喝。后生门徒，须知多少陷阱隐路上？谁人不惧“井有仁”？心惊肉跳！君子一生如何不蹈奸佞之徒所设道德陷阱，被请君入瓮？必以防！孔子一定吃亏上当太多，方悟有如此心得。后生哥，须留意，切记，切记！可以做道德君子，不可被毒蛇美妖陷欺罔诓！那真的是傻痴呆啊！

6．27 子曰：“君子博学于文，约之以礼，亦可以弗畔矣夫！”

朱熹注：夫，音扶。约，要也。畔，背也。君子学欲其博，故于文无不考；守欲其要，故其动必以礼。如此，则可以不背于道矣。程子曰：“博学于文而不约之以礼，必至于汗漫。博学矣，又能守礼而由于规矩，则亦可以不畔道矣。”

李贽评：口诀。

夏新评：此儒家“博约章”也。孔子对做人画出理智边界。仅一个知识丰富，哪里够？文化有张力，人性有迷离。“博之于文”可以造就君子一半人性，“约之以礼”可以缚住狂徒一半兽性。“弗畔”矣夫在此，谁谓中国没有“约文化”？鸦片战争以后西方给中国的“条约”还少吗？只是最近一超独霸妄言不做世界老二而要永远霸权，那个关在笼子里的鬼话骗了多少人？

6.28 子见南子，子路不说。夫子矢之曰："予所否者，天厌之！天厌之！"

朱熹注： 说，音悦。否，方九反。南子，卫灵公之夫人，有淫行。孔子至卫，南子请见，孔子辞谢，不得已而见之。盖古者仕于其国，有见其小君之礼。而子路以夫子见此淫乱之人为辱，故不悦。矢，誓也。所，誓辞也，如云"所不与崔、庆者"之类。否，谓不合于礼，不由其道也。厌，弃绝也。圣人道大德全，无可不可。其见恶人，固谓在我有可见之礼，则彼之不善，我何与焉。然此岂子路所能测哉？故重言以誓之，欲其姑信此而深思以得之也。

李贽评： 要知子路不悦，全从夫子拒弥子来。意谓既曰有命矣，缘何又见南子？

夏新评： 此儒家"誓之章"也。人一生要遭遇多少误解？人要如何经受住误解？子见南子果然是女人魅力，"夫子矢之"实可谓有口难辩，夫子啊，你何必要一见她呢？那样的事，怎说得清？门生不悦，情在理中。事态有急，百口莫辩。连智慧镇定若孔子者也连连招架不住。可知"美人"惹不起，遇不得。此处正可见一位性情中真正孔子了。太亲民，太生活，太可爱！

6．29 子曰：“中庸之为德也，其至矣乎！民鲜久矣。”

朱熹注：鲜，上声。中者，无过无不及之名也。庸，平常也。至，极也。鲜，少也。言民少此德，今已久矣。程子曰：“不偏之谓中，不易之谓庸。中者天下之正道，庸者天下之定理。自世教衰，民不兴于行，少有此德久矣。”

李贽评：大道甚夷，而民好径。

夏新评：此儒家“中庸章”也。万物“平衡篇”也。在《论语》五百篇中居于道德论、结构论、方法论之至要！孔子一生心血于做人处事方法思考，仅凝结为“中庸”二字可也。毛泽东有如此赞美：“中庸乃孔子一大发明。”中国在先秦早古时代即有此文化观、方法论，叹为观止！窃以为，中庸者，和也，平衡也。孔子哲学思想之奥秘所在。孔子所虑者何？深知民生多艰，保持中庸不易，而偏激多发，心火易怒，情志易忧，不利人生。如之何治理？孔子竭其力呼吁和倡导中庸之德。试看今日世道，华夏先祖为何如此睿智、远观、高瞻？为子孙留下处世法宝，德啊德！一个“德”字，养一个文明五千年！

6.30子贡曰："如有博施于民而能济众，何如？可谓仁乎？"子曰："何事于仁！必也圣乎？尧舜其犹病诸！夫仁者，已欲立而立人，已欲达而达人。能近取譬，可谓仁之方也已。"

朱熹注：子贡曰："如有博施于民而能济众，何如？可谓仁乎？"子曰："何事于仁，必也圣乎！尧舜其犹病诸！施，去声。博，广也。仁以理言，通乎上下。圣以地言，则造其极之名也。乎者，疑而未定之辞。病，心有所不足也。言此何止于仁，必也圣人能之乎！则虽尧舜之圣，其心犹有所不足于此也。以是求仁，愈难而愈远矣。夫仁者，已欲立而立人，已欲达而达人。夫，音扶。以已及人，仁者之心也。于此观之，可以见天理之周流而无闲矣。状仁之体，莫切于此。能近取譬，可谓仁之方也已。"譬，喻也。方，术也。近取诸身，以已所欲譬之他人，知其所欲亦犹是也。然后推其所欲以及于人，则恕之事而仁之术也。于此勉焉，则有以胜其人欲之私，而全其天理之公矣。程子曰："医书以手足痿痹为不仁，此言最善名状。仁者以天地万物为一体，莫非已也。认得为已，何所不至；若不属已，自与已不相干。如手足之不仁，气已不贯，皆不属已。故博施济众，乃圣人之功用。仁至难言，故止曰：'已欲立而立人，已欲达而达人，能近取譬，可谓仁之方也已。'欲令如是观仁，可以得仁之体。"又曰"论语言'尧舜其犹病诸'者二。夫博施者，岂非圣人之所欲？然必五十乃衣帛，七十乃食肉。圣人之心，非不欲少者亦衣帛食肉也，顾其养有所不赡尔，此病其施之不博也。济众者，岂非圣人之所欲？然治不过九州。圣人非不欲四海之外亦兼济也，顾其治有所不及尔，此病其济之不众也。推此以求，修已以安百姓，则为病可知。苟以吾治已足，则便不是圣人。"吕氏曰："子贡有志于仁，徒事高远，未知其方。孔子教以于已取之，庶近而可入。是乃为仁之方，虽博施济众，亦由此进。"

李贽评："尧舜其犹病诸"处，正是"仁"。"立人""达人"都根此来。

夏新评：此儒家"立人章"也，"济众篇"也。孔子心胸太宽阔，太伟大。乃见中国文化之大爱，中国士人之高尚。若向儒家理想之"德政"，孔子使命之"安民"，其意为何？只在"博施于民而能济众"，亦今日中国共产党之"惠民"。夫子一句"己欲立而立人，已欲达而达人"，竟是高耸入云！化解门徒心中之疑之惑之偏之谬之小之私之我，何等襟怀！何等境界！此等襟怀境界唯有一个至高至伟文化、至大至伟民族方可悟得产出！真正感天地而泣鬼神！可见夫子常有不同于常人之思考，“达人”“立人”，视人若己，视己如人。吾以为此论可以对接马克思那本著名《宣言》之精髓：解放全人类，亦可以与中国共产党提出之“全心全意为民”媲美。中国古代伦理学有如此深刻智慧撼人之辞，远邻异邦那一个虚伪“普世价值”能不见鬼去吗？

子贡前问“言”而引出夫子“恕”道，又此章问“仁”而引出“忠”道。笔者在此直呼吁：将“己欲立而立人，己欲达而达人”立为人类第二道德金律！如何？

述而篇第七

7.1子曰：“述而不作，信而好古，窃比于我老彭。”

朱熹注：好，去声。述，传旧而已。作，则创始也。故作非圣人不能，而述则贤者可及。窃比，尊之之辞。我，亲之之辞。老彭，商贤大夫，见大戴礼，盖信古而传述者也。孔子删诗书，定礼乐，赞周易，修春秋，皆传先王之旧，而未尝有所作也，故其自言如此。盖不惟不敢当作者之圣，而亦不敢显然自附于古之贤人；盖其德愈盛而心愈下，不自知其辞之谦也。然当是时，作者略备，夫子盖集群圣之大成而折衷之。其事虽述，而功则倍于作矣，此又不可不知也。

李贽评：都是实话，何曰谦辞？

夏新评：此儒家“好古章”也。夫子为何重述而不作？必有思考，必有其因。愚以为，若无孔子之好古则无中国上古文化之传承也！春秋乱象，夏商之礼，已为无徵，传礼已刻不容缓。此其一。而以述礼为依托，创造才有前代文化基础，故当以述为先。此其二。然则，孔子真的不作无作耶？非也！孔子实在有述有作。其述者，抢救也，编撰也，传承也，是为礼乐文化，使上古先代三千年文化得续；其作者，创造也，创新也，创立也，创新建立也，创造了以“仁”为核心的新文化形态——儒学。这是纪元前时代世界的一种先进文化，也是人类文化的第一个高峰。从夏商周之礼文化到春秋之儒文化，是中华文明发展中的第一次思想文化飞跃，是人类文明史上第一次思想文化伟大创新。孔子将古代礼文化传承，又将其向前推进大步发展，成为文化创新的巨擘。孔子是新世纪最初一位思想家，也是旧时代最后一位思想家。上古数千年文化赖孔子而传，后世数千年文化因孔子而开。华夏文化自信，孔子生发之。人类文明，有幸于君。其谁可及？其谁谓不然？

7．2子曰：“默而识之，学而不厌，诲人不倦，何有于我哉？”

朱熹注：识，音志，又如字。识，记也。默识，谓不言而存诸心也。一说：识，知也，不言而心解也。前说近是。何有于我，言何者能有于我也。三者已非圣人之极至，而犹不敢当，则谦而又谦之辞也。

李贽评：“何有于我哉”，都是说家里话。

夏新评：此儒家“正气章”也。大丈夫真我在此！苏格拉底有此一言“认识你自己”！而谁行之？东方哲人孔子巍然。时有自省、内讼、心察，自我何人？非神非圣，孔子谓自己乃一苦学者而已。先生是在学子门徒面前无所不言，敞开心扉，主动向门徒揭示自家学问秘籍：我是何种人？我用什么方法学习？持什么态度学习？如何助人学习？大白天下！默而识之，不厌不倦，状态极佳。末一句“何有于我哉”？俯瞰天下，正气凛然！等于说，后生们要努力赶上我呀！师生亲密，风气蔚然！孔门做派，自信人生，溢于言表？

7.3子曰："德之不修，学之不讲，闻义不能徙，不善不能改，是吾忧也。"

朱熹注：尹氏曰："德必修而后成，学必讲而后明，见善能徙，改过不吝，此四者日新之要也。苟未能之，圣人犹忧，况学者乎？"

李贽评：知圣人之"忧"，便知圣人之"乐"。

夏新评：此儒家"吾忧章"也。人以为孔子守旧持固不思变革，此大谬也。孔子能徙能改，求变求新，只怕别人不前进不改变。人以为孔子好脾气，满眼春，天天乐，此亦大谬也。孔子拿眼看世界，云遮雾障定然有，世道哪有全如意？生民哪有多自觉？有缺点之人，存瑕疵之状，满世界皆是。"德之不修"句这四个"不"列出人性之弊，人世之伤。圣人亦有忧乎？人未尽其美，月未尽其圆，故而忧之，但比及今人忧自己的"小九九"，又谁怜？

7．4 **子之燕居，申申如也，夭夭如也。**

朱熹注：燕居，闲暇无事之时。杨氏曰："申申，其容舒也。夭夭，其色愉也。"程子曰："此弟子善形容圣人处也，为申申字说不尽，故更着夭夭字。今人燕居之时，不怠惰放肆，必太严厉。严厉时着此四字不得，怠惰放肆时亦着此四字不得，惟圣人便自有中和之气。"

李贽评：一幅画。

夏新评：此儒家"燕居章"也。君子之生何以也？天人一体何谓也？可以含风玉露，琼台楼榭，上饮甘泉；亦可以饭疏饮水，屈肱陋巷，下里巴人。把一个大千世界看过玩遍，好自在。决非只是一个忙忙碌碌、君子固穷。但须知君子之居，申申夭夭，未忘其志。士人可开辟多么广阔生存天地空间，主导性与适应性在己。哲人云：既然人的性格是由环境决定的，造成的，那就必须使环境成为合乎人性的环境。"申申如也，夭夭如也"。太直白！大道至简，如此而已，而谁可达之？

7．5子曰：**“甚矣吾衰也！久矣吾不复梦见周公。”**

朱熹注：复，扶又反。孔子盛时，志欲行周公之道，故梦寐之间，如或见之。至其老而不能行也，则无复是心，而亦无复是梦矣，故因此而自叹其衰之甚也。程子曰：“孔子盛时，寤寐常存行周公之道；？其老也，则志虑衰而不可以有为矣。盖存道者心，无老少之异；而行道者身，老则衰也。”

李贽评：壮哉！

夏新评：此儒家“吾衰章”也。自然法则，生死老病，身衰不辨贵贱，老病不择君臣。而人唯一可选择者壮心不老。梦见美娇娘，与梦见周公，当然是两类人等两重境界，天壤之别，而况孔子梦周公是乡民身份证哪！贪官、大鳄读至此，还不快快下跪！

7.6子曰："志于道，据于德，依于仁，游于艺。"

朱熹注：子曰："志于道，志者，心之所之之谓。道，则人伦日用之间所当行者是也。如此而心必之焉，则所适者正，而无他歧之惑矣。据于德，据者，执守之意。德者，得也，得其道于心而不失之谓也。得之于心而守之不失，则终始唯一，而有日新之功矣。依于仁，依者，不违之谓。仁，则私欲尽去而心德之全也。功夫至此而无终食之违，则存养之熟，无适而非天理之流行矣。游于艺。"游者，玩物适情之谓。艺，则礼乐之文，射、御、书、数之法，皆至理所寓，而日用之不可阙者也。朝夕游焉，以博其义理之趣，则应务有余，而心亦无所放矣。此章言人之为学当如是也。盖学莫先于立志，志道，则心存于正而不他；据德，则道得于心而不失；依仁，则德性常用而物欲不行；游艺，则小物不遗而动息有养。学者于此，有以不失其先后之序、轻重之伦焉，则本末兼该，内外交养，日用之间，无少间隙，而涵泳从容，忽不自知其入于圣贤之域矣。

李贽评：学问阶级。

夏新评：此儒家"遨游章"也。中国台湾学者王邦雄以为"此章为孔子儒学总纲"。孔子之意，"道、德、仁、艺"君子可一身以载之。中国文人心中种下位置，士人赖安身立命，仅此十二字，铿锵！凛然！大神在哪里？无有，靠边去！中国人靠自己。让主之奴仆们哀号罢！

吾竟一直以为，此章实为孔子所制定之孔门学校"校训"是也，亦为文人雅士之座右铭也，若大而言之，为中国古代文化属性之宣示也！你看它指引华夏那一代代万千青年志士，直道而行！实在功德无量。比及今日大中小学千篇一律似曾相识干瘪乏味之"校训"，孔子之言意蕴深广何止千倍！下学上达，立身立命，奔而向前，意气风发，豪情万丈！直使学子每每读之，热血沸腾也！

7．7子曰：“**自行束修以上，吾未尝无诲焉。**”

朱熹注: 修，脯也。十脡为束。古者相见，必执贽以为礼，束修其至薄者。盖人之有生，同具此理，故圣人之于人，无不欲其入于善。但不知来学，则无往教之礼，故苟以礼来，则无不有以教之也。

夏新评：此儒家“束脩章”也。自腰带以上，即只要身长达到一定高度的青少年，我不曾不教诲的，这是孔子收徒标准。束修非干肉。后人臆测非孔子本意。有教无类，自此发端。孔子为世界第一个推动教育普及的民间人士，华夏为人类文明文化普及先行者也。

7．8子曰：“不愤不启，不悱不发。举一隅不以三隅反，则不复也。”

朱熹注：愤，房粉反。悱，芳匪反。复，扶又反。愤者，心求通而未得之意。悱者，口欲言而未能之貌。启，谓开其意。发，谓达其辞。物之有四隅者，举一可知其三。反者，还以相证之义。复，再告也。上章已言圣人诲人不倦之意，因并记此，欲学者勉于用力，以为受教之地也。程子曰：“愤悱，诚意之见于色辞者也。待其诚至而后告之。既告之，又必待其自得，乃复告尔。”又曰：“不待愤悱而发，则知之不能坚固；待其愤悱而后发，则沛然矣。”

李贽评：读夫于此二篇，乃见诲人不倦。

夏新评：此儒家“愤悱章”也。孔子发明的教学方法，非常了得！一个“不愤不启，不悱不发”教育心得认知概括，当为天启，人不可及！此乃孔子对古今教育学的一大贡献，可谓世界教育史上“启发式”教法发明家。由此知之，中国数千年前教育发端之日即居世界前列，教育思想之丰富，教育方法之开拓，堪称一绝。孔子经验，学生未有学习内在要求时不启动，未达思维迫切处不引发，老师只可在门徒学习思考之最佳时机介入推动。启发式至今仍居于教育方法论中之首位。而“举一反三”，则为思维之异，创新之端。中国有四大发明奉献人类，绝非偶然，理所当然！但各位看官诸君，切切要看到，提炼抽象出“愤、启、悱、发”这一教学方法论需要多么灿烂的文化背景！唯有世界伟大文化方可配匹。中华文明博大精深，绝非虚言。

7．9 子食于有丧者之侧，未尝饱也。

朱熹注：临丧哀，不能甘也。

夏新评：此儒家“未饱章”也。世无小事，事有人情，入乡随俗，不可忽视。“食于有丧者之侧，未尝饱也”，既为孔子主观自律，亦为人性人心使然。亦可谓温恭朝夕，执事有恪。顺乎民意，可圈可点。

7．10 子于是日哭，则不歌。

朱熹注： 哭，谓吊哭。日之内，余哀未忘，自不能歌也。谢氏曰：“学者于此二者，可见圣人情性之正也。能识圣人之情性，然后可以学道。”

李贽评：《礼记》。

夏新评： 此儒家“不歌章”也。孔子穷其一生，《论语》穷其一册，乐为常情常态，哭则仅此一见。孔子是一位极富内心情感的人，死者为大，此刻竟连唱歌的爱好也搁下了，必有其因！有似今日追悼会播哀乐是也。

7.11 子谓颜渊曰："用之则行，舍之则藏，唯我与尔有是夫！"子路曰："子行三军，则谁与？"子曰："暴虎冯河，死而无悔者，吾不与也。必也临事而惧，好谋而成者也。"

朱熹注：子谓颜渊曰："用之则行，舍之则藏，唯我与尔有是夫！"舍，上声。夫，音扶。尹氏曰："用舍无与于己，行藏安于所遇，命不足道也。颜子几于圣人，故亦能之。"子路曰："子行三军，则谁与？"万二千五百人为军，大国三军。子路见孔子独美颜渊，自负其勇，意夫子若行三军，必与己同。子曰："暴虎冯河，死而无悔者，吾不与也。必也临事而惧，好谋而成者也。"冯，皮冰反。好，去声。暴虎，徒搏。冯河，徒涉。惧，谓敬其事。成，谓成其谋。言此皆以抑其勇而教之，然行师之要实不外此，子路盖不知也。谢氏曰："圣人于行藏之间，无意无必。其行非贪位，其藏非独善也。若有欲心，则不用而求行，舍之而不藏矣，是以惟颜子为可以与于此。子路虽非有欲心者，然未能无固必也，至以行三军为问，则其论益卑矣。夫子之言，盖因其失而救之。夫不谋无成，不惧必败，小事尚然，而况于行三军乎？"

李贽评：三"与"字一般看最有理。若作仲尼牵联自家说，恐圣人无此气象。

夏新评：此儒家"好谋章"也。乃见夫子内心之坚硬自豪所在！孔子理性，炎黄智慧，与华夏文化同在。真的猛士，上九天，下五洋，扶摇万里，南池北冥，翱翔于宇宙之间。在人世穿流，用之则行，舍之则藏，无忮无求，"唯我与尔有是夫！"何等雄傲超然！如此般人生自得、自在、自信、自由，除却中国士人而其谁拥有？颜回为孔门高足，孔子竟然打开心扉，主动将心窝所藏之身家傲骨、精神傲气、凛然底气一吐了之，好不盎然！而先生对子路蛮愚却嗤之以鼻：那暴虎冯何之为，逞一时之勇，自以为猛，死而无悔，这种鲁莽之举，咱连边都不要沾它。临事而惧，好谋而成，才是真人真神！颜回、子路出于同师同门，而修养气质高下立显。读罢此章，倏然欣慰。中华有幸！"临事而惧，好谋而成"，一个由儒家研习发动，中国文化谋略智慧篇在孔子师生思想碰撞间已然达至极高境界升空了！

7.12子曰：“富而可求也，虽执鞭之士，吾亦为之。如不可求，从吾所好。”

朱熹注：好，去声。执鞭，贱者之事。设言富若可求，则虽身为贱役以求之，亦所不辞。然有命焉，非求之可得也，则安于义理而已矣，何必徒取辱哉？苏氏曰：“圣人未尝有意于求富也，岂问其可不可哉？为此语者，特以明其决不可求尔。”杨氏曰：“君子非恶富贵而不求，以其在天，无可求之道也。”

李贽评：字字活眼。今之求富者，俱是“执鞭之士”。

夏新评：此儒家“富求章”也。大实话啊！儒者精神品格坦荡，真实，高尚，又有现实。士人修身有求道求仁，坚不可摧；亦可求富，并行不悖。有方向，有坚守，有理想，有物质，孔子将志士生存空间开辟得很大，只在不走极端又不拒绝机会。用我者则不择高低鄙贱，执鞭亦可为；不用我，则不必气馁灰心，我自有自家爱好去处伸展生命。不忮不求，不降人格。这样的人生进退，尔有乎？

7．13 子之所慎：齐、战、疾。

朱熹注：齐，侧皆反。齐之为言齐也，将祭而齐其思虑之不齐者，以交于神明也。诚之至与不至，神之飨与不飨，皆决于此。战则众之死生、国之存亡系焉，疾又吾身之所以死生存亡者，皆不可以不谨也。尹氏曰："夫子无所不谨，弟子记其大者耳。"

李贽评：不特记"子之所慎"而已，亦欲大众都"慎"也。

夏新评：此人生之"慎戒章"也。当记于心！儒家非狂人乃智者，直面社会万象当有所惧有所慎。人的身体行动、精神思维当有边界。夫子审时度势，悟得上上经验。人之所慎者三：对宗教仪式要慎。不要试图挑战，你心里不信倒无妨；对战争要慎。兵者为死地也，切切马虎不得；对疾患要慎。好汉只怕病来磨，是病须当心。温孔子之言，感同身受，"齐、战、疾"，即使在千年后之今日仍须慎啊。哪个敢不?

7．14 子在齐闻《韶》，三月不知肉味。曰：“不图为乐之至于斯也。”

朱熹注：史记三月上有“学之”二字。不知肉味，盖心一于是而不及乎他也。曰：不意舜之作乐至于如此之美，则有以极其情文之备，而不觉其叹息之深也，盖非圣人不足以及此。范氏曰：“韶尽美又尽善，乐之无以加此也。故学之三月，不知肉味，而叹美之如此。诚之至，感之深也。”

李贽评：子在齐闻《韶》，三月不知肉味。曰：“不图为乐之至于斯也。”

有味至此。

夏新评：此儒家“闻韶章”也。士人就该是闭目塞听的书呆子么？非也。孔子为华夏具有开放意识第一人，在交通不便之古代，孔子为仁政以民间人士行数万里访70余国干说80余君。到齐国即见并爱上齐之《韶》乐。中国士人求道求真亦有求美，开放博大，不拒尝试体验。那时代物质丰富吗？但肉食仍为贵族专享而庶民少尝。孔子在齐一闻《韶》乐，已然如醉如痴，达极致境界，如食肉，当作精神大餐。“不图为乐之至于斯也”，是《韶》乐太妙还是士人太痴呢？所以，美好音乐、美好事物对士人之吸引至于此，可叹！可叹！现代发烧友又有几个顶真？午夜饕餮大吃烧烤者几多人？

7.15 冉有曰："夫子为卫君乎？"子贡曰："诺。吾将问之。"入，曰："伯夷、叔齐何人也？"曰："古之贤人也。"曰："怨乎？"曰："求仁而得仁，又何怨？"出，曰："夫子不为也。"

朱熹注：冉有曰："夫子为卫君乎？"子贡曰："诺。吾将问之。"为，去声。为，犹助也。卫君，出公辄也。灵公逐其世子蒯聩。公薨，而国人立蒯聩之子辄。于是晋纳蒯聩而辄拒之。时孔子居卫，卫人以蒯聩得罪于父，而辄嫡孙当立，故冉有疑而问之。诺，应辞也。入，曰："伯夷、叔齐何人也？"曰："古之贤人也。"曰："怨乎？"曰："求仁而得仁，又何怨。"出，曰："夫子不为也。"伯夷、叔齐，孤竹君之二子。其父将死，遗命立叔齐。父卒，叔齐逊伯夷。伯夷曰："父命也"，遂逃去。叔齐亦不立而逃之，国人立其中子。其后武王伐纣，夷、齐扣马而谏。武王灭商，夷、齐耻食周粟，去隐于首阳山，遂饿而死。怨，犹悔也。君子居是邦，不非其大夫，况其君乎？故子贡不斥卫君，而以夷、齐为问。夫子告之如此，则其不为卫君可知矣。盖伯夷以父命为尊，叔齐以天伦为重。其逊国也，皆求所以合乎天理之正，而即乎人心之安。既而各得其志焉，则视弃其国犹敝蹝尔，何怨之有？若卫辄之据国拒父而唯恐失之，其不可同年而语明矣。程子曰："伯夷、叔齐逊国而逃，谏伐而饿，终无怨悔，夫子以为贤，故知其不与辄也。"

李贽评：子贡的是可人。

夏新评：此儒家"古贤章"也。孔子门徒时时指点江山，言论国事，他们如何学习的？心中有疑惑，即时去问教先生。子贡此日之问又解一惑。人之生怨，盖因未达期待，付出无得因而失望。倘若胸怀大志，不作小算盘，则不同，有似伯夷叔齐，"求仁得仁，又何怨"？道出了消怨、绝怨、无怨之一条方法论境界。好啊，冉有、子贡二位徒弟岂不又明一层人生处世之道？

7. 16子曰：“饭疏食饮水，曲肱而枕之，乐亦在其中矣。不义而富且贵，于我如浮云。”

朱熹注：饭，符晚反。食，音嗣。枕，去声。乐，音洛。饭，食之也。疏食，麤饭也。圣人之心，浑然天理，虽处困极，而乐亦无不在焉。其视不义之富贵，如浮云之无有，漠然无所动于其中也。程子曰：“非乐疏食饮水也，虽疏食饮水，不能改其乐也。不义之富贵，视之轻如浮云然。”又曰：“须知所乐者何事。”

李贽评：受用。

夏新评：此儒家“浮云章”也。乃中华生活哲学之大章也！乃古代士人生存状况之写实也，抵得巴尔扎克一大部《人间喜剧》。生存奥秘，既有疏饭饮水之乐，何虑富贵之无？孔颜乐处人以为“天人之乐”，孟子以为“上下与天地同流之乐”，程颐排除“七情六欲”之乐。古今万年，亿兆生民，谁最知足？谁最快乐？窃以为，在孔氏师徒。谁最后悔？谁最痛苦？今之贪官！谁最精明？谁最愚昧？精英公知！要废掉孔孟，奔向彼岸。孔子倒是招谁惹谁了？也就吃点粗饭，喝点冷水。要害是，国内公知精英要孔子摔倒，谁让孔子不信神的？谁让你反对丛林法则讲道德的？原来如此！天大笑话！又有被误解孔子属于统治阶级。有这样生存状态的奴隶主贵族思想代表吗？将剥削阶级腐朽思想家帽子加在孔子头上，何其荒谬！于心何忍！而那时孔子师徒倒也不放在心上，俭朴生存，自在生活，洒脱人生，自主快乐。人类精神家园，一旦士人将富与贵这劳什子视作浮云，王侯，达官，大v，又谁能奈我何？

7．17 子曰：“加我数年，五十以学《易》，可以无大过矣。”

朱熹注：刘聘君见元城刘忠定公自言尝读他论，“加”作假，“五十”作卒。盖加、假声相近而误读，卒与五十字相似而误分也。愚按：此章之言，史记作为“假我数年，若是我于易则彬彬矣”。加正作假，而无五十字。盖是时，孔子年已几七十矣，五十字误无疑也。学易，则明乎吉凶消长之理，进退存亡之道，故可以无大过。盖圣人深见易道之无穷，而言此以教人，使知其不可不学，而又不可以易而学也。

李贽评：学《易》口诀。

夏新评：此儒家“学《易》章”也。中国人爱书如命生动一例。孔子对人类文明之内心情感跃然也！生年是用来作何的？唯学而习而已。若添得生寿则学《易》。明乎吉凶消长之理，进退存亡之说，此学人之期待，生命与国学捆绑有得滋养，是可相生相长的呀。人非先天无过而是学而无过，孔子又把天命否却，把大神的拯救论撂一边远远的了！

7．18 子所雅言，《诗》、《书》、执行，皆雅言也。

朱熹注：雅，常也。执，守也。诗以理情性，书以道政事，礼以谨节文，皆切于日用之实，故常言之。礼独言执者，以人所执守而言，非徒诵说而已也。程子曰："孔子雅素之言，止于如此。若性与天道，则有不可得而闻者，要在默而识之也。"谢氏曰："此因学易之语而类记之。"

李贽评：记此门人又言一番矣。

夏新评：此儒家"雅言章"也。孔子对人类语言文明贡献多被忽视。其有所不言，乃怪、力、乱、神；其有所雅言，乃"诗"、"书"、"礼"、"乐"。何其果敢！其蔽乎？其明乎？吾见孔子之爱憎，孔子之选择，仅一个书籍，仅一个语言，就代表了方向性、先进性。中国在秦始皇之前已有一人追求中国之统一，即孔子已寻求语言文化之统一，此章见证。这位春秋夫子，古代先贤，一介村夫草民却自讲雅言，这是何等高远的文明自律、文化自觉！人类有幸啊！

7．19 叶公问孔子于子路，子路不对。子曰："女奚不曰：其为人也，发愤忘食，乐以忘忧，不知老之将至云尔。"

朱熹注：叶公问孔子于子路，子路不对。叶，舒涉反。叶公，楚叶县尹沈诸梁，字子高，僭称公也。叶公不知孔子，必有非所问而问者，故子路不对。抑亦以圣人之德，实有未易名言者与？子曰："女奚不曰，其为人也，发愤忘食，乐以忘忧，不知老之将至云尔。"未得，则发愤而忘食；已得，则乐之而忘忧。以是二者俛焉日有孳孳，而不知年数之不足，但自言其好学之笃耳。然深味之，则见其全体至极，纯亦不已之妙，有非圣人不能及者。盖凡夫子之自言类如此，学者宜致思焉。

李贽评：只有孔子肯"为人"。如今都是人也，缘何不为？

夏新评：此儒家"发愤章"也。可知夫子在春秋彼时，已然被当作人物传奇，诸多神秘，百姓传颂，甚而连统治者叶公也不禁向孔子门徒子路打听起来。可惜子路这憨头小子对自己老师无所描述。倒为夫子知道了，脱口而出，来一个自画像，自我认知：我乃因发愤而忘食，因快乐而忘忧，努力学习，自主奋进，构成全部生命，竟"不知老之将至云尔"。只可惜，千年来人竟忽略这个"发愤"，此二字饱含夫子曾经多少屈辱辛酸？曾入太庙被人责，赴宴遭阳货斥撵。卑贱者，终于自强奋起了！改变命运。却可叹！岁岁年年人送月，不知何日月送人；光阴似箭无情去，世间此物不中留。老矣！

这不就是中国士人书呆的傻气真性情气象吗？

7．20子曰：**“我非生而知之者，好古，敏以求之者也。”**

朱熹注：子曰：“我非生而知之者，好古，敏以求之者也。”好，去声。生而知之者，气质清明，义理昭著，不待学而知也。敏，速也，谓汲汲也。○尹氏曰：“孔子以生知之圣，每云好学者，非惟勉人也，盖生而可知者义理尔，若夫礼乐名物，古今事变，亦必待学而后有以验其实也。

李贽评：实话。

夏新评：此儒家“敏求章”也。中华文明文化之浩然气象也！中国士人之顶天立地豪情也！古今中外，哪路神仙、哪位圣贤大哲有如此率真、敢若此大胆自我否定？“我非生而知之者”，振聋发聩，这是智者心声！哲人气度！人文自信！自此，中国哲学朴素唯物主义认识论在此扎根！中华文化实事求是大脉主调已然奠定！中华无神论信仰由此发轫！世界四大文明，人神分野，鬼哭狼嚎，精彩纷呈，各奔前程！你看异域他邦，有哪一位大神厉鬼不自我标榜“先知先觉”？哪一个魑魅魍魉不自谓“全知全能”？中国哲人以耻不与！何也？唯有伟大古老真实优秀之文明方具有此勇气、胆识、魅力、胸襟！独立自主，奔腾向前，傲视四方，传承不绝，独一无二。苍生有幸，文明有光！唯其如此，岂有它哉？但中国文人终究是可以有点爱好追求的好不好？好知好古，“敏以求之”。非复古倒退，好古仅为求知之出发点基础。自然心性，谁能阻挡？

7．21 子不语：怪、力、乱、神。

朱熹注: 怪异、勇力、悖乱之事，非理之正，固圣人所不语。鬼神，造化之迹，虽非不正，然非穷理之至，有未易明者，故亦不轻以语人也。谢氏曰："圣人语常而不语怪，语德而不语力，语治而不语乱，语人而不语神。"

李贽评：是。

夏新评：此儒家"信仰章"也。孔子在此铿锵声明表白：中国人不信妖！大胆将大神和鬼怪归一堆不理不与。这就是人应该有一点大聪明，对鬼怪乱神信他作甚？人又应当有一点小聪明，休要言及诋毁鬼神，只因群氓迷信浩大，草上之风，惹不起。只把握一点：心中无神，生活无鬼，课堂无妖。了不得！思维、信仰、生活与教学一致性，这是孔门学校的独特文化。子不语"怪、力、乱、神"，师生不信大神厉鬼。孔校小气候，以"四教：文、行、忠、信"，又有此"四不语"，专注道德人文，神怪已不在学校教学内容之中。可谓有破有立。所以，陬邑乡校颇为时髦先进，早已将宗教与教学分离，这一做派是欧美发达国家千余年后才不得不假惺惺干的勾当。陬邑好生高大奇怪，何也？课程夫子所定，言语自主负责。头脑在项，思维正常，谁去唠叨"怪力乱神"乌七八糟？

7．22子曰：“三人行，必有我师焉；择其善者而从之，其不善者而改之。”

朱熹注：三人同行，其一我也。彼二人者，一善一恶，则我从其善而改其恶焉，是二人者皆我师也。尹氏曰：“见贤思齐，见不贤而内自省，则善恶皆我之师，进善其有穷乎？”

李贽评：遍地先生。

夏新评：此儒家“三人章”也。必是孔子从自身生活体验而抽象所自得之判断命题。春秋时风，学在官府，少年孔子被拒校门之外，急迫中以身旁之人为师，求知问学。圣人无常师，人皆可为师。夫子体会：三人行，有君子，有小人。若尔齐君子之善，去小人之不善，长善救失，岂非皆可为师矣！焉能无学？诸君，读此你什么心情？吾每读至此欲哭无泪：一个丧父失母失学的少年除却“三人行，必有我师”之外，还有什么办法为学呢？

7．23 子曰：“天生德于予，桓　其如予何？”

朱熹注：魋，徒雷反。桓魋，宋司马向魋也。出于桓公，故又称桓氏。魋欲害孔子，孔子言天既赋我以如是之德，则桓魋其奈我何？言必不能违天害己。

李贽评：却又“微服而过宋”。妙，妙！

夏新评：此儒家“自信章”也。谁懂孔子？谁与心通？其一生中立己、立人、立志、立德、立国，要将世间变个样，要保百姓得安详。古今万千士人，自以为知孔其实差万里，盖在境界不及、践行无及。教书匠知孔乎？以为孔子第一个教师。文字匠知孔乎？以为孔子书虫。叵测者知孔乎？以为孔子为私。夫知孔懂孔者，唯胸怀宇宙，仁爱民人，欲改造世界，变革社会，吞吐天下，知其不可而为之之负青云之志者也。回首纵观夫子 73 载生命行程，奈何有出奇自信、超人活力、非凡作为？答案在此！“天生德于予”！浩然之念，德者天命！夫子自白理论，其以为只要人怀至德，修身内化，坦坦荡荡，其谁抵挡？中国士人道德正义文化自骄气贯长虹。若以道德而不以贵贱论高下，贵胄王侯，达官大人，又能算个什么东西？既如此，那么，“桓魋其如予何”？

7．24子曰：“二三子以我为隐乎？吾无隐乎尔。吾无行而不与二三子者，是丘也。”

朱熹注：诸弟子以夫子之道高深不可几及，故疑其有隐，而不知圣人作、止、语、默无非教也，故夫子以此言晓之。与，犹示也。程子曰：“圣人之道犹天然，门弟子亲炙而冀及之，然后知其高且远也。使诚以为不可及，则趋向之心不几于怠乎？故圣人之教，常俯而就之如此，非独使资质庸下者勉思企及，而才气高迈者亦不敢躐易而进也。”吕氏曰：“圣人体道无隐，与天象昭然，莫非至教。常以示人，而人自不察。”

李贽评：和盘托出。

夏新评：此儒家“无隐章”也。愚竟以为，世界文化公正、公开，明净，世间文士心胸敞亮、高洁，乃滥觞于孔门，首创于孔子。“吾无隐乎尔”——多么坦诚直白！这是什么力量使然？襟怀磊落，何隐之有？政治公开性，君子坦荡荡，中国古人不以制度规定，却以人格养成保证。这是中国古老道德文化特色也！

7．25 子以四教：文、行、忠、信。

朱熹注：行，去声。程子曰："教人以学文修行而存忠信也。忠信，本也。"

夏新评：此儒家"课程章"也。乃孔门有学校教学大纲耶？必以历年教育实践为基础，必已有反复比较思考，方归纳、总结、抽象出如此"四教"，德与智兼及，知与行结合。与社会生活接轨，与后生成长成才关联。道德优先，兼及文学，强调实践。相当全面了，已显示文明高度，教育深度。是教也，实在是当时世纪的先进课程，本质上构建了中国教育以"做人"为重点之主旨方向，技能次之。原来教育文明如此发轫前行，方有那哈佛、北大无数大学百千余门类高等复杂无所不包现代课程。

7.26子曰："圣人，吾不得而见之矣；得见君子者，斯可矣。"子曰："善人，吾不得而见之矣；得见有恒者，斯可矣。亡而为有，虚而为盈，约而为泰，难乎有恒矣。"

朱熹注：子曰："圣人，吾不得而见之矣；得见君子者，斯可矣。"圣人，神明不测之号。君子，才德出众之名。子曰："善人，吾不得而见之矣；得见有恒者，斯可矣。恒，胡登反。○"子曰"字疑衍文。恒，常久之意。张子曰："有恒者，不贰其心。善人者，志于仁而无恶。"亡而为有，虚而为盈，约而为泰，难乎有恒矣。"亡，读为无。三者皆虚夸之事，凡若此者，必不能守其常也。张敬夫曰："圣人、君子以学言，善人、有恒者以质言。"愚谓有恒者之与圣人，高下固悬绝矣，然未有不自有恒而能至于圣者也。故章末申言有恒之义，其示人入德之门，可谓深切而着明矣。

李贽评：此分明教人从"有恒"起脚，"圣人"歇脚也。末节又是吃紧为人处。恐人失了本钱，出门不得。

夏新评：此儒家"不圣章"也。反神化，反迷信，反崇拜，孔子走在前头。中国士人多么开明！勇力！古代社会，世俗风尚，图腾崇拜，迷信盛行。尊长老，树权威，造人神，早已流行。夫子倒把这机关看透，挺身而出，以"圣人，吾不得见"辟谣煞风。世上有神吗？华夏需要宗教吗？胡扯！可见后代之不肖以为孔子以圣人自视多么荒唐，另一些人将孔子神化是多么违孔子意愿，与夫子毫不相干！今日又有海内外好心人欲将孔子神祇化，将儒学宗教化，欲要与耶教、佛教平起平坐；另有黑心人欲将孔子妖魔化，将儒学虚无化，好搬来异域大神信仰。此皆大坏大谬也。中国孔子，就一真人，德被四野，光昭日月，亡而为有，虚而为盈，约而为泰。孔孟不为也，亦不耻也。

7．27 子钓而不纲，弋不射宿。

朱熹注：射，食亦反。纲，以大绳属网，绝流而渔者也。弋，以生丝系矢而射也。宿，宿鸟。洪氏曰："孔子少贫贱，为养与祭，或不得已而钓弋，如猎较是也。然尽物取之，出其不意，亦不为也。此可见仁人之本心矣。待物如此，待人可知；小者如此，大者可知。"

李贽评：秋冬之中都是春夏。

夏新评：此儒家"生态章"也。奇怪，孔子在自己并不擅长不熟悉之农耕种养领域竟具有如此高深之科学素养见解，孔子非生物学家呀！一句"钓而不纲，弋不射宿"，岂止仁心，亦为智者。这可是直到近现代才由富于远见的科技工作者提出的"可持续发展"理论先进观念吧？难道已有中国先秦版了，或曰起源了？铁证，中国文化早已有了可持续性思考，在世界堪称早熟早发。之所以中华文明五千年传承不绝为世界唯一，其实那根基乃祖先大哲业已早早耕耘播下生命种子啊！

7．28子曰：“盖有不知而作之者，我无是也。多闻，择其善者而从之，多见而识之，知之次也。”

朱熹注：识，音志。不知而作，不知其理而妄作也。孔子自言未尝妄作，盖亦谦辞，然亦可见其无所不知也。识，记也。所从不可不择，记则善恶皆当存之，以备参考。如此者虽未能实知其理，亦可以次于知之者也。

李贽评：甘心为次，所以无上。

夏新评：此儒家“择善章”也。孔子再次直白言明自我个人知识之来源，唯有在社会化生活中，方可获修身进养心得。人之失在不知而作，唯多闻多见，方可择善而从，从善如流。真话，管用，可行，可效。

7．29 互乡难与言，童子见，门人惑。子曰："与其进也，不与其退也，唯何甚？人洁已以进，与其洁也，不保其往也。

朱熹注：互乡难与言，童子见，门人惑。见，贤遍反。互乡，乡名。其人习于不善，难与言善。惑者，疑夫子不当见之也。子曰："与其进也，不与其退也，唯何甚！人洁己以进，与其洁也，不保其往也。"疑此章有错简。"人洁"至"往也"十四字，当在"与其进也"之前。洁，修治也。与，许也。往，前日也。言人洁己而来，但许其能自洁耳，固不能保其前日所为之善恶也；但许其进而来见耳，非许其既退而为不善也。盖不追其既往，不逆其将来，以是心至，斯受之耳。唯字上下，疑又有阙文，大抵亦不为已甚之意。程子曰："圣人待物之洪如此。"

李贽评：天地父母之心。后十四字不倒转，文字更古。

夏新评：此儒家"其进章"也。谓孔子主张倒退，多么胡说八道。中国士人，中国文化面向世界，面向未来之大视野，坚定意志，此章所在。我以为，此乃先于邓小平的一次古代社会新思想选择推介：向前看，见人长，不与退。明明白白！既有长善立人，又有洁己以进。由此知之，中华文化对先进性的三千年追寻，早已昭然，早有实践。先祖智慧，宁进勿退，谁谓孔子保守派？中国士人战略思维博大襟胸了得！

7．30 子曰：“仁远乎哉？我欲仁，斯仁至矣。”

朱熹注: 仁者，心之德，非在外也。放而不求，故有以为远者；反而求之，则即此而在矣，夫岂远哉？程子曰：“为仁由己，欲之则至，何远之有？”

李贽评： 口诀。

夏新评： 此儒家“仁远章”也。孔子作为世界早期伟大思想家教育家对人类道德前景展望有极大信心，对人类个体追求仁义予极大勉励。人人皆可为尧舜，一片光明啊！此语亦成为千百年来无数仁人志士之座右铭，又使多少书呆误了青春误终身？道德缥缈吗？夫子以自家修身心得自白：仁远乎哉？只要我们不懈追求想要它，它就一定会来到。决定道德修养高低进退者在人自己，而非天地和他人他物。真理是绝对的也是相对的。打消迷茫，驱除失望，解放畏惧，予天下追求者以信心。孔子是多么善解人意，体恤民心！多么富于人性！把话说到他人心坎，不灭芸芸众生心底那点念想，孔子不愧天下第一心理专家。激励生民百姓庶众一心向德向上向前向美，人类精神导师，太高瞻明远啊！

7．31 陈司败问："昭公知礼乎？"孔子曰："知礼。"孔子退，揖巫马期而进之，曰："吾闻君子不党，君子亦党乎？君取于吴，为同姓，谓之吴孟子。君而知礼，孰不知礼？"巫马期以告。子曰："丘也幸，苟有过，人必知之。"

朱熹注：陈司败问昭公知礼乎？孔子曰："知礼。"陈，国名。司败，官名，即司寇也。昭公，鲁君，名裯。习于威仪之节，当时以为知礼。故司败以为问，而孔子答之如此孔子退，揖巫马期而进之，曰："吾闻君子不党，君子亦党乎？君取于吴为同姓，谓之吴孟子。君而知礼，孰不知礼？"取，七住反。○巫马姓，期字，孔子弟子，名施。司败揖而进之也。相助匿非曰党。礼不娶同姓，而鲁与吴皆姬姓。谓之吴孟子者，讳之使若宋女子姓者然。巫马期以告。子曰："丘也幸，苟有过，人必知之。"孔子不可自谓讳君之恶，又不可以娶同姓为知礼，故受以为过而不辞。吴氏曰："鲁盖夫子父母之国，昭公，鲁之先君也。司败又未尝显言其事，而遽以知礼为问，其对之宜如此也。及司败以为有党，而夫子受以为过，盖夫子之盛德，无所不可也。然其受以为过也，亦不正言其所以过，初若不知孟子之事者，可以为万世之法矣。"

李贽评：圣人，圣人！

夏新评：此儒家"知礼章"也。为"闻过则喜"之古代一例。孔子前已有言"圣人不得见之矣"，此又曰"丘也幸，苟有过"。老人家始终将自己置于庶人凡夫群体之中，坦然承认自己有言语之误，也看错过人，犯过错误。此乃文人有勇，士人有格，亦是文化精神，实事求是之本真。这一光点只在《论语》中可呈现，你在其他异域文化的大书本子里头，看看有如此自知之明吗？那是天方夜谭，大逆不道。毋有谎言，唯有真意，这是中华文明自在自然个性。

7．32 子与人歌而善，必使反之，而后和之。

朱熹注：和，去声。反，复也。必使复歌者，欲得其详而取其善也。而后和之者，喜得其详而与其善也。此见圣人气象从容，诚意恳至，而其谦逊审密，不掩人善又如此。盖一事之微，而众善之集，有不可胜既者焉，读者宜详味之。

夏新评：此儒家“与歌章”也。吾读一本《论语》，觉人类生命信息何等富饶，有似孔子一生放歌于苍穹大块之间也！夫子是达人、诗人、乐人，每每入乡随俗，与乡党庶民打成一片，与氓共歌，与民同乐。庶民关系，乡党生活，底层休闲皆在此。真人真声真性情。人生想唱就唱，多唱更好！合唱多么好！可见孔子随遇而安，平心静气，与乡党心理距离近，甚而并立而歌。这当是古代士人某一日生存状态与心态之写实情景吧？

7．33 子曰：**“文，莫吾犹人也。躬行君子，则吾未之有得。”**

朱熹注：莫，疑辞。犹人，言不能过人，而尚可以及人。未之有得，则全未有得，皆自谦之辞。而足以见言行之难易缓急，欲人之勉其实也。谢氏曰“文虽圣人无不与人同，故不逊；能躬行君子，斯可以入圣，故不居；犹言君子道者三我无能焉。”

李贽评：今之以文章自负者，至此能不通身汗出？

夏新评：此儒家“躬行章”也。孔子自我反省人生知行得失。看重的是躬行。学文易，躬行难。《论语》开篇即已将“学”与”习，“知”与“行”关联看待。为什么华夏重视实践出真知？为什么中国人写出《实践论》？此章可见中国文化“知行合一”优势，起步早，劲头足，特别强调要亲身实践体验，理性上已有“重点在行”的坚守。所以，西方民主政治家大许诺，放空炮，对不起，真的难行于中国。清华大学荷塘边有一石碑上书“行胜于言”，塑就中国政治家血液与政风。躬行君子，何日蔚然成风，“大行天下”？中华待矣！

7．34 子曰："若圣与仁，则吾岂敢？抑为之不厌，诲人不倦，则可谓云尔已矣。"公西华曰："正唯弟子不能学也。"

朱熹注：此亦夫子之谦辞也。圣者，大而化之。仁，则心德之全而人道之备也。为之，谓为仁圣之道。诲人，亦谓以此教人也。然不厌不倦，非己有之则不能，所以弟子不能学也。晁氏曰："当时有称夫子圣且仁者，以故夫子辞之。苟辞之而已焉，则无以进天下之材，率天下之善，将使圣与仁为虚器，而人终莫能至矣。故夫子虽不居仁圣，而必以为之不厌、诲人不倦自处也。"可谓云尔已矣者，无他之辞也。公西华仰而叹之，其亦深知夫子之意矣。

李贽评：公西华亦慧。

夏新评：此儒家"免圣章"也。不啻是孔子的个人认知之去圣真言、宣言！好一个实事求是自我评价。孔子生在时，可知已有人将其神化，已是极高声誉，但老先生什么人？自知之明，偏不吃这一套！一个"若圣与仁，则吾岂敢"，道出谦谦君子心声。百世千代后，若问中国孔子何人？孔子对人类有何意义、启迪？历史当有公论：孔子是好人、善人、智者、真人，是精神导师、道德典范、人文楷模！千古一人也。但中国儒家在主体自我身上，把一个"除神去圣"低姿态诠释了却。可惜！中国的造神文化应当因此被打灭，连一个圣都不想当不想要，何况于神？中国历史上为何无真正宗教神主而成为四大文明之唯一，孤零零！弄得公知直嚷"无信仰"，只要怪孔子太谦卑多事了！罪过啊！

7．35 子疾病，子路请祷。子曰："有诸？"子路对曰："有之。诔曰：'祷尔于上下神祇。'"子曰："丘之祷久矣。"

朱熹注：诔，力，轨反。祷，谓祷于鬼神。有诸，问有此理否。诔者，哀死而述其行之辞也。上下，谓天地。天曰神，地曰只。祷者，悔过迁善，以祈神之佑也。无其理则不必祷，既曰有之，则圣人未尝有过，无善可迁。其素行固已合于神明，故曰："丘之祷久矣。"又士丧礼，疾病行祷五祀，盖臣子迫切之至情，有不能自已者，初不请于病者而后祷也。故孔子之于子路，不直拒之，而但告以无所事祷之意。

李贽评：妙。

夏新评：此儒家"疾病章"也。再次证明孔子是血肉身之人而非上界之神，免不得生老病死。老师生病痛要反问学生祈祷"有诸"？难道是孔子真的不知道向神祈祷这回事？非也。此为孔子病中随意应对，漫不经心，可知人生病而向神祈祷这种方式当时普遍流行，但他老人家并不当回事。心中无神，祷它何干？何益？即使在病中，孔子也是一反潮流穷书生本色做派啊！

7．36 子曰：**“奢则不孙，俭则固。与其不孙也，宁固。”**

朱熹注：孙，去声。孙，顺也。固，陋也。奢俭俱失中，而奢之害大。晁氏曰：“不得已而救时之弊也。”

李贽评：救世苦心。

夏新评：此儒家“奢逊章”也。孔子把人间生存这点事看彻，可谓世事洞明。为什么中国文化将奢、俭这种生活上的事，上升到与政治、政权关联的高度上去认识？“奢则不逊，俭则固。”这是古人已看到人性弱点规律。酒池肉林，历史案例，比比皆是，确实如此。孔子实在是有心人，“与其不逊也，宁固。”可知他已思考良久，并做出选择：去奢侈，宁节俭。此一优秀传统，道德优势，谁继谁承？说时容易行来难。后天人性，欲望萌生疯长，漫山遍野。奢者无德俭者仁。故今日中国共产党做出反腐败“八项规定”，原来却是有本土古老传统文化渊源。

7．37 子曰：“君子坦荡荡，小人长戚戚。”

朱熹注： 坦，平也。荡荡，宽广貌。程子曰：“君子循理，故常舒泰；小人役于物，故多忧戚。”程子曰：“君子坦荡荡，心广体胖。”

李贽评： 真，真！

夏新评： 此儒家“坦荡章”也。君子怀德，故无忧愁。小人怀私，而有悲戚。君子气象，小人气相；大千世界，万千气象。君子气壮山河，小人小肚鸡肠。中华民族主流意识，道德在胸，仁义在行，无私无隐，坦坦荡荡。宛若大江大海，横无际涯，广袤无边。岂是大洋彼岸抛出的一个“利益攸关方”收买得了的？

7.38 子温而厉，威而不猛，恭而安。

朱熹注：厉，严肃也。人之德性本无不备，而气质所赋，鲜有不偏，惟圣人全体浑然，阴阳合德，故其中和之气见于容貌之间者如此。门人熟察而详记之，亦可见其用心之密矣。抑非知足以知圣人而善言德行者不能也，故程子以为曾子之言。学者所宜反复而玩心也。

李贽评：一幅画。

夏新评：此儒家“容貌章”也。孔子在门生眼中什么样子？温、厉、恭、安。非常难得，此章留有学生对先生印象真容，好一个圣人气象！若问孔子的人格魅力何在？其思想方法是中庸的，内心是中庸的，外表也是中庸的。非温非厉，即温即厉，有温有厉，那样一种平衡状态。何也？太温太平则易被人欺。我常怀疑，这个幼年丧父孤儿一定有暴雨般的被欺血泪故事，才从温顺中生长出一点点刚毅来。然而太厉不是孔子本心，他所以取来一丁点儿乃是抵挡豪门社会的欺凌侮辱以护身罢。孔子对弟子从未见厉，亦给后人排解误区，君子决非和稀泥，有道德诚信善良之士哪里是只“善马”被人骑？或一定似绵羊好被人欺？错解！“温而厉”，守中庸，忠厚无用不是儒生代名词。这正是中华文化凛然之气，伟岸形象，英雄本色也！

泰伯篇第八

8．1子曰：“泰伯，其可谓至德也已矣。三以天下让，民无得而称焉。”

朱熹注：泰伯，周大王之长子。至德，谓德之至极，无以复加者也。三让，谓固逊也。无得而称，其逊隐微，无迹可见也。盖大王三子：长泰伯，次仲雍，次季历。大王之时，商道寖衰，而周日强大。季历又生子昌，有圣德。大王因有翦商之志，而泰伯不从，大王遂欲传位季历以及昌。泰伯知之，即与仲雍逃之荆蛮。于是大王乃立季历，传国至昌，而三分天下有其二，是为文王。文王崩，子发立，遂克商而有天下，是为武王。夫以泰伯之德，当商周之际，固足以朝诸侯有天下矣，乃弃不取而又泯其迹焉，则其德之至极为何如哉！盖其心即夷齐扣马之心，而事之难处有甚焉者，宜夫子之叹息而赞美之也。泰伯不从，事见春秋传。

李贽评：此是从周末而追言周初之事，还指让文王说为是。

夏新评：此儒家“至德章”也。孔子宣示他的价值观、人生观、成败观，彰显文化立场。以道德新标尺评论人之尊卑高下贵贱，而不是讲门阀，比出身。拿一个泰伯说事，抨击权贵争权夺位。孔子关注了国家权力的转移方式，关注到民心所在，民众口碑。人之至德，谦让为要，得民为大。这种文化能不传扬天下？哪比起当代民主列国，利字当先，个人为大，一超独霸，中国文化当然是太落伍老土，无聪明劲了呀！我的老祖宗啊！

8.2子曰："恭而无礼则劳，慎而无礼则葸，勇而无礼则乱，直而无礼则绞。君子笃于亲，则民兴于仁；故旧不遗，则民不偷。"

朱熹注：君子，谓在上之人也。兴，起也。偷，薄也。张子曰"人道知所先后，则恭不劳、慎不葸、勇不乱、直不绞，民化而德厚矣。"吴氏曰："君子以下，当自为一章，乃曾子之言也。"愚按：此一节与上文不相蒙，而与首篇慎终追远之意相类，吴说近是。

李贽评：忠信之人，可以学"礼"，"敦厚以崇礼"，便是此篇文字血脉。

夏新评：此儒家"笃亲章"也。孔子一介布衣，一生在体制外徘徊的人，这位先祖，不去觅食求衣，却长考治国兴民之道。毛病啊？倒亏老百姓还是看得见，谁把心掏给了下民？夫子训官僚须知化民当以恭、慎、勇、直之德，还须以礼为本教之。此乃对芸芸众生的精神关怀，感情尊重。如何待民？孔子主张予民以礼，而法家以为不如予民以刑。儒法文化大本歧分处在此，事关邦国，不可轻心！

8．3 曾子有疾，召门弟子曰："启予足！启予手！《诗》云：'战战兢兢，如临深渊，如履薄冰。'而今而后，吾知免夫！小子！"

朱熹注：夫，音扶。启，开也。曾子平日以为身体受于父母，不敢毁伤，故于此使弟子开其衾而视之。诗小旻之篇。战战，恐惧。兢兢，戒谨。临渊，恐坠；履冰，恐陷也。曾子以其所保之全示门人，而言其所以保之之难如此；至于将死，而后知其得免于毁伤也。小子，门人也。语毕而又呼之，以致反复丁宁之意，其警之也深矣。程子曰："君子曰终，小人曰死。君子保其身以没，为终其事也，故曾子以全归为免矣。"尹氏曰："父母全而生之，子全而归之。曾子临终而启手足，为是故也。非有得于道，能如是乎？"范氏曰："身体犹不可亏也，况亏其行以辱其亲乎？"

李贽评：传授心法。

夏新评：此儒家"有疾章"也。士人有大勇而持细慎。"如临深渊"，"如履薄冰"，为中国文人、文化于大事当前之警惕心态，此一态度与"暴虎冯河，吾不与也"其实似同，一体两面。不冲动，不蛮莽，计后果。

8.4 曾子有疾，孟敬子问之。曾子言曰：“鸟之将死，其鸣也哀；人之将死，其言也善。君子所贵乎道者三：动容貌，斯远暴慢矣；正颜色，斯近信矣；出辞气，斯远鄙倍矣。笾豆之事，则有司存。”

朱熹注： 曾子有疾，孟敬子问之。孟敬子，鲁大夫仲孙氏，名捷。问之者，问其疾也。曾子言曰：“鸟之将死，其鸣也哀；人之将死，其言也善。言，自言也。鸟畏死，故鸣哀。人穷反本，故言善。此曾子之谦辞，欲敬子知其所言之善而识之也。君子所贵乎道者三：动容貌，斯远暴慢矣；正颜色，斯近信矣；出辞气，斯远鄙倍矣。笾豆之事，则有司存。”远、近，并去声。贵，犹重也。容貌，举一身而言。暴，粗厉也。慢，放肆也。信、实也。正颜色而近信，则非色庄也。辞，言语。气，声气也。鄙，凡陋也。倍，与背同，谓背理也。笾，竹豆。豆，木豆。言道虽无所不在，然君子所重者，在此三事而已。是皆修身之要、为政之本，学者所当操存省察，而不可有造次颠沛之违者也。若夫笾豆之事，器数之末，道之全体固无不该，然其分则有司之守，而非君子之所重矣。程子曰：“动容貌，举一身而言也。周旋中礼，暴慢斯远矣。正颜色则不妄，斯近信矣。出辞气，正由中出，斯远鄙倍。三者正身而不外求，故曰笾豆之事则有司存。”尹氏曰“养于中则见于外，曾子盖以修己为为政之本。若乃器用事物之细，则有司存焉。”

李贽评： 圣贤将死也，定有裨于人。今人未死，唯见其损人而已矣。

夏新评： 此儒家“将死章”也。儒学对人生人性发展规律之观察认知，很有趣的。即使恶人佞者，会有变。生命终结，回归本性，人之将死，其言也善。那汉代楚国猛将项羽一句“天亡我也”，实在留下匹夫之误。

8．5 曾子曰：“以能问于不能，以多问于寡；有若无，实若虚，犯而不校。昔者吾友尝从事于斯矣。”

朱熹注：校，计校也。友，马氏以为颜渊是也。颜子之心，唯知义理之无穷，不见物我之有间，故能如此。谢氏曰：“不知有余在己，不足在人；不必得为在己，失为在人，非几于无我者不能也。”

李贽评：不但想他人前日而已，自家今日亦要下手矣。

夏新评：此儒家“能问章”也。曾子之学识、思维、视野、关注点实在比较其师下一台阶。但总体上看，曾子之于学问，继其师能得见；曾子之于治国，传其师而未见。师生隔代，这位门徒视野与先师孔子不止小了一圈的哟。

8．6曾子曰：“可以托六尺之孤，可以寄百里之命，临大节而不可夺也。君子人与？君子人也。”

朱熹注：与，平声。其才可以辅幼君、摄国政，其节至于死生之际而不可夺，可谓君子矣。与，疑辞。也，决辞。设为问答，所以深着其必然也。程子曰：“节操如是，可谓君子矣。”

李贽评：末二语是赞体文字。大是镜花水月。

夏新评：此儒家“大节章”也。君子事大，亦可托小。君子操守追求，一句“临大节而不可夺也”，让多少男儿、士人、伟丈夫热血沸腾上涌，心气盈天？太给力了！中华文化，中国士人有托孤寄命之传，大节无夺之守，仁义在胸，正气凛然，俯视寰宇，何惧之有？今日四大舰队，超级霸权，能臆想中华屈尊俯就乎？

8．7 曾子曰“士不可以不弘毅，任重而道远。仁以为己任，不亦重乎？死而后已，不亦远乎？”

朱熹注：仁者，人心之全德，而必欲以身体而力行之，可谓重矣。一息尚存，此志不容少懈，可谓远矣。程子曰：“弘而不毅，则无规矩而难立；毅而不弘，则隘陋而无以居之。”又曰“弘大刚毅，然后能胜重任而远到。”

李贽评：今之号为士者，亦有“以为己任”者乎？亦有“死而后已”者乎？

夏新评：此儒家“弘毅章”也。一群孔氏门徒，整日思想些什么？竟是修身以担当使命责任，无有自身。只令人肃然起敬。毕生求仁，任重道远。死而后已，不亦远乎？曾子之志，有乃师之风。吾以为，此处得孔子真传矣！然而，以上六章“曾子曰”文，整体逊于“子曰”夫子言篇章。由此又可知，孔子逝后，儒分八派，隔代相传，渐行渐远，每况愈下，杂芜质变，至宋明程朱陆王之学已惨不忍睹，由此已可见一斑矣。

8．8子曰：“兴于诗，立于礼，成于乐。”

朱熹注：子曰：“兴于诗，兴，起也。诗本性情，有邪有正，其为言既易知，而吟咏之间，抑扬反复，其感人又易入。故学者之初，所以兴起其好善恶恶之心，而不能自已者，必于此而得之。立于礼。礼以恭敬辞逊为本，而有节文度数之详，可以固人肌肤之会，筋骸之束。故学者之中，所以能卓然自立，而不为事物之所摇夺者，必于此而得之。成于乐。”乐有五声十二律，更唱迭和，以为歌舞八音之节，可以养人之性情，而荡涤其邪秽，消融其查滓。故学者之终，所以至于义精仁熟，而自和顺于道德者，必于此而得之，是学之成也。按内则，十年学幼仪，十三学乐诵诗，二十而后学礼。则此三者，非小学传授之次，乃大学终身所得之难易、先后、浅深也。程子曰：“天下之英才不为少矣，特以道学不明，故不得有所成就。夫古人之诗，如今之歌曲，虽闾里童稚，皆习闻之而知其说，故能兴起。今虽老师宿儒，尚不能晓其义，况学者乎？是不得兴于诗也。古人自洒埽应对，以至冠、昏、丧、祭，莫不有礼。今皆废坏，是以人伦不明，治家无法，是不得立于礼也。古人之乐：声音所以养其耳，采色所以养其目，歌咏所以养其性情，舞蹈所以养其血脉。今皆无之，是不得成于乐也。是以古之成材也易，今之成材也难。”

李贽评：“《诗》”、“礼”、“乐”之用如此。

夏新评：此儒家“兴立章”也。孔子深得《易经》之妙乎？奥妙何在？简言之，曰整体，曰系统，曰变动，曰平衡。此章即是讲天地人的。诗于人兴，礼由天作，乐以地制。人的发展须仰天地，习礼乐。一个人之道德人格完成过程该循何而进？孔子在此已然给门徒后生指路，亦是对人生成功之道的规律性概括认知。小而言之，为做人之要；大而广之，为立国之途。而人生的“兴”“立”“成”，只在“诗”“礼”“乐”。书生儿郎们要寻什么成才之径还不明明白白？君子能无“诗”无“礼”无“乐”耶？夫子走过，自我主体，实践检验，成功经验。中国文化早已解放了自己洒脱，只要自家诗、礼、乐，把他方神哪，利啊，霸呀，劳什子什么的甩远远的沟壑里去了。

8．9子曰：“民可使由之，不可使知之。”

朱熹注：民可使之由于是理之当然，而不能使之知其所以然也。程子曰：“圣人设教，非不欲人家喻而户晓也，然不能使之知，但能使之由之尔。若曰圣人不使民知，则是后世朝四暮三之术也，岂圣人之心乎？”

李贽评：真，真！

夏新评：此儒家“民可章”也。人类在宇宙的位置，个体生命的上与下，朝廷于民的知与使，当然是诡秘大文章。但被孔子一句话说到了实质根本：老百姓认可的事就让其去做；倘若民人不赞成，那你就得先去教育沟通。民心向背考量，才是德政良治。一语竟道出了政治奥秘，社会经纶。其原理是，先进思想需要觉悟知识分子向民众灌输。民为本，官为轻，儒家的社会观念认知实在是代表早期世界先进思想文化，社会良心。但当今不肖无知乱语，竟以此攻讦孔子主张愚民政治，此章哪里有轻民“愚民”的思想痕迹！

8．10子曰：**“好勇疾贫，乱也。人而不仁，疾之已甚，乱也。”**

朱熹注：好，去声。好勇而不安分，则必作乱。恶不仁之人而使之无所容，则必致乱。二者之心，善恶虽殊，然其生乱则一也。

夏新评：此儒家“好勇章”也。看一部人类文明史，其实只需一个“乱”字了。孔子概括出社会有两种乱源。若好勇疾贫，若不仁疾甚，最终社会只有一个出口——乱。夫子看得清，认知深。中华文化察社会乱象，入木三分。常见风起于青萍之末，犹中医医人之治腠理未病。邦国兴亡治乱，政治显微镜、望远镜，中华先祖们已为后辈子孙齐备了啊！

8．11 子曰：**“如有周公之才之美，使骄且吝，其余不足观也已。”**

朱熹注：才美，谓智能技艺之美。骄，矜夸。吝，鄙啬也。程子曰：“此甚言骄吝之不可也。盖有周公之德，则自无骄吝；若但有周公之才而骄吝焉，亦不足观矣。”又曰：“骄，气盈。吝，气歉。”愚谓骄吝虽有盈歉之殊，然其势常相因。盖骄者吝之枝叶，吝者骄之本根。故尝验之天下之人，未有骄而不吝，吝而不骄者也。

李贽评：无周公之“才”“美”而“骄”“吝”者，岂不愧死！

夏新评：此儒家“才美章”也。孔子对于门徒后生如何做人之谆谆教诲言也。即使你的气象与质地先天再好，若骄横与吝啬，人沾上了它就没有看头。以今日观念评判，中国文化对骄傲穷追猛打太甚，要知道，人家西方丛林法则文化是不吃“谦谦君子”这一套的呀。

8．12 子曰："三年学，不至于谷，不易得也。"

朱熹注：易，去声。谷，禄也。至，疑当作志。为学之久，而不求禄，如此之人，不易得也。杨氏曰："虽子张之贤，犹以干禄为问，况其下者乎？然则三年学而不至于谷，宜不易得也。"

李贽评："学也禄在其中矣"。

夏新评：此儒家"至谷章"也。孔子对学习对象、学习规律早已留心，三年是瓶颈，跨则跨了，否则垮了？人以为中国哲学无量化思维，那是后儒之弊，其实孔子早有"三年无改""三年学""九思"之类丰富数量，谁谓不然？

8.13子曰：“笃信好学，守死善道。危邦不入，乱邦不居。天下有道则见，无道则隐。邦有道，贫且贱焉，耻也。邦无道，富且贵焉，耻也。”

朱熹注：子曰：“笃信好学，守死善道。好，去声。笃，厚而力也。不笃信，则不能好学；然笃信而不好学，则所信或非其正。不守死，则不能以善其道；然守死而不足以善其道，则亦徒死而已。盖守死者笃信之效，善道者好学之功。危邦不入，乱邦不居。天下有道则见，无道则隐。见，贤遍反。君子见危授命，则仕危邦者无可去之义，在外则不入可也。乱邦未危，而刑政纪纲紊矣，故洁其身而去之。天下，举一世而言。无道，则隐其身而不见也。此惟笃信好学、守死善道者能之。邦有道，贫且贱焉，耻也；邦无道，富且贵焉，耻也。”世治而无可行之道，世乱而无能守之节，碌碌庸人，不足以为士矣，可耻之甚也。晁氏曰：“有学有守，而去就之义洁，出处之分明，然后为君子之全德也。”

李贽评：“危邦不入”一节正是“守死善道”处，正是“笃信好学”处。末节不过反言以缴之耳。

夏新评：此儒家“笃信章”也。孔子乃生活大师，对天人似已参透。此处为生存秘籍，或曰生涯要略总结表白。首要一条须自己坚定信念，死守善道。在任何时候，皆要眼观天下，危邦不入，乱邦不居，方好保身。其次是有道则现，无道则隐，方好平安。这是底线。邦有道，以贫贱为耻；邦无道，以卖国求荣为耻。这是进退尺度。教诲门徒，你们身处乱世切切毋忘啊！千百年来，中国知识分子，哪有不遵守此尺度准则的？只是到今日有公知放声“汪精卫卖国有功”，要颠倒乾坤为倭寇侵华汉奸卖国求荣邀功。可惜，个别庶民倒也听不懂蛆虫之语。

8．14 子曰：**“不在其位，不谋其政。”**

朱熹注：程子曰：“不在其位，则不任其事也，若君大夫问而告者则有矣。”

夏新评：此儒家“位谋章”也。这是孔子对为政可行性反复思索后的一种预先考量：手勿伸太远。不在其位，无职无权，无资讯，不知其情，如何谋政？若贸然议事谋政妄议，于国家只能说是望而生义，主观臆断，如何能好？然则孔子游说七十余国八十余君，一直欲反其论而行之，何谓也？愚以为，乃孔子担当之心使然，“天将以夫子为木铎”，世道混乱，人民困顿，虽不在位，如何拒之？

8．15子曰：**“师挚之始，《关雎》之乱，洋洋乎盈耳哉！”**

朱熹注：挚，音至。雎，七余反。师挚，鲁乐师名挚也。乱，乐之卒章也。史记曰“关雎之乱以为风始。”洋洋，美盛意。孔子自卫反鲁而正乐，适师挚在官之初，故乐之美盛如此。

李贽评：有余思。

夏新评：此儒家“盈耳章”也。夫子平日生活行状之一个侧面。他虽为草民，底层生存，却也可有丰富精神的。由此观，孔子已是春秋时代一位世界级音乐发烧友。敢不服气？

8．16 子曰：**“狂而不直，侗而不愿，悾悾而不信，吾不知之矣。”**

朱熹注：侗，音通。悾，音空。侗，无知貌。愿，谨厚也。悾悾，无能貌。吾不知之者，甚绝之之辞，亦不屑之教诲也。苏氏曰：“天之生物，气质不齐。其中材以下，有是德则有是病。有是病必有是德，故马之蹄啮者必善走，其不善者必驯。有是病而无是德，则天下之弃才也。”

李贽评：真难知。

夏新评：此儒家“狂直章”也。世界万象，人性万端。孔子致力于教化人类，提升人性，但力有不逮。“狂”“侗”“悾”，孔子拿某一类人也抓狂，没办法。你身边难道没有？你又有什么好办法？

8．17 子曰：**“学如不及，犹恐失之。”**

朱熹注： 言人之为学，既如有所不及矣，而其心犹竦然，唯恐其或失之，警学者当如是也。程子曰：“学如不及，犹恐失之，不得放过。纔说姑待明日，便不可也。”

李贽评： 要人如此。

夏新评： 此儒家“犹恐章”也。为学人的学习心理、生理现象。孔子以自家体会，在此与门生分享。学习知识也是有空间际遇、时机巧遇的，恰似某一个天时、地利、人和之集成集合？一句“犹恐”，道出心中紧迫焦灼。

8．18 子曰：**“巍巍乎，舜、禹之有天下也，而不与焉！”**

朱熹注：与，去声。巍巍，高大之貌。不与，犹言不相关，言其不以位为乐也。

李贽评：传舜禹之神。

夏新评：此儒家“崇舜章”也。愚有充足依据判断，华夏大地的上古代之人文人物故事，在春秋时期，在民间曾经必有广泛口头流传。口头传颂记事必定是上古与结绳记事伴随的一种主要的普遍的质朴的记述历史的生动有效形式。这种形式存在于往古数千年，甚至在二十世纪新中国成立之初，在我国新疆、西藏、云南少数民族地区乃保存口述历史习俗。故在古代，对尧、舜、禹之治功懿德，怕是已被田夫野老千千万万人口讲述万千遍百十代了。孔子在宋国鲁国底层生活该有多少耳闻？口头传颂不及文字准确，但对大人物和大事件的表述近于真实。《论语》中孔子这样严肃的政治家、教育家再三言及尧、舜、禹，且尊崇之至，当确有其人。

8.19子曰：“大哉尧之为君也！巍巍乎！唯天为大，唯尧则之。荡荡乎！民无能名焉。巍巍乎其有成功也！焕乎其有文章！”

朱熹注：子曰：“大哉尧之为君也！巍巍乎！唯天为大，唯尧则之。荡荡乎！民无能名焉。唯，犹独也。则，犹准也。荡荡，广远之称也。言物之高大，莫有过于天者，而独尧之德能与之准。故其德之广远，亦如天之不可以言语形容也。巍巍乎！其有成功也；焕乎，其有文章！”成功，事业也。焕，光明之貌。文章，礼乐法度也。尧之德不可名，其可见者此尔。尹氏曰：“天道之大，无为而成。唯尧则之以治天下，故民无得而名焉。所可名者，其功业文章巍然焕然而已。”

李贽评：末节正是“则天”实际处。

夏新评：此儒家“圣尧章”也。“巍巍乎”！列位看官，此章不就是古代华夏文化的“英雄颂”吗？尧为孔子心中之道德楷模，圣人形象，何其崇敬！孔子颂尧乃为春秋民间庶民盼德治之心声表达！孔子言尧，非为虚拟，以民间口传为据，确有其人。尧之功德，民荐酋首，禅让权力，岂不唯天为大？只有一个东方文明发明了此种权力移交之质朴、伟大、传奇方式，一举解决古代政治中的权力癌症难题。“唯尧则之”，何其了得，乃其有成功！他倡导的礼乐多么繁盛，后世才有灿烂文章。夫子对氏族先祖华夏文明之挚情，岂一个“巍巍”“荡荡”表得？须再用一个“巍巍”好了！

8．20舜有臣五人而天下治。武王曰："予有乱臣十人。"孔子曰："才难，不其然乎？唐、虞之际，于斯为盛。有妇人焉，九人而已。三分天下有其二，以服事殷。周之德，其可谓至德也已矣。"

朱熹注：舜有臣五人而天下治。治，去声。五人，禹、稷、契、皋陶、伯益。武王曰："予有乱臣十人。"书泰誓之辞。马氏曰："乱，治也。"十人，谓周公旦、召公奭、太公望、毕公、荣公、太颠、闳夭、散宜生、南宫适，其一人谓文母。刘侍读以为子无臣母之义，盖邑姜也。九人治外，邑姜治内。或曰："乱本作𠌞，古治字也。"孔子曰："才难，不其然乎？唐虞之际，于斯为盛。有妇人焉，九人而已。称孔子者，上系武王君臣之际，记者谨之。才难，盖古语，而孔子然之也。才者，德之用也。唐虞，尧舜有天下之号。际，交会之间。言周室人才之多，惟唐虞之际，乃盛于此。降自夏商，皆不能及，然犹但有此数人尔，是才之难得也。三分天下有其二，以服事殷。周之德，其可谓至德也已矣。"春秋传曰，"文王率商之畔国以事纣"，盖天下归文王者六州，荆、梁、雍、豫、徐、扬也。惟青、？、冀，尚属纣耳。范氏曰："文王之德，足以代商。天与之，人归之，乃不取而服事焉，所以为至德也。孔子因武王之言而及文王之德，且与泰伯，皆以至德称之，其指微矣。"或曰："宜断三分以下，别以孔子曰起之，而自为一章。"

李贽评：平叙之中，似有褒贬。《春秋》，《春秋》！

夏新评：此儒家"才难章"也。上文言尧，此章言舜，天然有序。孔子生活在民间，必在茶余饭后，听长者口传尧舜故事，有声有色。这是古代乡村文化生活，是活的华夏文史。孔子如何有似上知天命、下知历史的？从舜到周武王三千年矣，于孔子口中恰似一瞬间的整体，一段流光。而这个村夫士人的话题是"天下治"，比十九世纪人家"仰望星空，心中法则"不是早高了多少！就人类文明发展而言之，孔子是"颂今派"。赞远古舜王而又颂隔代之周武王。向前看！哪里有半点鼓吹倒退味道？一句"周之德，其可谓至德也已矣"，就将一班不学无术或心怀叵测反孔污孔之徒钉在了耻辱柱上。丘言在此！史实如此！

8.21子曰："禹，吾无间然矣。菲饮食而致孝乎鬼神，恶衣服而致美乎黻冕，卑宫室而尽力乎沟洫。禹，吾无间然矣。"

朱熹注：闲，去声。菲，音匪。黻，音弗。洫，呼域反。闲，罅隙也，谓指其罅隙而非议之也。菲，薄也。致孝鬼神，谓享祀丰洁。衣服，常服。黻，蔽膝也，以韦为之。冕，冠也，皆祭服也。沟洫，田间水道，以正疆界、备旱潦者也。或丰或俭，各适其宜，所以无罅隙之可议也，故再言以深美之。○杨氏曰："薄于自奉，而所勤者民之事，所致饰者宗庙朝廷之礼，所谓有天下而不与也，夫何间然之有。"

李贽评：非赞禹也，为后世君人者立法也。

夏新评：此儒家"颂禹章"也。孔子日常生活中已然将心中上古楷模尧舜禹榜样化、行动化。华夏最早史书在哪？史书在舌！夏代尧、舜、禹古酋王，至春秋时期仍长在乡间闾巷村民长者口中流传，夫子记在心中。这个禹的真实生活菲饮食、恶衣服近似平民水准，而又品德高尚，一心为民。孔子对禹的赞颂，代表人民心声。大禹治水，解民于倒悬，英雄气至今仍激荡华夏苍穹！

子罕篇第九

9．1子罕言利与命与仁。

朱熹注：罕，少也。程子曰：“计利则害义，命之理微，仁之道大，皆夫子所罕言也。”

李贽评：罕言利可及也；罕言利与命与仁，不可及也。

夏新评：此儒家“罕言章”也。有民谚云：酒是害人毒药，色是剐肉钢刀，财才是下山猛虎，利是迷人魂汤，命是花花世界，气是惹祸根苗。原来出自春秋孔夫子所原虑？多谈利与命，于门徒何益？而仁太高大、形上、缥缈，这东西还是少言谨言之为妙。拯世救失，谁装深沉？

9.2达巷党人曰："大哉孔子！博学而无所成名。"子闻之，谓门弟子曰："吾何执？执御乎？执射乎？吾执御矣。"

朱熹注：达巷党人曰："大哉孔子！博学而无所成名。"达巷，党名。其人姓名不传。博学无所成名，盖美其学之博而惜其不成一艺之名也。子闻之，谓门弟子曰："吾何执？执御乎？执射乎？吾执御矣。"执，专执也。射御皆一艺，而御为人仆，所执尤卑。言欲使我何所执以成名乎？然则吾将执御矣。闻人誉己，承之以谦也。尹氏曰："圣人道全而德备，不可以偏长目之也。达巷党人见孔子之大，意其所学者博，而惜其不以一善得名于世，盖慕圣人而不知者也。故孔子曰，欲使我何所执而得为名乎？然则吾将执御矣。"

李贽评：孔子只以"大哉"称乾，又只以称尧。则孔子闻"大哉"之称，真有不敢自安者。其谓门弟子之言，不敢自安之语也。然党人则孔子知己矣。

夏新评：此儒家"口碑章"也。孔子何人？就一草根学者、民间达人，其谁识之？其谁重之？"大哉孔子！"是民众心声，"达巷党人，"布衣庶者，眼睛雪亮。卑贱者能没有自发表达心中崇敬偶像的权力么？博学而不私成，这是伟岸处。真见，真见！但是，当即把一个孔子弄蒙了：我不过会射箭驾车啊！我正御马车啊！这一评价，若今之所谓：金杯银杯，不如达巷党人口碑者也！中国《尚书》率先认知一客观文化现象：先王圣贤，炎黄尧舜，德被四表，光昭日月。岂若今日有的公知要把汪精卫翻起来正名。然而，可惜华夏子孙不屑大神，而令这数典忘祖的人白忙一场，勿谓言之不预也。

9.3子曰：“麻冕，礼也；今也纯，俭，吾从众。拜下，礼也；今拜乎上，泰也。虽违众，吾从下。”

朱熹注：子曰：“麻冕，礼也；今也纯，俭。吾从众。麻冕，缁布冠也。纯，丝也。俭，谓省约。缁布冠，以三十升布为之，升八十缕，则其经二千四百缕矣。细密难成，不如用丝之省约。拜下，礼也；今拜乎上，泰也。虽违众，吾从下。”臣与君行礼，当拜于堂下。君辞之，乃升成拜。泰，骄慢也。程子曰：“君子处世，事之无害于义者，从俗可也；害于义，则不可从也。”

李贽评：子曰：“麻冕，礼也；今也纯，俭，吾从众。拜下，礼也；今拜乎上，泰也。虽违众，吾从下。”文字如龙。

真是时中之圣！

夏新评：此儒家“从众章”也。庶人生活中每日每事每时面临选择。君子一个“吾从下”，道出七窍灵魂真相庶民本色。孔氏门徒心中何有这般道德衡器？那是中国士人选边站队的高大人格心灵处么？中国士人心结，民众立场，恻隐之心，人性淋漓。郑板桥知民生之多艰，“一枝一叶总关情”；杜甫知民苦，“路有冻死骨”。都是人民情感，但只是感性认知，而孔子曾经一句“小子识之，苛政猛于虎也”，才是理论概括，揭示本质。孔子有从众，亦有违众。最难在不惧违众，不唯上，不唯利，只唯仁。若果然从礼、从俭、从下，今日贪官哪一个“从”不要他们的命！

9．4子绝四：毋意，毋必，毋固，毋我。

朱熹注：绝，无之尽者。毋，史记作“无”是也。意，私意也。必，期必也。固，执滞也。我，私己也。四者相为终始，起于意，遂于必，留于固，而成于我也。盖意必常在事前，固我常在事后，至于我又生意，则物欲牵引，循环不穷矣。程子曰：“此毋字，非禁止之辞。圣人绝此四者，何用禁止。”张子曰：“四者有一焉，则与天地不相似。”杨氏曰：“非知足以知圣人，详视而默识之，不足以记此。”

李贽评：何物文人，八字便传宣老之神。

夏新评：此儒家“绝四章”也。谁谓孔子思维只是形而下生活层次？老人家对形而上思想层面下了多少工夫？孔子是反对本本主义的先锋，教条主义他也不要。故此章可谓中国文化又一“大哉思”也！言简而意决，“毋”莫要沾。吾以为此“四绝”实乃夫子自警自惕自励自策之辨辞。必有目睹纷繁世象、他人思想禁锢、固步自封之万千弊端，而引发此一冲破一切思想牢笼之念想，要让师生意识自由驰骋，火花四射，创造勃发。既要冲决，又有边界；既要一以贯之，又要灵活变通。好不中庸！此八字真言，必为后生“书于绅”，记在心。这是保持思想开放、广阔、创造、变易、机敏、向前、活力的方法论、智慧论。一个四“毋”，中国文化的坚定性与策略性在此绽放！

9．5 子畏于匡，曰："文王既没，文不在兹乎？天之将丧斯文也，后死者不得与于斯文也；天之未丧斯文也，匡人其如予何？"

朱熹注：子畏于匡。畏者，有戒心之谓。匡，地名。史记云："阳虎曾暴于匡，夫子貌似阳虎，故匡人围之。"曰："文王既没，文不在兹乎？道之显者谓之文，盖礼乐制度之谓。不曰道而曰文，亦谦辞也。兹，此也，孔子自谓。天之将丧斯文也，后死者不得与于斯文也；天之未丧斯文也，匡人其如予何？"丧、与，皆去声。马氏曰："文王既没，故孔子自谓后死者。言天若欲丧此文，则必不使我得与于此文；今我既得与于此文，则是天未欲丧此文也。天既未欲丧此文，则匡人其柰我何？言必不能违天害己也。"

李贽评：说"子畏于匡"．及夫子说来，却又不畏。最可参味。以自家为后死，则以文王为先生矣。

夏新评：此儒家"于匡章"也。吾读此章，斗胆放言，孔子为古代华夏文明担当第一志士！大无畏政治变革第一英雄！生命危殆却念及中华文明，对此等士人，唯有仰天长叹！一个老书生56岁萌发旷世念头，率门生徒步万千里，提着脑袋，赴70余邦，游说80君王，废刑杀，施仁政，反分裂，安百姓。天下士人，至今肃然！但人逢危难草逢冬，孔子入匡如入瓮！兵荒马乱，师生被围，喋血殒命，或在顷刻之间。在罹难前念想什么？夫子竟未提及家事妻儿，而是叹息文王殁后，中华上古文明礼乐文化遗存都在我这里却未及传承，责任未竟。"天之将丧斯文也，后死者不得与于斯文也"，老天要毁断这一文化吗？后人将再也难见殷周文化了。这是何等士人！这是何等襟怀？将己身生命系于"责任"一念。这是马克思所谓"将整个生命献于人类最壮丽的事业"吗？方知四大文明，唯我独传未断，决非侥幸偶然，乃得圣人君子力挽狂澜于既倒。伟哉！孔子。炎黄子孙，士人担当，文明自觉。吾每读此章，遥望苍天，潸然泪下！

9．6太宰问于子贡曰：“夫子圣者与？何其多能也？”子贡曰：“固天纵之将圣，又多能也。”子闻之，曰：“太宰知我乎！吾少也贱，故多能鄙事。君子多乎哉？不多也。”

朱熹注：大，音泰。与，平声。孔氏曰：“大宰，官名。或吴或宋，未可知也。”与者，疑辞。大宰盖以多能为圣也。纵，犹肆也，言不为限量也。将，殆也，谦若不敢知之辞。圣无不通，多能乃其余事，故言又以兼之。言由少贱故多能，而所能者鄙事尔，非以圣而无不通也。且多能非所以率人，故又言君子不必多能以晓之。

李贽评：太宰问于子贡曰：“夫子圣者与？圣人知己。何其多能也？”子贡曰：“固天纵之将圣，又多能也。”夹带。子闻之，曰：“太宰知我乎！真个不知。吾少也贱，故多能鄙事。君子多乎哉？不多也。”

夫子以多能为贱、为鄙，则多能非圣可知矣。大宰识得此意，故向子贡致疑，曰：“夫子圣者与？何其多能也？”盖谓圣必不多能耳。子贡见不及此，复以“又多能”对，则其不知孔子已极矣。故孔子曰：“大宰知我乎！”分明谓子贡不知我也。何后之解书者决不肯信孔夫子亲口语乎？可叹！可叹！

夏新评：此孔子“身世章”也。难得古今人心，竟是相同。太宰这官员有好奇，要把个孔子身上“何其多能”秘密探究。很正常的社会现象，民众心理。圣人确是神秘，为何一介卑贱村夫却如此多能？还是门徒子贡与孔子天天一起见得真：先生好学常人无及，“圣者”“将圣”多能在必然。然则孔夫子太本真，太性急，赶忙声明：“吾少也贱，故多能鄙事。”亲口所言，而多少不肖之徒杜撰孔子自小荣华富贵何等无知荒唐！研究孔子身世切切当牢记二字：贱，鄙。夫子之言本是血和泪！你们不了解我罢了，少时太苦啊！千万别神化。大实话！大实话！中国文化，中国士人，如此呆傻，不禁让人一声长叹！你看彼岸人家大神却是自吹自擂“创世纪”，而这里却倒硬要往匹夫群派里扎堆，天壤之别。罢罢，自家到底圣人就是真人，真心，真气，真底。这个实践长才干认识论，儒家气象，中华本色，顶天立地，必须的！

9．7牢曰：“子云：‘吾不试，故艺。’”

朱熹注：牢曰：“子云，‘吾不试，故艺’。”牢，孔子弟子，姓琴，字子开，一字子张。试，用也。言由不为世用，故得以习于艺而通之。吴氏曰：“弟子记夫子此言之时，子牢因言昔之所闻有如此者。其意相近，故并记之。”

李贽评：牢曰：“子云：‘吾不试，故艺。’”文字奇甚。

夏新评：此儒家“故艺章”也。夫子到处讲真话、亮平凡。主动给人家讲出：我就是在底层生活做事时学的一点本领技艺。没办法，中国文化就这点老实巴交出息。哪里如人家洋鬼厉神自装大，自独尊，自演说，大手笔？古今神圣，中外政治家好有一比呀！

9．8子曰：“吾有知乎哉？无知也。有鄙夫问于我，空空如也。我叩其两端而竭焉。”

朱熹注：叩，音口。○孔子谦言己无知识，但其告人，虽于至愚，不敢不尽耳。叩，发动也。两端，犹言两头。言终始、本末、上下、精粗，无所不尽。程子曰：“圣人之教人，俯就之若此，犹恐众人以为高远而不亲也。圣人之道，必降而自卑，不如此则人不亲，贤人之言，则引而自高，不如此则道不尊。观于孔子、孟子，则可见矣。”尹氏曰：“圣人之言，上下兼尽。即其近，众人皆可与知；极其至，则虽圣人亦无以加焉，是之谓两端。如答樊迟之问仁知，两端竭尽，无余蕴矣。若夫语上而遗下，语理而遗物，则岂圣人之言哉？”

李贽评：这是孔子真话，亦把自家心体和盘托出矣。“空空如也”，正说自家心体。有谓谓鄙夫空空者，窃意于非鄙夫，安知鄙夫之空空乎？可发一笑。

夏新评：此儒家“两端章”也。真的拿一个中国文化没办法，拿这个孔夫子没得治。谁让你自个掏心窝，揭根底，没有人挑战怀疑你的呀！他倒自我坦陈“无知”。什么叫“君子坦荡荡”，这不在此？此处又涉中国哲学两大观点：人非生而知之和世上本无先知。叩两端要追寻从哪里来，到哪里去；是什么，怎么办。知识从何而来？东方哲学主张学而知之，人非先知；西人哲学主张生而知之，上帝全知。难怪黑格尔断言：中华无哲学！果然？再一点是思维方法，黑格尔主张“绝对意识”，空中缥缈，多么渊博深奥？而孔子主张“叩其两端而竭焉”，站在人间，土里土气。但不觉之际，知识来源与方法论重大问题，西方这么玄奥之学，竟被“无知”孔子一语道破！

9．9子曰：“凤鸟不至，河不出图，吾已矣夫！”

朱熹注：夫，音扶。凤，灵鸟，舜时来仪，文王时鸣于岐山。河图，河中龙马负图，伏羲时出，皆圣王之瑞也。已，止也。张子曰：“凤至图出，文明之祥。伏羲、舜、文之瑞不至，则夫子之文章，知其已矣。”

李贽评：夫子婆心直至此地，极像如今急功名者，欲得一好梦也不能，安得不心焦！说“已”政见其“不已”处。

夏新评：此儒家“已矣章”也。古代士人已然生有“时不我待”之生命担当意识耶！中国文化之人文自觉使之在世界文明中早熟。华夏古文明之精华尽装载于春秋士人心中，他们那一个凤鸟河图之虑，与柴米油盐人间烟火同在。

9．10子见齐衰者、冕衣裳者与瞽者，见之，虽少，必作；过之，必趋。

朱熹注：齐，音咨。衰，七雷反。少，去声。齐衰，丧服。冕，冠也。衣，上服。裳，下服。冕而衣裳，贵者之盛服也。瞽，无目者。作，起也。趋，疾行也。或曰："少，当作坐。"范氏曰："圣人之心，哀有丧，尊有爵，矜不成人。其作与趋，盖有不期然而然者。"尹氏曰"此圣人之诚心，内外一者也。"

李贽评：平等。

夏新评：此儒家"人性章"也。西方文化人士以为中国无平等、博爱、人权、人性。岂不曰尔等胡说八道耶！你看看，中国文化之道德性、关爱性在古经典《论语》中、在中国人生活中多么漂亮！何等温柔！"子见齐衰者、冕衣裳者与瞽者"，"见之，虽少，必作。过之，必趋"，礼让弱者和残疾盲人。夫子此一生活琐碎表现，真切自然，发自人性，何等道德仁义！中国士人那一颗仁爱之心在此闪烁。问人类一个文明何以唯一五千年传承不绝而他种文明断亡，你真不懂？

9．11 颜渊喟然叹曰：“仰之弥高，钻之弥坚。瞻之在前，忽焉在后。夫子循循然善诱之，博我以文，约我以礼，欲罢不能。既竭吾才，如有所立卓尔。虽欲从之。末由也矣。”

朱熹注：颜渊喟然叹曰：“仰之弥高，钻之弥坚；瞻之在前，忽焉在后。喟，苦位反。钻，祖官反。喟，叹声。仰弥高，不可及。钻弥坚，不可入。在前在后，恍惚不可为象。此颜渊深知夫子之道，无穷尽、无方体，而叹之也。夫子循循然善诱人，博我以文，约我以礼。循循，有次序貌。诱，引进也。博文约礼，教之序也。言夫子道虽高妙，而教人有序也。侯氏曰：“博我以文，致知格物也。约我以礼，克己复礼也。”程子曰：“此颜子称圣人最切当处，圣人教人，唯此二事而已。”欲罢不能，既竭吾才，如有所立卓尔。虽欲从之，末由也已。”卓，立貌。末，无也。此颜子自言其学之所至也。盖悦之深而力之尽，所见益亲，而又无所用其力也。吴氏曰：“所谓卓尔，亦在乎日用行事之间，非所谓窈冥昏默者。”程子曰：“到此地位，功夫尤难，直是峻绝，又大段着力不得。”杨氏曰：“自可欲之谓善，充而至于大，力行之积也。大而化之，则非力行所及矣，此颜子所以未达一闲也。”程子曰：“此颜子所以为深知孔子而善学之者也。”胡氏曰：“无上事而喟然叹，此颜子学既有得，故述其先难之故、后得之由，而归功于圣人也。高坚前后，语道体也。仰钻瞻忽，未领其要也。惟夫子循循善诱，先博我以文，使我知古今，达事变；然后约我以礼，使我尊所闻，行所知。如行者之赴家，食者之求饱，是以欲罢而不能，尽心尽力，不少休废。然后见夫子所立之卓然，虽欲从之，末由也已。是盖不怠所从，必欲至乎卓立之地也。抑斯叹也，其在请事斯语之后，三月不违之时乎？”

李贽评：“如有所立卓尔”，即“礼”也。不属悬空，但犹有礼在。所以“仰之弥高，钻之弥坚，瞻之忽后，从之末由，并此“礼”而化之，则几矣。孔子“五十而知天命”，这个“礼”尚在。到得“耳顺”、“从心”，无不是“礼”矣。

夏新评：此儒家“仰之章”也。孔氏门徒颜渊此一喟然之叹，千古流传！夫子华表圣人气象，千古流芳！巍然耸立！华夏人文楷模，道德典范，光照日月，又如何练成？愚以为，它必须生长在一个优秀先进的超级文明大背景中，它必与这一优质伟大文明相亲相融，它必是此一先进民族文明之杰出代表。仰之弥高，钻之弥坚。子孙崇敬，万人景仰。瞻之在前，忽焉在后。这是世界之巅，这是人类伟岸。道者恭，德者智，仁者久，德者远。孔子过去是人师，教诲；他未来仍将是导师，指引。纵然人类当今社会丛林法则，霸手高悬，危机深重，如临深渊；纵然强大无比美利坚却被“9·11”羞辱，世界几多乱象？但有中国夫子思想在，人类，你还好去担心什么世界没有未来？

9．12 子疾病，子路使门人为臣。病间。曰：“久矣哉，由之行诈也！无臣而为有臣。吾谁欺？欺天乎？且予与其死于臣之手也，无宁死于二三子之手乎？且予纵不得大葬，予死于道路乎？”

朱熹注：子疾病，子路使门人为臣。夫子时已去位，无家臣。子路欲以家臣治其丧，其意实尊圣人，而未知所以尊也。病闲，曰：“久矣哉！由之行诈也，无臣而为有臣。吾谁欺？欺天乎？闲，如字。病闲，少差也。病时不知，既差乃知其事，故言我之不当有家臣，人皆知之，不可欺也。而为有臣，则是欺天而已。人而欺天，莫大之罪。引以自归，其责子路深矣。且予与其死于臣之手也，无宁死于二三子之手乎？且予纵不得大葬，予死于道路乎？”无宁，宁也。大葬，谓君臣礼葬。死于道路，谓弃而不葬。又晓①之以不必然之故。范氏曰：“曾子将死，起而易箦。曰：‘吾得正而毙焉，斯已矣。’子路欲尊夫子，而不知无臣之不可为有臣，是以陷于行诈，罪至欺天。君子之于言动，虽微不可不谨。夫子深惩子路，所以警学者也。”杨氏曰：“非知至而意诚，则用智自私，不知行其所无事，往往自陷于行诈欺天而莫之知也。其子路之谓乎？”

李贽评：子疾病，子路使门人为臣。世俗之见。病间。曰：“久矣哉，由之行诈也！狠。无臣而为有臣。吾谁欺？欺天乎？且予与其死于臣之手也，无宁死于二三子之手乎？且予纵不得大葬，予死于道路乎？”狠。

天原以夫子为木铎。盖师位中人，死于二三子之手，何等停当。乃以为臣，是欲夫子为皇帝矣。岂天意乎？故曰：“欺天”！故曰“行诈“！颜路请车为椁之见，与此正同。此其所以为二路也与。

夏新评：此儒家“生死章”也。人之将死，其言也哀，必有真言。与其死于臣属，毋宁死于门徒。本铎之命，素王之身，庶民生存，朕本无臣。宁死于道，不可欺天。这是一个什么样的选择？有后人润之君曾料自己有“五种死法”，此皆可见中国哲人之天人合一“死而无畏”文化心理耶。

9.13子贡曰："有美玉于斯，韫椟而藏诸？求善贾而沽诸？"子曰："沽之哉！沽之哉！我待贾者也。"

朱熹注：韫，纡粉反。并，徒木反。贾，音嫁。韫，藏也。并，匮也。沽，卖也。子贡以孔子有道不仕，故设此二端以问也。孔子言固当卖之，但当待贾，而不当求之耳。范氏曰："君子未尝不欲仕也，又恶不由其道。士之待礼，犹玉之待贾也。若伊尹之耕于野，伯夷、太公之居于海滨，世无成汤文王，则终焉而已，必不枉道以从人，衒玉而求售也。"

李贽评：此见圣贤都急于渡世，非子贡求而孔子待也。但玩"沽之哉！沽之哉"，口角自见。

夏新评：此儒家"沽之章"也。正可见儒家出世哲学，实现自身价值，勇于担当生存观者也，亦为中华文化正可与现代市场经济对接口处也。此一铁证，孔子师徒生活哲学，已然生发价值意识和市场意识。华夏当为世界早于亚当市场意识先觉者。尔既是人类一分子，对社会进步经济活动岂可袖手旁观假作超然？孤芳自赏，其实不当。一个伟大文明于世界市场经济岂可长久缺席？中国士人情怀，对人类怀有那一份匹夫之责，木铎之为，系于一念！美玉于斯，沽之于市，天人共有，无愧于生。夫子欲显生命价值，天下担当。没有矫情，没有虚妄，只有真意。那颗心，直可叹：沽之哉！

9.14 子欲居九夷。或曰："陋，如之何？"子曰："君子居之，何陋之有？"

朱熹注：子欲居九夷。东方之夷有九种。欲居之者，亦乘桴浮海之意。或曰："陋，如之何！"子曰："君子居之，何陋之有？"君子所居则化，何陋之有？

李贽评："君子居之"四字极活。意若谓：如君子居之，亦不顾其陋不陋也。先辈谓"当问其居不居，不当问其陋不陋"，最为得之。若说"素夷狄，行乎夷狄"，独不能素中国，行乎中国乎？若说"用夏变夷"，独不能变齐鲁至道乎？都有碍。

夏新评：此儒家"九夷篇"也。谁为大自然精神主人？中国士人放声而曰：其必吾也。何谓天下至宝？中国士人振声而曰：其必吾也！茅屋败庐，若吾在此，道德光华，熠熠生辉，何陋之有？豪宅无我，何富之有？天地有我，流光溢彩——列位看官，只可直目中华文化气壮山河，只可直目中华士人伟甲天下啊！岂不啧啧！

9．15 子曰：“吾自卫反鲁，然后乐正，《雅》《颂》各得其所。”

朱熹注：鲁哀公十一年冬，孔子自卫反鲁。是时周礼在鲁，然诗乐亦颇残阙失次。孔子周流四方，参互考订，以知其说。晚知道终不行，故归而正之。

李贽评：《雅》《颂》得其所，仲尼不得其所极矣。

夏新评：此儒家“乐正章”也。今人切勿要以为中古时代文化阵地沉沉寂寥一片，其实那时人忙着哩！夫子为其一。孔子对中华文化做了什么？有乐正而已，雅颂各得其所而已！留下一部《乐》，一部《诗》，发人类之正声，歌世界之雅乐。非是偶然，乃是自觉。“各得其所”，遵循规律，合天顺势，老人家晚年心理安慰成就感仅此一点点。

9．16 子曰：“**出则事公卿，入则事父兄，丧事不敢不勉，不为酒困，何有于我哉？**”

朱熹注：然此则其事愈卑而意愈切矣。

李贽评：常人以为易者，圣人以为难，此其所以为圣人。

夏新评：此儒家“省酒章”也。于国于家，有礼义无酒水，进退不为，有方有度，真可谓：从必然而操自由。精神自得，行为自主，空间超大。孔子当然可以傲然于宇宙间：“何有于我哉？”天下文士践行修身，如何不达？如何不仁？然则果有达于此一奇伟瑰丽之人迹罕至处么？

9．17 子在川上曰：“逝者如斯夫！不舍昼夜。”

朱熹注：夫，音扶。舍，上声。天地之化，往者过，来者续，无一息之停，乃道体之本然也。然其可指而易见者，莫如川流。故于此发以示人，欲学者时时省察，而无毫发之间断也。程子曰：“此道体也。天运而不已，日往则月来，寒往则暑来，水流而不息，物生而不穷，皆与道为体，运乎昼夜，未尝已也。是以君子法之，自强不息。及其至也，纯亦不已焉。”又曰：“自汉以来，儒者皆不识此义。此见圣人之心，纯亦不已也。纯亦不已，乃天德也。有天德，便可语王道，其要只在谨独。”愚按：自此至篇终，皆勉人进学不已之辞。

李贽评：亦劝人“不舍”也。与道家“流水不腐”之语同。“舍昼夜”，便了不得生死。

夏新评：此儒家“川上章”也。读及“逝者如斯”，连连拍案叫绝：妙文！奇也！夫子此一个九字感叹，犹唯物主义启蒙，物质运动存在，蕴何等智慧，直抵一本大著，一场盛会！好个孔子，此一日目睹河流奔腾向前具象，只触景生情一语，竟直达宇宙之根本规律朴素认知：世界万物变化运行皆如此。认识必然即是自由。日月流去，“不舍昼夜”，时不我待，自然大千，社会人等，莫不如斯。夫子感慨，岂止诗情画意江河，乃在客观万物尔。人生彻悟，哲观大章，生命大篇，皆出于此。谁谓中国古代哲学未有事物客观独立观？未有物质绝对运动观？未有事物变化发展观？黑格尔等，尔来！无须通晓《易》，只读《论语》“子在川上曰”章可也！

9．18 子曰：**“吾未见好德如好色者也。”**

朱熹注：好，去声。谢氏曰：“好好色，恶恶臭，诚也。好德如好色，斯诚好德矣，然民鲜能之。”史记：“孔子居卫，灵公与夫人同车，使孔子为次乘，招摇市过之。”孔子丑之，故有是言。

李贽评：原不望人不好色，只望人“好德”如“好色”耳。

夏新评：此儒家“戒色章”也。夫子对人类劣根性当然有长久留心观察并担心。孔子乃极高明之社会学家、心理专家。见世之顽疾，人之劣性，大本在好色盛于好德。好不惆怅心痛、叹息！何日天下归仁？严重的问题是教育庶众苍生。物欲易生，德欲难进。毕竟是一个个短暂生命体，你于他们又有何法？世间道德生态如此，罢！罢！罢！

9．19 子曰："譬如为山，未成一篑，止，吾止也。

朱熹注：譬如平地，虽覆一篑，进，吾往也。" 篑，求位反。覆，芳服反。篑，土笼也。书曰："为山九仞，功亏一篑。" 夫子之言，盖出于此。言山成而但少一篑，其止者，吾自止耳；平地而方覆一篑，其进者，吾自往耳。盖学者自强不息，则积少成多；中道而止，则前功尽弃。其止其往，皆在我而不在人也。

李贽评：子曰："譬如为山，未成一篑，止，吾止也。绝妙文字。

先说"止"，后说"进"，绝妙鼓舞。

夏新评：此儒家"为山章"也。读此章顿觉古人已心悟客观事物量变与质变之内涵特性，亦可感受中华士人觉者之决断力、意志力，何其锐利！事物进程，未成一篑，壮士断腕，当止辄止；虽覆一篑，若须进往，义无反顾，决志坚持。为山为平地，皆出于己。中华文化对大势时局的整体性、阶段性、前瞻性认知和战略性决断，正是这个文明的优越性生命力所在！

9．20子曰：**“语之而不惰者，其回也与！”**

朱熹注：语，去声。与，平声。惰，懈怠也。范氏曰：“颜子闻夫子之言，而心解力行，造次颠沛未尝违之。如万物得时雨之润，发荣滋长，何有于惰，此群弟子所不及也。”

李贽评：“不惰”就在“语之”处见。

夏新评：此儒家“不惰章”也。孔子好学，颜回亦好学，孔门师徒何其相似乃尔！世界万恶之渊薮，在懒惰二字。颜回这位优等生既好学听话而又不惰，是孔门学校后天教育成功的范例。

9．21 子谓颜渊曰："惜乎！吾见其进也，未见其止也。"

朱熹注：进止二字，说见上章。颜子既死而孔子惜之，言其方进而未已也。

李贽评：字字痛哭！"进"，开场。"止"，结局。

夏新评：此儒家"其进章"也。犹似使人目睹人类最早那一所民间乡学师生精神气象！孔门学校，朝气蓬勃；孔子师徒，日月以进。把个穷乡僻壤，破陋庠学，闹腾得青春盈园，生龙活虎，活力四射，生机勃勃，热气腾腾，奋发向上！老先生喜在心头："吾见其进，未见其止也。"好个青年颜渊，岂止一个颜渊？这是中华文明哺育出的春秋一代青年士人之奋进生命形状啊！

9．22 子曰：**“苗而不秀者有矣夫！秀而不实者有矣夫！”**

朱熹注：夫，音扶。谷之始生曰苗，吐华曰秀，成谷曰实。盖学而不至于成，有如此者，是以君子贵自勉也。

李贽评：有感之言。

夏新评：此儒家“不秀章”也。乃夫子从观察自然之具象到认知万事万物本质抽象又一经典思维过程。可见老人家头脑思绪日夜奔腾不止。从个别到一般，从特殊到普遍。自然有象，苗而不秀；大千万象，秀而不实；人间凶象，无秀无实，谁奈它何？中国古代哲人已将世界社会万物，纳于目，熟于心，识透理，太智慧优秀啊！

9．23 子曰：“后生可畏，焉知来者之不如今也？四十、五十而无闻焉，斯亦不足畏也已。”

朱熹注：焉知之焉，于虔反。孔子言后生年富力强，足以积学而有待，其势可畏，安知其将来不如我之今日乎？然或不能自勉，至于老而无闻，则不足畏矣。言此以警人，使及时勉学也。曾子曰：“五十而不以善闻，则不闻矣”，盖述此意。尹氏曰：“少而不勉，老而无闻，则亦已矣。自少而进者，安知其不至于极乎？是可畏也。”

李贽评：“焉知来者”自连下二句读，是转口语。就说后生将来未必不如今日也。若仍如今日，有何可畏。

夏新评：此儒家“后生章”也。吾竟以为，孔子此一“后生可畏，焉知来者之不如今也”，实乃孔子对新生一代与社会未来有百倍信心，直与后世毛泽东在莫斯科殷切所发“世界是你们的，希望寄托在你们身上”的世纪之论同在。皆包含政治家对青年才俊无限信任和无比期待呀！新中国要伟岸要富强，除却中国青年其谁？人同此心！孔子要为政以德，要安百姓，天下归仁，除却后生其谁？中华古代哲学对历史发展中物质力量因素已有一项重要认知：后生可畏，后浪推前，在人！毛泽东当然有中华文化自信，精通此理，心系明天，直指未来。但此章力量还在孔子已直白批判驳斥：谁说后来者不如今？大胆相信，后生有才能，明天更美好！希望寄托在青年后生身上！孔、毛二哲竟把一个人类悲观主义一脚踏得粉碎！可叹！真的，大教授们咋不看此章，硬生生要加孔子一个“落后保守奴隶主阶级思想代表”称号呢？咄咄怪事！

9．24子曰："法语之言，能无从乎？改之为贵。巽与之言，能无说乎？绎之为贵。说而不绎，从而不改，吾未如之何也已矣。"

朱熹注：法语者，正言之也。巽言者，婉而导之也。绎，寻其绪也。法言人所敬惮，故必从；然不改，则面从而已。巽言无所乖忤，故必说；然不绎，则又不足以知其微意之所在也。杨氏曰："法言，若孟子论行王政之类是也。巽言，若其论好货好色之类是也。语之而未达，拒之而不受，犹之可也。其或喻焉，则尚庶几其能改绎矣。从且说矣，而不改绎焉，则是终不改绎也已，虽圣人其如之何哉？"

李贽评："巽与之言"，"与"字最妙。即以"法语之言"、"巽与之言"耳，不然，舍"法"便无以正人。后三语深望人"改"与"绎"也。单剩药方。

夏新评：此儒家"兼听章"也。为孔子对上古文化之根本态度、深刻思考和重大立场。对祖宗文化，礼仪规则，在"从"与"改"之间；对先人遗言，在"悦"与"绎"之间。谁谓中国儒家文化纯粹保守？一个中庸方法论，叩其两端，不走极端。一句"悦而不绎，从而不改"，道出孔子对上古内心真实。孔夫子顽固守旧，主张倒退吗？历史事实昭然大白，孔子竟然也主张吃"改"字饭哩。而后世有邓小平高举"改革开放"大旗，把一个中华闹得举世瞩目走向伟大复兴，行遍天下无敌手，原来根源如此。

9．25 子曰：“主忠信，毋友不如已者，过则勿惮改。”

朱熹注：重出而逸其半。

李贽评：教人立志。

夏新评：此儒家“主忠章”也。一个民族，敢于亮出“忠信”旗帜，那是它文化自信的极度坚定展示。主忠，信友，悔过，中国文化律己仁人，直把人家那一个“丛林法则”“私己主义”践踏脚下。至今日中华道德文章在，你还怕天下没有真朋友吗？你还担心人类没有光明未来吗？

9．26 子曰：**“三军可夺帅也，匹夫不可夺志也。”**

朱熹注：侯氏曰：“三军之勇在人，匹夫之志在己。故帅可夺而志不可夺，如可夺，则亦不足谓之志矣。”

李贽评：三军夺帅也非易事，借此以极其人形容耳。如方言：“上山擒虎易，开口告人难”之意。擒虎岂是易事。

夏新评：此儒家“三军章”也，“豪杰章”也。好一个中华士人，乍看其貌似羸弱书生一个，岂不知他胸中泰岳千仞，豪气万丈。这是中华文化力量宣言！这是中国士人精神告白！这是人类正气高扬！

9.27子曰："衣敝缊袍，与衣狐貉者立而不耻者，其由也与？'不忮不求，何用不臧？'"子路终身诵之。子曰："是道也，何足以臧？"

朱熹注：子曰："衣敝缊袍，与衣狐貉者立，而不耻者，其由也与？衣，去声。缊，纡粉反。貉，胡各反。与，平声。敝，坏也。缊，枲着也。袍，衣有著者也，盖衣之贱者。狐貉，以狐貉之皮为裘，衣之贵者。子路之志如此，则能不以贫富动其心，而可以进于道矣，故夫子称之。'不忮不求，何用不臧？'"忮，之豉反。忮，害也。求，贪也。臧，善也。言能不忮不求，则何为不善乎？此卫风雄雉之诗，孔子引之，以美子路也。吕氏曰："贫与富交，强者必忮，弱者必求。"子路终身诵之。子曰："是道也，何足以臧？"终身诵之，则自喜其能，而不复求进于道矣，故夫子复言此以警之。谢氏曰："耻恶衣恶食，学者之大病。善心不存，盖由于此。子路之志如此，其过人远矣。然以众人而能此，则可以为善矣；子路之贤，宜不止此。而终身诵之，则非所以进于日新也，故激而进之。"

李贽评：子曰："衣敝缊袍，与衣狐貉者立而不耻者，其由也与？'不忮不求，何用不臧？'"好赞叹。子路终身诵之。若将终身。子曰："是道也，何足以臧？"好棒喝。

"是道也，何足以臧？"叫他去想，不是说竞"不臧"乜。竟说"不臧"，便是两舌。

夏新评：此儒家"操守章"也。文人意气通九天，衣敝缊袍自等闲。纨绔哥儿身边立，不忮不求臧无边。此章直可使贪夫廉，使懦夫而有志。孔子爱门徒之独特方法，赞美其长，增其自信，真真天下第一教也！中华精气神，在此耸立！怀高节而傲狐貉，不忮不求者，与富贵者齐。知道什么是"穷且易坚，不坠青云之志"了吗？！

9．28 子曰：**“岁寒，然后知松柏之后凋也。”**

朱熹注：范氏曰：“小人之在治世，或与君子无异。惟临利害、遇事变，然后君子之所守可见也。”谢氏曰：“士穷见节义，世乱识忠臣。欲学者必周于德。”

李贽评：意在言外，无限感慨。不曰“不凋”而曰“后凋”，文字直得斟酌。

夏新评：此儒家“岁寒章”也，“气节章”也。已接连数篇，道出古代士人内心世界精神何其强大！孔子师徒何以在那箪食、瓢饮、陋巷之中胸怀天下，它是要改造世界的！盖因于此。我竟一直有感：实践检验真理古人有懂啊！又敢于冷眼直视那富贵豪强：别看它玉宇琼楼，我谓之海市蜃景；别道它称霸全球，我谓之外强中干。岁寒，知松柏之后凋，七千年世象心得，唯有一个古老文明可以感知拥有。

9．29 子曰：**“知者不惑，仁者不忧，勇者不惧。”**

朱熹注：明足以烛理，故不惑；理足以胜私，故不忧；气足以配道义，故不惧。此学之序也。

李贽评：使人自考。

夏新评：此儒家“高风章”也。又一章孔子自觉自励自高自言文字！中华士人自知明，中国文化自修身。凭什么日月永照？凭什么泽被天下？凭什么世界文明唯我传之不绝？身怀智、仁、勇，除却惑、忧、惧。文明自信，道德给力，举目寰宇，谁有？或曰：此章“书于绅”可乎？凭却此“智、仁、勇”三宝，中华过去五千年走天涯，未来五千年引天下。

9．30子曰：“可与共学，未可与适道；可与适道，未可与立；可与立，未可与权。”

朱熹注：可与者，言其可与共为此事也。程子曰：“可与共学，知所以求之也。可与适道，知所往也。可与立者，笃志固执而不变也。权，称锤也，所以称物而知轻重者也。可与权，谓能权轻重，使合义也。”杨氏曰：“知为己，则可与共学矣。学足以明善，然后可与适道。信道笃，然后可与立。知时措之宜，然后可与权。”洪氏曰：“易九卦，终于巽以行权。权者，圣人之大用。未能立而言权，犹人未能立而欲行，鲜不仆矣。”程子曰：“汉儒以反经合道为权，故有权变权术之论，皆非也。权只是经也。自汉以下，无人识权字。”愚按：先儒误以此章连下文偏其反而为一章，故有反经合道之说。程子非之，是矣。然以孟子嫂溺援之以手之义推之，则权与经亦当有辨。

李贽评：子曰：“可与共学，未可与适道；可与适道，未可与立；可与立，未可与权。”此分明指人以为学阶级也。

“与适道”者，必“可与共学”之人；“与立”者，必“可与适道”之人；“与权”者，必“可与立”之人。曰“未可与”者，慎重之词，郑重之意，勿误看。

夏新评：此儒家“共学章”也。人类构成有多样性，世间万物存复杂性。为什么古往今来，一支支行进队伍，总有人落荒，有人颓唐？须当认知，夫子已知。人群分左中右，一万年以后，还是如此！

9．31“唐棣之华，偏其反而。岂不尔思？室是远而。”子曰：“未之思也，夫何远之有？”

朱熹注：“唐棣之华，偏其反而。岂不尔思？室是远而。”棣，大计反。唐棣，郁李也。偏，晋书作翩。然则反亦当与翻同，言华之摇动也。而，语助也。此逸诗也，于六义属兴。上两句无意义，但以起下两句之辞耳。其所谓尔，亦不知其何所指也。子曰：“未之思也，夫何远之有？”夫，音扶。夫子借其言而反之，盖前篇“仁远乎哉”之意。程子曰：“圣人未尝言易以骄人之志，亦未尝言难以阻人之进。但曰未之思也，夫何远之有？此言极有涵蓄，意思深远。”

李贽评：“唐棣之华，偏其反而。岂不尔思？室是远而。”子曰：“未之思也，夫何远之有？”会看清。

“思”是人极紧要东西。故力为辨之。不然，孔夫子决不为一诗翻案而已。人之所以异于禽兽，全在“思”。人之所以可为圣贤，全在“思”。人亦“思”之否乎？

夏新评：此儒家“远思章”也。遥想那轴心时代，苏格拉底、柏拉图、老聃、孔丘，一个个仰望星空，发出思想光芒，启示芸芸众生。孔子重行先有思。此章可谓之夫子指引，后生有识，岂不尔思？历史昭明：一个英雄的文化和他的智者，其思必远。

乡党篇第十

10．1 孔子于乡党，恂恂如也，似不能言者。其在宗庙朝廷，便便言，唯谨尔孔子于乡党，恂恂如也，似不能言者。

朱熹注：孔子于乡党，恂恂如也，似不能言者。恂，相伦反。恂恂，信实之貌。似不能言者，谦卑逊顺。不以贤知先人也。乡党，父兄宗族之所在，故孔子居之，其容貌辞气如此。

其在宗庙朝廷，便便言，唯谨尔。朝，直遥反，下同。便，旁连反。便便，辩也。宗庙，礼法之所在；朝廷，政事之所出；言不可以不明辨。故必详问而极言之，但谨而不放尔。此一节，记孔子在乡党、宗庙、朝廷言貌之不同。

李贽评：孔子于乡党，恂恂如也，似不能言者。其在宗庙朝廷，便便言，唯谨尔孔子于乡党，恂恂如也，似不能言者。画。

只玩“于”字、“其在”字，便见他是个时中之圣。

夏新评：此儒家“乡党章”也。儒家文化的庶民情结，地气升腾！哪里如欧罗巴大神唯我独尊！此一个与乡党心连心，孔子感情真。对尊长恂如恭顺，相与知底知根。便便言，何必快嘴！分明是予村夫庶民以敬，哪里是夫子不会说话？而在宗庙、在朝廷，对官长，则言语连连，只存一个谨慎戒心而已。

10.2 朝，与下大夫言，侃侃如也；与上大夫言，誾誾如也。君在，踧踖如也，与与如也。”

朱熹注：朝，与下大夫言，侃侃如也；与上大夫言，誾誾如也。侃，苦旦反。誾，鱼巾反。此君未视朝时也。王制，诸侯上大夫卿，下大夫五人。许氏说文：“侃侃，刚直也。誾誾，和悦而诤也。”君在，踧踖如也。与与如也。踧，子六反。踖，子亦反。与，平声，或如字。君在，视朝也。踧踖，恭敬不宁之貌。与与，威仪中适之貌。张子曰：“与与，不忘向君也。”亦通。此一节，记孔子在朝廷事上接下之不同也。

李贽评：此圣人化工付物之妙，莫作势利看。

夏新评：此儒家“上朝章”也。位卑未敢忘忧国，腹有诗书气自华。胸有德政，心有自信，肩有担当。孔子本为治丧业者身份低贱，可对朝廷那些官儿，只当见了酒囊饭袋，或侃侃如也，或訚訚如也，解却仰视，不必怯场。老师榜样展示言教身教，孔门学子，贫贱后生，你还两股颤颤，怕上官场什么呢?

10.3君召使摈，色勃如也，足躩如也。揖所与立，左右手，衣前后，襜如也。趋进，翼如也。宾退，必复命曰："宾不顾矣。"

朱熹注：君召使摈，色勃如也，足躩如也。摈，必刃反。躩，驱若反。摈，主国之君所使出接宾者。勃，变色貌。躩，盘辟貌。皆敬君命故也。揖所与立，左右手。衣前后，襜如也。襜，亦占反。所与立，谓同为摈者也。摈用命数之半，如上公九命，则用五人，以次传命。揖左人，则左其手；揖右人，则右其手。襜，整貌。趋进，翼如也。疾趋而进，张拱端好，如鸟舒翼。宾退，必复命曰："宾不顾矣。"纾君敬也。此一节，记孔子为君摈相之容。

李贽评：君召使摈，色勃如也，足躩如也。揖所与立，左右手，衣前后，襜如也。画。趋进，翼如也。宾退，必复命曰："宾不顾矣。"

圣人亦只完得人臣之常。

夏新评：此儒家"在朝章"也。大处气象，小处修养。孔夫子以行为宣示：咱鄙人一个，野老村夫迈入这君主辉煌殿堂，举止文明礼节不可输于人，只可示于人。色勃如，足躩如，衣襜如，进翼如。一丝不苟，细节决定成败，中国文化早古已研究实践过了。

10．4 入公门，鞠躬如也，如不容。立不中门，行不履阈。过位，色勃如也，足　如也，其言似不足者。摄齐升堂，鞠躬如也，屏气似不息者。出，降一等，逞颜色，怡怡如也。没阶，趋进，翼如也。复其位，踧踖如也。

朱熹注：入公门，鞠躬如也，如不容。鞠躬，曲身也。公门高大而若不容，敬之至也。立不中门，行不履阈。阈，于逼反。中门，中于门也。谓当枨闑之间，君出入处也。阈，门限也。礼：士大夫出入君门，由闑右，不践阈。谢氏曰："立中门则当尊，行履阈则不恪。"过位，色勃如也，足躩如也，其言似不足者。位，君之虚位。谓门屏之间，人君宁立之处，所谓宁也。君虽不在，过之必敬，不敢以虚位而慢之也。言似不足，不敢肆也。摄齐升堂，鞠躬如也，屏气似不息者。齐，音咨。摄，抠也。齐，衣下缝也。礼：将升堂，两手抠衣，使去地尺，恐蹑之而倾跌失容也。屏，藏也。息，鼻息出入者也。近至尊，气容肃也。出，降一等，逞颜色，怡怡如也。没阶趋，翼如也。复其位，踧踖如也。陆氏曰："趋下本无进字，俗本有之，误也。"等，阶之级也。逞，放也。渐远所尊，舒气解颜。怡怡，和悦也。没阶，下尽阶也。趋，走就位也。复位踧踖，敬之余也。此一节，记孔子在朝之容。

李贽评：入公门，鞠躬如也，如不容。画。立不中门，行不履阈。过位，色勃如也，足躩如也，其言似不足者。画。摄齐升堂，鞠躬如也，屏气似不息者。画。出，降一等，逞颜色，怡怡如也。画。没阶，趋进，翼如也。复其位，踧踖如也。画。

一幅入公门图。笔法亦变。神品！神品！

夏新评：此儒家"公门章"也。古代士人是礼的创造者，完善者，践行者。礼仪之邦地球上其实唯独一个。人们竟以为只有英国贵族王室公卿们的文明修养不得了，啧啧称赞；竟以为只有小日本的礼节行为了不得了，五体投地。看看！"鞠躬如也"，"色勃如也"，史实在此！比一个春秋孔子，比一个礼仪中华，西洋岛、东洋岛强盗烧杀抢掠哪一个不是沐猴而冠的小儿科？

10.5 执圭，鞠躬如也，如不胜。上如揖，下如授。勃如战色，足蹜蹜如有循。享礼，有容色。私觌，愉愉如也。

朱熹注：执圭，鞠躬如也，如不胜。上如揖，下如授。勃如战色，足缩缩，如有循。胜，平声。缩，色六反。圭，诸侯命圭。聘问邻国，则使大夫执以通信。如不胜，执主器，执轻如不克，敬谨之至也。上如揖，下如授，谓执圭平衡，手与心齐，高不过揖，卑不过授也。战色，战而色惧也。蹜蹜，举足促狭也。如有循，记所谓举前曳踵。言行不离地，如缘物也。享礼，有容色。享，献也。既聘而享，用圭璧，有庭实。有容色，和也。仪礼曰："发气满容。"私觌，愉愉如也。私觌，以私礼见也。愉愉，则又和矣。此一节，记孔子为君聘于邻国之礼也。晁氏曰："孔子，定公九年仕鲁，至十三年适齐，其间绝无朝聘往来之事。疑使摈执圭两条，但孔子尝言其礼当如此尔。"

李贽评：又一幅出使图。运笔亦复神品！

夏新评：此儒家"出使章"也。文明行为举止需要用心去体练，只一个"足蹜蹜如有循"，孔子私底下里下了多少工夫？孔子非"述而不作"，却是"述而有作"啊！圣人气象大约大半为后天修身而成的吧。

10.6君子不以绀緅饰。红紫不以为亵服。当暑，袗絺绤，必表而出之。缁衣，羔裘；素衣，麑裘；黄衣，狐裘。亵裘长，短右袂。必有寝衣，长一身有半。狐貉之厚以居。去丧，无所不佩。非帷裳，必杀之。羔裘玄冠不以吊。吉月，必朝服而朝。

朱熹注：君子不以绀緅饰。绀，古暗反。緅，侧由反。君子，谓孔子。绀，深青扬赤色，齐服也。緅，绛色。三年之丧，以饰练服也。饰，领缘也。红紫不以为亵服。红紫，间色不正，且近于妇人女子之服也。亵服，私居服也。言此则不以为朝祭之服可知。当暑，袗絺绤，必表而出之。袗，单也。葛之精者曰絺，麤者曰绤。表而出之，谓先着里衣，表絺绤而出之于外，欲其不见体也。诗所谓"蒙彼绉絺"是也。缁衣羔裘，素衣麑裘，黄衣狐裘。麑，研奚反。缁，黑色。羔裘，用黑羊皮。麑，鹿子，色白。狐，色黄。衣以裼裘，欲其相称。亵裘长。短右袂。长，欲其温。短右袂，所以便作事。必有寝衣，长一身有半。长，去声。齐主于敬，不可解衣而寝，又不可着明衣而寝，故别有寝衣，其半盖以覆足。程子曰："此错简，当在齐必有明衣布之下。"愚谓如此，则此条与明衣变食，既得以类相从；而亵裘狐貉，亦得以类相从矣。狐貉之厚以居。狐貉，毛深温厚，私居取其适体。去丧，无所不佩。去，上声。君子无故，玉不去身。觿砺之属，亦皆佩也。非帷裳，必杀之。杀，去声。朝祭之服，裳用正幅如帷，要有襞积，而旁无杀缝。其余若深衣，要半下，齐倍要，则无襞积而有杀缝矣。羔裘玄冠不以吊。丧主素，吉主玄。吊必变服，所以哀死。吉月，必朝服而朝。吉月，月朔也。孔子在鲁致仕时如此。此一节，记孔子衣服之制。苏氏曰："此孔氏遗书，杂记曲礼，非特孔子事也。"

李贽评：处处停当。

夏新评：此儒家"服饰章"也。中国乃古代丝绸之都，世界丝绸之路自有浑厚社会生产、生活背景基础支撑。衣服样式、色配，岂是可以马虎的？要看什么场合。且看春秋儒家对此研究达于什么水平，比一个古罗马、法兰西之和超越多少！

10．7 齐，必有明衣，布。齐必变食，居必迁坐。

朱熹注： 齐，必有明衣，布。齐，侧皆反。齐，必沐浴，浴竟，即着明衣，所以明洁其体也，以布为之。此下脱前章寝衣一简。齐，必变食，居必迁坐。变食，谓不饮酒、不茹荤。迁坐，易常处也。此一节，记孔子谨齐之事。杨氏曰："齐所以交神，故致洁变常以尽敬。"

李贽评： 与大众亦只一样，所以为圣人。

夏新评： 此儒家"迁坐章"也。在官场，不失体统；在民间，入乡随俗。孔子师徒是生活的自觉者。斋祭不与则已，与则毕恭。此乃对民众、对民俗的双重尊重自觉。务民之义，在于自觉也。

10．8 食不厌精，脍不厌细。食饐而餲，鱼馁而肉败，不食。色恶，不食。臭恶，不食。失饪，不食。不时，不食。割不正，不食。不得其酱，不食。肉虽多，不使胜食气。唯酒无量，不及乱。沽酒市脯不食。不撤姜食，不多食。

朱熹注：食不厌精，脍不厌细。食，音嗣。食，饭也。精，凿也。牛羊与鱼之腥，聂而切之为脍。食精则能养人，脍麤则能害人。不厌，言以是为善，非谓必欲如是也。食饐而餲，鱼馁而肉败，不食。色恶，不食。臭恶，不食。失饪，不食。不时，不食。食饐之食，音嗣。饐，于冀反。餲，乌迈反。饪，而甚反。饐，饭伤热湿也。餲，味变也。鱼烂曰馁。肉腐曰败。色恶臭恶，未败而色臭变也。饪，烹调生熟之节也。不时，五谷不成，果实未熟之类。此数者皆足以伤人，故不食。割不正，不食。不得其酱，不食。割肉不方正者不食，造次不离于正也。汉陆续之母，切肉未尝不方，断葱以寸为度，盖其质美，与此暗合也。食肉用酱，各有所宜，不得则不食，恶其不备也。此二者，无害于人，但不以嗜味而苟食耳。肉虽多，不使胜食气。惟酒无量，不及乱。食，音嗣。量，去声。食以谷为主，故不使肉胜食气。酒以为人合欢，故不为量，但以醉为节而不及乱耳。程子曰："不及乱者，非惟不使乱志，虽血气亦不可使乱，但浃洽而已可也。"沽酒市脯不食。沽、市，皆买也。恐不精洁，或伤人也。与不尝康子之药同意。不撤姜食。姜，通神明，去秽恶，故不撤。不多食。适可而止，无贪心也。

李贽评：食不厌精，脍不厌细。食饐而餲，鱼馁而肉败，不食。色恶，不食。臭恶，不食。失饪，不食。不时，不食。割不正，不食。不得其酱，不食。肉虽多，不使胜食气。唯酒无量，不及乱。圣人。沽酒市脯不食。不撤姜食，不多食。

"唯酒无量，不及乱。"大圣人！大圣人！其余都与大众一般。

夏新评：此儒家"美食章"也。中华民族、中华文化的食品健康意识，早已萌生，甚而发达早熟。此章记述士人生存之多样性、适应性也。可以下食粗粟，可以上饮甘露。可以饭疏食饮水，陋巷曲肱；可以食不厌精，脍不厌细。谁谓士人只可与穷苦坚守做伴？士人的生活状态不必只有一箪食一瓢饮一种方式。但当士人物质生活丰富起来之时，孔子对自己的自律太多：色恶不食，恶臭不食，饮酒无量，不多食。管住己口，主观自觉，近于科学。孔子乃中华健康生活方式之探索与建设先驱者耶！

10．9 祭于公，不宿肉。祭肉不出三日。出三日，不食之矣。

朱熹注：助祭于公，所得胙肉，归即颁赐。不俟经宿者，不留神惠也。家之祭肉，则不过三日，皆以分赐。盖过三日，则肉必败，而人不食之，是亵鬼神之余也。但比君所赐胙，可少缓耳。

夏新评：此儒家“肉食章”也。肉食非福，讲究甚多，清醒者自律。尤甚出三日之祭肉，切切不可食之矣。孔孟“七十三，八十四”已属于古人高龄。原因在此！

10．10 食不语，寝不言。食不语，寝不言。

朱熹注：答述曰语。自言曰言。范氏曰："圣人存心不他，当食而食，当寝而寝，言语非其时也。"杨氏曰："肺为气主而声出焉，寝食则气窒而不通，语言恐伤之也。"亦通。

夏新评：此儒家"食寝章"也。孔子学校文化空口号少，而言行规矩细节多。把吃饭和睡眠与语言、行止、情操相关联，看作健康生活方式的一个整体环节和组成部分。"食不语"，有利消化；"寝不言"，有利睡眠。食寝里边有文化，这不是中华医学的整体论和辩证观吗？由是观之，孔子已是春秋良医一个。

10．11 虽疏食菜羹，必祭，必齐如也。

朱熹注： 食，音嗣。陆氏曰：“鲁论瓜作必。”古人饮食，每种各出少许，置之豆闲之地，以祭先代始为饮食之人，不忘本也。齐，严敬貌。孔子虽薄物必祭，其祭必敬，圣人之诚也。此一节，记孔子饮食之节。谢氏曰：“圣人饮食如此，非极口腹之欲，盖养气体，不以伤生，当如此。然圣人之所不食，穷口腹者或反食之，欲心胜而不暇择也。”

夏新评： 此“菜羹章”也。孔子师生生活艰难贫困又一实证。哪里有收十条干肉学费的文化讹传？前有“饭疏食饮水”，此又有“疏食菜羹”。孔子师徒生活常态，穷困是真，却甘之如饴，穷且益坚。但即使粥食菜羹，礼不缺位。乡风民俗，不可不尊重，必祭必斋，这是传统，士人敬之行之，从众随俗一如乡党，接地气，此当为最早的菜根谭。

10．12 **席不正，不坐。**

朱熹注：谢氏曰："圣人心安于正，故于位之不正者，虽小不处。"

夏新评：此儒家"正坐章"也。吾读此章泛起一股心酸，"席不正，不坐"，既见夫子以文明礼仪律己之自觉，亦可窥见其因"少也贱"长期在社会底层受欺压无所措手足之阴影烙印。谁知孔子？宋有朱熹乎，今有夏新乎？夫子一生历尽磨难，丧父、丧母、流浪、失学、失业，而却又立志、求学、办学、游说，挫折、抱负、作为、贡献。世之奇伟！为什么孔子功德似山那样高？盖因其所受苦难像海那样深。而又谁谓中国人不注重细节和尊严？民间有言，吃有吃相，坐有坐相，孔子举止合礼得体，由此已知。

10．13 乡人饮酒，杖者出，斯出矣。

朱熹注：杖者，老人也。六十杖于乡，未出不敢先，既出不敢后。

夏新评：此儒家“尊老章”也。青年孔子在陬邑乡间早已闻名遐迩，是大“知识分子”了。但俯身民众，亲近乡党，一如既往。杖者出，斯出矣。真的是处处有仪礼啊！尊老敬长，慎终追远，真不知祖宗先人如何总结抽象出来并建立起如此理性的宗教般的民间长幼秩序的自觉。

10．14 乡人傩，朝服而立于阼阶。

朱熹注：傩，乃多反。傩，所以逐疫，周礼方相氏掌之。阼阶，东阶也。傩虽古礼而近于戏，亦必朝服而临之者，无所不用其诚敬也。或曰："恐其惊先祖五祀之神，欲其依己而安也。"此一节，记孔子居乡之事。

李贽评：他人不能。

夏新评：此儒家"立阶章"也。立而有仪，肃而有敬，得体言礼，士人当记。陬邑之乡人，孔丘视做父母，一言一举总关情。文明礼貌自觉已渗入血液矣。

10．15 问人于他邦，再拜而送之。

熹注：拜送使者，如亲见之，敬也。

夏新评：此儒家“问人章”也。孔子重和，欲要达到近和、远和天下和。和从何而来？以礼节之。心存敬重，再拜何妨？礼多人不怪。

10．16 康子馈药，拜而受之。曰："丘未达，不敢尝。"

朱熹注：范氏曰："凡赐食，必尝以拜。药未达则不敢尝。受而不饮，则虚人之赐，故告之如此。然则可饮而饮，不可饮而不饮，皆在其中矣。杨氏曰："大夫有赐，拜而受之，礼也。未达不敢尝，谨疾也。必告之，直也。"此一节，记孔子与人交之诚意。

李贽评：只是一个至诚。

夏新评：此儒家"馈药章"也。是为处理亲朋与世事之"情、理、节"也，把一桩小事分三步：送药、拜谢、受药。妙就妙在"拜受，不尝"，夫子丝丝入扣，而最终结果却是此药未敢吃。药也许好，而来历不明，如何对症？岂可囫囵吞药而不顾自家身体性命？孔子实在头脑清醒，思维缜密，行动有序。即令现代人亦恐有不达！

10．17 厩焚。子退朝，曰："伤人乎？"不问马。

朱熹注：非不爱马，然恐伤人之意多，故未暇问。盖贵人贱畜，理当如此。

李贽评：不出安排。

夏新评：此儒家"厩焚章"也。宣示重大人文观点也。孔子脱口而出"伤人乎"而不问马。直白表达：人的生命价值重于财产损失。"在世间一切事物中，人是第一个最可宝贵的"，可见后人毛泽东这一经典命题，有强大历史文化背景，亦为中国伦理根本观点。孔子问人"不问马"，太人道。古人今人是心相通的！此中华五千年道德文化精髓所在。

10．18 君赐食，必正席先尝之。君赐腥，必熟而荐之。君赐生，必畜之。侍食于君，君祭，先饭。

朱熹注：君赐食，必正席先尝之；君赐腥，必熟而荐之；君赐生，必畜之。食恐或馂余，故不以荐。正席先尝，如对君也。言先尝，则余当以颁赐矣。腥，生肉。熟而荐之祖考，荣君赐也。畜之者，仁君之惠，无故不敢杀也。侍食于君，君祭，先饭。饭，扶晚反。周礼，“王日一举，膳夫授祭，品尝食，王乃食”。故侍食者，君祭，则己不祭而先饭。若为君尝食然，不敢当客礼也。

夏新评：此儒家“赐食章”也。孔子身为一介草民，只有五年官宦生涯，却能把与君主关系之事处理得桩桩合礼合规。不经意间，一个“君赐生，必畜之”，以繁殖更多。前有“钓而不纲，弋不射宿”这一个“畜”字已然再次证明证孔子精通熟稔“可持续发展”观念了。可喜可敬！中国古代传统文化之历史先进性，可见一斑。

10．19 疾，君视之，东首，加朝服，拖绅。

朱熹注： 首，去声。拖，徒我反。东首，以受生气也。病卧不能着衣束带，又不可以亵服见君，故加朝服于身，又引大带于上也。

夏新评： 此儒家“东首章”也。古代人生病之礼仪文化之描述，透出君臣礼文化信息。人病首朝东，这是规矩，还须“加朝服，拖绅”。磁场？风水？真不懂古人！

10．20 君命召，不俟驾行矣。

朱熹注：急趋君命，行出而驾车随之。此一节，记孔子事君之礼。

李贽评：一部《礼记》。

夏新评：此儒家“命召章”也。是孔子为君王权势所趋之窘相吗？看官，你须知“伴君如伴虎”，那是拿人命玩的。岂可因政务怠慢祸及身家？匹夫担当，使命在身，“为政以德”未行，急啊！

10．21 入太庙，每事问。

朱熹注：重出。

李贽评：是礼也。

夏新评：此儒家“太庙章”也。曝光孔子知识来源与本真性情。夫子学问来源于好问，愚又以为其整理典籍最受益。毛泽东以为自学于图书馆最有获，马克思《资本论》是在大英博物院图书馆写成。毛氏曾曰：我没有进过大学，也没有留过洋，吾何学？中国文化也。故吾以为，毛泽东实为中国古老文化养得也。

一个“入太庙，每事问”，真场景，真记录，真孔子。夫子太直白，率由心性，自然流淌，脱口而出。人类天性，本该如此！何须装扮做作？太本真，原本即为一好奇心特强烈的乡间幼稚少年，入太庙，见新奇，有不懂，每事问，太可爱！我等幼小时代谁没傻过？中国古人创造出“学问”一词太妙，“学”要“问”啊！学问从何而来？请教的，问来的，生活的。哪有“生而知之”？唯邪诈“先知先觉”。中国文化关于知识来源命题，在孔子诸多论述中，已是再而三地宣示过直言了。

10．22 朋友死，无所归，曰："于我殡。"

朱熹注： 朋友以义合，死无所归，不得不殡。

夏新评： 此儒家"人道章"也。夫子真情所在与人性淋漓之一件小事。生动个例，人间自有真情在，并非人走茶就凉。"朋友死，无所归"，其必是卑贱穷酸者，死而无葬太凄凉。一句曰"于我殡"，足见孔子不但敢担当邦国，亦可援手寒门亡故。了不得，真汉子，伟丈夫！肃然起敬，高山仰止！

10．23 朋友之馈，虽车马，非祭肉，不拜。

朱熹注：朋友有通财之义，故虽车马之重不拜。祭肉则拜者，敬其祖考，同于己亲也。此一节，记孔子交朋友之义。

李贽评：大圣人。

夏新评：此儒家“有馈章”也。朋友有馈，天地有义。真友之情，固当如此。但世间求利，同志者少，泛然交处的多，需防人心不古。礼仪，物品，具象同而蕴含异，不必混淆。

10．24 **寝不尸，居不客。**

朱熹注： 尸，谓偃卧似死人也。居，居家。容，容仪。范氏曰："寝不尸，非恶其类于死也。惰慢之气不设于身体，虽舒布其四体，而亦未尝肆耳。居不容，非惰也。但不若奉祭祀、见宾客而已，申申夭夭是也。"

夏新评： 此儒家"寝居章"也。不尸不客，既是礼之约束，又有个人私家空间，无拘无束，轻松放下。既守慎独，又有居家轻松自在。中国士人追求生活品质与自由，因地制宜，不必处处克已。

10.25 见齐衰者，虽狎，必变。见冕者与瞽者，虽亵，必以貌。凶服者式之，式负版者。有盛馔，必变色而作。迅雷风烈，必变。

朱熹注: 见齐衰者，虽狎，必变。见冕者与瞽者，虽亵，必以貌。狎，谓素亲狎。亵，谓燕见。貌，谓礼貌。余见前篇。凶服者式之。式负版者。式，车前横木。有所敬，则俯而凭之。负版，持邦国图籍者。式此二者，哀有丧，重民数也。人惟万物之灵，而王者之所天也，故周礼"献民数于王，王拜受之"。况其下者，敢不敬乎？有盛馔，必变色而作。敬主人之礼，非以其馔也。迅雷风烈，必变。迅，疾也。烈，猛也。必变者，所以敬天之怒。记曰："若有疾风、迅雷、甚雨则必变，虽夜必兴，衣服冠而坐。"此一节，记孔子容貌之变。

李贽评:《礼记》。

夏新评: 此儒家"必变章"也。孔子讲变，孔子重变，亦通古今之变，此一精神追求，千年为学人所忽略不见，谓其保守，实在太冤。世态万千，人情重重。每个人都是社会人，岂有不去适应之理？一个"必变"，早已将其后汉代董仲舒"以不变应万变"之僵化哲学设防和区隔。夫子辩证者也。

10．26 升车，必正立，执绥。车中，不内顾，不疾言，不亲指。

朱熹注：内顾，回视也。礼曰："顾不过毂。"三者皆失容，且惑人。此一节，记孔子升车之容。

李贽评：与大众一样。

夏新评：此儒家"车礼章"也。可见夫子对社会生存习俗之研习，心得万千！甚而深入到每一空间、时间处中。知道什么是"克己复礼"了吧，这种圣人气质已然自觉渗入到具象细节层面，一个"必立正"，和"不内顾，不疾言，不亲指"，都是自尊自爱必须养成的呀！

10．27 色斯举矣，翔而后集。曰："山梁雌雉，时哉时哉！"子路共之，三嗅而作。色斯举矣，翔而后集。

朱熹注： 言鸟见人之颜色不善，则飞去，回翔审视而后下止。人之见几而作，审择所处，亦当如此。然此上下，必有阙文矣。曰："山梁雌雉，时哉！时哉！"子路共之，三嗅而作。共，九用反，又居勇反。嗅，许又反。○邢氏曰："梁，桥也。时哉，言雉之饮啄得其时。子路不达，以为时物而共具之。孔子不食，三嗅其气而起。"晁氏曰："石经'嗅'作戛，谓雉鸣也。"刘聘君曰"嗅，当作狊，古阒反。张两翅也。见尔雅。"愚按：如后两说，则共字当为拱执之义。然此必有阙文，不可强为之说。姑记所闻，以俟知者。

李贽评： 分明一则禅语。若认作实事，便是呆子。"色斯举矣"，"可以仕而仕"，"可以速而速"也。"翔而后集"，"可以处而处"，"可以久而久"也。曰"山梁"，见非庙堂也。曰"雌雉，'，见非帝王也。曰"子路"，见非"用之则行，舍之则藏"者也。的是宣圣一幅真容，的是宣圣一部实谱，正与"学而时习之"处关应。记《论语》者，圣手也。读《论语》者，从来都是瞎子。我今指出，孔子又活矣。快活！快活！然亦孔子知之耳，瞎子仍不知也。

夏新评： 此儒家"时哉章"也。君子应当知天晓物，顺势而为。孔子曾观察日月星辰（北辰），观察山川水流。这一次见到"色斯举矣，翔而后集"，故有感而发。孔子善于从自然现象得启示，获感悟，识天时。孔子哲学是已然了悟朴素唯物论和辩证法了。"时哉！时哉！"时机是客观的，具体的，易逝的，难得的。中国人，你懂得多啊！

先进篇第十一

11．1子曰："先进于礼乐，野人也；后进于礼乐，君子也。如用之，则吾从先进。"

朱熹注：子曰："先进于礼乐，野人也；后进于礼乐，君子也。先进后进，犹言前辈后辈。野人，谓郊外之民。君子，谓贤士大夫也。程子曰："先进于礼乐，文质得宜，今反谓之质朴，而以为野人。后进之于礼乐，文过其质，今反谓之彬彬，而以为君子。盖周末文胜，故时人之言如此，不自知其过于文也。"如用之，则吾从先进。"用之，谓用礼乐。孔子既述时人之言，又自言其如此，盖欲损过以就中也。

李贽评：子曰："先进于礼乐，野人也；后进于礼乐，君子也。如用之，则吾从先进。"此人夫子自说。

从来君子不如野人。

夏新评：此儒家"先进章"也。璧有瑕瑜，文有高低，人有先后。孔子直觉而果断地选择了野人平民立场行列。这是儒家所独有的人民性本真。为什么春秋时代中国士人思考要深入到如此一层次？关系到礼乐文化与人类文明进退的决定性。这一选择是深思熟虑的，孔子一生的实践行为，是理性先行的、有比较选择的、非盲目的。斯是何人？一个思想者，一个行动者，一个传承者，一个创造者，他就是孔夫子。中华文明为何滚滚向前？答案正在此："如用之，则吾从先进。"斩钉截铁！这一句"从先进"，何其了得！向前！向前！它不啻是中华社会发展期待，它当是中国士人人文声明！它亦是中华文明对方向的抉择！朝前看，从先进，弃后进！振聋发聩，昭示天下。这是孔子对华夏文明的指引，是哲人对未来道路的信念。中华有幸，人类有福啊！后代不肖，你有什么根据，什么资格骂孔子"保守、落后、倒退"？孔子一个"吾从先进"表白，生生羞死你们这些不学无术之徒！

11．2子曰：“从我于陈、蔡者，皆不及门也。”

朱熹注: 从，去声。孔子尝厄于陈、蔡之间，弟子多从之者，此时皆不在门。故孔子思之，盖不忘其相从于患难之中也。

夏新评: 此儒家“困厄章”也。人生坚定与否，须经受困苦、生死考验方知矣。人类生活规则揭示，有“天道酬勤”，有“雄才多难”。孟轲看得多，天降大任，苦其心志。孔子一生，二岁丧父，少年丧母，流徙他国，居乞异乡，后以殡丧为业，吹号奏乐为生。竟十有五而志于学，决意为德政安民治乱世而游说君王。旅途凶险，历尽艰辛，在陈被困，在蔡绝粮，门徒有心灰意冷的，有逃跑出走的。有似毛、朱率35万红军长征，到达陕北不足十之一矣。而孔子系纪元前个人发动之政治长征空前创举，艰险谁知?

11．3德行：颜渊、闵子骞、冉伯牛、仲弓。言语：宰我、子贡。政事：冉有、季路。文学：子游、子夏。

朱熹注：行，去声。弟子因孔子之言，记此十人，而并目其所长，分为四科。孔子教人各因其材，于此可见。程子曰："四科乃从夫子于陈、蔡者尔，门人之贤者固不止此。曾子传道而不与焉，故知十哲世俗论也

李贽评：此记从陈蔡之人耳，"德行"、"言语"、"政事"、"文学"，不甚关系。

夏新评：此儒家"育才章"也。中国教育文化的思想高度，春秋时期，已达于不凡。孔子创办人类第一所民间乡学，已设有德、语、政、文四种学科，广收身高达于成人束腰带以上男性青少年，贫富不论，因材施教，学习六艺，培养栋梁。大批人才正在此成长，学子各有所长。徐光宪曾在北大云，5000年前只有三种学问：语言、图腾和技艺。而孔子开设德行、言语、政事、文学四门课程育人。孔子之门，道德生焉，人才存焉。此一教学实践创举，达到春秋时代世界高峰。华夏文明的这一创造特性与生命活力，岂不令人叹为观止！

11．4子曰：“回也非助我者也，于吾言无所不说。”

朱熹注：说，音悦。助我，若子夏之起予，因疑问而有以相长也。颜子于圣人之言，默识心通，无所疑问。故夫子云然，其辞若有憾焉，其实乃深喜之。胡氏曰：“夫子之于回，岂真以助我望之。盖圣人之谦德，又以深赞颜氏云尔。”

李贽评：喜极之语，有似怒恨。今人多如此。

夏新评：此儒家“批评章”也。孔子对爱徒不护其短，时有点评。期盼师生互动交流，提倡教学民主，主张讨论，希望听到批评意见的心声在此流露。现代称为“发扬教学民主”。老人家不喜欢“无所不悦”，一言堂，一边倒，单向度。这样的孔子该猛烈批判吗？

11．5子曰：**“孝哉，闵子骞！人不间于其父母昆弟之言。”**

朱熹注：闲，去声。胡氏曰：“父母兄弟称其孝友，人皆信之无异辞者，盖其孝友之实，有以积于中而着于外，故夫子叹而美之。”

李贽评：悲喜之间。

夏新评：此儒家“孝哉章”也。与《先进篇》第三章互证，闵子骞在家中孝父母悌昆弟，有德行，美名传，受赞扬。人以为孔子的家庭观念淡薄，实则其倡导一个“孝哉”文化，将中国亿万家庭数千年来黏合，外人不知其妙也。

11．6南容三复“白圭”，孔子以其兄之子妻之。

朱熹注：三、妻，并去声。诗大雅抑之篇曰：“白圭之玷，尚可磨也；斯言之玷，不可为也。”南容一日三复此言，事见家语，盖深有意于谨言也。此邦有道所以不废，邦无道所以免祸，故孔子以兄子妻之。范氏曰：“言者行之表，行者言之实，未有易其言而能谨于行者。南容欲谨其言如此，则必能谨其行矣。”

李贽评：必有一段真精神感孚处，非仅仅谨言而已。不然，恐后世又将以借口为坦腹矣。记者记此，意亦有憾于当时之好佞乎？

夏新评：此儒家“授亲章”也。南容出身贫苦，却存三颂《诗经》之志。“以其兄之子妻之”，乃孔子的人性之为。犹今之所谓将“白富美”嫁了凤凰男，为何？只因孔子看中了一点：南容是个好学的男生，将来未可限量，故大胆做主，将侄女终身托付于他为妻。

11．7季康子问："弟子孰为好学？"孔子对曰："有颜回者好学，不幸短命死矣！今也则亡。"

朱熹注：好，去声。范氏曰："哀公、康子问同而对有详略者，臣之告君，不可不尽。若康子者，必待其能问乃告之，此教诲之道也。"

李贽评：只管说死的，不怕活的要死。

夏新评：此儒家"不幸章"也。知生者师也。在三千弟子，七十二贤人中，孔子脱口而出谓"颜回好学"，发自内心。颜回好学必定有达于时人无可企及之奇峰高处去，可惜无从得知，更可惜不幸早殁了。命矣！

11．8 颜渊死，颜路请子之车以为之椁。子曰："才不才，亦各言其子也。鲤也死，有棺而无椁。吾不徒行以为之椁。以吾从大夫之后，不可徒行也。"

朱熹注：颜渊死，颜路请子之车以为之椁。颜路，渊之父，名无繇。少孔子六岁，孔子始教而受学焉。椁，外棺也。请为椁，欲卖车以买椁也。子曰："才不才，亦各言其子也。鲤也死，有棺而无椁。吾不徒行以为之椁。以吾从大夫之后，不可徒行也。"鲤，孔子之子伯鱼也，先孔子卒。言鲤之才虽不及颜渊，然已与颜路以父视之，则皆子也。孔子时已致仕，尚从大夫之列，言后，谦辞。胡氏曰："孔子遇旧馆人之丧，尝脱骖以赙之矣。今乃不许颜路之请，何邪？葬可以无椁，骖可以脱而复求，大夫不可以徒行，命车不可以与人而鬻诸市也。且为所识穷乏者得我，而勉强以副其意，岂诚心与直道哉？或者以为君子行礼，视吾之有无而已。夫君子之用财，视义之可否岂独视有无而已哉？"不可徒行也"。（句后李贽评：此处大可关系勿看作悭吝一般）

李贽评：颜渊死，颜路请子之车以为之椁。子曰："才不才，亦各言其子也。鲤也死，有棺而无椁。吾不徒行以为之椁。以吾从大夫之后，不可徒行也。"此处大有关系，勿看作悭吝一般。

卖车买椁之言，真可发笑。"颜路请子之车以为之椁"，欲以命车为椁也。盖以其子有王佐之才，生不得沾一命之荣，故欲以此宠荣之耳。此亦世俗常情，正与子路以门人为臣一般见识。但夫子看得自家与颜回俱是木铎中人，师道与君道并重，教泽与治泽齐长，何必又假此也？故有"才不才"之说云耳。

夏新评：此儒家"回亡章"也。孔子对儿子薄乎？对爱徒厚乎？人谓儒家爱有差等，而墨家"兼爱"无差。果然耶？此案可知真相。爱徒与亲子同等视之待之，孔子的民主、公正、平等意识、道德观念、人性伦理，在此一见。

11．9 颜渊死。子曰："噫！天丧予！天丧予！"

朱熹注： 丧，去声。噫，伤痛声。悼道无传，若天丧已也。

李贽评： 颜子原是孔子后身，故曰"丧予"。

夏新评： 此儒家"天丧章"也。师生之情，山高水长。却爱徒一死，天地一方。为什么孔门学校凝聚力强人气旺？孔子视门徒生命如己出，有如此傻学生和呆先生。可惜后世金钱主义与文凭主义风尚下，一手交钱，一手交货，你能再见到"天丧予"这样真切之恸吗？可叹！

11．10 颜渊死，子哭之恸。从者曰："子恸矣！"曰："有恸乎？非夫人之为恸而谁为？"

朱熹注：颜渊死，子哭之恸。从者曰："子恸矣。"从，去声。恸，哀过也。曰："有恸乎？哀伤之至，不自知也。非夫人之为恸而谁为！"夫，音扶。为，去声。夫人，谓颜渊。言其死可惜，哭之宜恸，非他人之比也。胡氏曰："痛惜之至，施当其可，皆情性之正也。"

李贽评：颜渊死，子哭之恸。从者曰："子恸矣！"曰："有恸乎？非夫人之为恸而谁为？"他人求夫子一哭也不得。

非夫人之为恸而谁为"一语，恸极了。颜子死后，夫子哭之如此。因思世上人竟有死后令人笑者，复有生前令人哭者，更有生前令人笑者，真是可恸。

夏新评：此儒家"有恸章"也。死人的事是经常发生的。学校学生死亡亦不鲜见。而颜渊之死当是孔门学校一桩大事，在《论语》500篇中五见。孔子有"哭"者在《论语》全书只此一见！失去爱徒，先生痛极而恸。士人有泪不轻弹，其谁谓不然？

11.11 颜渊死，门人欲厚葬之。子曰："不可。"门人厚葬之。子曰："回也视予犹父也，予不得视犹子也。非我也，夫二三子也。"

朱熹注：颜渊死，门人欲厚葬之，子曰："不可。"丧具称家之有无，贫而厚葬，不循理也。故夫子止之。门人厚葬之。盖颜路听之。子曰："回也视予犹父也，予不得视犹子也。非我也，夫二三子也。"叹不得如葬鲤之得宜，以责门人也。

李贽评：颜渊死，门人欲厚葬之。子曰："不可。"门人厚葬之。子曰："回也视予犹父也，予不得视犹子也。非我也，夫二三子也。"不是推干系。

可当大哭。夫子恸之如此，却又不肯厚葬。这是何意？极好参。

夏新评：此儒家"非我章"也。孔子不主张"厚葬"是一以贯之，与爱徒无关。师生如父子，颜回与老师之情，孔子对门徒之爱，如亲子，胜亲子。这应当是孔子学校文化最可宝贵最富有人情味之处吧。

11．12 季路问事鬼神。子曰：“未能事人，焉能事鬼？”曰：“敢问死。”曰：“未知生，焉知死？”

朱熹注：焉，于虔反。问事鬼神，盖求所以奉祭祀之意。而死者人之所必有，不可不知，皆切问也。然非诚敬足以事人，则必不能事神；非原始而知所以生，则必不能反终而知所以死。盖幽明始终，初无二理，但学之有序，不可躐等，故夫子告之如此。程子曰：“昼夜者，死生之道也。知生之道，则知死之道；尽事人之道，则尽事鬼之道。死生人鬼，一而二，二而一者也。或言夫子不告子路，不知此乃所以深告之也。”

李贽评：季路问事鬼神。子曰：“未能事人，焉能事鬼？”曰：“敢问死。”曰：“未知生，焉知死？”敢问死亦有味，竟得不说鬼神人缘何有死。

季路摸到暗里去，夫子领出亮处来。

夏新评：此儒家“倒鬼章”也。文意有异，为何孔子不直接回答季路之问？倒却来一个反问？西方文化有所谓苏格拉底“产婆术”之说，中国文化有“反诘术”之说，东与西孰长？谁注意到了？季路问“鬼神”，问“生死”，孔子不答而作反诘。妙在不给结论，不判是非，反诘为答，引发提问者自己去思考，自忖、自悟、自得。此章当为孔子师生课堂问答对话经典！先生不驳对方，不伤问者，不作确解，又于不答中作答了。没有回答痕迹的答是最高明的回答。感谢季路之两问，引出先生之两反诘。鬼神之秘，生死之谜。事人事魅，知死知生，彼天彼人，大道幽明！在轴心时代，孔子就敢不信鬼神，这位知识分子胆子也太大、太超前了！

11．13 闵子侍侧，訚訚如也；子路，行行如也；冉有、子贡，侃侃如也。子乐。“若由也，不得其死然。”

朱熹注：闵子侍侧，訚訚如也；子路，行行如也；冉有、子贡，侃侃如也。子乐。訚、侃，音义见前篇。行，胡浪反。乐，音洛。行行，刚强之貌。子乐者，乐得英材而教育之。“若由也，不得其死然。”尹氏曰：“子路刚强，有不得其死之理，故因以戒之。其后子路卒死于卫孔悝之难。”洪氏曰：“汉书引此句，上有曰字。”或云：“上文乐字，即曰字之误。”

李贽评：闵子侍侧，訚訚如也；子路，行行如也；冉有、子贡，侃侃如也。子乐。“若由也，不得其死然。”乐极之语。此老善相，祸福俱验。

“子乐。‘若由也，不得其死然。’”见得夫子“好而知恶”。

夏新评：此儒家“侍侧章”也。中国乃至人类第一所民间学校是一种什么样的情景和风气呢？请看春秋陬邑庠学，学子在老师身边，是英才气象；孔子在学子身边，是圣人气象。后生们一个个自如行动，自我表现，自主言行，自由表达，生气勃勃，生动活泼。那真是“既有纪律，又有自由；既有统一意志，又有个人心情舒畅”的“民主”胜地，一块世外桃源啊！村夫蚕妇之子若有幸在此求学，在老师面前，能不“訚訚如也”、“侃侃如也”？只可惜，现代社会，世风日下；后代大学，学风日下。再少见似此“如坐春风”情景了。

11．14 鲁人为长府。闵子骞曰：“仍旧贯，如之何？何必改作？”子曰：“夫人不言，言必有中。”

朱熹注：鲁人为长府。长府，藏名。藏货财曰府。为，盖改作之。闵子骞曰：“仍旧贯，如之何？何必改作？”仍，因也。贯，事也。王氏曰：“改作，劳民伤财。在于得已，则不如仍旧贯之善。”子曰：“夫人不言，言必有中。”夫，音扶。中，去声。言不妄发，发必当理，惟有德者能之。

李贽评：鲁人为长府。闵子骞曰：“仍旧贯，如之何？仁人之言。何必改作？”子曰：“夫人不言，言必有中。”一倡一和，都为鲁之苍生耳。师弟同心如此。

“夫人不言，言必有中”，劝鲁人也，非赞闵子也。要知得。

夏新评：此儒家“言中章”也。“改”这个中华文化重词又一次出于孔氏师徒言谈话语之中。了不得！“何必改作？”难道孔子反对改革吗？非也！只因看到官长大兴土木，旧房改新，劳民伤财，奢靡浪费，此乃是孔子一贯排斥厌恶的，因而这次反对对旧建筑之“改”，事出有因，言必有中，得民心，反得好！

11．15 子曰：“由之瑟奚为于丘之门？”门人不敬子路。子曰：“由也升堂矣，未入于室也。”

朱熹注：子曰：“由之瑟奚为于丘之门？”程子曰：“言其声之不和，与己不同也。”家语云：“子路鼓瑟，有北鄙杀伐之声。”盖其气质刚勇，而不足于中和，故其发于声者如此。门人不敬子路。子曰：“由也升堂矣，未入于室也。”门人以夫子之言，遂不敬子路，故夫子释之。升堂入室，喻入道之次第。言子路之学，已造乎正大高明之域，特未深入精微之奥耳，未可以一事之失而遽忽之也。

李贽评：子曰：“由之瑟奚为于丘之门？”门人不敬子路。圣门也有俗人。子曰：“由也升堂矣，未入于室也。”

“堂”“室”二字根“门”字来。

夏新评：此儒家“升堂章”也。孔子之教，乃因材施教，根据每名弟子的秉禀个性而分别教育之。此次先生肯定子路有长进，升堂了，但还有生长空间，待入室。先生之言，有赞评，有期待，使学生受鼓舞，不停止。这就是激励、鞭策，催人奋进的教育方法吧。

11．16 子贡问：“师与商也孰贤？”子曰：“师也过，商也不及。”曰：“然则师愈与？”子曰：“过犹不及。”

朱熹注：子贡问：“师与商也孰贤？”子曰：“师也过，商也不及。”子张才高意广，而好为苟难，故常过中。子夏笃信谨守，而规模狭隘，故常不及。曰：“然则师愈与？”与，平声。愈，犹胜也。子曰：“过犹不及。”道以中庸为至。贤知之过，虽若胜于愚不肖之不及，然其失中则一也。尹氏曰：“中庸之为德也，其至矣乎！夫过与不及，均也。差之毫厘，缪以千里。故圣人之教，抑其过，引其不及，归于中道而已。”

李贽评：“然则师愈”，子贡却呈自家供状。“过犹不及”，夫子亦下子贡钳锤。

夏新评：此儒家“过及章”也。好个子贡，这是开始“方人”了，还是学会比较了？但老师胸有成竹作回答，即成“妙教”。若论子张与子夏俩学子，当然各有特点。年轻人血气正旺，易偏激猛莽，弄过头。而一旦生涯有挫，必锐气萎惰，恐致旁逸斜出。孔子将“过”与“不及”两种倾向皆不足取之本质揭示，从而提出“过犹不及”这一重大思想方法论命题，深化了人们对客观事物发展复杂性的认识。这不仅是孔子对高徒子贡的评价与教诲，亦是中国哲学对人类思想关于“度”范畴的认知、界定的一个重要理论成果。可惜，春秋以降，谁识谁效？谁颂谁怜？

11．17 季氏富于周公，而求也为之聚敛而附益之。子曰："非吾徒也。小子鸣鼓而攻之可也。"

朱熹注：季氏富于周公，而求也为之聚敛而附益之。为，去声。周公以王室至亲，有大功，位冢宰，其富宜矣。季氏以诸侯之卿，而富过之，非攘夺其君、刻剥其民，何以得此？冉有为季氏宰，又为之急赋税以益其富。子曰："非吾徒也。小子鸣鼓而攻之，可也。"非吾徒，绝之也。小子鸣鼓而攻之，使门人声其罪以责之也。圣人之恶党恶而害民也如此。然师严而友亲，故已绝之，而犹使门人正之，又见其爱人之无已也。范氏曰："冉有以政事之才，施于季氏，故为不善至于如此。由其心术不明，不能反求诸身，而以仕为急故也。"

李贽评：季氏富于周公，而求也为之聚敛而附益之。子曰："非吾徒也。小子鸣鼓而攻之可也。"狠。

攻冉求，正所以攻季氏。

夏新评：此儒家"攻之章"也。乃孔子关于财富聚散的一大立场、观点，颇具东方文化人民性特色。孔子否定上帝的"马太效应"吗？还早。中西文化关于财富分配占有的一个根本不同点，西方主张"富者加之"，这是市场法则；而儒家则"患不均"，这是"天道"。逆此而行者，儒者不容，必被"鸣鼓而攻之"。这是孔子少有表现出攻击性、不宽容处的一次。而《马太福音》力主张之"马太效应"正与此相悖，"夺予所有，加彼已有"，物竞天择，强者生存，理直气壮。但中国民心受"平等""均富"观念"毒害"，所以，任你公知精英使出浑身解数要将"普世"价值在这黄土地传播，无奈中国人硬是坚信道德不信邪。无可救药！

11．18 **柴也愚，参也鲁，师也辟，由也喭。**

朱熹注：柴也愚，柴，孔子弟子，姓高，字子羔。愚者，知不足而厚有余。家语记其“足不履影，启蛰不杀，方长不折。执亲之丧，泣血三年，未尝见齿。避难而行，不径不窦”。可以见其为人矣。参也鲁，鲁，钝也。程子曰：“参也竟以鲁得之。”又曰：“曾子之学，诚笃而已。圣门学者，聪明才辩，不为不多，而卒传其道，乃质鲁之人尔。故学以诚实为贵也。”尹氏曰：“曾子之才鲁，故其学也确，所以能深造乎道也。”师也辟，辟，婢亦反。辟，便辟也。谓习于容止，少诚实也。由也喭。喭，五旦反。喭，粗俗也。传称喭者，谓俗论也。杨氏曰：“四者性之偏，语之使知自励也。”吴氏曰：“此章之首，脱‘子曰’二字。”或疑下章子曰，当在此章之首，而通为一章。

李贽评：柴也愚，参也鲁，师也辟，由也喭。好喝。

识得病，便是药。

夏新评：此儒家“愚辟章”也。为孔子对学生群体的一次点评。门徒有差生乎？未见。门生有差异乎？存焉，子亦见焉。表现了孔子对人类个性丰富性、具体性、偏狭性的深刻认知。总体上，人类整体是全面的、进步的、向前的，而实际是，人群中个体总是而且永远是呈现出“聪、平、愚”或“左、中、右”等各类具体状态。毛泽东以为，一万年以后，还有左中右。因为真理具有时代性，相对性，正确认识不可能一次完成，因而“片面性是每个人的思想状态。”孔氏评门徒“柴也愚，参也鲁，师也辟，由也喭”，多么客观！岂是每位学生都有缺点毛病？人无完人，这是人性，是人的真实性。大千世界，芸芸众生，世代如此，莫不如此！孔子失望了吗？正所谓“有教无类”呀！

11．19 子曰：“回也其庶乎？屡空。赐不受命，而货殖焉，亿则屡中。”

朱熹注：子曰：“回也其庶乎，屡空。庶，近也，言近道也。屡空，数至空匮也。不以贫窭动心而求富，故屡至于空匮也。言其近道，又能安贫也。赐不受命，而货殖焉，亿则屡中。”中，去声。命，谓天命。货殖，货财生殖也。亿，意度也。言子贡不如颜子之安贫乐道，然其才识之明，亦能料事而多中也。程子曰：“子贡之货殖，非若后人之丰财，但此心未忘耳。然此亦子贡少时事，至闻性与天道，则不为此矣。”范氏曰：“屡空者，箪食瓢饮屡绝而不改其乐也。天下之物，岂有可动其中者哉？贫富在天，而子贡以货殖为心，则是不能安受天命矣。其言而多中者亿而已，非穷理乐天者也。夫子尝曰：‘赐不幸言而中，是使赐多言也’，圣人之不贵言也如是。”

李贽评：子曰：“回也其庶乎？屡空。赐不受命，而货殖焉，亿则屡中。”回是药，赐是病，真个是对病人之药。

“亿则屡中”，正货殖的本钱。

夏新评：此儒家“货值章”也。此章太重要！孔子在瞭望未来经济发展也！中国古代“市场经济”思想也！愚以为，此乃是“中华文化早于亚当的市场先觉”之宣示与明证。“赐不受命”，挑战天命，精神多么宝贵，非常前卫！孔子对市场的热烈拥抱和天才预见岂可抹杀。其观点之大胆，立场之鲜明，简直无与伦比！这当是孔子的一次异常另类思维！是古代华夏的一次思想解放！在中华经济思想史上应占有重要位置！奇怪吗？夫子审察人类实践活动，将物品的市场交易与价值增值纳入视野，流露出欣喜、赞赏的态度和立场来，极其自然，何其开明，多么新潮！对自己的两个杰出门徒作评价，颜回道德近乎完美但贫困，子贡不受命而货殖焉“亿则屡中”。一个道德出众，一个货殖有才，充分肯定，各美其美。孔门二杰，各有其长，褒优奖善。视野何其宽广，思维何其跳跃，思想何其前沿！这就是生活！谁谓孔子缺失经济思想？谁谓孔子落后保守甘贫？谁谓儒学无价值意识？为什么中华比欧洲早千余年成为在世界文明中第一个迈入社会经济繁荣的国家？为什么儒学主导的中国封建社会长期居于世界第一大经济体？为什么当代中国改革开放中国人成为世界市场的高级玩家，从被侵略被嘲笑的“东亚病夫”转身到“最大出口国”“最大债权国”？难道没有历史文化渊源和高明导师吗？中华文化市场先识，固也！中华成为市场高手，必也！中国引领世界未来，定也！

11．20 子张问善人之道。子曰："不践迹，亦不入于室。"

朱熹注：善人，质美而未学者也。程子曰："践迹，如言循途守辙。善人虽不必践旧迹而自不为恶，然亦不能入圣人之室也。"张子曰："善人欲仁而未志于学者也。欲仁，故虽不践成法，亦不蹈于恶，有诸己也。由不学，故无自而入圣人之室也。"

李贽评：子张问善人之道。子曰："不践迹，亦不入于室。"画。

极善模写。

夏新评：此儒家"不践章"也。大哉！夫子胸怀！壮哉，孔子史观！在其心中，每天升起的是新太阳，世界是奔涌的不二河流，吃别人嚼过的包子没味道，后辈岂可永踏着古人的脚印旧窝子走？岂能进入祖宗的老屋中困住出不来？夫子大声提醒：善人之道，若"践迹、入室"有何出息？算什么君子？当拒此两弊。"不践迹，亦不入于室"，从而传古德，创儒术，立新章，开新局，才是英雄豪杰！好一个孔夫子哲人，率领一帮后生作创造之思，指引中华走开拓之旅。保守何在？中国哲学是传承，是思考，是比较，是冲决，是践履，是习得，是推论，它只有一个运行矢量——向前！向前！

11．21 子曰：**“论笃是与，君子者乎？色庄者乎？”**

朱熹注：与，如字。言但以其言论笃实而与之，则未知其为君子者乎？为色庄者乎？言不可以言貌取人也。

李贽评：该疑心。

夏新评：此儒家“论笃章”也。孔子在春秋之世是为一个何样角色人等？尊尧舜，传道统，好一员猛将！然则夫子为盲目复古耶？非也！“论笃是与”，夫子总是谦卑地听人们议论事物，他亦以怀疑眼光审视人类社会世象文化。其善者传承之，其敝者损益之，以使世界更美好更完整。“君子者乎，色庄者乎”，是为一证。后世西方有马克思氏持“怀疑一切”态度，孔子持“完善一切”思维，好有一比？

11．22子路问："闻斯行诸？"子曰："有父兄在，如之何其闻斯行之？"冉有问："闻斯行诸？"子曰："闻斯行之。"公西华曰："由也问'闻斯行诸'，子曰：'有父兄在'，求也问'闻斯行诸'，子曰：'闻斯行之'。赤也惑，敢问。"子曰："求也退，故进之；由也兼人，故退之。"

朱熹注： 兼人，谓胜人也。张敬夫曰："闻义固当勇为，然有父兄在，则有不可得而专者。若不禀命而行，则反伤于义矣。子路有闻，未之能行，唯恐有闻。则于所当为，不患其不能为矣；特患为之之意或过，而于所当禀命者有阙耳。若冉求之资禀失之弱，不患其不禀命也；患其于所当为者逡巡畏缩，而为之不勇耳。圣人一进之，一退之，所以约之于义理之中，而使之无过不及之患也。"

李贽评： 赤原不问，由、求还问赤耳。要知，要知！

夏新评： 此儒家"进退章"也。无论如何，孔子是行动主义者，为者常成，行者常至。此章之光华在二：一为因材施教生动案例，二为闻斯行诸须得要领。古人如何懂得的？根据实际情况决定工作方针，妙之妙者也！为何古今哲学界唯有中国人写出《矛盾论》？原来是经过五千年思考积累的。万事万物共性与个性，普遍性与特殊性客观存在。早在两千年前孔子已观察过、思考过，认知"求也退，由也兼人"。至毛泽东又观察过、思考过，提出"实事求是"。冯友兰说"孔子是第一位教师"，太窄。愚以为"孔子是人类的精神导师"，对具体人和具体问题作具体分析，分类指教，育彼英才。这个辩证法的精髓，中国文化怎么那么早古即有认知呢？孔子对人类的理论贡献，岂是一个"教育家"能概括了的？

11．23 子畏于匡，颜渊后。子曰：“吾以女为死矣。”曰：“子在，回何敢死？”

朱熹注：女，音汝。〇后，谓相失在后。何敢死，谓不赴斗而必死也。胡氏曰：“先王之制，民生于三，事之如一。唯其所在，则致死焉。况颜渊之于孔子，恩义兼尽，又非他人之为师弟子者而已。即夫子不幸而遇难，回必捐生以赴之矣。捐生以赴之，幸而不死，则必上告天子、下告方伯，请讨以复雠，不但已也。夫子而在，则回何为而不爱其死，以犯匡人之锋乎？”

李贽评：子畏于匡，颜渊后。子曰：“吾以女为死矣。”惊喜之问。曰：“子在，回何敢死？”生死在手。

“子在，回何敢死！”谁人说得出。毕竟子在回又死了。何故？何故？

夏新评：此儒家“磨难章”也。孔子在匡遇危险。匡地在今河南省长垣县西南十五里的匡城。窃以为，匡城之于孔子，犹乌江天险之于毛泽东，皆处于朝不保命，危在旦夕之时刻。但人生不攀高崖，何履平地？不历大险，何成伟业？孔子为实现德政安民理想，毅然率领一帮书生门徒出发，到华夏各地游说列国君王，历十三年之久。此次古代长征，斯斯文文，无枪无炮，全凭嘴一张。结局可想而知，师生溃败。一路艰险，子畏于匡，幸而逃命。颜回宿命，有老师在，其谁敢死？这帮文人师徒为人类理想已置性命于度外了。

11.24 季子然问："仲由、冉求可谓大臣与？"子曰："吾以子为异之问，曾由与求之问。所谓大臣者，以道事君，不可则止。今由与求也，可谓具臣矣。"曰："然则从之者与？"子曰："弑父与君，亦不从也。"

朱熹注：季子然问："仲由、冉求可谓大臣与？"与，平声。子然，季氏子弟。自多其家得臣二子，故问之。子曰："吾以子为异之问，曾由与求之问。异，非常也。曾，犹乃也。轻二子以抑季然也。所谓大臣者：以道事君，不可则止。以道事君者，不从君之欲。不可则止者，必行己之志。今由与求也，可谓具臣矣。"具臣，谓备臣数而已。曰："然则从之者与？"与，平声。意二子既非大臣，则从季氏之所为而已。子曰："弑父与君，亦不从也。"言二子虽不足于大臣之道，然君臣之义则闻之熟矣，弑逆大故必不从之。盖深许二子以死难不可夺之节，而又以阴折季氏不臣之心也。尹氏曰："季氏专权僭窃，二子仕其家而不能正也，知其不可而不能止也，可谓具臣矣。是时季氏已有无君之心，故自多其得人。意其可使从己也，故曰弑父与君亦不从也，其庶乎二子可免矣。"子曰："弑父与君，亦不从也。"（句后李贽评：狠。贬二子所以折季氏耳。）

李贽评：季子然问："仲由、冉求可谓大臣与？"骄甚。子曰："吾以子为异之问，曾由与求之问。狠。所谓大臣者，以道事君，不可则止。今由与求也，可谓具臣矣。"曰："然则从之者与？"子曰："弑父与君，亦不从也。"贬二子以折季氏耳。

何等词严义正！

夏新评：此儒家"俱臣章"也。夫子之思视何其高远！对学生之才华何其信任！"今由与求也，可谓大臣矣"。在孔子心中，他的这两位门徒都具有担当国家大臣的能力。这话放在两千年后，有新中国蒋南翔校长大胆提出：清华大学要培养出省长、部长。与夫子说的差不多。孔子何来如此远见卓识？你不过一介村夫民办校长，你不过办一所民间乡校，也敢斗胆放言：要将庶民子弟仲由、冉求等一邦卑贱门徒，培养成朝廷大臣，进军庙堂，去取代奴隶主贵族门阀政治的世袭专权！岂不是要被人痛骂野心勃勃、狂妄至极！实则，此可谓孔夫子奇志伟业，逆天反贵，异想天开，要开辟庶民政治时代。然而有当代大学者小猕猴研究成果，谓孔子“丧家犬”及奴隶主利益代言人。这样奇葩的学术成就，你有？

11．25 子路使子羔为费宰。子曰：“贼夫人之子。”子路曰：“有民人焉，有社稷焉，何必读书，然后为学？”子曰：“是故恶夫佞者。”

朱熹注：子路使子羔为费宰。子路为季氏宰而举之也。子曰：“贼夫人之子。”夫，音扶，下同。贼，害也。言子羔质美而未学，遽使治民，适以害之。子路曰：“有民人焉，有社稷焉。何必读书，然后为学？”言治民事神皆所以为学。子曰：“是故恶夫佞者。”恶，去声。治民事神，固学者事，然必学之已成，然后可仕以行其学。若初未尝学，而使之即仕以为学，其不至于慢神而虐民者几希矣。子路之言，非其本意，但理屈词穷，而取辨于口以御人耳。故夫子不斥其非，而特恶其佞也。范氏曰：“古者学而后入政。未闻以政学者也。盖道之本在于修身，而后及于治人，其说具于方册。读而知之，然后能行。何可以不读书也？子路乃欲使子羔以政为学，失先后本末之序矣。不知其过而以口给御人，故夫子恶其佞也。”

李贽评：子路使子羔为费宰。子曰：“贼夫人之子。”狠。子路曰：“有民人焉，有社稷焉，何必读书，然后为学？”亦有理。子曰：“是故恶夫佞者。”

仲尼于子路每下毒手。

夏新评：此儒家“恶夫章”也。去做一个费宰的官儿就以为“何必读书”，对吗？难怪孔子要发了脾气。子路的这种思想一定不在少数。甚而哪怕至于现代，中国贫困乡村中仍曾弥漫“读书无用论”，放羊娃娃儿坚信：放羊娶媳妇，生孩子好再放羊，放羊又娶媳妇，如此循环往复。遑论古代？故子路生出作一个小官“何必读书”念头，在情在理。此论虽代表底层庶民一种真实心态，但这种目光短浅最为孔子所不容。骂一句人“恶夫佞者”！老人家很少出此类伤人恶言，这回大约真的是生气了。

11．26子路、曾皙、冉有、公西华侍坐。子曰：“以吾一日长乎尔，毋吾以也。居则曰：‘不吾知也！’如或知尔，则何以哉？”子路率尔而对曰：“千乘之国，摄乎大国之间，加之以师旅，因之以饥馑；由也为之，比及三年，可使有勇，且知方也。”夫子哂之。“求！尔何如？”对曰：“方六七十，如五六十，求也为之，比及三年，可使足民。如其礼乐，以俟君子。”“赤！尔何如？”对曰：“非曰能之，愿学焉。宗庙之事，如会同，端章甫，愿为小相焉。”“点！尔何如？”鼓瑟希，铿尔，舍瑟而作，对曰：“异乎三子者之撰。”子曰：“何伤乎？亦各言其志也。”曰：“莫春者，春服既成，冠者五六人，童子六七人，浴乎沂，风乎舞雩，咏而归。”夫子喟然叹曰：“吾与点也！”三子者出，曾皙后。曾皙曰：“夫三子者之言何如？”子曰：“亦各言其志也已矣。”曰：“夫子何哂由也？”曰：“为国以礼，其言不让，是故哂之。”“唯求则非邦也与？”“安见方六七十如五六十而非邦也者？”“唯赤则非邦也与？”“宗庙会同，非诸侯而何？赤也为之小，孰能为之大？”

朱熹注：子路、曾皙、冉有、公西华侍坐。坐，才卧反。皙，曾参父，名点。子曰：“以吾一日长乎尔，毋吾以也。长，上声。言我虽年少长于女，然女勿以我长而难言。盖诱之尽言以观其志，而圣人和气谦德，于此亦可见矣。居则曰：‘不吾知也！’如或知尔，则何以哉？”言女平居，则言人不知我。如或有人知女，则女将何以为用也？子路率尔而对曰：“千乘之国，摄乎大国之间，加之以师旅，因之以饥馑；由也为之，比及三年，可使有勇，且知方也。”夫子哂之。乘，去声。饥，音机。馑，音仅。比，必二反，下同。哂，诗忍反。率尔，轻遽之貌。摄，管束也。二千五百人为师，五百人为旅。因，仍也。谷不熟曰饥，菜不熟曰馑。方，向也，谓向义也。民向义，则能亲其上，死其长矣。哂，微笑也。“求！尔何如？”对曰：“方六七十，如五六十，求也为之，比及三年，可使足民。如其礼乐，以俟君子。”求，尔何如，孔子问也，下放此。方六七十里，小国也。如，犹或也。五六十里，则又小矣。足，富足也。俟君子，言非己所能。冉有谦退，又以子路见哂，故其辞益逊。“赤！尔何如？”对曰：“非曰能之，愿学焉。宗庙之事，如会同，端章甫，愿为小相焉。”相，去声。公西华志于礼乐之事，嫌以君子自居。故将言己志而先为逊辞，言未能而愿学也。宗庙之事，谓祭祀。诸侯时见曰会，众眺曰同。端，玄端服。章甫，礼冠。相，赞君之礼者。言小，亦谦辞。“点！尔何如？”鼓瑟希，铿尔，舍瑟而作。对曰：“异乎三子者之撰。”子曰：“何伤乎？亦各言其志也。”曰：“莫春者，春服既成。冠者五六人，童子六七人，浴乎沂，风乎舞雩，咏而归。”夫子喟然叹曰；“吾与点也！”铿，苦耕反。舍，上声。撰，士免反。莫、冠，并去声。沂，鱼依反。雩音于。四子侍坐，以齿为序，则点当次对。以方鼓瑟，故孔子先问求、赤而后及点也。希，间歇也。作，起也。撰，具也。春服，单袷之衣。浴，盥濯也，今上巳祓除是也。沂，水名，在鲁城南，地志以为有温泉焉，理或然也。风，乘凉也。舞雩，祭天祷雨之处，有坛墠树木也。咏，歌也。曾点之学，盖有以见夫人欲尽处，天理流行，随处充满，无少欠阙。故其动静之际，从容如此。而其言志，则又不过即其所居之位，乐其日用之常，初无舍己为人之意。而其胸次悠然，直与天地万物上下同流，各得其所之妙，隐然自见于言外。视三子之规规于事为之末者，其气象不侔矣，故夫子叹息而深许之。而门人记其本末独加详焉，盖亦有以识此矣。三子者出，曾皙后。曾皙曰：“夫三子者之言何如？”子曰：“亦各言其志也已矣。”夫，音扶。曰：“夫子何哂由也？”点以子路之志，乃所优为，而夫子哂之，故请其说。曰：“为国以礼，其言不让，是故哂之。”夫子盖许其能，特哂其不逊。“唯求则非邦也与？”“安见方六七十如五六十而非邦也者？”与，平声，下同。曾点以冉求亦欲为国而不见哂，故微问之。而夫子之答无贬辞，盖亦许之。“唯赤则非邦也与？”“宗庙会同，非诸侯而何？赤也为之小，孰能为之大？”此亦曾皙问而夫子答也。孰能为之大，言无能出其右者，亦许之之辞。程子曰：“古之学者，优柔厌饫，有先后之序。如子路、冉有、公西赤言志如此，夫子许之。亦以此自是实事。后之学者好高，如人游心千里之外，然自身却只在此。”又曰：“孔子与点，盖与圣人之志同，便是尧、舜气象也。诚异三子者之撰，特行有不掩焉耳，此所谓狂也。子路等所见者小，子路只为不达为国以礼道理，是以哂之。若达，却便是这气象也。”又曰：“三子皆欲得国而治之，故夫子不取。曾点，狂者也，未必能为圣人之事，而能知夫子之志。故曰浴乎沂，风乎舞雩，咏而归，言乐而得其所也。孔子之志，在于老者安之，朋友信之，少者怀之，使万物莫不遂其性。曾点知之，故孔子喟然叹曰“吾与点也。”又曰：“曾点、漆雕开，已见大意。

李贽评：子路、曾皙、冉有、公西华侍坐。子曰：“以吾一日长乎尔，毋吾以也。想见气象。居则曰；‘不吾知也。’如或知尔，则何以哉？用世热肠。”子路率尔而对曰：“千乘之国，摄乎大国之间，加之以师旅，因之以饥馑；由也为之，比及三年，可使有勇，且知方也。”不作诳语。

夫子哂之。热肠动矣。

“求，尔何如？”愈热。

对曰：“方六七十，如五六十，求也为之，比及三年，可使足民。如其礼乐，以俟君子。”亦是实话。

“赤，尔何如？”愈热。

对曰：“非曰能之，愿学焉。宗庙之事，如会同，端章甫，愿为小相焉。”都是实话。

“点，尔何如？”热极了。

鼓瑟希，铿尔，舍瑟而作，对曰：“异乎三子者之撰。”

子曰：“何伤乎？亦各言其志也！”

曰：“莫春者，春服既成，冠者五六人，童子六七人，浴乎沂，风乎舞雩，咏而归。”亦是可人。夫子喟然叹曰：“吾与点也。”热肠为之一冷。

三子者出，曾皙后。曾皙曰：“夫三子者之言何如？”该疑。

子曰：“亦各言其志也已矣！”热肠仍在。

曰：“夫子何哂由也？” 曰：“为国以礼，其言不让，是故哂之。复说到未国处，夫子之意念可想已。

唯求则非邦也与？痴。安见方六七十，如五六十而非邦也者？妙。唯赤则非邦也与？更痴。宗庙会同，非诸侯而何？赤也为之小，孰能为之大？”妙。

四子侍坐，英才济济，孔子勃然动当世之想、子路言之凿凿，夫子色喜，所以追问三子，其急于用世可知矣。点乃狂者，竟以目前对。夫子又动一念，曰：“富强礼乐，反属空言。睹此春光，令人增感！”其用世之心，于此滋戚。所以“喟然”，非关“与点”。点后三子而问，亦疑之也。及夫子说到“为国”上，其不忘当世之心何如？乃犹以求、赤之为邦请也。夫子虽不直言所以，玩其答语，自是了然。何从来说此书者之瞆瞆也。特为拈出，想夫子亦含笑于杏坛之上矣。

夏新评：此儒家“言志章”也。读此章胸中不由发出惊叹：“夫子真神人也！”诸位看官，此章开头“子路，曾皙，冉有，公而华侍坐”，已经伟大得不得了，了不得！这是师生民主平等展示啊！中国人很早创造出“商讨”形式，中国文化这一政治发明五千年最大！在孔门是商讨学术学问，在朝廷是商讨国是国情。非孔子创立，乃尧舜首创。遂古之初，华夏氏族群体议定大事的行事方式如何？尧首开长老政治协商方式——原始政治民主。终于此一古老方法竟演进建构出了现代中国民主政治方式——政治协商。古代文化，青春焕发！但它不同于古希腊演化的那种政治形式——选票民主。大千世界，东方西方，人类聪明才智分别创造出了“选票民主”、“协商民主”两大民主文化。孰优孰劣？只千万不该，苏格拉底死于投票。所以，孔门一个“侍”字，大家自主发出心声，平等有之，民主有之，自由有之，博爱有之，和谐有了。中国特色，华夏模式，一个古老文化的博大，见了。

侍坐，谁先说话？何规何典？“以吾一日长尔乎”，凭年龄资格，长老制，春秋还在依凭。侍坐，以何物作话语主题？说破话题惊煞人！在这所民办乡校，面对穷乡僻壤，一群田夫耕妇农家子弟，衣敝緼袍，饭疏饮水，卑鄙之徒，老师今天出的议论题目竟是：树远大志向理想，立治国安邦抱负。夫子循循善诱，终于引得小子门生“亦各言其志也已矣”。后生又各怀何志？有“千乘之国，摄乎大国之间，加之以师旅，因之以饥馑”，“比及三年”，我要治理得大见成效的。有“一个小国，让我治理，三年后可使民足”的。最后曾皙竟然说，“我只想在暮春三月，邀约几个少年好朋，下河游水，上台吹风，放歌而归”的。这不正是人类从必然到自由的大同之世的生存状态吗？故获孔子喟然叹曰“吾与点也！”一个群体的雄心，一个民族的志气，就如此点燃！中国文化之终极追求，中国哲人的理想国憧憬，于师徒侍坐不经意闲聊间，已然生成、宣示、表达。岂不曰：哲者之求，智者之思，大道之行，先人脚印模糊在上！

颜渊篇第十二

12．1 颜渊问仁。子曰："克己复礼为仁。一日克己复礼，天下归仁焉。为仁由己，而由人乎哉？"颜渊曰："请问其目。"子曰："非礼勿视，非礼勿听，非礼勿言，非礼勿动。"颜渊曰："回虽不敏，请事斯语矣。"

朱熹注：颜渊问仁。子曰："克己复礼为仁。一日克己复礼，天下归仁焉。为仁由己，而由人乎哉？"仁者，本心之全德。克，胜也。己，谓身之私欲也。复，反也。礼者，天理之节文也。为仁者，所以全其心之德也。盖心之全德，莫非天理，而亦不能不坏于人欲。故为仁者必有以胜私欲而复于礼，则事皆天理，而本心之德复全于我矣。归，犹与也。又言一日克己复礼，则天下之人皆与其仁，极言其效之甚速而至大也。又言为仁由己而非他人所能预，又见其机之在我而无难也。日日克之，不以为难，则私欲净尽，天理流行，而仁不可胜用矣。程子曰："非礼处便是私意。既是私意，如何得仁？须是克尽己私，皆归于礼，方始是仁。"又曰："克己复礼，则事事皆仁，故曰天下归仁。"谢氏曰："克己须从性偏难克处克将去。"颜渊曰："请问其目。"子曰："非礼勿视，非礼勿听，非礼勿言，非礼勿动。"颜渊曰："回虽不敏，请事斯语矣。"目，条件也。颜渊闻夫子之言，则于天理人欲之际，已判然矣，故不复有所疑问，而直请其条目也。非礼者，己之私也。勿者，禁止之辞。是人心之所以为主，而胜私复礼之机也。私胜，则动容周旋无不中礼，而日用之间，莫非天理之流行矣。事，如事事之事。请事斯语，颜子默识其理，又自知其力有以胜之，故直以为己任而不疑也。程子曰："颜渊问克己复礼之目，子曰，'非礼勿视，非礼勿听，非礼勿言，非礼勿动'，四者身之用也。由乎中而应乎外，制于外所以养其中也。颜渊事斯语，所以进于圣人。后之学圣人者，宜服膺而勿失也，因箴以自警。其视箴曰：'心兮本虚，应物无迹。操之有要，视为之则。蔽交于前，其中则迁。制之于外，以安其内。克己复礼，久而诚矣。'其听箴曰：'人有秉彝，本乎天性。知诱物化，遂亡其正。卓彼先觉，知止有定。闲邪存诚，非礼勿听。'其言箴曰：'人心之动，因言以宣。发禁躁妄，内斯静专。矧是枢机，兴戎出好，吉凶荣辱，惟其所召。伤易则诞，伤烦则支，己肆物忤，出悖来违。非法不道，钦哉训辞！'其动箴曰'哲人知几，诚之于思；志士励行，守之于为。顺理则裕，从欲惟危；造次克念，战兢自持。习与性成，圣贤同归。'"愚按：此章问答，乃传授心法切要之言。非至明不能察其几，非至健不能致其决。故惟颜子得闻之，而凡学者亦不可以不勉也。程子之箴，发明亲切，学者尤宜深玩。

李贽评：颜渊问仁。子曰："克已复礼为仁。一日克已复礼，天下归仁焉。

为仁由己，而由人乎哉？”颜渊曰：“请问其目。”就要下手。子曰：“非礼勿视，非礼勿听，非礼勿言，非礼勿动。”只请一日下手。颜渊曰：“回虽不敏，请事斯语矣。”下手矣。

仲尼与颜子谈仁，即视、听、言、动，亦一毫参以我不得。是何等地步！何等学问！所以说“天下归仁”。“天下归仁”依稀至圣之“凡有血气，莫不尊亲”地位矣。

夏新评：此儒家“天下章”也。颜渊问仁极具意义，先生之回答极有价值，道出士人对中国文化之大思考，道出世界未来“天下归仁”之大政治！孔子思想核心是仁，平日一定多有探讨。弟子于仁有不明必问，孔子必答。而此章引出子曰：“一日克己复礼，天下归仁焉。”可谓天答！“克己复礼”原来这样与“天下归仁”密切相关。这是多么崇高、美妙的个体文明影响人类未来景象！这个伟大理想的实现，人人有责。仁在每日，仁在自我；仁在克已，仁在复礼。士人若有此大志在胸，必将以一己之行止与礼乐社稷大事相关联，从而克制忍律，则斯仁至矣！人人如此而行，则天下归仁矣！个体之修身与天下之易俗，如蝶翅效应。此小大之辨也。而克己行仁，动机动力何以生发？非外推也，非彼力也，非他律也，竟在自我。为仁由己，非由他人。这一发现与认知，实在非常符合现代辩证法之内因论。中国古老哲学光芒，主体论，客观论，内动论在此交织。克己复礼为纲，还须“视、听、言、动”不违礼。但是这“四非”之目虽精彩，然已在大要之下了。好个孔门优等生颜渊，此一个“问仁”，竟使先生迸发出如此儒家哲学精妙宏论。这是轴心时代的一顿哲理大餐，是文化巨擘的伦理之巅。若非高徒与名师之间对话，何至如此？

由此可见，轴心时代世界先进文化在哪里？在中国；春秋时期人类的文化高峰在哪里？在儒家！中华文化之宏大气象，中国士人之宏图伟业，中华民族之千年念想，此章一个“天下归仁”，竟被孔子点明！拨云而出，石破天惊！何日可达？必有其时！

12．2 仲弓问仁。子曰：“出门如见大宾，使民如承大祭。己所不欲，勿施于人。在邦无怨，在家无怨。”仲弓曰：“雍虽不敏，请事斯语矣。”

朱熹注：敬以持己，恕以及物，则私意无所容而心德全矣。内外无怨，亦以其效言之，使以自考也。程子曰：“孔子言仁，只说出门如见大宾，使民如承大祭。看其气象，便须心广体胖，动容周旋中礼。唯谨独，便是守之之法。”或问：“出门使民之时，如此可也；未出门使民之时，如之何？”曰：“此俨若思时也，有诸中而后见于外。观其出门使民之时，其敬如此，则前乎此者敬可知矣。非因出门使民，然后有此敬也。”愚按：克己复礼，干道也；主敬行恕，坤道也。颜、冉之学，其高下浅深，于此可见。然学者诚能从事于敬恕之间而有得焉，亦将无己之可克矣。

李贽评：“出门如见大宾，使民如承大祭”，是“居敬”也。“己所不欲，勿施于人”，是“行简”也。“在邦无怨，在家无怨”，是“以临其民，不亦可乎”也。此条与上条都先说功，然后说效。下面司马牛便先与他说效，然后说功。此夫子接上根之法，与接中下根之法有辨也。如今之谈文者，对能文之士，先言如何如何，然后可中；对初学之士，必先对他说做官，然后劝他读书也。

夏新评：此儒家“金律章”也。仲弓何人？卑贱农家出身的孔氏门徒。不问温饱而问仁。可见此位庶民子弟其志不在小！门生此问，引发孔子道出一条世界道德黄金律。振聋发聩！为何人类当今精神困厄？因为世界只有一个轴心时代，人类只有一个道德文明！“己所不欲，勿施于人”，孔子教诲，儒家格言，熠熠生辉。数百年前已然传播而服膺东亚、西欧，被国际伦理界认定为人类道德准则金律。中华文化，光耀古今！

12．3 司马牛问仁。子曰："仁者，其言也讱。"曰："其言也讱，斯谓之仁已乎？"子曰："为之难，言之得无讱乎？"

朱熹注: 司马牛问仁。司马牛，孔子弟子，名犁，向魋之弟。子曰:"仁者其言也讱。"讱，音刃。讱，忍也，难也。仁者心存而不放，故其言若有所忍而不易发，盖其德之一端也。夫子以牛多言而躁，故告之以此。使其于此而谨之，则所以为仁之方，不外是矣。曰："其言也讱，斯谓之仁已乎？"子曰："为之难，言之得无讱乎？"牛意仁道至大，不但如夫子之所言，故夫子又告之以此。盖心常存，故事不苟，事不苟，故其言自有不得而易者，非强闭之而不出也。杨氏曰"观此及下章再问之语，牛之易其言可知。"程子曰："虽为司马牛多言故及此，然圣人之言，亦止此为是。"愚谓牛之为人如此，若不告之以其病之所切，而泛以为仁之大概语之，则以彼之躁，必不能深思以去其病，而终无自以入德矣。故其告之如此。盖圣人之言，虽有高下大小之不同，然其切于学者之身，而皆为入德之要，则又初不异也。读者其致思焉。

李贽评: 牛亦念及"为之难"乎？此与下条见夫子陶铸之妙。先只与他说"其言也讱"、"不忧不惧"。待渠率尔致问，然后说出所以言"讱"、"不忧不惧"来。想牛于是时通身汗下当几石矣。多言而躁之人，定须这样炉锤他！

夏新评: 此儒家"言讱章"也。为何孔氏门徒一个个相继问"仁"？道德的旗帜在孔校上空高高飘扬。仁是孔门师生经常探讨的一个形而上重大话题、主题。二千五百年前春秋动乱时代，中国草根精英在乡间，纵然是每日里疏饭饮水，纵然是浮躁等闲若司马牛之者，而却不能阻止他们仰望星空，将一种道德文化张扬追寻，师生合力创立儒学，攀上那人类第一座人文高峰。子曰，"仁者，其言也仞"，记住！"仁"是不可以只挂在嘴皮上的。"仁"的规定性是丰富的，更是需要践履的。孔子已然释知，然而人类且待何日释却？

12．4 司马牛问君子。子曰：“君子不忧不惧。”曰：“不忧不惧，斯谓之君子已乎？”子曰：“内省不疚，夫何忧何惧？”

朱熹注：司马牛问君子。子曰：“君子不忧不惧。”向魋作乱，牛常忧惧。故夫子告之以此曰：“不忧不惧，斯谓之君子已乎？”子曰：“内省不疚，夫何忧何惧？”夫，音扶。牛之再问，犹前章之意，故复告之以此。疚，病也。言由其平日所为无愧于心，故能内省不疚，而自无忧惧，未可遽以为易而忽之也。晁氏曰：“不忧不惧，由乎德全而无疵。故无入而不自得，非实有忧惧而强排遣之也。”

司马牛问君子。子问：“君子不忧不惧。”曰：“不忧不惧，斯谓之君子已乎？”子曰：“内省不疚，夫何忧何惧？”牛亦内省之乎。

夏新评：此儒家“忧惧章”也。古代士人已认知须得驱除各种无益之情绪。这实在是显而易见的，即使在当代，纵然你夙夜忧叹，能赶走“四大舰队”吗？夫子教诲门徒，君子自主自信，何忧之有？仁者无欲无畏，惧从何来？取法中庸，我无极端，世无忧惧也矣。

12．5司马牛忧曰：“人皆有兄弟，我独亡。”子夏曰：“商闻之矣：死生有命，富贵在天。君子敬而无失，与人恭而有礼，四海之内皆兄弟也。君子何患乎无兄弟也？”

朱熹注：司马牛忧曰：“人皆有兄弟，我独亡。”牛有兄弟而云然者，忧其为乱而将死也。子夏曰：“商闻之矣：盖闻之夫子。死生有命，富贵在天。命禀于有生之初，非今所能移；天莫之为而为，非我所能必，但当顺受而已。君子敬而无失，与人恭而有礼。四海之内，皆兄弟也。君子何患乎无兄弟也？”既安于命，又当修其在己者。故又言苟能持己以敬而不间断，接人以恭而有节文，则天下之人皆爱敬之，如兄弟矣。盖子夏欲以宽牛之忧，故为是不得已之辞，读者不以辞害意可也。胡氏曰：“子夏四海皆兄弟之言，特以广司马牛之意，意圆而语滞者也，惟圣人则无此病矣。且子夏知此而以哭子丧明，则以蔽于爱而昧于理，是以不能践其言尔。”

李贽评：司马牛多言而躁，其兄弟又凶顽不道之人。料必兄弟不相能者。“人皆有兄弟、我独亡。”，忧其将害已也。故子夏以“死生有命，富贵在天。”慰之。又教以处之之法，谓只待以恭敬，疏者可亲，况亲者乃反疏乎？盖劝其兄弟和睦也。宋儒竟谓认他人为兄弟，何必自家兄弟？这叫作离间骨肉。

夏新评：此儒家“四海章”也。孔子看得深些，人类当然有心理疾患。今日大中小学学生亦存有心理疾患。连一个“人皆有兄弟，我独无”都可以成为司马牛之忧，可见人类内心情感多么脆弱。子夏不愧孔门高足，一句“生死有命，富贵在天”道出中国文化天人至理。人于天，越生死，超天命。若天下在胸，则寰宇人类，皆我兄弟，何忧之有？四海一家，以“和为贵”，顺其自然，哪个不是同胞？

果然得见道德人性。此一2500年前之博大胸怀，比及当今那唯我独霸之狭隘心量，其谁高下长久？

12．6子张问明。子曰：“浸润之谮，肤受之愬，不行焉，可谓明也已矣。浸润之谮，肤受之愬，不行焉，可谓远也已矣。”

朱熹注：谮，庄荫反。愬，苏路反。○浸润，如水之浸灌滋润，渐渍而不骤也。谮，毁人之行也。肤受，谓肌肤所受，利害切身。如易所谓“剥床以肤，切近灾”者也。愬，愬己之冤也。毁人者渐渍而不骤，则听者不觉其入，而信之深矣。愬冤者急迫而切身，则听者不及致详，而发之暴矣。二者难察而能察之，则可见其心之明，而不蔽于近矣。此亦必因子张之失而告之，故其辞繁而不杀，以致丁宁之意云。杨氏曰：“骤而语之，与利害不切于身者，不行焉，有不待明者能之也。故浸润之谮、肤受之愬不行，然后谓之明，而又谓之远。远则明之至也。书曰：‘视远惟明。’”

李贽评：只与他近处说。妙在第二条“浸润之谮，肤受之诉，不行焉”十一字。盖一时不行，止可谓“明”；到底不行。方可谓“远”。

夏新评：此儒家“问明章”也。可知不止孔子曾经“每事向”，亦有孔校门徒“每事问”。子张一句问“明”，太多古代存在与文化信息，岂止是做人？社会天空昏暗浑浊如此不堪，孔子内心体味感知尤甚。子张的话引起老人家心底几多辛酸往事！头上大神身边小人，夫子曾经受过多少压迫，以及潮水般的谗言，刺痛心扉之诬告，和莫须有无端之攻讦。但是，水浊水清，自在人心。君子有智，仁者当明。而小民直面社会，有世道之污秽空气，有内心之冲突恶念，时时飘来，时时泛起，又如何抵挡？那就是：无论他人如何恶作，我却自岿然不动，与人为善，以直报怨，不改我行。远神拒鬼，谁奈我何？

可见，孔子作为人类第一个启蒙思想家，第一个人类解放思想家，太早了！

12．7 子贡问政。子曰：“足食，足兵，民信之矣。”子贡曰：“必不得已而去，于斯三者何先？”曰：“去兵。”子贡曰：“必不得已而去，于斯二者何先？”曰：“去食。自古皆有死，民无信不立。”

朱熹注：子贡问政。子曰：“足食。足兵。民信之矣。”言仓廪实而武备修，然后教化行，而民信于我，不离叛也。子贡曰：“必不得已而去，于斯三者何先？”曰：“去兵。”去，上声，下同。言食足而信孚，则无兵而守固矣。子贡曰：“必不得已而去，于斯二者何先？”曰：“去食。自古皆有死，民无信不立。”民无食必死，然死者人之所必不免。无信则虽生而无以自立，不若死之为安。故宁死而不失信于民，使民亦宁死而不失信于我也。程子曰：“孔门弟子善问，直穷到底，如此章者。非子贡不能问，非圣人不能答也。”愚谓以人情而言，则兵食足而后吾之信可以孚于民。以民德而言，则信本人之所固有，非兵食所得而先也。是以为政者，当身率其民而以死守之，不以危急而可弃也。

李贽评：非子贡不能问，非孔子不能答。“自古皆有死，民无信不立。”圣人看道理直如此透彻。

夏新评：此儒家“国是章”也。为什么孔子被评价为古代伟大政治家、思想家？自有治国方略，了然于胸。那时候，孔校门徒虽身在乡野，却心怀天下，志在以德安邦。孔子的政治观是基于物质性的，食、兵、信，三足鼎立，可谓固矣。然则子贡多思，穷追而问，若不具三者则如何？孔子终究以信仰为最要，而去兵去食，只留一个道德诚信不可丢。“害得”后代外修长城，内修忠信，被动吃亏。没有大神做信仰，让今日中国公知好忙啊！但是诸君，你读此章，可曾直透夫子心扉念想？老人家培养子贡子张后辈人才，寄予多少厚望？孔子期待炎黄子孙于人类社会、地球角色，中华是要在政治清明、经济发展、道德提升、科技创新上大有担当的，是要成为世界政治舵手、思想大家、资本大鳄、科技巨子的，是要为人类做出较大贡献的。后生哥啊，只为了人类福祉驱除邪恶丛林法则，你当奋发呀！

12．8 棘子成曰：“君子质而已矣，何以文为？”子贡曰：“惜乎，夫子之说君子也！驷不及舌。文犹质也，质犹文也。虎豹之鞟犹犬羊之　。”

朱熹注: 棘子成曰:“君子质而已矣，何以文为?”棘子成，卫大夫。疾时人文胜，故为此言。子贡曰:“惜乎!夫子之说，君子也。驷不及舌。言子成之言，乃君子之意。然言出于舌，则驷马不能追之，又惜其失言也。文犹质也，质犹文也。虎豹之?猶犬羊之?。”?，其郭反。?，皮去毛者也。言文质等耳，不可相无。若必尽去其文而独存其质，则君子小人无以辨矣。夫棘子成矫当时之弊，固失之过;而子贡矫子成之弊，又无本末轻重之差，胥失之矣。

李贽评：棘子成曰：“君子质而已矣，何以文为？”子贡曰：“惜乎，夫子之说君子也！驷不及舌。文犹质也，质犹文也。虎豹之鞟犹犬羊之鞟。”文犹质，质犹文，是千古论文质之衡。

此篇文亦奇。

夏新评：此儒家“驷舌章”也。形式与内容的关系，聪明的子贡用一个比喻讲得通透明白。君子当成为何等样人？有文学之人，有物质之人。此一人文自觉将中国古代哲学对人的认知直击本质。君子无文，何来世界文明？人而无质，又与犬羊何异？文犹质也，质犹文也。“虎豹之鞟犹犬羊之鞟。”看看你周边一个个公知精英大鳄能不一声叹息？

12.9哀公问于有若曰:“年饥,用不足,如之何?”有若对曰:“盍彻乎?”曰:“二,吾犹不足,如之何其彻也?”对曰:“百姓足,君孰与不足?百姓不足,君孰与足?”

朱熹注: 哀公问于有若曰:“年饥,用不足,如之何?”称有若者,君臣之辞。用,谓国用。公意盖欲加赋以足用也。有若对曰:“盍彻乎?”彻,通也,均也。周制:一夫受田百亩,而与同沟共井之人通力合作,计亩均收。大率民得其九,公取其一,故谓之彻。鲁自宣公税亩,又逐亩什取其一,则为什而取二矣。故有若请但专行彻法,欲公节用以厚民也。曰:“二,吾犹不足,如之何其彻也?”二,即所谓什二也。公以有若不喻其旨,故言此以示加赋之意。对曰:“百姓足,君孰与不足?百姓不足,君孰与足?”民富,则君不至独贫;民贫,则君不能独富。有若深言君民一体之意,以止公之厚敛,为人上者所宜深念也。杨氏曰:“仁政必自经界始。经界正,而后井地均、谷禄平,而军国之需皆量是以为出焉。故一彻而百度举矣,上下宁忧不足乎?以二犹不足而教之彻,疑若迂矣。然什一,天下之中正。多则桀,寡则貉,不可改也。后世不究其本而惟末之图,故征敛无艺,费出无经,而上下困矣。又恶知盍彻之当务而不为迂乎?

李贽评: 其言似反而实正,其意似迂而实切。

夏新评: 此儒家“年饥章”也。看官须知,饥饿曾经缠绕华夏五千年,孔子两次提及饥馑。孔门之徒,重民思想,已深入心中。此章不啻是儒家治国理念的一次直白宣示:百姓足,天下富!此位门生有若虽少孔子43岁却颇有治国思想,与愚蠢而贪婪的统治者作一次短兵直面交锋,直击要害:“盍彻乎?”你为什么不实行十分抽一的税法呢?这不是要哀公的老命么?原来十分抽二的税收都不够他开支呢!但是孔子政治主张只要一个“百姓足”。民众生存,国之首要。此即后儒孟子所谓“民为贵,社稷次之,君为轻”思想来源。孔子之臀部立场永远坐于贱民庶众一边。孔子才不管你是什么王侯公卿,“君孰与不足”连连反诘,可怜那位哀公只有哑口无言窘态不堪了吧,孔子门徒文士锋芒锐力,可见一斑,让贪官胆战吧!

12．10 子张问崇德辨惑。子曰：“主忠信，徙义，崇德也。爱之欲其生，恶之欲其死。既欲其生，又欲其死，是惑也。‘诚不以富，亦祇以异’。”

朱熹注：子张问崇德、辨惑。子曰：“主忠信，徙义，崇德也。主忠信，则本立，徙义，则日新。爱之欲其生，恶之欲其死。既欲其生，又欲其死，是惑也。恶，去声。爱恶，人之常情也。然人之生死有命，非可得而欲也。以爱恶而欲其生死，则惑矣。既欲其生，又欲其死，则惑之甚也。‘诚不以富，亦只以异。’”此诗小雅我行其野之辞也。旧说：夫子引之，以明欲其生死者不能使之生死。如此诗所言，不足以致富而适足以取异也。程子曰：“此错简，当在第十六篇齐景公有马千驷之上。因此下文亦有齐景公字而误也。”杨氏曰：“堂堂乎张也，难与并为仁矣。则非诚善补过不蔽于私者，故告之如此。”

李贽评：子张问崇德辨惑。子曰：“主忠信，徙义，崇德也。爱之欲其生，恶之欲其死。画出痴状。既欲其生，又欲其死，是惑也。‘诚不以富，亦祇以异’。”

就在此处，有何不好。引来证其意耳，何必字字明白。宋儒解书，病在太明白。

夏新评：此儒家“辨惑章”也。好一个子张，世界的复杂性、诱惑性摆在面前时，乃有此问。道德是如何被中华文化推举的？且看儒家生死明白一贯性，焉能惑？主忠信即崇道德，真是恋恋不舍啊。而将内质与行为合一，修身与政治相融，乃儒家独自心得大理。孔子在此似已然把握了学说内容内在正反逻辑推理形式方法。

12．11齐景公问政于孔子。孔子对曰：“君君，臣臣，父父，子子。”公曰：“善哉！信如君不君，臣不臣，父不父，子不子，虽有粟，吾得而食诸？”

朱熹注: 齐景公问政于孔子。齐景公，名杵臼。鲁昭公末年，孔子适齐。孔子对曰:“君君，臣臣，父父，子子。”此人道之大经，政事之根本也。是时景公失政，而大夫陈氏厚施于国。景公又多内嬖，而不立太子。其君臣父子之间，皆失其道，故夫子告之以此。公曰：“善哉！信如君不君，臣不臣，父不父，子不子，虽有粟，吾得而食诸？”景公善孔子之言而不能用，其后果以继嗣不定，启陈氏弑君篡国之祸。杨氏曰：“君之所以君，臣之所以臣，父之所以父，子之所以子，是必有道矣。景公知善夫子之言，而不知反求其所以然，盖悦而不绎者。齐之所以卒于乱也。”

李贽评: 齐景公问政于孔子。孔子对曰:“君君，臣臣，父父，子子。”公曰:“善哉！信如君不君，臣不臣，父不父，子不子，虽有粟，吾得而食诸？”所感深矣。

圣人之言，顺理平铺，似无意者，而极切来问者膏肓，故不觉听之骨悚。

夏新评: 此儒家“君臣章”也。后人非议太甚。谤者其低，誉者其高。无论如何，中国古人之社会学已然认知，社会是由群体、阶层、家庭、官民组成之复合体生态，已然有序。最要紧处，为上者应率先以礼乐道德约束修养自己，做出榜样。各色人等，职责分明，各司其位，自有秩序井然。若君以权欺臣，臣以诈弑君，武以力制，子以逆父，弟以诓兄，则其世乱已不远矣！遭殃岂不在底层芸芸众生？

12．12 子曰：“片言可以折狱者，其由也与？”子路无宿诺。

朱熹注：折，之舌反。与，平声。片言，半言。折，断也。子路忠信明决，故言出而人信服之，不待其辞之毕也。子路无宿诺。宿，留也，犹宿怨之宿。急于践言，不留其诺也。记者因夫子之言而记此，以见子路之所以取信于人者，由其养之有素也。尹氏曰：“小邾射以句绎奔鲁，曰：‘使季路要我，吾无盟矣。’千乘之国，不信其盟，而信子路之一言，其见信于人可知矣。一言而折狱者，信在言前，人自信之故也。不留诺，所以全其信也。”

李贽评：记者亦伶俐。

夏新评：此儒家“宿诺章”也。子路有片言，片面；有躁性，个性；无宿诺，心口直，活灵活现一后生，可爱率真一“吊丝”，憨厚的时代青年一个。孔子对自己这位有缺点的门徒长善补失、赞赏有加一例证。

12．14 子张问政。子曰：“居之无倦，行之以忠。”

朱熹注： 居，谓存诸心。无倦，则始终如一。行，谓发于事。以忠，则表里如一。程子曰“子张少仁。无诚心爱民，则必倦而不尽心，故告之以此。”

李贽评： 对子路先说“先劳”，后说“无倦”。对予张先说“无倦”，后说“以忠”。真是化工副物。

夏新评： 此儒家“无倦章”也。愚以为最可奇可叹处，为一班孔门学校穷酸学子、卑鄙之人，竟是天天向先生“问政”，好似将要稳操政权似的。孔子却是当真一回事，要他们树立“无倦，以忠”之政风。煞有介事，太高了！这是几乎可以媲美今日中国共产党“德、能、勤、绩、廉”之官德官风的呀！中国古代文化对宰执燮理、阴阳调和、鼎新政治的能力充满期待，由此可见。但是，无论如何，切切不可忽视，孔子师徒只是个一厢情愿啊！

12．15 子曰：**“博学于文，约之以礼，亦可以弗畔矣夫！”**

朱熹注：重出。

李贽评：丁宁。

夏新评：此儒家“弗畔章”也。人性之善恶、野狂，圣人是目睹而心明的么？孔子认为对于人类有立规矩之必要。但是，博文，约礼，都应当是主体自我的内在追求，与西方的他律文化有别。君子率先垂范之，乡党他人方“可以弗畔”。把人性弱点看得正明白。谁谓中华无约文化？

12．16 子曰：“君子成人之美，不成人之恶。小人反是。”

朱熹注：成者，诱掖奖劝以成其事也。君子小人，所存既有厚薄之殊，而其所好又有善恶之异。故其用心不同如此。

李贽评：形容曲尽。

夏新评：此儒家“成美章”也。成人之美，世界有美。无论朋友寇仇，皆应以此心成就他人。这是中国文化之至善、大美与人性所在，有如此伟岸襟怀它能不五千年吗？可惜小人反是，你看人家航母军舰不远万里跑到中国南海，肉食者无人机飞到中东，多么“热心”，多么“热闹”！多么“民主自由”！多么“成人之美”！

12.17季康子问政于孔子。孔子对曰:“政者,正也。子帅以正,孰敢不正?”

朱熹注: 范氏曰:“未有己不正而能正人者。”胡氏曰:“鲁自中叶,政由大夫,家臣效尤,据邑背叛,不正甚矣。故孔子以是告之,欲康子以正自克,而改三家之故。惜乎康子之溺于利欲而不能也。”

李贽评: 季康子问政于孔子。孔子对曰:“政者,正也。子帅以正,孰敢不正?”狠。

斩截。

夏新评: 此儒家“政正章”也。当是孔子为政治定义,为中华治国文化之大章。世界需要什么样的政治?哲学家来到世界作甚?开拓思维,发表新见,构建理论,改造世界。孔子一个“正”字,揭示了人类社会好政治本质奥妙根本所在。何谓“正”?正者,善也,仁也,德也,诚也,俭也。这是中国文化政治观。

12．18 季康子患盗，问于孔子。孔子对曰：“苟子之不欲，虽赏之不窃。”

朱熹注： 言子不贪欲，则虽赏民使之为盗，民亦知耻而不窃。胡氏曰“季氏窃柄，康子夺嫡，民之为盗，固其所也。盍亦反其本耶？孔子以不欲启之，其旨深矣。”夺嫡事见春秋传。

李贽评： 季康子患盗，问于孔子。孔子对曰：“苟子之不欲，虽赏之不窃。”狠。

老捕快。

夏新评： 此儒家“患盗章”也。孔子对官场，实在一眼看过；对官员，实在敲打不止。吾夜读此章，直捏一把冷汗！夫子你一书生咋太憨，言语太直白！敢揭官家老底：窃国者为诸侯，不正是长官贪腐才致民间仿效，方致盗贼猖獗窃偷肆虐的吗？锋芒利甚，一针见血！孔子展示出“君君，臣臣”的另一面，季康子被主导被蔑视了。立场鲜明，孔子对民是敬，对官是讽。傻呀，倾向如此太分明险啊！

12.19季康子问政于孔子曰:“如杀无道,以就有道,何如?”孔子对曰:“子为政，焉用杀？子欲善而民善矣。君子之德风，小人之德草。草上之风必偃。”

朱熹注: 焉,于虔反。为政者,民所视效,何以杀为?欲善则民善矣。上,一作尚,加也。偃,仆也。尹氏曰:“杀之为言,岂为人上之语哉?以身教者从,以言教者讼,而况于杀乎?”

李贽评: 季康子问政于孔子曰:“如杀无道,以就有道,何如?”孔子对曰:“子为政,焉用杀?妙。子欲善而民善矣。狠。君子之德风,小人之德草。草上之风必偃。”

李贽评: 言外有要杀先从子始意。

夏新评: 此儒家“去杀章”也。孔子曾对此类上层高贵者一言以蔽之“斗筲之徒”，岂非妄断?但其实季康子也还蛮可爱的，什么是政治，他不懂而问；世面上盗贼横行乡里，他急得束手无策，想开刀几个无道之徒，杀一儆百，却心中无底。但这位老官儿把社会乱象的原因一股脑儿归结到老百姓，实在是颠倒是非。孔子大大不满意，故而一句“子为政，焉用杀?”问得季公老儿心虚一惊，徒现无能。孔子见微而知著，揭出世道动乱根底，又一句“君子之德风，小人之德草”，把社会无道板子打到了贵族官僚们身上。这是草根立场，一语道穿社会本质。读此章万万不可忽视“子为政，焉用杀?”，这是中华道统德治与西方刑罚法治的文化分野吧?

12.20 子张问："士何如斯可谓之达矣？"子曰："何哉，尔所谓达者？"子张对曰："在邦必闻，在家必闻。"子曰："是闻也，非达也。夫达也者，质直而好义，察言而观色，虑以下人。在邦必达，在家必达。夫闻也者，色取仁而行违，居之不疑。在邦必闻，在家必闻。"

朱熹注：子张问："士何如斯可谓之达矣？"达者，德孚于人而行无不得之谓。子曰："何哉，尔所谓达者？"子张务外，夫子盖已知其发问之意。故反诘之，将以发其病而药之也。子张对曰："在邦必闻，在家必闻。"言名誉着闻也。子曰："是闻也，非达也。闻与达相似而不同，乃诚伪之所以分，学者不可不审也。故夫子既明辨之，下文又详言之。夫达也者，质直而好义，察言而观色，虑以下人。在邦必达，在家必达。夫，音扶，下同。好、下，皆去声。○内主忠信。而所行合宜，审于接物而卑以自牧，皆自修于内，不求人知之事。然德修于己而人信之，则所行自无窒碍矣。夫闻也者，色取仁而行违，居之不疑。在邦必闻，在家必闻。"行，去声。○善其颜色以取于仁，而行实背之，又自以为是而无所忌惮。此不务实而专务求名者，故虚誉虽隆而实德则病矣。程子曰："学者须是务实，不要近名。有意近名，大本已失。更学何事？为名而学，则是伪也。今之学者，大抵为名。为名与为利虽清浊不同，然其利心则一也。"尹氏曰："子张之学，病在乎不务实。故孔子告之，皆笃实之事，充乎内而发乎外者也。当时门人亲受圣人之教，而差失有如此者，况后世乎？"

李贽评：子张问："士何如斯可谓之达矣？"子曰："何哉，尔所谓达者？"明见万里。子张对曰："在邦必闻，在家必闻。"子曰："是闻也，非达也。夫达也者，质直而好义，察言而观色，虑以下人。对症下药。在邦必达，在家必达。夫闻也者，色取仁而行违，居之不疑。说出子张痛处。在邦必闻，在家必闻。"

剖析分明。子张当日汗浃背矣。

夏新评：此儒家"闻达章"也。孔子如何将一帮农耕村氓庶民子弟教育得壮志凌云？如何把一所乡校办得蓬勃向上？此是大奥秘。门徒后生不问柴米问"发达”，这当是北大、哈佛的优等生方独有的傲气吧？各色人等，在彼世间，只一开问口，你的生存状况、精神底色就曝光无遗。孔子门徒子张问“士何如斯可谓之达矣？”即是例证。这小子心里装着志气火焰呀！“质直而好义”，在邦必闻，在邦必达——夫子之回答，直引学子心意扶摇直上九万里。这是中国文人志士的内在动力，后人诸葛亮一个“不求闻达于诸侯”，是春秋后500年看了此章子张之问而“受害”奔走辛苦一生的么？

12．21 樊迟从游于舞雩之下，曰：“敢问崇德，修慝，辨惑。”子曰：“善哉问！先事后得，非崇德与？攻其恶，无攻人之恶，非修慝与？一朝之忿，忘其身，以及其亲，非惑与？”

朱熹注：樊迟从游于舞雩之下，曰：“敢问崇德、修慝、辨惑。”慝，吐得反。胡氏曰：“慝之字从心从匿，盖恶之匿于心者。修者，治而去之。”子曰：“善哉问！善其切于为己。先事后得，非崇德与？攻其恶，无攻人之恶，非修慝与？一朝之忿，忘其身，以及其亲，非惑与？”与，平声。先事后得，犹言先难后获也。为所当为而不计其功，则德日积而不自知矣。专于治己而不责人，则己之恶无所匿矣。知一朝之忿为甚微，而祸及其亲为甚大，则有以辨惑而惩其忿矣。樊迟麤鄙近利，故告之以此，三者皆所以救其失也。范氏曰：“先事后得，上义而下利也。人唯有利欲之心，故德不崇。唯不自省己过而知人之过，故慝不修。感物而易动者莫如忿，忘其身以及其亲，惑之甚者也。惑之甚者必起于细微，能辨之于早，则不至于大惑矣。故惩忿所以辨惑也。”

李贽评：樊迟从游于舞雩之下，曰：“敢问崇德，修慝，辨惑。”子曰：“善哉问！鼓舞。先事后得，非崇德与？攻其恶，无攻人之恶，非修慝与？一朝之忿，忘其身，以及其亲，非惑与？”真个惑。

此是樊迟之药，亦大众之药。

夏新评：此儒家“善哉章”也。中外安身立命之道有异。中国人安身立命是道德防守型的，西方是勇猛挑战型的。鼎有一调之味，人有一问之智。樊迟前有“蠢哉问”而问稼，此有“善哉问”而问德，故获先生赞赏。人的思维、智力，并非每一瞬间皆处于顶端巅峰良好状态。导师思考，“先事后得”，经过了多少日夜锤炼而有此生存经验、智慧？此为正情绪。更甚者，“一朝之忿，忘其身，以及其亲，非惑与？”若非莽夫，此言可拯救多少刚烈生命人等？此问此教，皆齐天之大啊！

12.22 **樊迟问仁。子曰："爱人。"问知。子曰："知人。樊迟未达。子曰："举直错诸枉，能使枉者直。"樊迟退，见子夏曰："乡也吾见于夫子而问知，子曰：'举直错诸枉，能使枉者直'，何谓也？"子夏曰："富哉言乎！舜有天下，选于众，举皋陶，不仁者远矣。汤有天下，选于众，举伊尹，不仁者远矣。"**

朱熹注：樊迟问仁。子曰："爱人。"问知。子曰："知人。"上知，去声，下如字。爱人，仁之施。知人，知之务。樊迟未达。曾氏曰："迟之意，盖以爱欲其周，而知有所择，故疑二者之相悖尔。"子曰："举直错诸枉，能使枉者直。"举直错枉者，知也。使枉者直，则仁矣。如此，则二者不惟不相悖而反相为用矣。樊迟退，见子夏。曰："乡也吾见于夫子而问知，子曰，'举直错诸枉，能使枉者直'，何谓也？"乡，去声。见，贤遍反。迟以夫子之言，专为知者之事。又未达所以能使枉者直之理。子夏曰："富哉言乎！叹其所包者广，不止言知。舜有天下，选于众，举皋陶，不仁者远矣。汤有天下，选于众，举伊尹，不仁者远矣。"选，息恋反。陶，音遥。远，如字。伊尹，汤之相也。不仁者远，言人皆化而为仁，不见有不仁者，若其远去尔，所谓使枉者直也。子夏盖有以知夫子之兼仁知而言矣。○程子曰："圣人之语，因人而变化。虽若有浅近者，而其包含无所不尽，观于此章可见矣。非若他人之言，语近则遗远，语远则不知近也。"尹氏曰："学者之问也，不独欲闻其说，又必欲知其方；不独欲知其方，又必欲为其事。如樊迟之问仁知也，夫子告之尽矣。樊迟未达，故又问焉，而犹未知其何以为之也。及退而问诸子夏，然后有以知之。使其未喻，则必将复问矣。既问于师，又辨诸友，当时学者之务实也如是。"

李贽评：樊迟觌面而失，予夏闻言而悟。二子地步何如？所以夫子曰："中人以上，可以语上也。"

夏新评：此儒家"博爱章"也。把个中华文化大智慧道出：爱人乃德，仁者爱人。识人是智，区别贤愚。又可见孔子教学乃是门徒随问，先生随答，边游乐边教导，没有花架子。却有愚氓以为孔子"东扯西拉"，什么东西？孔子以为，一个国家的干部路线里头若有“仁”，必会有波及效应，“举直错诸枉，能使枉者直”是也。夫子之流尚未掌握政权，未有大规模去选拔人才和使用干部实践。但理论上，他们也许多次论证沙盘推演，“选于众，举皋陶”，而“舜”等早已成为孔门政治楷模，说明那时尧们活在民众口传历史中。两千年后中国精英却力证尧舜“查无此人”。人家那么聪明，水煮“三国”都干下了，砍一刀中华史谁敢不从？建设性研究不欲，颠覆性研究大行。就是要虚无你呀！

12．23 子贡问友。子曰："忠告而善道之，不可则止，毋自辱焉。"

朱熹注：告，工毒反。道，去声。○友所以辅仁，故尽其心以告之，善其说以道之。然以义合者也，故不可则止。若以数而见疏，则自辱矣。

李贽评："不可则止，无自辱焉。"当圣贤之道，不当豪杰之心。

夏新评：此儒家"忠告章"也。孔子长期在底层社会生活经验的又一经典体会，难得！社会好心人多，热心者众。但有时藏伏危机竟浑然不知不觉。常常是，我们从善意良好的主观动机出发，忠告而善道之，所谓"苦口婆心"罢。事实结局却是，我等好意劝太多，人家恼了火，弄了个"自取其辱"大败局，谁曾预料？只有孔子从理论上先发警告罢了。后生们，痛呀！

12．24 曾子曰：**“君子以文会友，以友辅仁。”**

朱熹注：讲学以会友，则道益明；取善以辅仁，则德日进。

李贽评：春华秋实两有之。

夏新评：此儒家“会友章”也。曾子此一论“文、友、仁”三者关联关系切切可意。以文会友，物以类聚，皆为仁友啊。

子路篇第十三

13．1 子路问政。子曰："先之劳之。"请益。曰："无倦。"

朱熹注：子曰："先之，劳之。"劳，如字。苏氏曰："凡民之行，以身先之，则不令而行。凡民之事，以身劳之，则虽勤不怨。"请益。曰："无倦。"无，古本作毋。吴氏曰："勇者喜于有为而不能持久，故以此告之。"程子曰："子路问政，孔子既告之矣。及请益，则曰'无倦'而已。未尝复有所告，姑使之深思也。"

李贽评：子路问政。子曰："先之劳之。"请益。曰："无倦。"子路问政。妙。

"请益"处便是"倦"根，故即以"无倦"益之。

夏新评：此儒家"先之章"也。孔门学校有一群"政治狂人"吗？孔子就是要每位门生说"我能！"后生个个胆子恁大！村夫野小，一开口就是"问政"！你算哪棵葱？但庶民觉得此等校风，煞是好看！古人也真有懂得政治的，孔子以为统治者需要有献身精神，你要比百姓吃苦在先，无有懈怠。但这些倡导的确太早了点，恰似千年后中国共产党提倡廉政勤政，惩治庸官。中国文化古今一统，处处得见证。后世后辈子孙是把祖宗那个优秀文化宝贝长捧着哩！

13．2 仲弓为季氏宰，问政。子曰："先有司，赦小过，举贤才。"曰："焉知贤才而举之？"子曰："举尔所知；尔所不知，人其舍诸？"

朱熹注：仲弓为季氏宰，问政。子曰："先有司，赦小过，举贤才。"有司，众职也。宰兼众职，然事必先之于彼，而后考其成功，则己不劳而事毕举矣。过，失误也。大者于事或有所害，不得不惩；小者赦之，则刑不滥而人心悦矣。贤，有德者。才，有能者。举而用之，则有司皆得其人而政益修矣。曰："焉知贤才而举之？"曰："举尔所知。尔所不知，人其舍诸？"焉，于虔反。舍，上声。仲弓虑无以尽知一时之贤才，故孔子告之以此。程子曰："人各亲其亲，然后不独亲其亲。仲弓曰'焉知贤才而举之'、子曰'举尔所知，尔所不知，人其舍诸'便见仲弓与圣人用心之大小。推此义，则一心可以兴邦，一心可以丧邦，只在公私之间尔。"范氏曰："不先有司，则君行臣职矣；不赦小过，则下无全人矣；不举贤才，则百职废矣。失此三者，不可以为季氏宰，况天下乎？"

李贽评：曰："仲弓为季氏宰，问政。子曰："先有司，赦小过，举贤才。"曰："焉知贤才而举之？"何等心肠。子曰："举尔所知；尔所不知，人其舍诸？"

简甚。

夏新评：此儒家"举贤章"也。好笑！可笑！治国平天下竟成为孔门学校穷酸学子平日恒常话题，他们是要玩真的。好在有高明老师在悉心引导，"先有司"，服人；"赦小过"，感人；"举贤才"，得人。小子们，此三条，记着！而孔子心中"为政"的关键是"举贤才"。一个举字，这是与统治当局对着干的，彼时中国社会政治传统，天经地义是贵族权力世袭，已历三千年，而儒家却想另搞一套从民众中选拔人才掌权。所以，有大教授说了"孔子代表没落奴隶主阶级"罪过大。但孔子的人才观演进到现代竟成为中国共产党干部路线基石，德才兼备，任人唯贤。毛泽东有云：干部是决定因素。非常纳闷：孔夫子是如何悟得的？一个"举贤才"，道尽中国古代政治文化历史先进性、人道性、民主性？中华文明路径实在特色凸显，古已有之。啧！啧！这个文化不得了，这个民族了不得！

13．3子路曰：“卫君待子而为政，子将奚先？”子曰：“必也正名乎？”子路曰：“有是哉，子之迂也！奚其正？”子曰：“野哉，由也！君子于其所不知，盖阙如也。名不正，则言不顺；言不顺，则事不成；事不成，则礼乐不兴；礼乐不兴，则刑罚不中；刑罚不中，则民无所措手足。故君子名之必可言也，言之必可行也。君子于其言，无所苟而已矣。”

朱熹注：子路曰：“卫君待子而为政，子将奚先？”卫君，谓出公辄也。是时鲁哀公之十年，孔子自楚反乎卫。子曰：“必也正名乎！”是时出公不父其父而祢其祖，名实紊矣，故孔子以正名为先。谢氏曰“正名虽为卫君而言，然为政之道，皆当以此为先。”子路曰：“有是哉，子之迂也！奚其正？”迂，谓远于事情，言非今日之急务也。子曰：“野哉由也！君子于其所不知，盖阙如也。野，谓鄙俗。责其不能阙疑，而率尔妄对也。名不正，则言不顺；言不顺，则事不成；杨氏曰：“名不当其实，则言不顺。言不顺，则无以考实而事不成。”事不成，则礼乐不兴；礼乐不兴，则刑罚不中；刑罚不中，则民无所措手足。中，去声。范氏曰：“事得其序之谓礼，物得其和之谓乐。事不成则无序而不和，故礼乐不兴。礼乐不兴，则施之政事皆失其道，故刑罚不中。”故君子名之必可言也，言之必可行也。君子于其言，无所苟而已矣。”程子曰：“名实相须。一事苟，则其余皆苟矣。”胡氏曰：“卫世子蒯聩耻其母南子之淫乱，欲杀之不果而出奔。灵公欲立公子郢，郢辞。公卒，夫人立之，又辞。乃立蒯聩之子辄，以拒蒯聩。夫蒯聩欲杀母，得罪于父，而辄据国以拒父，皆无父之人也，其不可有国也明矣。夫子为政，而以正名为先。必将具其事之本末，告诸天王，请于方伯，命公子郢而立之。则人伦正，天理得，名正言顺而事成矣。夫子告之之详如此，而子路终不喻也。故事辄不去，卒死其难。徒知食焉不避其难之为义，而不知食辄之食为非义也。”

李贽评：子路曰：“卫君待子而为政，子将奚先？”子曰：“必也正名乎？”何等手眼。子路曰：“有是哉，子之迂也！奚其正？”真个野。子曰：“野哉，由也！君子于其所不知，盖阙如也。名不正，则言不顺；言不顺，则事不成；事不成，则礼乐不兴；礼乐不兴，则刑罚不中；刑罚不中，则民无所措手足。故君子名之必可言也，言之必可行也。君子于其言，无所苟而已矣。”

谁说“夫子为卫君乎”？

夏新评：此儒家“正名章”也。可谓孔子师徒某一日虚拟沙盘仁政推演。显示子路这条直汉子、憨青年其实也会动心脑，做假设，故而问：“老师，你若执政，先抓什么？”孔子脱口而出回答：“正名！”华夏幸运，文化奥秘，祖宗先人，你们如何认知了“正”的价值与威力，约束、指引文明列车正向奔驰的？此为偶然性也，必然性也？中华，你这个追寻仁善伦理之民族，追寻真美文化之劲旅，肩上负有多么巨大的文明责任！你真的痴到一心“要为人类做出较大贡献”么？中华大哲之思，世界文化得益。孔子一个“必也正名乎？”为中华，为人类析理处事，寻方觅向立航标，设坐标。中华王者，士人，牢记住一个“名不正则言不顺，则事不成”，少却了几多歪道邪念？中华文明唯一五千年传承不断，一个“正”字立下多少汗马功劳？中华民族被列强蹂躏侵略而后振兴崛起，一个“正”，字，又给了当代中华儿女多少英雄气？对比他方那假自由民主博爱实则打家劫舍抢掠，华夏能不“正”摄寰宇，使天下归心吗？

13.4 樊迟请学稼。子曰："吾不如老农。"请学为圃。曰："吾不如老圃。"樊迟出，子曰："小人哉，樊须也！上好礼，则民莫敢不敬；上好义，则民莫敢不服；上好信，则民莫敢不用情。夫如是，则四方之民襁负其子而至矣，焉用稼？"

朱熹注：樊迟请学稼，子曰："吾不如老农。"请学为圃。曰："吾不如老圃。"种五谷曰稼，种蔬菜曰圃。樊迟出。子曰："小人哉，樊须也！小人，谓细民，孟子所谓小人之事者也。上好礼，则民莫敢不敬；上好义，则民莫敢不服；上好信，则民莫敢不用情。夫如是，则四方之民襁负其子而至矣，焉用稼？"好，去声。夫，音扶。襁，居丈反。焉，于虔反。礼、义、信，大人之事也。好义，则事合宜。情，诚实也。敬服用情，盖各以其类而应也。襁，织缕为之，以约小儿于背者。杨氏曰："樊须游圣人之门，而问稼圃，志则陋矣，辞而辟之可也。待其出而后言其非，何也？盖于其问也，自谓农圃之不如，则拒之者至矣。须之学疑不及此，而不能问。不能以三隅反矣，故不复。及其既出，则惧其终不喻也，求老农老圃而学焉，则其失愈远矣。故复言之，使知前所言者意有在也。

李贽评：斯民何可忘也。乃学稼圃，真是小人。

夏新评：此儒家"学稼章"也。樊迟这次头脑发昏了吧？为何发出一次"愚哉向"呢？门徒学稼，无可厚非。但老师生活经历只做过羊倌吹鼓手，不稔农桑，你为何偏问？孔子当然要说实话，两个"吾不如"回答正是大实话：先生我只会放羊啦，种庄稼我不如老农。但孔子正在此章给他人后世留下话把：轻视农夫，唯重智识，该当何罪！直至被批判得体无完肤。今作何论？这里头的是非曲直太纠结。

13．5子曰：“诵诗三百，授之以政，不达；使于四方，不能专对；虽多，亦奚以为？”

朱熹注：使，去声。专，独也。诗本人情，该物理，可以验风俗之盛衰，见政治之得失。其言温厚和平，长于风谕。故诵之者，必达于政而能言也。程子曰：“穷经将以致用也。世之诵诗者，果能从政而专对乎？然则其所学者，章句之末耳，此学者之大患也。”

李贽评：今之诵《诗》者，试思何以达政，何以专对，始不负三百矣。

夏新评：此儒家“诵诗章”也。诵《诗》关乎政治，有益于文化传播。孔子对《诗三百》感情深。难怪！那诗章都是他亲手在民间一一收集、修改、分类、整理、编辑出来的啊。自己的孩子自己爱，但这是中华文化、也是世界文明第一部诗歌总集呀！上古文人，诸子百家，其谁眼中手中留意过这活儿？以《诗》入教，授之以政，文化的作用岂止一本书？中国士人早古有文化集合意识和文明教化思维，细想起来，了不得啊！

13．6子曰：“其身正，不令而行；其身不正，虽令不从。”

李贽评：痛快。

夏新评：此儒家“身正章”也。为政以德，以正修身，其道一也。脑中有圣贤，即是心正身正，利走正道，利行仁政。本章似乎没有主词、宾词，未见主体、客体。但这里头有中国哲学之重要观念，在复杂事物的统一体中，主要矛盾的主要方面对事物起着主导的决定的作用。门徒记录的此章似没头没脑的话，却是蕴含极出色的政治思想和孔子智慧。当权者自身品行最重要。你身正，天下正。尔身不正，王法律令再多无益无用。揭示、体现出中国哲人对人类政治大思考，对世界政治大主张。但愚以为此处最灿妙的，当为孔学总是将社会病象责任板子敲打在当权者身上，庶民无辜啊。真可谓：孔子离了曲阜县，将身来在庶民间。值得千古一叹！这真是从来底层视角，一贯平民立场呀！

13．7子曰：“鲁卫之政，兄弟也。”

朱熹注：鲁，周公之后。卫，康叔之后。本兄弟之国，而是时衰乱，政亦相似，故孔子叹之。

李贽评：无限感慨。

夏新评：此儒家“兄弟章”也。政治家有何特色？孔子虽然多数时间身在陬邑乡村，但天下大势、各国时局无时不关注心中清楚明白。鲁卫两国地理相邻文化相似，政治相近，犹如兄弟，这一文化现象他老人家已然洞见了。胸中有仁，明察秋毫，孔子是也！

13．8子谓卫公子荆：“善居室。始有，曰：‘苟合矣。’少有，曰：‘苟完矣。’富有，曰：‘苟美矣。’”

朱熹注：公子荆，卫大夫。苟，聊且粗略之意。合，聚也。完，备也。言其循序而有节，不以欲速尽美累其心。杨氏曰：“务为全美，则累物而骄吝之心生。公子荆皆曰苟而已，则不以外物为心，其欲易足故也。”

李贽评：今之居室者能如是否？

夏新评：此儒家“善居章”也。哲人引导社会风潮的高妙处与策略性在此隐约可见。孔子看统治者当权派，亦非有色眼镜天下一般黑。上层贵族里也有开明派。这个公子荆其心不贪，知足是美，相当自律。毛泽东曾曰：凡有人群的地方，都有左中右。孔、毛二人似于此相通。可谓中国传统文化魅力多大。

13．9子适卫，冉有仆。子曰：“庶矣哉！冉有曰：“既庶矣，又何加焉？”曰：“富之。”曰：“既富矣，又何加焉？”曰：“教之。”

朱熹注：子适卫，冉有仆。仆，御车也。子曰：“庶矣哉！”庶，众也。冉有曰：“既庶矣。又何加焉？”曰：“富之。”庶而不富，则民生不遂，故制田里，薄赋敛以富之。曰：“既富矣，又何加焉？”曰：“教之。”富而不教，则近于禽兽。故必立学校，明礼义以教之。胡氏曰：“天生斯民，立之司牧，而寄以三事。然自三代之后，能举此职者，百无一二。汉之文明，唐之太宗，亦云庶且富矣，西京之教无闻焉。明帝尊师重傅，临雍拜老，宗戚子弟莫不受学；唐太宗大召名儒，增广生员，教亦至矣，然而未知所以教也。三代之教，天子公卿躬行于上，言行政事皆可师法，彼二君者其能然乎？”

李贽评：一车问答，万古经纶。

夏新评：此儒家“教之章”也。孔子胸中的理想国政治蓝图在此展开。民众先要小康，再求富庶，再次须教以文明。中国文化之先进处，在不懈追求，永远向前。孔子以此思想教导门徒者，唯高明导师可达。夫子向冉有指引的“庶”“富”“教”三层目标，多重境界，岂是异邦文化画一个“民主”世界大饼可以企及的？

13．10子曰：**“苟有用我者，期月而已可也，三年有成。”**

朱熹注：期月，谓周一岁之月也。可者，仅辞，言纲纪布也。有成，治功成也。尹氏曰：“孔子叹当时莫能用己也，故云然。”愚按：史记，此盖为卫灵公不能用而发。

李贽评：老婆心切。凿凿可据，岂浪言者？

夏新评：此儒家“有成章”也。看似不合孔子一贯谨慎讷言低调之处事风格。政治家狂言许诺，古已有之，今者尤甚，西方政治尤甚。但孔子岂是夸海口自欺欺人？从“十有五而志于学”，到５０岁为中都宰，已有４０年研习、思考、积累。这是一个已迈入人生壮年的成熟政治家的心声：“苟有用我者，三年有成。”德政安民，拳拳之心，翘首期待。真的结果如何？实践好答。孔子尔后为官三年，地方风清气正，民众夜不闭户。自兹开始，创造史上吏治奇迹！凭什么成竹在胸，口出大言？这是中国政治文化自信！“为政以德”“天下归仁”为孔子毕生之追求，早有准备。李泽厚以为：此章疑非孔子真言。实乃不知孔子耶？两千年后，邓小平提出“一年初变样，三年大变样”，与孔子如出一辙。结果中国三十年创造发展成为世界最大出口国、最大债权国奇迹。孔氏之门，不乏后人。中华文化，生生不息，仍在传承！

13．11 子曰：“‘善人为邦百年，亦可以胜残去杀矣。’诚哉是言也！”

朱熹注：胜，平声。去，上声。为邦百年，言相继而久也。胜残，化残暴之人，使不为恶也。去杀，谓民化于善，可以不用刑杀也。盖古有是言，而夫子称之。程子曰“汉自高、惠至于文、景，黎民醇厚，几致刑措，庶乎其近之矣。”尹氏曰：“胜残去杀，不为恶而已，善人之功如是。若夫圣人，则不待百年，其化亦不止此。”

李贽评：“杀”字惨甚！“诚哉是言”，非赞言也，是赞人也。

夏新评：此儒家“胜残章”也。士人期盼社会有善人善政之心声流露表达。中国文化厌恶“杀”，孔子是反战派，根子在黄帝，他有一个“修德振兵”，道德置于刀兵之前立住。后学兵家孙子主张“不战而居人之兵，上之上者也。”倡不战而胜，本质上他们是一伙。与西方名家《战争论》鼓吹嗜杀大异其道。咱的文化人属性不同其他。仁者追寻，道德政治。此章一定是表达孔子心中一个长久期待：“胜残去杀”。老人家多少次讲过“去兵”“去刑”“无讼”，王道的中国文化贵根元素，这是夫子的“为政以德”治国纲领的组成部分。善人善政善文化，以德友邻，以和为贵。人类未来和谐社会必由中华优秀文化引领，将那唯我独尊、四大舰队霸文化一脚揣进历史垃圾埋葬，世界人民有福了！

13．12 子曰：**“如有王者，必世而后仁。”**

朱熹注：王者谓圣人受命而兴也。三十年为一世。仁，谓教化浃也。程子曰：“周自文武至于成王，而后礼乐兴，即其效也。”或问：“三年、必世，迟速不同，何也？”程子曰：“三年有成，谓法度纪纲有成而化行也。渐民以仁，摩民以义，使之浃于肌肤，沦于骨髓，而礼乐可兴，所谓仁也。此非积久，何以能致？”

李贽评：见当时国势、民风如此。

夏新评：此儒家“王者章”也。孔子之心，其谁解之？此乃梦想，渴望道德君王出现，在一代人后达于仁政。有似柏拉图盼哲学王、理想国。事实如何呢？庶民只是千年连连失望。中国只有在出了毛泽东后，方始探索“以德治国”人民政治。孔子之求“世而后仁”，中华文化你责任重啊！

13．13 子曰：**“苟正其身矣，于从政乎何有？不能正其身，如正人何？”**

李贽评：爽明。

夏新评：此儒家“正身章”也。孔子对政治文化精髓已有深刻理解认知。对统治阶层干部的要求，自身的道德素质必须放在第一位。这是东方特色。异邦选举文化，口若悬河，雄辩滔滔那一套，无论公知怎么鼓吹说“西方民主好”，中国老百姓的心中标尺仍是一个“苟正其身矣”。中华文化道统，一“正”而已矣。

13．14 冉子退朝。子曰："何晏也？"对曰："有政。"子曰："其事也。如有政，虽不吾以，吾其与闻之。"

朱熹注：朝，音潮。与，去声。冉有时为季氏宰。朝，季氏之私朝也。晏，晚也。政，国政。事，家事。以，用也。礼：大夫虽不治事，犹得与闻国政。是时季氏专鲁，其于国政，盖有不与同列议于公朝，而独与家臣谋于私室者。故夫子为不知者而言，此必季氏之家事耳。若是国政，我尝为大夫，虽不见用，犹当与闻。今既不闻，则是非国政也。语意与魏征献陵之对略相似。其所以正名分，抑季氏，而教冉有之意深矣。

李贽评：一字不肯假借如此。

夏新评：此儒家"与闻章"也。为政治人物"敏于事而慎于言"之实证：国家大事，吾虽不与，吾必闻之。诸葛亮躬耕陇亩，心知天下。邓小平到南昌下到拖拉机厂车间劳动，心系"四化"。真正的秀才哪里肯"两耳不闻窗外事"呢？

13．15 定公问：“一言而可以兴邦，有诸？”孔子对曰：“言不可以若是其几也。人之言曰：‘为君难，为臣不易。’如知为君之难也，不几乎一言而兴邦乎？”曰：“一言而丧邦，有诸？”孔子对曰：“言不可以若是其几也。人之言曰：‘予无乐乎为君，唯其言而莫予违也。’如其善而莫之违也，不亦善乎？如不善而莫之违也，不几乎一言而丧邦乎？”

朱熹注：定公问：“一言而可以兴邦，有诸？”孔子对曰：“言不可以若是其几也。几，期也。诗曰：“如几如式。”言一言之间，未可以如此而必期其效。人之言曰：‘为君难，为臣不易。’易，去声。当时有此言也。如知为君之难也，不几乎一言而兴邦乎？”因此言而知为君之难，则必战战兢兢，临深履薄，而无一事之敢忽。然则此言也，岂不可以必期于兴邦乎？为定公言，故不及臣也。人之言曰：‘予无乐乎为君，唯其言而莫予违也。’丧，去声，下同。乐，音洛。言他无所乐，惟乐此耳。如其善而莫之违也，不亦善乎？如不善而莫之违也，不几乎一言而丧邦乎？”范氏曰：“言不善而莫之违，则忠言不至于耳。君日骄而臣日谄，未有不丧邦者也。”谢氏曰：“知为君之难，则必敬谨以持之。唯其言而莫予违，则谗谄面谀之人至矣。邦未必遽兴丧也，而兴丧之源分于此。然此非识微之君子，何足以知之？”

李贽评：定公求之“言”，孔子求之“身”。“不可以若是其几”，“不几乎”，正求之“身”处。

夏新评：此儒家“一言章”也。此章可见孔子不要君王一言，无比正确，山呼万岁；而要民主协商。这是华夏特色。民主很好，但不要成“派”。民主派干什么？专为沽名钓誉捣乱社会“丧邦”用的。古代政治学也蛮有趣味。“一言而可以兴邦”的话，孔子到底信不信？这样的话到底有没有？孔子是现实主义者，以为或许有。确定的是，中国士人心中老是惦着民族，邦国，兴盛。二十世纪先后有中国人提出“持久抗战”救国，和“改革开放”强国，这算是沿袭了古代儒家文化的“兴邦”之言吧。

13．16叶公问政。子曰：“近者说，远者来。”

朱熹注：叶公问政。音义并见第七篇。子曰：“近者说，远者来。”说，音悦。○被其泽则悦，闻其风则来。然必近者悦，而后远者来也。

李贽评：浅人只与他说效。

夏新评：此儒家“悦来章”也。孔子政治学识似已相当深厚。此章当是从政策与人心向背作用上讲述的，从效果与结果角度来说政治。中国文化坚守一个德，对外一个“和”，喜好一个热闹。近邻有悦，远邦爱来。毛泽东也是，要“把朋友搞得多多的”，“我们的朋友遍天下”，毛泽东、孔子襟怀有似，广交朋友，不亦悦乎？

13．17子夏为莒父宰。问政。子曰：“无欲速，无见小利。欲速，则不达；见小利，则大事不成。”

朱熹注： 父，音甫。莒父，鲁邑名。欲事之速成，则急遽无序，而反不达。见小者之为利，则所就者小，而所失者大矣。程子曰：“子张问政，子曰：‘居之无倦，行之以忠。’子夏问政，子曰：‘无欲速，无见小利。’子张常过高而未仁，子夏之病常在近小，故各以切己之事告之。”

李贽评： 千古至言！

夏新评： 此儒家“无速章”也。孔子了解人性弱点在治国安邦中一个普遍的毛病显现：急性病。中国文化实在两千年前已将政治方方面面思考透彻，治国是要循序渐进的，政治是要着眼于宏观的。速成和见小利，智者不为也。还是在两千年前，如此大德大智大勇大事大视，中华先贤有远思啊！

13．18 叶公语孔子曰：“吾党有直躬者，其父攘羊，而子证之。”孔子曰：“吾党之直者异于是：父为子隐，子为父隐。——直在其中矣。”

朱熹注：叶公语孔子曰：“吾党有直躬者，其父攘羊，而子证之。”语，去声。直躬，直身而行者。有因而盗曰攘。孔子曰：“吾党之直者异于是。父为子隐，子为父隐，直在其中矣。”为，去声。父子相隐，天理人情之至也。故不求为直，而直在其中。谢氏曰：“顺理为直。父不为子隐，子不为父隐，于理顺邪？瞽瞍杀人，舜窃负而逃，遵海滨而处。当是时，爱亲之心胜，其于直不直，何暇计哉？”

李贽评：叶公原不识“直”字。

夏新评：此儒家“父隐章”也。读此章竟以为不识孔子了，如何说出如此不当的话来？但细想之下方始明白：家与国相通而又有异，公德与私德相关而不同，于国忠于家孝。若问孔子是什么党？一个“父为子隐，子为父隐，直在其中矣。”令看官瞠目结舌，直把中国文化之人性讲得淋漓。窃以为，此真孔子也！此真中国文化也！

13.19 樊迟问仁。子曰："居处恭，执事敬，与人忠。虽之夷狄，不可弃也。"

朱熹注：恭主容，敬主事。恭见于外，敬主乎中。之夷狄不可弃，勉其固守而勿失也。程子曰："此是彻上彻下语。圣人初无二语也，充之则睟面盎背；推而达之，则笃恭而天下平矣。"胡氏曰："樊迟问仁者三：此最先，先难次之，爱人其最后乎？"

李贽评：圣人说话，直是到底。

夏新评：此儒家"不弃章"也。好个樊迟，此问甚当。问"仁"乃是做人之本，比问稼不知强多少倍。道德养成具有稳定性、长久性、自主性。处人处事，何处无仁呢？

13．20子贡问曰："何如斯可谓之士矣？"子曰："行己有耻，使于四方，不辱君命，可谓士矣。"曰："敢问其次。"曰："宗族称孝焉，乡党称弟焉。"曰："敢问其次。"曰："言必信，行必果，硁硁然小人哉！抑亦可以为次矣。"曰："今之从政者何如？"子曰："噫！斗筲之人，何足算也？"

朱熹注：子贡问曰："何如斯可谓之士矣？"子曰："行己有耻，使于四方，不辱君命，可谓士矣。"使，去声。此其志有所不为，而其材足以有为者也。子贡能言，故以使事告之。盖为使之难，不独贵于能言而已。曰："敢问其次。"曰："宗族称孝焉，乡党称弟焉。"弟，去声。此本立而材不足者，故为其次。曰："敢问其次。"曰："言必信，行必果，硁硁然小人哉！抑亦可以为次矣。"行，去声。硁，苦耕反。果，必行也。硁，小石之坚确者。小人，言其识量之浅狭也。此其本末皆无足观，然亦不害其为自守也，故圣人犹有取焉，下此则市井之人，不复可为士矣。曰："今之从政者何如？"子曰："噫！斗筲之人，何足算也。"筲，所交反。算，亦作筭，悉乱反。今之从政者，盖如鲁三家之属。噫，心不平声。斗，量名，容十升。筲，竹器，容斗二升。斗筲之人，言鄙细也。算，数也。子贡之问每下，故夫子以是警之。程子曰："子贡之意，盖欲为皎皎之行，闻于人者。夫子告之，皆笃实自得之事。"

李贽评：曰：子贡问曰："何如斯可谓之士矣？"子曰："行己有耻，使于四方，不辱君命，可谓士矣。"曰："敢问其次。"曰："宗族称孝焉，乡党称弟焉。"曰："敢问其次。"曰："言必信，行必果，硁硁然小人哉！抑亦可以为次矣。"曰："今之从政者何如？"问得妙。子曰："噫！斗筲之人，何足算也？"

"孝""弟"都从"有耻"得来。"言必信，行必果"也，只为不肯"无耻"。"今之从政者"，只是一个"无耻"！

夏新评：此儒家"行己章"也。真真佩服孔门学校后生，直把修齐治平装彼胸怀。子贡虽为"富二代"，却一入孔门学校，竟抛却了声色犬马，而一心想要攀达"士"道，修成君子。一定是日日如斯，心情急迫，方有此问"何如斯可谓之士矣？"

先生点拨，而知“士”也是有层次分别的。最上层之士为“行已有耻，使于四方”而又有几人能达？两个“敢问其次”，终解心中之惑。但最为惊诧的是，此一回答于门生之问，引出孔子对整个统治阶级从政者丝毫不放在眼里，甚而极端蔑视、全体否定，加一个“斗筲之人”的耻辱帽子，让整个官僚贵族集团从此蒙羞。大胆！大胆！痛快！痛快！真真长士人志气，实在灭权贵威风！孔子自身拥有道德优势，敢对贵族统治集团如此轻蔑敌视，怎么是奴隶主代言人？颠倒是非也。

13.21子曰：“不得中行而与之，必也狂狷乎？狂者进取，狷者有所不为也。”

朱熹注：狷，音绢。行，道也。狂者，志极高而行不掩。狷者，知未及而守有余。盖圣人本欲得中道之人而教之，然既不可得，而徒得谨厚之人，则未必能自振拔而有为也。故不若得此狂狷之人，犹可因其志节，而激厉裁抑之以进于道，非与其终于此而已也。孟子曰：“孔子岂不欲中道哉？不可必得，故思其次也。如琴张、曾皙、牧皮者，孔子之所谓狂也。其志嘐嘐然，曰：‘古之人！古之人！’夷考其行而不掩焉者也。狂者又不可得，欲得不屑不洁之士而与之，是狷也，是又其次也。”

李贽评：“进取”“有所不为”，不是训释“狂”“狷”。有味乎其言之也。

夏新评：此儒家“狂狷章”也。可见中国文化宏伟气量之状，可以扶摇直上九天，可以进取直作狂狷。世人以为儒者们一介书生，每日战战兢兢，如履薄冰，瞻前顾后，足将进而趑趄，口将言而嗫嚅，胆小怕事，无所作为。殊不见卑贱匹夫亦可狂狷进发，拔地而起，振臂一呼，震天撼地而泣鬼神也。你想，一个文明五千年流淌竟而至于唯一传承不绝，能无伟杰异象者乎？

13．22子曰：“南人有言曰：‘人而无恒，不可以作巫医。’善夫。”“不恒其德，或承之羞。”子曰：“不占而已矣。”

朱熹注：子曰：“南人有言曰：‘人而无恒，不可以作巫医。’善夫！”恒，胡登反。夫，音扶。南人，南国之人。恒，常久也。巫，所以交鬼神。医，所以寄死生。故虽贱役，而犹不可以无常，孔子称其言而善之。“不恒其德，或承之羞。”此易恒卦九三爻辞。承，进也。子曰：“不占而已矣。”复加“子曰”，以别易文也，其义未详。杨氏曰：“君子于易苟玩其占，则知无常之取羞矣。其为无常也，盖亦不占而已矣。”意亦略通。

李贽评：子曰：“南人有言曰：‘人而无恒，不可以作巫医。’善夫。”“不恒其德，或承之羞。”子曰：“不占而已矣。”文字最错综，妙绝。

“不可以作巫医”。真可羞！

夏新评：此儒家“不占章”也。华夏自信，信德信人，哪里用得着去向鬼神占卜？炎黄道统，一以贯之，历五千年，何也？先人已明，孔子轻轻一句，“必恒其德”，道出文明属性所在。中华文化一大奥秘与神奇生命力，在是。

13．23 子曰：“君子和而不同，小人同而不和。”

朱熹注：和者，无乖戾之心。同者，有阿比之意。尹氏曰：“君子尚义，故有不同。小人尚利，安得而和？”

李贽评：法眼。

夏新评：此儒家“和同章”也。社会两类人群的生存方式和生存态度，被夫子一语中的。“和”与“同”之取舍，在社会层面，实为君子与小人之意趣。孔子一言表达中华文化价值取向，“和而不同”，人类族群可以各保持自家特点、异象与种色而和乐相处。这是一个优质文化的气量与大度，一个利他利己的道德人文立场。岂不甚好？世有异域撮尔小儿则是与恶霸共同逐利，蝇蚊成群，结帮纳派，吸血分赃，同而不和。一个永远利益熏心霸权黑胆团伙，坐地分脏，他们哪里需要永远的朋友？

13．24 子贡问曰："乡人皆好之，何如？"子曰："未可也。""乡人皆恶之，何如？"子曰："未可也。不如乡人之善者好之，其不善者恶之。"

朱熹注：好、恶，并去声。一乡之人，宜有公论矣，然其间亦各以类自为好恶也。故善者好之而恶者不恶，则必其有苟合之行。恶者恶之而善者不好，则必其无可好之实。

李贽评：子贡问曰："乡人皆好之，何如？"子曰："未可也。""乡人皆恶之，何如？"问得有理。子曰："未可也。不如乡人之善者好之，其不善者恶之。"

"不善者恶之"，亦是赞叹顶礼；"不善者"何尝"不善"哉。

夏新评：此儒家"未可章"也。可见名师与高徒之间仍存有社会经验认知差距。以子贡之聪慧尚有世象之不明白处，"乡人皆好之，皆恶之，如何？"这是跟风思维，墙头一棵草，以多数人之好恶为尺度，当然掩盖了事情的是非本质。孔子一个"其善者好之，其不善者恶之"如电光火石，拨开人间纷繁迷雾，界限分明，启智解惑驱愚。什么是大师？何为大简？此之谓乎？

13．25 子曰：**“君子易事而难说也。说之不以道，不说也；及其使人也，器之。小人难事而易说也。说之虽不以道，说也；及其使人也，求备焉。”**

朱熹注：易，去声。说，音悦。器之，谓随其材器而使之也。君子之心公而恕，小人之心私而刻。天理人欲之间，每相反而已矣。

李贽评：曲尽君子、小人性情。

夏新评：此儒家“难易章”也。孔子讲到一个看人识才的重大思想：勿求备焉。可谓闪烁古代朴素辩证法光芒，可惜又有几人发见作公正评价？君子行事风格，当然“易事而难说”。智者思维，化繁为简，以德观人，扬长略短，不求全备，而器之。此则朋友遍天下之道也！小人反是。

13．26 子曰：**“君子泰而不骄，小人骄而不泰。”**

朱熹注：君子循理，故安舒而不矜肆。小人逞欲，故反是。

李贽评：果然。

夏新评：此儒家“泰骄章”也。为什么世上有人生活得坦荡神闲，而有些人总是惴惴不安？圣人气象，君子风度，泰而不骄，那是腹有诗书气自华。然则小人蹦跶，哪怕他骄横恣肆，张牙舞爪，又如何？一个泰而不骄，中华文化之神韵能不威仪天下？

13．27 子曰：**“刚、毅、木、讷近仁。”**

朱熹注：程子曰：“木者，质朴。讷者，迟钝。四者，质之近乎仁者也。”杨氏曰：“刚毅则不屈于物欲，木讷则不至于外驰，故近仁。”

李贽评：要知“刚、毅、木、讷”都是“仁”，“仁”则并无“刚、毅、木、讷”矣。

夏新评：此儒家“近仁章”也。孔子以为仁是具体的，可以追求养成走近的。刚强，坚毅，木直，讷谨，此皆为仁者气质，哪里用得着“民主派”那帮人士那种利口异术、波谲云诡勾当？中国文化要自然本真少花招。

13．28子路问曰：“何如斯可谓之士矣？”子曰：“切切偲偲，怡怡如也，可谓士矣。朋友切切偲偲，兄弟怡怡。”

朱熹注：胡氏曰：“切切，恳到也。偲偲，详勉也。怡怡，和悦也。皆子路所不足，故告之。又恐其混于所施，则兄弟有贼恩之祸，朋友有善柔之损，故又别而言之。”

李贽评：何等说得近人！圣贤是“士”，所以每每问“士”。今人不是“士”，所以竟不问了。可怜！人情：兄弟易切切偲偲，朋友易怡怡。所以分别言之。

夏新评：此儒家“谓士章”也。本章似可窥见子路这位忠厚青年欲修身达士的迫切心理。由此可知，若选择中国人做朋友是他人他邦福气。切切偲偲，给正能量，互勉互励，和和气气，己立立人，如何不好？一个道德文明哪里学得了那种四处放火八方掠抢、五洲殖民又挑动“阿拉伯之春”血肉横飞的招数呢？中国人中国文化只要一个“协和四邦，兄弟怡怡。”可也！

13．29 子曰：**“善人教民七年，亦可以即戎矣。”**

朱熹注: 教民者，教之孝悌忠信之行，务农讲武之法。即，就也。戎，兵也。民知亲其上，死其长，故可以即戎。程子曰：“七年云者，圣人度其时可矣。如云期月、三年、百年、一世、大国五年、小国七年之类，皆当思其作为如何乃有益。”

李贽评: 说“七年”，便不是空话。

夏新评: 此儒家“教民章”也。孔子的教民思想实则与马克思氏之“民众需要灌输先进思想”观点相通。善者教导庶民七年，民俗已然温和团结了，拿起武器也可以打仗保卫家国了。一个“教”字大篇章，前提是唯有“善人”方有资质挥笔去书写言教的呀！

13．30 子曰：**“以不教民战，是谓弃之。”**

朱熹注： 以，用也。言用不教之民以战，必有败亡之祸，是弃其民也。

李贽评： 读此二项，可知仲尼军旅之事。

夏新评： 此儒家“弃之章”也。春秋之世，孔子目睹战乱频仍，一统崩塌，民多死难，苦不堪言。是故，儒家文化不鼓吹战争。儒者政治家心头大事唯有“安民、安百姓”，但是，若豺狼以为此处遍地皆绵羊，那是大错了。不信，你让美军靠近中国鸭绿江那边大撒尿撒野试试？那一回真的让“二战”英豪麦克阿瑟将军痛了懂了啊！

宪问篇第十四

14．1宪问耻。子曰："邦有道，谷；邦无道，谷，耻也。""克、伐、怨、欲不行焉，可以为仁矣？"子曰："可以为难矣，仁则吾不知也。"

朱熹注：宪问耻。子曰："邦有道，谷；邦无道，谷，耻也。"宪，原思名。谷，禄也。邦有道不能有为，邦无道不能独善，而但知食禄，皆可耻也。宪之狷介，其于邦无道谷之可耻，固知之矣；至于邦有道谷之可耻，则未必知也。故夫子因其问而并言之，以广其志，使知所以自勉，而进于有为也。

"克、伐、怨、欲不行焉，可以为仁矣？"此亦原宪以其所能而问也。克，好胜。伐，自矜。怨，忿恨。欲，贪欲。子曰："可以为难矣，仁则吾不知也。"有是四者而能制之，使不得行，可谓难矣。仁则天理浑然，自无四者之累，不行不足以言之也。程子曰："人而无克、伐、怨、欲，唯仁者能之。有之而能制其情使不行，斯亦难能也。谓之仁则未也。此圣人开示之深，惜乎宪之不能再问也。"或曰："四者不行，固不得为仁矣。然亦岂非所谓克己之事，求仁之方乎？"曰："克去己私以复乎礼，则私欲不留，而天理之本然者得矣。若但制而不行，则是未有拔去病根之意，而容其潜藏隐伏于胸中也。岂克己求仁之谓哉？学者察于二者之间，则其所以求仁之功，益亲切而无渗漏矣。"

李贽评：原思辞"粟"，欲脱其身于"谷"之外；孔子耻"谷"，欲效其身于"谷"之中。"仁则吾不知"，非两可之词，直说其非"仁"耳。

夏新评：此儒家"问耻章"也。"耻"是人类道德自觉萌生的一大步，许多民族文明未有萌发"知耻"意识。却有中华文化"礼、义、廉、耻，国之四维"。可见炎黄子孙太早知荣，亦太早知耻。因为他们创造有人类第一个成熟文化体系——礼。孔子很清醒世多诱惑，早为门徒画出一条警戒线：给无道之邦国效劳，即便得了金元"绿卡"，太可耻！老夫子差矣，哪有当代公知聪明呢！

14．2 子曰：**“士而怀居，不足以为士矣。”**

朱熹注：居，谓意所便安处也。

李贽评：“不足以为士”，当是恁么样的人？“怀居”者思之，勿徒口头读过，负却此老大慈悲舌也。

夏新评：此儒家“为士章”也。儒家为何提出一个出世主义？原来孔子给他们以“士”的标准了。家国情怀，天下之识，庶人担当，匹夫责任。中国文化灌输给中国士人的，太高尚了。中华士人，你太幸运负重啊！

14．3 子曰："邦有道，危言危行；邦无道，危行言孙。"

朱熹注：子曰："邦有道，危言危行；邦无道，危行言孙。"行、孙，并去声。危，高峻也。孙，卑顺也。尹氏曰："君子之持身不可变也，至于言则有时而不敢尽，以避祸也。然则为国者使士言孙，岂不殆哉？"

李贽评："邦有道"，"危言"在"危行"之前，"邦无道"，"言孙"在危行之后。"危言危行"，"危"字在言字之上；"危行言孙"，"孙"字在"言"字之下。多少斟酌，多少变化，绝妙文章。

夏新评：此儒家"危言章"也。孔子对世界判断，人分两类君与小，国分道有与道无。面对两种世情世道，当以两种生存策略与之周旋。夫子教门徒，万不可逞一时之勇，无端去发呐喊冲突，要看懂天下，一览邦国，有道无道，火眼金睛，做智慧者，策略人。哲人云：理论只要深刻，就能征服人。这是中国文化在复杂环境下人生战术上已然臻于成熟的认知，要铲除机会主义土壤。

14.4子曰:“有德者必有言,有言者不必有德。仁者必有勇,勇者不必有仁。”

朱熹注: 有德者,和顺积中,英华发外。能言者,或便佞口给而已。仁者,心无私累,见义必为。勇者,或血气之强而已。尹氏曰“有德者必有言,徒能言者未必有德也。仁者志必勇,徒能勇者未必有仁也。”

李贽评: 字字活眼,的是圣笔。

夏新评: 此儒家“德言章”也。德是本,言是表。德在内,言在外。仁在内,勇在外。二者相关而非同一。孔子将言语与道德相区别,有言者不必有德;苏格拉底将知识与道德以同论,认可知识即道德。培根更认为知识就是力量。苏格拉底推动智术文化大行其道。孔子推动中国道德哲学观往整体性、辨证性方向前进,德、仁、勇集于君子士人一身而将行于天下,此有道耶?大道耶!知识与道德同一,此无道耶?邪道耶!世界四大文明,呈现两张名片。一个重知,一个重德;一个德文化,一个术文化,演绎出一个美利坚,一个大中华。人类骄傲,历史流光!啧啧,煞是好看!好看!

14．5 南宫适问于孔子曰：“羿善射，奡荡舟，俱不得其死然。禹、稷躬稼而有天下。”夫子不答。南宫适出，子曰：“君子哉若人！尚德哉若人！”

朱熹注：适，古活反。羿，音诣。奡，五报反。荡，土浪反。南宫适，即南容也。羿，有穷之君，善射，灭夏后相而篡其位。其臣寒浞又杀羿而代之。奡，春秋传作“浇”，浞之子也，力能陆地行舟，后为夏后少康所诛。禹平水土暨稷播种，身亲稼穑之事。禹受舜禅而有天下，稷之后至周武王亦有天下。适之意盖以羿奡比当世之有权力者，而以禹稷比孔子也。故孔子不答。然适之言如此，可谓君子之人，而有尚德之心矣，不可以不与。故俟其出而赞美之。

李贽评：“夫子不答”。非有所忌讳也，契之深也。“君子哉若人！尚德哉若人”，赞不容口也。已从“不答”处酿之矣。

夏新评：此儒家“尚德章”也。南宫适一定非常了得，获孔子如此赞许。在世之人，必有所敬；各别民族，必有所崇。中国文化铁了心崇尚君子道德，这是孔子盛赞南宫适的弦外调吗？

14．6 子曰：“君子而不仁者有矣夫，未有小人而仁者也。”

朱熹注：夫，音扶。谢氏曰：“君子志于仁矣，然毫忽之间，心不在焉，则未免为不仁也。”

李贽评：“君子不仁”是活说，“小人非仁”是死说，亦借君子以断小人耳。

夏新评：此儒家“不仁章”也。君子偶有过失而不仁，小人身躯中本无仁。但鸡有时飞得比鹰高。你看那大鳄偶以几个铜板赈灾民，却以巨款献白宫。故君子、小人两个类别，质地迥异，不好有比。李登辉见蒋经国坐一半椅子表忠诚。蒋家读一部《论语》却防不了倭狗半片屁股，上了小人大当。臭鸡蛋装作茶叶蛋，什么叫坏了坯子？

14．7子曰：**“爱之，能勿劳乎？忠焉，能勿诲乎？”**

苏氏曰：“爱而勿劳，禽犊之爱也；忠而勿诲，妇寺之忠也。爱而知劳之，则其为爱也深矣；忠而知诲之，则其为忠也大矣。”

李贽评：爱子，故曰“爱之”。自忠，故曰“忠焉”。一字之异，便有无限变化。非圣笔安得有此。

夏新评：此儒家“爱之章”也。孔子心迹之直白：甘心情愿为这个族群、为这个文明辛勤教诲，只因为爱它，忠它。中国文化忠诚度笃定，于民于国，有爱有忠，为之劳，为之诲，死而无怨，不求回报，这是中国士人德性品格，这是一个民族文化的独特个性。老祖宗传下来，至今不改啊！

14．8子曰：“为命，裨谌草创之，世叔讨论之，行人子羽修饰之，东里子产润色之。”

朱熹注： 裨，婢之反。谌，时林反。裨谌以下四人，皆郑大夫。草，略也。创，造也，谓造为草？也。世叔，游吉也，春秋传作子太叔。讨，寻究也。论，讲议也。行人，掌使之官。子羽，公孙挥也。修饰，谓增损之。东里地名，子产所居也。润色，谓加以文采也。郑国之为辞命，必更此四贤之手而成，详审精密，各尽所长。是以应对诸侯，鲜有败事。孔子言此，盖善之也。

李贽评： “草创”、“讨论”、“修饰”、“润色”八字，遂为千古行文次第秘诀。

夏新评： 此儒家“为命章”也。太神奇！孔子即使在陬邑民间，匹夫草民一枚，却对朝廷国事处理程序细节了然于胸，写写做官样文章那点事岂能难得倒志士仁人？后世诸葛亮在隆中躬耕陇亩，亦对天下大势时局演变了然于胸。中国士人一心为国捐躯皆早早作了精神与知识准备。

14.9或问子产。子曰："惠人也。"问子西。曰："彼哉！彼哉！"问管仲。曰："人也。夺伯氏骈邑三百，饭疏食，没齿无怨言。"或问子产。

朱熹注：子曰："惠人也。"子产之政，不专于宽，然其心则一以爱人为主。故孔子以为惠人，盖举其重而言也问子西。曰："彼哉！彼哉！"子西，楚公子申，能逊楚国，立昭王，而改纪其政，亦贤大夫也。然不能革其僭王之号。昭王欲用孔子，又沮止之。其后卒召白公以致祸乱，则其为人可知矣。彼哉者，外之之辞。问管仲。曰："人也。夺伯氏骈邑三百，饭疏食，没齿无怨言。"人也，犹言此人也。伯氏，齐大夫。骈邑，地名。齿，年也。盖桓公夺伯氏之邑以与管仲，伯氏自知己罪，而心服管仲之功，故穷约以终身而无怨言。荀卿所谓"与之书社三百，而富人莫之敢拒"者，即此事也。或问："管仲子产孰优？"曰："管仲之德，不胜其才。子产之才，不胜其德。然于圣人之学，则概乎其未有闻也。"

李贽评：一部《春秋》，三人定案。

夏新评：此儒家"惠人章"也。孔子对官场人物德行、作为似有一本账单。事实正是，人在做，天在看，民心有样，从上大人到乡巴佬，一桩桩明白！惠人也，恶人耶？你睁眼看看从古至今，哪一个父母官的行止善恶荣辱不在黄土地上记载着？明明白白！

14．10子曰：**“贫而无怨难，富而无骄易。”**

朱熹注：易，去声。处贫难，处富易，人之常情。然人当勉其难，而不可忽其易也。

李贽评：真情，真情！圣人体贴人情至此！

夏新评：此儒家“贫怨章”也。古代士人常常面对多种处境，而会生出多种心态。贫富，骄怨，难易，孔子表达态度，其实是儒家的一种道德守定观，和一个贫富转换论。孔子眼中的物质世界是绝对运动着的，变迁着的，“逝者如斯夫”。孔子眼中的社会生活也是永远变化的，流逝的，贫者可富，富者入贫。但老人家主要关注的是贫富变易换位带来的社会心理和精神方面困扰。他看到了规律性、普遍性忧郁：贫而无怨难，富而无骄易。春秋如此，现代如此，永远如此，正在如此。当你看到对面一个个气鼓鼓的面孔走来，士人你可要拿住啊！

14．11 子曰："孟公绰为赵、魏老则优，不可以为滕、薛大夫。"

朱熹注：公绰，鲁大夫。赵魏，晋卿之家。老，家臣之长。大家势重，而无诸侯之事；家老望尊，而无官守之责。优，有余也。滕薛，二国名。大夫，任国政者。滕薛国小政繁，大夫位高责重。然则公绰盖廉静寡欲，而短于才者也。胡氏①曰："知之弗豫，枉其才而用之，则为弃人矣。此君子所以患不知人也。言此，则孔子之用人可知矣。"

李贽评：公绰知已。

夏新评：此儒家"老优章"也。似为孔子向学子对当朝政治用人得失之处指点，案例教学。中国政治文化重人才，识人才。孔子注重育人才，用人才。人尽其才是一种理想境界。但看见现实并非如此，孟公绰未被人量才适用。又如何？太多了！

14．12子路问成人。子曰：“若臧武仲之知，公绰之不欲，卞庄子之勇，冉求之艺，文之以礼乐，亦可以为成人矣。”曰：“今之成人者何必然？见利思义，见危授命，久要不忘平生之言，亦可以为成人矣。”

朱熹注：复加“曰”字者，既答而复言也。授命，言不爱其生，持以与人也。久要，旧约也。平生，平日也。有是忠信之实，则虽其才知礼乐有所未备，亦可以为成人之次也。程子曰：“知之明，信之笃，行之果，天下之达德也。若孔子所谓成人，亦不出此三者。武仲，知也；公绰，仁也；卞庄子，勇也；冉求，艺也。须是合此四人之能，文之以礼乐，亦可以为成人矣。然而论其大成，则不止于此。若今之成人，有忠信而不及于礼乐，则又其次者也。”又曰：“臧武仲之知，非正也。若文之以礼乐，则无不正矣。”又曰：“语成人之名，非圣人孰能之？孟子曰：‘惟圣人然后可以践形。’如此方可以称成人之名。”胡氏曰“今之成人以下，乃子路之言。盖不复闻斯行之之勇，而有终身诵之之固矣。未详是否？”

李贽评：子路问成人。切问。子曰：“若臧武仲之知，公绰之不欲，卞庄子之勇，冉求之艺，文之以礼乐，亦可以为成人矣。”知、廉、勇，艺是铜铁，礼乐是丹头。曰：“今之成人者何必然？转句妙绝。见利思义，见危授命，久要不忘平生之言，亦可以为成人矣。”然则今之不成人者极矣。

李贽评：读此书后，方知我辈不成人！不成人。

夏新评：此儒家“成人章”也。一直搞不懂孔门学校秘密：一群衣敝缊袍，一贫如洗，破破烂烂，饭疏饮水的农家乡人卑贱子弟，却为何一个个志气干云，精神焕发，生机勃勃，追求甚远？古人不解，至今未解！子路这个贫穷青年汉子心直口快地问如何成人而不问富贵，此下学上达？何以达之？见利思义是选择，见危授命敢担当。哪一方面不是于邦国忠心耿耿，于民众甘洒热血？一个民族有如此气质精神，有如此热血男儿，它能不巍然耸立五千年？耍大刀要砍中华史，可笑蚍蜉撼大树，太不自量啊！谈何易，不信，走着瞧！

14．13 子问公叔文子于公明贾曰：“信乎，夫子不言，不笑，不取乎？”公明贾对曰：“以告者过也，夫子时然后言，人不厌其言；乐然后笑，人不厌其笑；义然后取，人不厌其取。”子曰：“其然？岂其然乎？”

朱熹注: 子问公叔文子于公明贾曰:“信乎夫子不言、不笑、不取乎？”公叔文子，卫大夫公孙拔也。公明姓，贾名，亦卫人。文子为人，其详不可知，然必廉静之士，故当时以三者称之。公明贾对曰：“以告者过也。夫子时然后言，人不厌其言；乐然后笑，人不厌其笑；义然后取，人不厌其取。”子曰：“其然，岂其然乎？”厌者，苦其多而恶之之辞。事适其可，则人不厌，而不觉其有是矣。是以称之或过，而以为不言、不笑、不取也。然此言也，非礼义充溢于中，得时措之宜者不能。文子虽贤，疑未及此，但君子与人为善，不欲正言其非也。故曰“其然岂其然乎”，盖疑之也。

李贽评： 夫子是乐取之词，非猜疑之语。

夏新评: 此儒家“信乎章”也。智者为道德文化划出边界，君子并非不食烟火，华夏民族于外物并非一毫而莫取。要生存，要发展，要主导世界，要为人类做出较大贡献，岂可永远困守贫穷？中华一定要富裕、要强大！但中华之“取”乃“义然后取”之也！这与“民主”列强各国恃强凌弱，侵犯他国，征战四方，屠戮平民，烧杀抢掠，勒索战争赔款，获取不义之财，天壤之别。这一章乃开启广袤视野，避免了思维简单化，僵化，夫子并非不言、不笑、不取，将民族文化智慧思维之门大开，太重要了！

14．14子曰：“臧武仲以防求为后于鲁，虽曰不要君，吾不信也。”

朱熹注：要，平声。防，地名，武仲所封邑也。要，有挟而求也。武仲得罪奔邾，自邾如防，使请立后而避邑。以示若不得请，则将据邑以叛，是要君也。范氏曰：“要君者无上，罪之大者也。武仲之邑，受之于君。得罪出奔，则立后在君，非己所得专也。而据邑以请，由其好知而不好学也。”杨氏曰：“武仲卑辞请后，其迹非要君者，而意实要之。夫子之言，亦春秋诛意之法也。”

李贽评：《春秋》。

夏新评：此儒家“不信章”也。大千之世，万钟之象。骗术有限，孔子不信。看今日那花花世界，口言人权，实则屠戮；高声民主，实则殖民。几多花招，无穷伪装。中华古老文化教你提一颗防备之心，勿被佞徒花言诡诈之术忽悠攻陷。

14．15 子曰：“晋文公谲而不正，齐桓公正而不谲。”

朱熹注： 谲，古穴反。晋文公，名重耳。齐桓公，名小白。谲，诡也。二公皆诸侯盟主，攘夷狄以尊周室者也。虽其以力假仁，心皆不正，然桓公伐楚，仗义执言，不由诡道，犹为彼善于此。文公则伐卫以致楚，而阴谋以取胜，其谲甚矣。二君他事亦多类此，故夫子言此以发其隐。

李贽评： 夫子已明说“齐桓公正而不谲”矣，今人定要翻案，何不肯信夫子至此？

夏新评： 此儒家“正谲章”也。孔夫子放眼朝廷官场一望，但见晋文公、齐桓公等等之流，一个个方面大耳，羽带纶巾，却多为诡谲之辈、不筲之徒；光冕堂皇，绘声绘色，其实皆欲行龌龊之事。以古鉴今，看那西方民主列国，说是中华友邦，却是火烧圆明园侵略抢劫强盗。说行“阿拉伯之春”，却是刀光剑影，血肉横飞，杀你百姓。但有某些中国公知坚决大声颂扬“普世价值”，谓美利坚帮助伊、阿、利比亚一个个实现民主自由。博雅如此君，如此言，焉能不信？

14.16子路曰："桓公杀公子纠，召忽死之，管仲不死。"曰："未仁乎？"子曰："桓公九合诸侯，不以兵车，管仲之力也。如其仁，如其仁。"

朱熹注：子路曰："桓公杀公子纠，召忽死之，管仲不死。"曰："未仁乎？"纠，居黝反。召，音邵。按春秋传，齐襄公无道，鲍叔牙奉公子小白奔莒。及无知弑襄公，管夷吾召忽奉公子纠奔鲁。鲁人纳之，未克，而小白入，是为桓公。使鲁杀子纠而请管召，召忽死之，管仲请囚。鲍叔牙言于桓公以为相。子路疑管仲忘君事雠，忍心害理，不得为仁也。

子曰："桓公九合诸侯，不以兵车，管仲之力也。如其仁！如其仁！"九，春秋传作"纠"，督也，古字通用。不以兵车，言不假威力也。如其仁，言谁如其仁者，又再言以深许之。盖管仲虽未得为仁人，而其利泽及人，则有仁之功矣。

李贽评："不以兵车"，所全者大矣，非仁而何？子路以一身之死为"仁"，孔子以万民之生为"仁"，孰大孰小？"如其仁！如其仁"，言虽桓公之"仁"，实如管仲之"仁"也。

夏新评：此儒家"九合章"也。为儒家为政以德大纲领、大策略之具体宣示。慎杀，若不得已而用杀，可恕。孔氏门徒心中念念不忘的是诸如"九合诸侯""一匡天下"的一统大事。倘能不以兵车，则上之上策者也。故连赞"如其仁，如其仁"。所以为何中国共产党一再表示"和平统一"收回国土港澳台，绝非兵力不济，绝非头脑发热。历史传承，圣人有赞，贵和岂是虚言？孔孟文化滥觞在此。

14.17子贡曰:“管仲非仁者与?桓公杀公子纠,不能死,又相之。”子曰:“管仲相桓公,霸诸侯,一匡天下,民到于今受其赐。微管仲,吾其被发左衽矣。岂若匹夫匹妇之为谅也,自经于沟渎而莫之知也?”

朱熹注: 子贡曰:“管仲非仁者与?桓公杀公子纠,不能死,又相之。”与,平声。相,去声。○子贡意不死犹可,相之则已甚矣子曰:“管仲相桓公,霸诸侯,一匡天下,民到于今受其赐。微管仲,吾其被发左衽矣。被,皮寄反。衽,而审反。霸,与伯同,长也。匡,正也。尊周室,攘夷狄,皆所以正天下也。微,无也。衽,衣衿也。被发左衽,夷狄之俗也。岂若匹夫匹妇之为谅也,自经于沟渎而莫之知也。”谅,小信也。经,缢也。莫之知,人不知也。后汉书引此文,莫字上有人字。程子曰:“桓公,兄也。子纠,弟也。仲私于所事,辅之以争国,非义也。桓公杀之虽过,而纠之死实当。仲始与之同谋,遂与之同死,可也;知辅之争为不义,将自免以图后功亦可也。故圣人不责其死而称其功。若使桓弟而纠兄,管仲所辅者正,桓夺其国而杀之,则管仲之与桓,不可同世之雠也。若计其后功而与其事桓,圣人之言,无乃害义之甚,启万世反复不忠之乱乎?如唐之王圭魏征,不死建成之难,而从太宗,可谓害于义矣。后虽有功,何足赎哉?”愚谓管仲有功而无罪,故圣人独称其功;王魏先有罪而后有功,则不以相掩可也。

李贽评: 子贡曰:“管仲非仁者与?桓公杀公子纠,不能死,又相之。”子曰:“管仲相桓公,霸诸侯,一匡天下,民到于今受其赐。微管仲,吾其被发左衽矣。岂若匹夫匹妇之为谅也,自经于沟渎而莫之知也?”言他不是没用的。

李贽评: 看此“民到于今受其赐”一语,则前面“如其仁!如其仁”之语,更了然。

夏新评: 此儒家“一匡章”也。孔子已然两次赞扬管仲。先生为何如此推崇管氏?只因为儒家心中的理想是华夏一统模式,此旨坚不可摧。作为夏商周三代三千年道统传人,和清醒的具有远见卓识的政治家,孔子以为,一匡天下,乃人心所向,“民到于今受其赐”。这是杰出政治家眼里的理性认知,合潮流,顺民意，看得准。奇怪了！孔子为何有那么高远的见识，你要知道他老人家本是草根，哪一天不在百姓烟火中缭绕？所以，要安民安百姓，孔子代表哪个阶级利益？代表何者心声？历史事实已明，不必等到后现代教授们在小楼静室里研究出来。

14.18 公叔文子之臣大夫与文子同升诸公。子闻之曰："可以为'文'矣。"

朱熹注：公叔文子之臣大夫僎，与文子同升诸公。僎，士免反。臣，家臣。公，公朝。谓荐之与己同进为公朝之臣也。子闻之曰："可以为文矣。"文者，顺理而成章之谓。谥法亦有所谓锡民爵位曰文者。○洪氏曰："家臣之贱而引之使与己并，有三善焉：知人，一也；忘己，二也；事君，三也。"

李贽评：公叔文子之臣大夫与文子同升诸公。一路了然。子闻之曰："可以为'文'矣。"巧。

因他谥"文子"，故日"可以为'文'"。"文"字不必太泥，总之，极其许可之词。

夏新评：此儒家"为文章"也。这是同病相怜，孔子有乡巴佬心结，与他"吾少也贱，故多能鄙事"生活经历养成有关。文子之下臣与文子同升诸公，穷人翻身古来稀，好事一桩。孔子同情弱者，人性火花，善哉美也！就让他"文"吧！

14．19 子言卫灵公之无道也，康子曰：“夫如是，奚而不丧？”孔子曰：“仲叔圉治宾客，祝鮀治宗庙，王孙贾治军旅。夫如是，奚其丧？”

朱熹注：子言卫灵公之无道也，康子曰：“夫如是，奚而不丧？”夫，音扶。丧，去声。丧，失位也。孔子曰：“仲叔圉治宾客，祝鮀治宗庙，王孙贾治军旅。夫如是，奚其丧？”仲叔圉，即孔文子也。三人皆卫臣，虽未必贤，而其才可用。灵公用之，又各当其才。尹氏曰“卫灵公之无道宜丧也，而能用此三人，犹足以保其国，而况有道之君，能用天下之贤才者乎？诗曰：‘无竞维人，四方其训之。’”

李贽评：人之有关于国如此！“贫家勤扫地，丑女净梳头”，也救得一半。

夏新评：此儒家“无道章”也。孔子的政治勇气，对奴隶主贵族当权者的本质一眼洞穿，入木三分，又公然公开声讨上层统治者贵族，大声喊出“卫灵公之无道也”。读到此处，真替老人家生命安危捏一把冷汗。这是犯上啊！这也太直率放胆了点。老人家为何生气？究其因，那卫国虽表面繁荣，实则内囊已烂，岌岌可危，只不过被几个臣子撑着，“奚而不丧”？不过迟早的事。再问当今大教授们：孔子这又代表奴隶主了？

14．20 子曰：**“其言之不怍，则为之也难。”**

朱熹注：大言不惭，则无必为之志，而不自度其能否矣。欲践其言，岂不难哉？

李贽评：“为之也难”，断其不为也。“言之不怍”者，闻此其能无怍乎！

夏新评：此儒家“不怍章”也。儒家的一个偏颇之处，在与“大言”、“巧言”者过不去，与“好舌头”过不去。却对“讷言”，“慎言”者赞美有加。孔子逻辑是“言之不怍，行之也难”。理性何在？逻辑何在？你到清华大学校园月色荷塘边走走，瞧瞧竖立在湖边那一块有“行胜于言”的石头，也许我们的心与孔子就立马相近了。

14.21 阵成子弑简公。孔子沐浴而朝，告于哀公曰："阵恒弑其君，请讨之。"公曰："告夫三子！"孔子曰："以吾从大夫之后，不敢不告也。君曰'告夫三子'者！"之三子告，不可。孔子曰："以吾从大夫之后，不敢不告也。"

朱熹注： 陈成子弑简公。成子，齐大夫，名恒。简公，齐君，名壬。事在春秋哀公十四年。孔子沐浴而朝，告于哀公曰："陈恒弑其君，请讨之。"朝，音潮。是时孔子致仕居鲁，沐浴齐戒以告君，重其事而不敢忽也。臣弑其君，人伦之大变，天理所不容，人人得而诛之，况邻国乎？故夫子虽已告老，而犹请哀公讨之。公曰："告夫三子！"夫，音扶，下"告夫"同。三子，三家也。时政在三家，哀公不得自专，故使孔子告之。孔子曰："以吾从大夫之后，不敢不告也。君曰'告夫三子'者。"孔子出而自言如此。意谓弑君之贼，法所必讨。大夫谋国，义所当告。君乃不能自命三子，而使我告之邪？之三子告，不可。孔子曰："以吾从大夫之后，不敢不告也。"以君命往告，而三子鲁之强臣，素有无君之心，实与陈氏声势相倚，故沮其谋。而夫子复以此应之，其所以警之者深矣。程子曰："左氏记孔子之言曰：'陈恒弑其君，民之不予者半。以鲁之众，加齐之半，可克也。'此非孔子之言。诚若此言，是以力不以义也。若孔子之志，必将正名其罪，上告天子，下告方伯，而率与国以讨之。至于所以胜齐者，孔子之余事也，岂计鲁人之众寡哉？当是时，天下之乱极矣，因是足以正之，周室其复兴乎？鲁之君臣，终不从之，可胜惜哉！"胡氏曰"春秋之法，弑君之贼，人得而讨之。仲尼此举，先发后闻可也。"

李贽评： 阵成子弑简公。孔子沐浴而朝，告于哀公曰："阵恒弑其君，请讨之。"实请讨三公也。公曰："告夫三子！"好货。孔子曰："以吾从大夫之后，不敢不告也。君曰'告夫三子'者！"有味。之三子告，不可。自然。孔子曰："以吾从大夫之后，不敢不告也。"

陈恒之身虽不曾讨，而三子之心已讨之矣。"以吾从大夫之后，不敢不告。"极有味。一则见得曾为臣子，值此君臣之变，如何坐视？一则见得无讨贼之柄，故来告耳。如有讨贼之柄，何必告也？

夏新评： 此儒家"不告章"也。阵成子弑简公一事，本与孔子无涉，却告于哀公：

请讨之。有点蹊跷。此事理或与孔子心中秉持的某一政德准则相违。但虽不敢不告，却无功而返。当然是明知不可为而为之。孔子岂有不知不智？权力在他人统治者手中，即使圣人，亦有“力有不逮”之时啊！

14．22 **子路问事君。子曰：“勿欺也，而犯之。”**

朱熹注：子路问事君。子曰：“勿欺也，而犯之。”犯，谓犯颜谏争。范氏曰：“犯非子路之所难也，而以不欺为难。故夫子教以先勿欺而后犯也。”

李贽评：知之所不到都是“欺”。不然，子路安得有“欺”乎！

夏新评：此儒家“勿欺章”也。孔子虽然只有五年官场生涯经历、经验，却总结而提出了一条与君王上司相与共事的重要原则，或曰重大方法论，并告诫鲁莽门徒子路：“勿欺也，而犯之。”欺骗撒谎做不得，但直言冒犯却可行。毕竟邪不压正。后来唐代魏征之流一定从此章读过从而获得了巨大勇气而向皇上进谏的吧？

14．23 子曰：“君子上达，小人下达。”

朱熹注：君子循天理，故日进乎高明；小人殉人欲，故日究乎污下。

李贽评：“下达”字可怜！君子“住脚不得，“小人”留脚不住。

夏新评：此儒家“上达章”也。孔子揭示出人们在社会生活中表现迥异的两大群类的实际境界结局。大凡人群，必有上下。凡有人群，必各有求。凡有寻求，必现高低。有得了华府弗里德曼奖励而欣喜，有坚守中华文化立场而坦荡。君子小人，上达下达，各得其所。不亦乐乎？不亦惑乎？

14．24 子曰：**“古之学者为己，今之学者为人。”**

朱熹注：为，去声。程子曰：“为己，欲得之于己也。为人，欲见知于人也。”程子曰：“古之学者为己，其终至于成物。今之学者为人，其终至于丧己。”愚按：圣贤论学者用心得失之际，其说多矣，然未有如此言之切而要者。于此明辨而日省之，则庶乎其不昧于所从矣。

李贽评：“今之学者”竟为此老看破。先儒曰，“古之仕者为人，今之仕者为已。”合看可观世道。

夏新评：此儒家“为人章”也。古来各色人等学而时习为谁忙？中华文化立场以为：学道利己，其次必利人。难怪世界政党唯一中国共产党提出“为人民服务”。儒家把自我修己成长作为起点。那好学者君子一旦修身出发，然后齐家，然后治国，然后平天下，接踵而至矣。这就是如同衣服头一个扣子不能错啊！

14．25 蘧伯玉使人于孔子。孔子与之坐而问焉，曰：“夫子何为？”对曰：“夫子欲寡其过而未能也。”使者出。子曰：“使乎！使乎！”

朱熹注：蘧伯玉使人于孔子。使，去声，下同。蘧伯玉，卫大夫，名瑗。孔子居卫，尝主于其家。既而反鲁，故伯玉使人来也。孔子与之坐而问焉，曰：“夫子何为？”对曰：“夫子欲寡其过而未能也。”使者出。子曰：“使乎！使乎！”与之坐，敬其主以及其使也。夫子，指伯玉也。言其但欲寡过而犹未能，则其省身克己，常若不及之意可见矣。使者之言愈自卑约，而其主之贤益彰，亦可谓深知君子之心，而善于辞令者矣。故夫子再言使乎以重美之。按庄周称“伯玉行年五十而知四十九年之非”。又曰：“伯玉行年六十而六十化。”盖其进德之功，老而不倦。是以践履笃实，光辉宣着。不惟使者知之，而夫子亦信之也。

李贽评：蘧伯玉使人于孔子。孔子与之坐而问焉，曰：“夫子何为？”对曰：“夫子欲寡其过而未能也。”并精神画出。使者出。子曰：“使乎！使乎！”

此日夫子又与伯玉对面一番矣。

夏新评：此儒家“寡过章”也。蘧伯玉此人有何过失？“冥冥堕行”。在黑夜中干无礼的事。士人有忧，君子有虑，“夫子欲寡其过而未能也”。主体自觉省过，这是中华文化的一个鲜明特色，将自己作为革命对象，放在刀砧之上，而不是去算计别人，贪占末利。虽然人各有志，但是，小人啊，你们要明白，那一点蝇头小利比起你自身性命身家声名，算得几何？还想不通？真是注定要去异邦吃乞讨骨头的贱命家伙！你改悔吧。

14．26 子曰：“不在其位，不谋其政。”曾子曰：“君子思不出其位。”

朱熹注：重出。曾子曰：“君子思不出其位。”此艮卦之象辞也。曾子盖尝称之，记者因上章之语而类记之也。范氏曰：“物各止其所，而天下之理得矣。故君子所思不出其位，而君臣、上下、大小，皆得其职也。”

李贽评：又叮咛。须知位”、“政”不指做官说。要知是何“位”，方知是如何“不出”。

夏新评：此儒家“谋政章”也。孔子师徒毕生企图变革政治，去刑安民，而终于凄凄惶惶颓败。此处似坦陈文人对政治理想难以实现的无可奈何！可叹！纵然心高千尺，却手无寸权。孔子其实是有违心之处的。他在陬邑乡间，哪一天不在谋划为政以德、一匡天下、安民利人之事？只可惜现实太残酷，你一个草民，人微身芥，欲以天下苍生为己任，担当奇大，谈何容易？梁漱溟谓“我的生命系于责任一念”，有此一比。

14．27 子曰：“**君子耻其言之过其行。**”

朱熹注： 行，去声。耻者，不敢尽之意。过者，欲有余之辞。

李贽评： “耻”字何等精神！“过”字何等力量！

夏新评： 此儒家“耻言章”也。孔子对于人类之言与行关系所持一向有不同立场而在此表白。多做少说，这是中国文化的一条做人准则。盖因儒家一再鼓吹而成，孔子对多言佞言者从来一路穷追猛打。西方“民主”形式政治在中国难行啊！

14.28 子曰：“君子道者三，我无能焉：仁者不忧，知者不惑，勇者不惧。”子贡曰：“夫子自道也。”

朱熹注：子曰：“君子道者三，我无能焉：仁者不忧，知者不惑，勇者不惧。”知，去声。自责以勉人也。子贡曰：“夫子自道也。”道，言也。自道，犹云谦辞。尹氏曰：“成德以仁为先，进学以知为先。故夫子之言，其序有不同者以此。”

李贽评：子曰：“君子道者三，我无能焉：仁者不忧，知者不惑，勇者不惧。”夫子如此，亦垂涎极矣。子贡曰：“夫子自道也。”聪明。

夏新评：此儒家“无能章”也。儒家士人们也不必每天生活在自省自责之中吧？原来是孔子带了头拿自己开刀，弄得中国人整日里自省自道都忙不过来。

14．29 子贡方人。子曰："赐也，贤乎哉？夫我则不暇。"

朱熹注：夫，音扶。方，比也。乎哉，疑辞。比方人物而较其短长，虽亦穷理之事。然专务为此，则心驰于外，而所以自治者疏矣。故褒之而疑其辞，复自贬以深抑之。谢氏曰："圣人责人，辞不迫切而意已独至如此。"

李贽评：好棒喝。

夏新评：此儒家"方人章"也。人类长着一张嘴巴并非专供吃饭，还用来方人。孔子不赞成。子贡非驯良角色，好议论他人长短。这个毛病老师看在眼里当然要去矫正。但如何教化？且看先生高超术法。孔子说：端木赐啊，把精力费在议论他人长短上不合算呀，我没有这闲时间，倒不如拿那工夫用在发展自我身上。算账，这是儒家关于人生效率的一个独特思考。

14．30 子曰：**“不患人之不己知，患其不能也。”**

朱熹注：凡章指同而文不异者，一言而重出也。文小异者，屡言而各出也。此章凡四见，而文皆有异。则圣人于此一事，盖屡言之，其丁宁之意亦可见矣。

李贽评：“不能”些恁极可思。

夏新评：此儒家“患人章”也。孔子将人生事业成就一切基点着重放在自我这里，抛却依靠别人幻想。主体与客体，资质与机遇，哪个是决定性的最要紧？这一点儒家思考明白了，一切建立在自身之上，关键在己，“患其不能”。这是多么巨大的主体自觉！多么强烈的君子自信！为什么孔子一生碰壁无数却未“撒向人间都是怨”，倒有的是长久乐呵呵？这就是把自己当人，自尊自强，不患人之不己知，又何怨？

14．31 子曰：**“不逆诈，不亿不信，抑亦先觉者，是贤乎！”**

朱熹注：逆，未至而迎之也。亿，未见而意之也。诈，谓人欺己。不信，谓人疑己。抑，反语辞。言虽不逆不亿，而于人之情伪，自然先觉，乃为贤也。杨氏曰：“君子一于诚而已，然未有诚而不明者。故虽不逆诈、不亿不信，而常先觉也。若夫不逆不亿而卒为小人所罔焉，斯亦不足观也已。”

李贽评：“逆”“亿”而觉者，“不贤”可知。

夏新评：此儒家“先觉章”也。孔子一生卑贱沉浮亲历目睹几多世象万花筒呢？物有两面，人有极端。君子如何立于不败？不逆诈，不亿不信，但此岂是懈怠鲁钝，自陷被动？非也，必是“见微而知著”，“抑亦先觉者”。这才是智者贤士！孔子之教导，有破有立，不字当头，学子能不选择？中国文化思维优异处：无时不主动在我！是贤乎！

14．32 微生亩谓孔子曰："丘何为是栖栖者与？无乃为佞乎？"孔子曰："非敢为佞也，疾固也。"

朱熹注： 微生亩谓孔子曰："丘何为是栖栖者与？无乃为佞乎？"与，平声。微生，姓，亩，名也。亩名呼夫子而辞甚倨，盖有齿德而隐者。栖栖，依依也。为佞，言其务为口给以悦人也。孔子曰："非敢为佞也，疾固也。"疾，恶也。固，执一而不通也。圣人之于达尊，礼恭而言直如此，其警之亦深矣。

李贽评： 微生亩谓孔子曰："丘何为是栖栖者与？无乃为佞乎？"孔子曰："非敢为佞也，疾固也。"妙答。

夏新评： 此儒家"为佞章"也。谁人人前无人说？哪个背后不说人？韩非子以为"说难"，被人议论误会将伴你一生。孔夫子为德政安民，忙碌奔波，游说诸王，被困历险，几乎丧命，未富未贵，何私之有？然而"丘何为栖栖者与"？竟招来多少非议、误解、嘲笑？即使逝后又何曾平静的了。栖栖也罢，为佞也罢，却仍不必改志士初衷，"非敢为佞也，疾固也。"求道求统，一以贯之。而小人无德，至今仍有公知"丧家犬"要倒孔，要邀功啊，让他们去吧！

14．33 子曰：“骥不称其力，称其德也。”

朱熹注： 骥，善马之名。德，谓调良也。尹氏曰：“骥虽有力，其称在德。人有才而无德，则亦奚足尚哉？”

李贽评： 只说马。无德者马不如矣。

夏新评： 此儒家“称德章”也。孔子道德主义理念，实在无处不在，无事不张。可见中国文化在儒家时代已然发展出求异思维，从具象中发现抽象，“骥不称其力，称其德”，形而上乎。你去看看世界有哪家文化若此，中华抱一个金道德，硬是不沾霸权半点边儿。你拿这个中华文化怎么办？

14．34 或曰："以德报怨，何如？"子曰："何以报德？以直报怨，以德报德。"

朱熹注： 或曰："以德报怨，何如？"或人所称，今见老子书。德，谓恩惠也。子曰："何以报德？言于其所怨，既以德报之矣；则人之有德于我者，又将何以报之乎？以直报怨，以德报德。"于其所怨者，爱憎取舍，一以至公而无私，所谓直也。于其所德者，则必以德报之，不可忘也。或人之言，可谓厚矣。然以圣人之言观之，则见其出于有意之私，而怨德之报皆不得其平也。必如夫子之言，然后二者之报各得其所。然怨有不雠，而德无不报，则又未尝不厚也。此章之言，明白简约，而其指意曲折反复。如造化之简易易知，而微妙无穷，学者所宜详玩也。

李贽评： 或曰："以德报怨，何如？"子曰："何以报德？折得倒。以直报怨，以德报德。"

"以德报怨"，亦是有激之言。然激则不平矣。

夏新评： 此儒家"报德章"也。吾读此章，只见孔子思维跳跃趣味。中国哲人之智慧常立高位。孔子不直接回答人之问"以德报怨，如何？"而反诘曰："何以报德？"这是求异思维！大智思维！其间飞跃多少台阶？读此章，只好拍案叫道"太精彩"！"以直报怨，以德报德"，有实事求是，勇于面对。孔子之回答乃是情智与道德共焙出的火花，至今对于中国外交部发言人仍有方法论借鉴意义啊！

14.35 子曰："莫我知也夫！"子贡曰："何为其莫知子也？"子曰："不怨天，不尤人；下学而上达。知我者其天乎！"

朱熹注：不得于天而不怨天，不合于人而不尤人，但知下学而自然上达。此但自言其反己自修，循序渐进耳，无以甚异于人而致其知也。然深味其语意，则见其中自有人不及知而天独知之之妙。盖在孔门，惟子贡之智几足以及此，故特语以发之。惜乎其犹有所未达也！程子曰："不怨天，不尤人，在理当如此。"又曰："下学上达，意在言表。"又曰："学者须守下学上达之语，乃学之要。盖凡下学人事，便是上达天理。然习而不察，则亦不能以上达矣。"

李贽评：子曰："莫我知也夫！"子贡曰："何为其莫知子也？"子曰："不怨天，不尤人；下学而上达。知我者其天乎！"受用。

不作诳语。怨天尤人者且不学，安得"达"。学从"不怨尤"始。

夏新评：此儒家"知我章"也。有一奥秘，孔子没有宗教信仰靠什么支撑精神世界？中国哲人乃自寻宇宙之立位支点！不被别人了解、认知、赏识、任用，怎么办？无须悲怆，不必怨恨。天地我在，不怨天尤人。下学上达，莫知何惧？知我者天！

14.36 公伯寮愬子路于季孙。子服景伯以告，曰："夫子固有惑志于公伯寮，吾力犹能肆诸市朝。"子曰："道之将行也与，命也。道之将废也与，命也。公伯寮其如命何！"

朱熹注： 公伯寮愬子路于季孙。子服景伯以告，曰："夫子固有惑志于公伯寮，吾力犹能肆诸市朝。"朝，音潮。公伯寮，鲁人。子服氏，景谥，伯字，鲁大夫子服何也。夫子，指季孙。言其有疑于寮之言也。肆，陈尸也。言欲诛寮。子曰："道之将行也与？命也。道之将废也与？命也。公伯寮其如命何！"与，平声。谢氏曰："虽寮之愬行，亦命也。其实寮无如之何。"愚谓言此以晓景伯，安子路，而警伯寮耳。圣人于利害之际，则不待决于命而后泰然也。

李贽评： 公伯寮愬子路于季孙。子服景伯以告，曰："夫子固有惑志于公伯寮，吾力犹能肆诸市朝。"任侠。子曰："道之将行也与，命也。道之将废也与，命也。公伯寮其如命何！"狠。

子服景伯还把公伯寮当个人，孔夫子把公伯寮竟不看做一个人。此老直恁狠。

夏新评： 此儒家"如命章"也。孔子其实不信天命而重个人后天努力。人天之间，事业成败，将行将废，必然偶然，主观已作为，结局何须叹？这是大丈夫之自信力，生命观。

14．37 子曰：“贤者辟世，其次辟地，其次辟色，其次辟言。”子曰：“作者七人矣。”

朱熹注：

子曰：“贤者辟世，辟，去声，下同。天下无道而隐，若伯夷太公是也。其次辟地，去乱国，适治邦。其次辟色，礼貌衰而去。其次辟言。”有违言而后去也。程子曰：“四者虽以大小次第言之，然非有优劣也，所遇不同耳。”子曰：“作者七人矣。”李氏曰：“作，起也。言起而隐去者，今七人矣。不可知其谁何。必求其人以实之，则凿矣。”

李贽评：此岂盛世所有？呜呼！凄然！

夏新评：此儒家“避世章”也。孔子人生经验之总结，警示自己，劝勉他人。避凶化吉，不可马虎。虽马克思、孔子皆没有私敌，但人之生存，必有所凭；人之处世，必有所避。马克思逃到英国，而孔子四辟。若处世箴言，经验之谈，避险为智。

14．38 子路宿于石门。晨门曰："奚自？"子路曰："自孔氏。"曰："是知其不可而为之者与？"

朱熹注：与，平声。石门，地名。晨门，掌晨启门，盖贤人隐于抱关者也。自，从也，问其何所从来也。胡氏曰"晨门知世之不可而不为，故以是讥孔子。然不知圣人之视天下，无不可为之时也。"

李贽评：是圣人大知己。夫子自家亦说："天下有道，丘不与易也。"

夏新评：此儒家"不可章"也。任何时代，社会中坚先觉者的思想行动，并非全然会被同时代人所理解、支持和同情。中国古代哲学觉察到这一文化现象。两千年后，西方为什么有人提出：先进理论不可能在群众中自发产生，必须由革命知识分子创立再向群众灌输。此可谓中西哲人观点颇有异曲同工之妙，英雄所见略同。孔子那时是做了两项工作：既创立，又灌输。"知其不可而为之者"，可惜对儒家先进思想当时人们并未理解认知，直到汉武帝"独尊儒术"一举，儒学从民间思想擢升为社会主流意识，即刻给中华带来了一个"汉唐盛世"回报。中国古代传统文化历史先进性引领你还未认知而怀疑它的治理功力么？

14.39 子击磬于卫，有荷蒉而过孔氏之门者，曰："有心哉，击磬乎！"既而曰："鄙哉！硜硜乎！莫己知也，斯己而已矣，深则厉，浅则揭。"子曰："果哉！末之难矣。"

朱熹注：子击磬于卫。有荷蒉而过孔氏之门者，曰："有心哉！击磬乎！"荷，去声。磬，乐器。荷，担也。蒉，草器也。此荷蒉者，亦隐士也。圣人之心未尝忘天下，此人闻其磬声而知之，则亦非常人矣。既而曰："鄙哉！硁硁乎！莫己知也，斯已而已矣。深则厉，浅则揭。"硁，苦耕反。莫己之己，音纪，余音以。揭，起例反。硁硁，石声，亦专确之意。以衣涉水曰厉，摄衣涉水曰揭。此两句，卫风匏有苦叶之诗也。讥孔子人不知己而不止，不能适浅深之宜子曰："果哉！末之难矣。"果哉，叹其果于忘世也。末，无也。圣人心同天地，视天下犹一家，中国犹一人，不能一日忘也。故闻荷蒉之言，而叹其果于忘世。且言人之出处，若但如此，则亦无所难矣。

李贽评：子击磬于卫，有荷蒉而过孔氏之门者，曰："有心哉，击磬乎！"知音。既而曰："鄙哉！硜硜乎！莫己知也，斯已而已矣。说自家语。深则厉，浅则揭。"子曰："果哉！末之难矣。"可当痛哭。

此人亦奇，当是大有心人。一闻磬声，遂动当世之想。既而参以后念，故作违心之语。夫子知之，以"果哉！末之难矣"挑之，又为此人增一击矣。

夏新评：此儒家"击磬章"也。似有神秘，其实不过人同此心，心同此理。孔子之心思竟被一位农夫窥破。人人生于世上数十春秋，社会万象反映于头脑必有痕迹，或为村夫之得，或为智者之思。深则厉，浅则揭，此农夫之虑与？倒是令获孔子大为赞赏，此处难得有智者、愚人的交集了。夫子志难酬，付于磬声中，知音安在哉？在荷蒉者。

14．40 子张曰：“《书》云：‘高宗谅阴，三年不言。’何谓也？”子曰：“何必高宗，古之人皆然。君薨，百官总己以听于冢宰三年。”

朱熹注：子张曰：“书云：‘高宗谅阴，三年不言。’何谓也？”高宗，商王武丁也。谅阴，天子居丧之名，未详其义。子曰：“何必高宗，古之人皆然。君薨，百官总己以听于冢宰三年。”言君薨，则诸侯亦然。总己，谓总摄己职。冢宰，太宰也。百官听于冢宰，故君得以三年不言也。胡氏曰：“位有贵贱，而生于父母无以异者。故三年之丧，自天子达。子张非疑此也，殆以为人君三年不言，则臣下无所禀令，祸乱或由以起也。孔子告以听于冢宰，则祸乱非所忧矣。”

李贽评：子张曰：“《书》云：‘高宗谅阴，三年不言。’何谓也？”子曰：“何必高宗，古之人皆然。君薨，百官总己以听于冢宰三年。”正是谈他奇特处。

李贽评：子张看作奇特，夫子说来直恁平常。

夏新评：此儒家“君薨章”也。孔子师徒不经意之间，讨论叙述了一件古代朝廷君王薨亡听于塚宰三年的规章旧制礼仪之事。孔子竟然连这些君王薨亡之制度、礼仪细节亦烂熟于心，上古文化知多少？子张得于《书》，先生已然闻，师徒博学！

14．41 子曰：**“上好礼，则民易使也。”**

朱熹注：好、易，皆去声。谢氏曰“礼达而分定，故民易使。”

李贽评：必曾见不“好礼”而“民难使”者来。

夏新评：此儒家“好礼章”也。孔子认知、概括出人类文明中将礼乐化为民俗的一条基本路径、规律。在儒家思维中，社会风气优劣习俗转化，统治者须当负全责。敲打官贵，夫子立场在民！

14.42 子路问君子。子曰："修己以敬。"曰："如斯而已乎？"曰："修己以安人。"曰："如斯而已乎？"曰："修己以安百姓。修己以安百姓，尧舜其犹病诸？"

朱熹注：修己以敬，夫子之言至矣尽矣。而子路少之，故再以其充积之盛，自然及物者告之，无他道也。人者，对己而言。百姓，则尽乎人矣。尧舜犹病，言不可以有加于此。以抑子路，使反求诸近也。盖圣人之心无穷，世虽极治，然岂能必知四海之内，果无一物不得其所哉？故尧舜犹以安百姓为病。若曰吾治已足，则非所以为圣人矣。程子曰："君子修己以安百姓，笃恭而天下平。唯上下一于恭敬，则天地自位，万物自育，气无不和，而四灵毕至矣。此体信达顺之道，聪明睿知皆由是出，以此事天飨帝。"

李贽评：据子路之问，品地尽高，与"问为邦"近矣。两"如斯而已乎"，见子路之外王。一"尧舜其犹病诸"，见孔子之内圣。

夏新评：此儒家"安人章"也。孔子终于明白表达：士人一生奋斗，最高追求，旨在"修己以安人，修己以安百姓"。如斯而已。此可谓思想根基，生命理念，归于一个民字。这果然是中国文化的道德归依，光芒万丈。太平凡，太伟大！这个中华文明！终于明白，当代世界千百政党，为何唯一中国共产党提出一个"为人民服务"宗旨来？岂非源头在春秋儒学？古有"安民"，今有"为民"，何其相似乃尔！中国古代传统文化历史先进性、道德性、高尚性，果然不虚。四大文明唯我传承不绝绝非偶然，乃是历史选择、民众选择、伦理选择、必然选择！孔夫子能不活在现代政治中？中华文明能不再传五千年？

14.43 原壤夷俟。子曰："幼而不孙弟，长而无述焉，老而不死，是为贼。"以杖叩其胫。

朱熹注：孙、弟，并去声。长，上声。叩，音口。胫，其定反。原壤，孔子之故人。母死而歌，盖老氏之流，自放于礼法之外者。夷，蹲踞也。俟，待也。言见孔子来而蹲踞以待之也。述，犹称也。贼者，害人之名。以其自幼至长，无一善状，而久生于世，徒足以败常乱俗，则是贼而已矣。胫，足骨也。孔子既责之，而因以所曳之杖，微击其胫，若使勿蹲踞然。

李贽评：原壤夷俟。怪。子曰："幼而不孙弟，长而无述焉，老而不死，是为贼。"狠。以杖叩其胫。老者安之。

一头骂，一头打，孔夫子直恁慈悲。

夏新评：此儒家"为贼章"也。庶众身上有先进性，革命性；草民身上亦有原始性，落后性。事物因果存在，事物过程相关。人亦如是，之所以"老而不死""长而无述"，原来皆在"幼而不逊"。这一个人生漫长变化起点、终点，哲者看到关联。诸君，千万勿要做"是为贼"呀！

14．44 阙党童子将命，或问之曰："益者与？"子曰："吾见其居于位也，见其与先生并行也。非求益者也，欲速成者也。"

朱熹注：阙党童子将命。或问之曰："益者与？"与，平声。阙党，党名。童子，未冠者之称。将命，谓传宾主之言。或人疑此童子学有进益，故孔子使之传命以宠异之也。子曰："吾见其居于位也，见其与先生并行也。非求益者也，欲速成者也。"礼，童子当隅坐随行。孔子言吾见此童子，不循此礼。非能求益，但欲速成尔。故使之给使令之役，观长少之序，习揖逊之容。盖所以抑而教之，非宠而异之也。

李贽评：阙党童子将命，或问之曰："益者与？"子曰："吾见其居于位也，见其与先生并行也。非求益者也，欲速成者也。"少者怀之。

在"居位""并行"处见其"欲速成"，非不"隅坐"随行也。若是不"隅坐"随行，一放牛小厮矣，何以"将命"。

夏新评：此儒家"求益章"也。有孔子认知与尊重客观事物发展过程与规律的思想迹象。欲速而败，欲速而不达，古代智者早有感知而不为也。

卫灵公篇第十五

15．1卫灵公问阵於孔子。孔子对曰：“俎豆之事，则尝闻之矣；军旅之事，未之学也。”明日遂行。

朱熹注：陈，去声。陈，谓军师行伍之列。俎豆，礼器。尹氏曰：“卫灵公，无道之君也，复有志于战伐之事，故答以未学而去之。”

夏新评：此儒家“未学章”也。孔子不言军旅之事，其实有隐情。可怜卫灵公不知人而问排兵布阵，人家是一贯反对不义之战的呀。愚昧呀！孔子以直言一句“军旅之事，未之学也”回顶了他，自揭短！这是勇与谋。哪有全知全能？军旅之事未尝闻，孔子有不能？然则孔门学校课程设有六艺：礼、乐、射、御、书、数，明明射箭、驭车涉及军事课程呀！可见孔子心里不愿参与灵公战火伤害民众、裂国分疆的无谓之争是真。罢！罢！还是一走了之。明日遂行。

15.2 在阵绝粮，从者病，莫能兴。子路愠见曰："君子亦有穷乎？"子曰："君子固穷，小人穷斯滥矣。"

朱熹注：在陈绝粮，从者病，莫能兴。从，去声。孔子去卫适陈。兴，起也子路愠见曰："君子亦有穷乎？"子曰："君子固穷，小人穷斯滥矣。"见，贤遍反。何氏曰："滥，溢也。言君子固有穷时，不若小人穷则放溢为非。"程子曰："固穷者，固守其穷。"亦通。愚谓圣人当行而行，无所顾虑。处困而亨，无所怨悔。于此可见，学者宜深味之。

李贽评：圣人举动言辞，有一毫迟回计较否？

夏新评：此儒家"绝粮章"也。为孔子师徒作政治游说"长征"途中遭遇险境纪实。可叹多少文人，竟无有认知孔子师徒为史上首次书生士人长征者。愚以为，孔子为世界徒步政治长征第一人。孔子长征与毛泽东长征何异何同？有雪山草地吗？有敌人围追堵截吗？同样艰苦卓绝，险象环生。毛泽东长征是蒋公石逼迫的吗？孔子是自主选择自觉的吗？毛泽东一年到达陕北，孔子为何历 13 年？孔毛之长征谁目标更明确？孔子长征也是宣传队、播种机吗？毛泽东长征最危险时刻是飞夺泸定桥渡金沙江险阻腊子口，孔子长征最危险是在陈绝粮、在匡被围。长征途中毛泽东遭遇张国焘分裂主义，孔子队伍中有分裂分子打退堂鼓。子路是动摇分子吗？军心动摇了吗？谁主导着孔子长征队伍？孔子如何面对弥漫的失败主义情绪？在那被包围之时刻，孔子如何升华认识，从具体事件中抽象出普遍本质："君子因穷，小人穷斯滥矣？"无论如何，在世界政治文明中，人类已然铭记：春秋与现代，儒家与中国共产党，孔子与毛氏，华夏有两次长征。其事何果？一个开辟汉唐盛世，一个开创伟大复兴，值了！

15．3子曰："赐也，女以予为多学而识之者与？"对曰："然。非与？"曰："非也，予一以贯之。"

朱熹注：女，音汝。识，音志。与，平声，下同。子贡之学，多而能识矣。夫子欲其知所本也，故问以发之。对曰："然，非与？"方信而忽疑，盖其积学功至，而亦将有得也。曰："非也，予一以贯之。"说见第四篇。然彼以行言，而此以知言也。谢氏曰："圣人之道大矣，人不能遍观而尽识，宜其以为多学而识之也。然圣人岂务博者哉？如天之于众形，匪物物刻而雕之也。故曰：'予一以贯之。''德輶如毛，毛犹有伦。上天之载，无声无臭。'至矣！"尹氏曰："孔子之于曾子，不待其问而直告之以此，曾子复深谕之曰'唯'。若子贡则先发其疑而后告之，而子贡终亦不能如曾子之唯也。二子所学之浅深，于此可见。"愚按：夫子之于子贡，屡有以发之，而他人不与焉。则颜曾以下诸子所学之浅深，又可见矣。

李贽评：子曰："赐也，女以予为多学而识之者与？"好点化。对曰："然。非与？"好悟头。曰："非也，予一以贯之。"子曰："赐也，女以予为多学而识之者与？"好证佐。

腐儒以"然""非与"处谓不如曾氏之"唯"，可发一笑。

夏新评：此儒家"一贯章"也。中西文化的缔造者做派风格大有区别，一个自号独尊，自谓先知；一个自学而知，一以贯之。一个"精神垄断"，玄乎神秘。一个生活哲学，学而时习。一个高高在上，主宰一切。一个平凡在地，庶民身份。孔子代表的中国文化太令人失望？"汝以予为多学而识之者与？"竟把学子对先生的那一点崇拜奥秘戳穿，让自己肉胎凡身赤条条。这就是真孔子！中国文化，你太质朴真实了呀！

15．4子曰："由！知德者鲜矣。"

朱熹注：鲜，上声。由，呼子路之名而告之也。德，谓义理之得于己者。非己有之，不能知其意味之实也。自第一章至此，疑皆一时之言。此章盖为愠见发也。

李贽评：子曰："由！知德者鲜矣。"好喝。

唤醒他。

夏新评：此儒家"鲜德章"也。孔子中晚年对社会、世态、庶众文明水准、道德程度做的一次整体评估、表述，有些悲观。当你对社会进步充满期待，对社会人群满怀信心，而实则高贵者尔虞我诈，卑贱者熙攘唯利，将道德搁置忘却，孔子终于从理想主义拉回到现实主义：通晓道德的人啊！你们是有担当之少数，你们行进吧！

15．5子曰：**“无为而治者其舜也与？夫何为哉？恭己正南面而已矣。”**

朱熹注：与，平声。夫，音扶。无为而治者，圣人德盛而民化，不待其有所作为也。独称舜者，绍尧之后，而又得人以任众职，故尤不见其有为之迹也。恭己者，圣人敬德之容。既无所为，则人之所见如此而已。

李贽评：形容他不下侵也。

夏新评：此儒家“无为章”也。中国古代哲学有两大坛主：老聃、孔丘。其政治主张“无为而治”在此交集，难得！但言词同而内涵迥。老子只有治世之论而无治理之为。孔子既有治论又有治为还有治效。舜是孔子推崇的典范，他那种仁治德政是“无为”吗？倒可商榷。

15.6 子张问行。子曰："言忠信，行笃敬，虽蛮貊之邦，行矣。言不忠信，行不笃敬，虽州里，行乎哉？立则见其参于前也，在舆则见其倚于衡也，夫然后行。"子张书诸绅。

朱熹注：子张问行。犹问达之意也。子曰："言忠信，行笃敬，虽蛮貊之邦行矣；言不忠信，行不笃敬，虽州里行乎哉？行笃、行不之行，去声。貊，亡百反。子张意在得行于外，故夫子反于身而言之，犹答干禄问达之意也。笃，厚也。蛮，南蛮。貊，北狄。二千五百家为州。立，则见其参于前也；在舆，则见其倚于衡也。夫然后行。"参，七南反。夫，音扶。其者，指忠信笃敬而言。参，读如毋往参焉之参，言与我相参也。衡，轭也。言其于忠信笃敬念念不忘，随其所在，常若有见，虽欲顷刻离之而不可得。然后一言一行，自然不离于忠信笃敬，而蛮貊可行也。子张书诸绅。绅，大带之垂者。书之，欲其不忘也。程子曰："学要鞭辟近里，着己而已。博学而笃志，切问而近思；言忠信，行笃敬；立则见其参于前，在舆则见其倚于衡；只此是学。质美者明得尽，查滓便浑化，却与天地同体。其次惟庄敬以持养之，及其至则一也。"

李贽评："参前""倚衡"一书，中得最妙。不然，竟有以"忠信"、"笃敬"求"行"者矣，如何得"行"？"夫然后"三字极有味，见不如此亦不"行也"。

夏新评：此儒家"书绅章"也。子路这憨青年把老师教诲写在了衣褂带上。古人太偏颇，很担心此为一误区。孔子固执地以为忠信行千里，仁者得天下。这一点儿也不现代呀，你看看当今世界现实状况，人家的"普世价值"观却是：坚船利炮行四海，大棒萝卜霸天下。强盗言不信、行不敬又怕谁？蛮貊之邦，野性列强，膨胀欲望，航母飞弹"民主人权"同在！让你弱小邦国鲜血自由流淌。孔子如此幼稚天真，唯高举一个忠信道德旗帜，中国文化在豺狼之世能不呆傻挨打吃大亏吗？痛啊！

15．7子曰：“直哉史鱼！邦有道，如矢；邦无道，如矢。君子哉蘧伯玉！邦有道，则仕；邦无道，则可卷而怀之。”

朱熹注：子曰：“直哉史鱼！邦有道，如矢；邦无道，如矢。”史，官名。鱼，卫大夫，名？。如矢，言直也。史鱼自以不能进贤退不肖，既死犹以尸谏，故夫子称其直。事见家语。君子哉蘧伯玉！邦有道，则仕；邦无道，则可卷而怀之。”伯玉出处，合于圣人之道，故曰君子。卷，收也。怀，藏也。如于孙林父宁殖放弑之谋，不对而出，亦其事也。杨氏曰：“史鱼之直，未尽君子之道。若蘧伯玉，然后可免于乱世。若史鱼之如矢，则虽欲卷而怀之，有不可得也。”

李贽评：各成其是，勿置轩轾。

夏新评：此儒家“直哉章”也。孔子恐又有误导，于当今之世界不相宜。史鱼直哉如此，邦有道，无道，如矢。与西方政治家讲谎言一千遍成真理有异。马克思氏有言“人改造环境，环境也改造人”。史鱼不改？而另一个先生蓬伯玉却是有道做官、无道不仕，卷而怀之，倒也自主自在得可以。孔子从万千官场世象中挑出代表个案二例，一个“直哉”，一个“卷怀”，以示门徒，苦心而已？

15．8子曰：“可与言而不与之言，失人；不可与言而与之言，失言。知者不失人，亦不失言。”

朱熹注：知，去声。

李贽评：子曰：“可与言而不与之言，失人；不可与言而与之言，失言。知者不失人，亦不失言。”“不可与言而与之言”一语，又与“不可与言”者言矣。

“失”字妙。

夏新评：此儒家“失言章”也。孔门学校重外交，培养人才要会与人交往，与而不失。认知情势客观，眼观六路，见微知著，主动在我。说时容易行来难，史上唯有孔明危情之下入吴国孙权狼穴，一只利口，舌战群儒。那叫个险象环生，跌宕起伏，心惊胆战，生死顷刻。却原来沧海横流，方显个士人英豪本色。诸葛亮终于力排众议，撮合吴、刘联手抗曹而大败魏国百万大军，赢得赤壁恶战而一举奠定三国鼎立之态势。不失言，不失人，此之谓乎？

15．9子曰：“志士仁人，无求生以害仁，有杀身以成仁。”

朱熹注：志士，有志之士。仁人，则成德之人也。理当死而求生，则于其心有不安矣，是害其心之德也。当死而死，则心安而德全矣。程子曰：“实理得之于心自别。实理者，实见得是，实见得非也。古人有捐躯殒命者，若不实见得，恶能如此？须是实见得生不重于义，生不安于死也。故有杀身以成仁者，只是成就一个是而已。”

李贽评：“无”“有”非实事，言其断如此耳。

夏新评：此儒家“志士章”也。乃是孔夫子内心求仁之坚若磐石意志表白也。以身求仁，不惜一命。非唯民不畏死，孔子师徒那是早已心定为事业献身。其陈蔡之围，在匡被困，游说政治十三年征程，哪一天不是将自己脑袋提在手里？朱毛红军从井冈山出发长征一年，30万人下来，3万人到达，多少英雄儿女流血倒在了雪山草地！所以，中国文化有刚勇猛烈一面。古今为国捐躯，志士仁人，猛志固常在啊！

15．10 子贡问为仁，子曰：“工欲善其事，必先利其器。居是邦也，事其大夫之贤者，友其士之仁者。”

朱熹注：贤以事言，仁以德言。夫子尝谓子贡悦不若己者，故以是告之。欲其有所严惮切磋以成其德也。程子曰：“子贡问为仁，非问仁也，故孔子告之以为仁之资而已。”

李贽评：今天下只是多“钝器”，奈何！

夏新评：此儒家“利器章”也。读此文，不禁心中大悦，这可是在论述工具的突出作用啊，涉及西方哲学优势领域了。中国文化未陷入唯道德陷阱，孔子没有去单向思维，竟看到了物质技术的力量，看到了“利器”对至善的巨大辅助作用。老子亦曾主张“大国利器”。这是中国哲学的一次认识飞跃，是一个里程碑式的观念进步。在西方哲学中，自从苏格拉底喊出“知识即道德”，人家一直在工具主义技术路径上迅跑。十九世纪马克思有经典表述，手推磨只代表农耕社会，机器磨代表工业社会，“批判的武器不能代替武器的批判。物质的力量只有用物质手段来摧毁”。孔子这个“善其事，利其器”辩证观自古至今在东方人心中闪耀。毛泽东说：原子弹是纸老虎。又曰：核潜艇一万年也要造出来。思维精妙，两分法，其谁能如斯上达？

15.11 颜渊问为邦。子曰："行夏之时，乘殷之辂，服周之冕，乐则《韶》、《舞》、放郑声，远佞人。郑声淫，佞人殆。"

朱熹注：颜渊问为邦。颜子王佐之才，故问治天下之道。曰为邦者，谦辞。子曰："行夏之时，夏时，谓以斗柄初昏建寅之月为岁首也。天开于子，地辟于丑，人生于寅，故斗柄建此三辰之月，皆可以为岁首。而三代迭用之，夏以寅为人正，商以丑为地正，周以子为天正也。然时以作事，则岁月自当以人为纪。故孔子尝曰，"吾得夏时焉"而说者以为谓夏小正之属。盖取其时之正与其令之善，而于此又以告颜子也。乘殷之辂，辂，音路，亦作路。商辂，木辂也。辂者，大车之名。古者以木为车而已，至商而有辂之名，盖始异其制也。周人饰以金玉，则过侈而易败，不若商辂之朴素浑坚而等威已辨，为质而得其中也。服周之冕，周冕有五，祭服之冠也。冠上有覆，前后有旒。黄帝以来，盖已有之，而制度仪等，至周始备。然其为物小，而加于众体之上，故虽华而不为靡，虽费而不及奢。夫子取之，盖亦以为文而得其中也。乐则韶舞。取其尽善尽美。放郑声，远佞人。郑声淫，佞人殆。"远，去声。放，谓禁绝之。郑声，郑国之音。佞人，卑谄辩给之人。殆，危也。程子曰："问政多矣，惟颜渊告之以此。盖三代之制，皆因时损益，及其久也，不能无弊。周衰，圣人不作，故孔子斟酌先王之礼，立万世常行之道，发此以为之兆尔。由是求之，则余皆可考也。"张子曰："礼乐，治之法也。放郑声，远佞人，法外意也。一日不谨，则法坏矣。虞夏君臣更相饬戒，意盖如此。"又曰"法立而能守，则德可久，业可大。郑声佞人，能使人丧其所守，故放远之。"尹氏曰："此所谓百王不易之大法。孔子之作春秋，盖此意也。孔颜虽不得行之于时，然其为治之法，可得而见矣。"

李贽评：气象还让唐虞否？

夏新评：此儒家"为邦章"也。仅此一章，道出中国文化"高大上"，彰显儒家智慧"深广长"。这是择优、选取、组合！孤立、片面、静止思维已为中国古代哲学所不取，孔子是如何认知新统一体优势重组的？整体是部分的整体，部分是整体的部分。事物是各部之和，优势是优选集合。夏之时，殷之辂，周之冕，《韶》舞乐，放眼三千年上古文明各朝代之长，拿来也！这些事物的质与量的辩证观已然生长在儒学精神园地甚而茂盛了。这样的士人眼光，这样的文化襟怀，这样的发展自觉，华夏世间唯一，谁配？

15．12 子曰：**“人无远虑，必有近忧。”**

朱熹注：苏氏曰：“人之所履者，容足之外，皆为无用之地，而不可废也。故虑不在千里之外，则患在几席之下矣。”

李贽评：余尝谓此八字，分明一部《易经》。

夏新评：此儒家“远虑章”也。为什么华夏民族经天纬地雄才大略？为什么中华大政治家战略家人才辈出？文化滋养，文明天成！仅此章八字，直抵外邦他方一大屋书、一家智库。一个伟大文明，必有远大情怀高远视野。证据？老子有“大智观于远近”理论深邃；孔子提出“远虑近忧”意识。其上溯三代夏商周，其下瞭望百世而可知，故孔子被尊人类精神导师。世界民族，哪里去找寻如此哲人、智者、巨擘、大家？就在眼前，在彼中华！

15．13 子曰：**“已矣乎！吾未见好德如好色者也。”**

朱熹注：好，去声。已矣乎，叹其终不得而见也。

李贽评：加“已矣乎”，望之愈切矣，不作绝望看。

夏新评：此儒家“好德章”也。此章内容出现两次。为何多了一个“已乎哉”？孔子心情似已有所失望。理想很美好，现实很难看。为什么社会上好色之徒众，而好德君子稀？可叹啊！

15．14 子曰：**“臧文仲其窃位者与！知柳下惠之贤而不与立也。”**

朱熹注: 者与之与，平声。窃位，言不称其位而有愧于心，如盗得而阴据之也。柳下惠，鲁大夫展获，字禽，食邑柳下，谥曰惠。与立，谓与之并立于朝。范氏曰：“臧文仲为政于鲁，若不知贤，是不明也；知而不举，是蔽贤也。不明之罪小，蔽贤之罪大。故孔子以为不仁，又以为窃位。”

李贽评: 子曰：“臧文仲其窃位者与！知柳下惠之贤而不与立也。”骂得妙。

不知也罢了，知而“不与立”’，所以可恨。此处亦必有所指，不然，孔子不徒点鬼簿已也。

夏新评: 此儒家“不与章”也。对不良世象愤愤不平，孔子绝不是为一己之私利。窃国者诸侯，尸位素餐，酒囊饭袋，忝列高位。虽然夫子目光炯炯，看过臧文仲之流乃是窃位草包子一个，却也奈何不得呀！但是，先生，你为何总与上层统治者过不去呢？要挨批骂的！也很危险哩。

15．15 子曰：**“躬自厚而薄责于人，则远怨矣。”**

朱熹注：远，去声。责己厚，故身益修；责人薄，故人易从。所以人不得而怨之。

李贽评：不为“远怨”而“薄责于人”，理合如此。且。“躬自厚”必“薄责人”，势亦如此。

夏新评：此儒家“自厚章”也。“自厚”与其说此是孔门生存策略锤炼，不如说是儒家做人一贯做派使然。薄责远怨，主体在我，主动在我，修身为重，自厚为要，自尊为大。于他于邻，则以宽以善，此则永远立于不败之大智慧也！

15．16子曰：“**不曰‘如之何，如之何’者，吾未如之何也已矣。**”

朱熹注：如之何如之何者，熟思而审处之辞也。不如是而妄行，虽圣人亦无如之何矣。

李贽评：实是圣人又“如之何”一番矣。文亦巧。

夏新评：此儒家“如何章”也。不言“如之何”，焉知“怎么办”？观点、主张、办法从何而来？生民当问“如之何”，长个脑袋莫闲着。孔子实在是“问题意识”的首倡者和践行家吧？此章再证，中华是思维优异之民族！

15.17 子曰：**“群居终日，言不及义，好行小慧，难矣哉！”**

朱熹注：好，去声。小慧，私智也。言不及义，则放辟邪侈之心滋。好行小慧，则行险侥幸之机熟。难矣哉者，言其无以入德，而将有患害也。

李贽评：真个难！

夏新评：此儒家“群居章”也。孔子批判看不过眼的又一社会现状。群氓聚集，七嘴八舌，蝉鸣蛙噪，喜好妄议，却言不及义。夫子遂发表对大众生存万象之一见：小聪明，害了人！

15.18子曰：“君子义以为质，礼以行之，孙以出之，信以成之。君子哉！”

朱熹注：孙，去声。义者制事之本，故以为质干。而行之必有节文，出之必以退逊，成之必在诚实，乃君子之道也。程子曰：“义以为质，如质干然。礼行此，孙出此，信成此。此四句只是一事，以义为本。”又曰：“‘敬以直内，则义以方外。’‘义以为质，则礼以行之，孙以出之，信以成之。’”

李贽评：不是君子以义为质，以礼行之，以孙出之，以信成之。

夏新评：此儒家“义质章”也。孔子期待，中华将向人类输送出一批批什么样的人呢？当然是上品君子为好。仁体礼用，君子是有风貌和操持的，其质为义，其行以礼，其言也逊，其成以信。小人们只以为君子成功靠撞运气，大错了！

15．19 子曰：**“君子病无能焉，不病人之不己知也。”**

李贽评：真正“有能”，定以“人知”为病。

夏新评：此儒家“无能章”也。孔子心中之君子是品行高洁的社会引领者，自觉者，自强者。把个体的社会立足点坚定地放置在自强自尊自能上，纵然人家不了解，我已然可以淡然看待了。早已放下！

15．20 子曰：**“君子疾没世而名不称焉。”**

朱熹注：范氏曰：“君子学以为己，不求人知。然没世而名不称焉，则无为善之实可知矣。”

李贽评：必欲没世称名，也是个“疾”。

夏新评：此儒家“没世章”也。这是中华文化的价值取向宣示，士人追求之终极境界。君子怀德立身利人成其美，安有“名不称”之理？后代衍生出人生“三不朽”论源头原来在此。

15．21 子曰：**“君子求诸己，小人求诸人。”**

朱熹注: 谢氏曰:“君子无不反求诸己,小人反是。此君子小人所以分也。”杨氏曰:“君子虽不病人之不己知，然亦疾没世而名不称也。虽疾没世而名不称，然所以求者，亦反诸己而已。小人求诸人,故违道干誉,无所不至。三者文不相蒙,而义实相足,亦记言者之意。”

李贽评: 不知“小人”已在那里去了。可怜！可怜！

夏新评: 此儒家“求己章”也。主体的思维出发点，勿要强求他人客观，主导在己，主动在我。君子求己，顶天立地。此策略方不至陷自身于被动，有自尊，上之上策者也。邓小平云：“把中国自己的事情办好。”思想方略直通孔子。唯有小人求诸人，断了脊梁，依附他人，只要主子赏一个“大思想家”帽子和骨头美食，就连呼“倒毛泽东，立汪精卫”，也达下贱之至了。小人求人什么？一张绿卡，几张美钞。但可惜对小人之诸求你又能拿他怎么办？罢罢，让他投奔去吧！

15．22 子曰：**“君子矜而不争，群而不党。”**

朱熹注: 庄以持己曰矜。然无乖戾之心，故不争。和以处众曰群。然无阿比之意，故不党。

李贽评: 此等处毕竟作训词，不作赞词，方味长。

夏新评: 此儒家“矜争章”也。又一类生存智慧，矜而不争，群而不党。不争非不敏，不党非无朋。志在天下，和合万邦。五千年文明亲历多少日行八万里？见识多少惨痛教训屡屡发生？陷于狐朋狗党，私利纷绕，沆瀣一气，争霸世界，自取灭亡，哪一个悔不当初，痛不欲生的？后生后学，这一条你“书于绅”了吗？

15．23 子曰：**“君子不以言举人，不以人废言。”**

李贽评：世俗之病，“不以言举人”易，“不以人废言”难。

夏新评：此儒家“举人章”也。语言这种人类特有的技能有一弊，常迷惑人。现象与本质，人有表里，言语只是表象之一，岂可因秦桧之类佞人的谗言蜜语而葬送了大宋江山、卿卿性命？记住要慎听啊！

15.24子贡问曰：“有一言而可以终身行之者乎？”子曰：“其‘恕’乎！己所不欲，勿施于人。”

朱熹注：推己及物，其施不穷，故可以终身行之。尹氏曰：“学贵于知要。子贡之问，可谓知要矣。孔子告以求仁之方也。推而极之，虽圣人之无我，不出乎此。终身行之，不亦宜乎？”

李贽评：子贡问曰：“有一言而可以终身行之者乎？”子曰：“其‘恕’乎！己所不欲，勿施于人。”说到此自住口不得。

“己所不欲，勿施于人”八个字，说得津津有味。

夏新评：此儒家“勿施章”也。金言也！人类文明伦理发展到春秋时代，中国儒家提出“己所不欲，勿施于人”，成为当今世界“道德金律”，为道德学说之最高点，人文理论的一座碑。无论他邦如何巧取豪夺，我则以“恕终身行之”，中华文化不是笑在最后了吗？

15.25子曰:“吾之于人也,谁毁谁誉?如有所誉者,其有所试矣。斯民也,三代之所以直道而行也。”

朱熹注:子曰:“吾之于人也,谁毁谁誉?如有所誉者,其有所试矣。誉,平声。毁者,称人之恶而损其真。誉者,扬人之善而过其实。夫子无是也。然或有所誉者,则必尝有以试之,而知其将然矣。圣人善善之速,而无所苟如此。若其恶恶,则已缓矣。是以虽有以前知其恶,而终无所毁也。斯民也,三代之所以直道而行也。”斯民者,今此之人也。三代,夏、商、周也。直道,无私曲也。言吾之所以无所毁誉者,盖以此民,即三代之时所以善其善、恶其恶而无所私曲之民。故我今亦不得而枉其是非之实也。尹氏曰:“孔子之于人也,岂有意于毁誉之哉?其所以誉之者,盖试而知其美故也。斯民也,三代所以直道而行,岂得容私于其间哉?

李贽评:“斯民也,三代之所以直道而行也。”见亦不忍欺之也。

夏新评:此儒家“毁誉章”也。孔子已然料得生前逝后必为人议论、毁誉,又何妨?西人以为,人是人的尺度;东方以为,道德是人的尺度。孔子是常以仁义尺度量人的,慧眼所至,君小类分,高下立显。但老人家对他人赞多诋少,心中装有三代楷模尧舜禹,就有“直道而行”的方向和勇力了。大道之行,直道而行,皆不吃亏。

15．26 子曰：“吾犹及史之阙文也。有马者借人乘之，今亡矣夫！

朱熹注：夫，音扶。杨氏曰：“史阙文、马借人，此二事孔子犹及见之。今亡矣夫，悼时之益偷也。”愚谓此必有为而言。盖虽细故，而时变之大者可知矣。胡氏曰：“此章义疑，不可强解。”

李贽评：感慨系之矣！此必有为而言。说得是。不然，便无谓。

夏新评：此儒家“阙文章”也。孔子认知自身所处的私有制社会，财产私有的现实，故用“借”。有马不借，世风日下，人类越来越聪明，利私？

15．27 子曰：**“巧言乱德。小不忍，则乱大谋。”**

朱熹注：巧言，变乱是非，听之使人丧其所守。小不忍，如妇人之仁、匹夫之勇皆是。

李贽评：二病都在自家。一失之浮，一失之躁。

夏新评：此儒家“乱德章”也。此世界五千年动乱之端也。为什么孔子将看似两码事的两对范畴合着讲？言与德，小忍与大谋。必有因。巧言者历代不绝，骗子事小，乱德事大。生民于世，莫不如此。林语堂有《人生智慧论》，但恐怕一本书抵不得圣人七个字“小不忍则乱大谋”。忍是意志力量，忍是战略意图。伟大是忍出来的。伟大人物都特别能忍！

15．28 子曰：**“众恶之，必察焉；众好之，必察焉。”**

朱熹注: 好、恶，并去声。杨氏曰:“唯仁者能好恶人。众好恶之而不察，则或蔽于私矣。”

李贽评：“恶”在“好”前，大有味。“众好”不察，不过误得小人。“众恶”不察，直至误失君子。

夏新评：此儒家“必察章”也。中国士人如何看识世事世人？自有中华文化之方法论。智者具有独立立场，理性主见。毛泽东为什么强调独立自主？中国为何蔑视霸权？看看看，察察察也！

15．29 子曰：**“人能弘道，非道弘人。”**

朱熹注：弘，廓而大之也。人外无道，道外无人。然人心有觉，而道体无为；故人能大其道，道不能大其人也。张子曰：“心能尽性，人能弘道也；性不知检其心，非道弘人也。”

李贽评：与“由仁义行，非行仁义也”相表里。或不解。曰：“道从人出，非有道而后人弘之也。犹仁义从舜出，非有仁义而后舜行之也”

夏新评：此儒家“弘道章”也。华夏道统，道为中华哲学大观之处，亦为中西文化分野所在。而神创造世界，耶主宰一切。这是西方文化主流信仰，不可亵渎，不可动摇。“人能弘道”，此为古人孔子人本思想信念；而“世间一切事物中人是最可宝贵的”，此乃今人毛泽东观点。如出一辙，果然五千年传而不断呀！

15．30 子曰：**“过而不改，是谓过矣。”**

朱熹注：过而能改，则复于无过。惟不改则其过遂成，而将不及改矣。

李贽评：放条宽路，大慈大悲。

夏新评：此儒家“改过章”也。窃以为，此乃孔子的一个小小发明。是一个关于人犯错的观点的创新认知，亦是关于人的“过错”的一种新界定，新视角。中国古代哲学以为：既然人犯错不可避免，人皆有误，那么就应采取一种“过而能改”的立场。这样只将“过而不改”的“不改之过”当作一种真错。这种向前看的开明见识是多么人道人性！

15．31 子曰：**“吾尝终日不食，终夜不寝，以思，无益，不如学也。”**

朱熹注：子曰：“吾尝终日不食，终夜不寝，以思，句。无益，句。不如学也。”此为思而不学者言之。盖劳心以必求，不如逊志而自得也。李氏曰：“夫子非思而不学者，特垂语以教人尔。”

李贽评：“致知”必在“格物”，“尽性”必在“穷理”。孔子已身验之矣。彼讲心学者何如？

夏新评：此儒家“无益章”也。本案可知，孔子在学习、思考的方法上，曾经进行了多少尝试、比较、探索！孔子是一位思维开放的实践创新者，一定曾经有着整天不食不寝而思的实践。一反省总结，感觉如此做法不行，漫思无益不如学。这是作比较后深化了的认知，体会更加深刻，于今人亦有参考价值。

15．32子曰："君子谋道不谋食。耕也，馁在其中矣；学也，禄在其中矣。君子忧道不忧贫。"

朱熹注：子曰："君子谋道不谋食。耕也，馁在其中矣；学也，禄在其中矣。君子忧道不忧贫。"馁，奴罪反。耕所以谋食，而未必得食。学所以谋道，而禄在其中。然其学也，忧不得乎道而已；非为忧贫之故，而欲为是以得禄也。尹氏曰："君子治其本而不恤其末，岂以在外者为忧乐哉？"

李贽评：作训词看。四语血脉，大是井然。

夏新评：此儒家"谋道章"也。重点当在首尾两句，是一次思虑过程中的主体选择：谋道、忧道为要。人类的追求可在中国文化中见分野。每一时代总有先进分子不为稻粱谋，而将理想定位在求"道"上。他们是时代先觉，他们之生存状态，即使艰难，心状却是"忧道而不忧贫"的实在。

15.33子曰："知及之，仁不能守之，虽得之，必失之。知及之，仁能守之，不庄以莅之，则民不服。知及之，仁能守之，庄以莅之，动之不以礼，未善也。"

朱熹注：知，去声。知足以知此理，而私欲间之，则无以有之于身矣。知及之，仁能守之。不庄以莅之，则民不敬。莅，临也。谓临民也。知此理而无私欲以间之，则所知者在我而不失矣。然犹有不庄者，盖气习之偏，或有厚于内而不严于外者，是以民不见其可畏而慢易之。下句放此。知及之，仁能守之，庄以莅之。动之不以礼，未善也。"动之，动民也。犹曰鼓舞而作兴之云尔。礼，谓义理之节文。愚谓学至于仁，则善有诸己而大本立矣。?之不庄，动之不以礼，乃其气禀学问之小疵，然亦非尽善之道也。故夫子历言之，使知德愈全则责愈备，不可以为小节而忽之也。

李贽评："大学之道：在明明德，在亲民，在止于至善。"

夏新评：此儒家"智及章"也。直使霸权、贪官、大鳄、佞人大汗淋漓！愚以为，此章可定位于人间生存大智慧之列，是人类选择之终极也。中外文化皆有智慧，中华文明的独特在于将智慧建立于人类道德根基之上，真可谓世界之"大德大勇大智"所在处也。智与德，得与失范畴，孔子以为，无德之智为诈，无德之徒为佞，无德之国必亡，无德之得必失，不义之财必去，无仁之门必丧。触目惊心，直达本质，深刻见底！这正是中国文化处于世界智慧之巅之源，无与伦比之所在！大哉！华夏之智，小大之辨。

15．34 子曰：**“君子不可小知而可大受也，小人不可大受而可小知也。”**

朱熹注：此言观人之法。知，我知之也。受，彼所受也。盖君子于细事未必可观，而材德足以任重；小人虽器量浅狭，而未必无一长可取。

李贽评：“不可小知”，犹言不可思议。“大受”正在“不可小知”处。若曰于细事未必可观，何以为君子？

夏新评：此儒家“大受章”也。世人已知，中华文化大德、大明、大受、大气象。人类到世上是来做事的，人与事的配对如何？孔子对此已有省察在心。君子大受，小人小智。蝇头小利，何足挂齿？这个一般规律若不知，会误了多少精英后生大事！诸葛亮会有失街亭之痛吗？！

15．35 子曰：**“民之于仁也，甚于水火。水火，吾见蹈而死者矣，未见蹈仁而死者也。”**

朱熹注： 民之于水火，所赖以生，不可一日无。其于仁也亦然。但水火外物，而仁在己。无水火，不过害人之身，而不仁则失其心。是仁有甚于水火，而尤不可以一日无也。况水火或有时而杀人，仁则未尝杀人，亦何惮而不为哉？李氏曰：“此夫子勉人为仁之语。”下章放此。

李贽评： 末二语有无限感慨。竟作“仁甚水火”注脚，却不辜负此老一片婆心。

夏新评： 此儒家“水火章”也。世之乱象，病态社会，正需以仁义道德疗治。孔子的“仁”是绝对精神吗？非也。仁不过是孔子于春秋时代给世界贡献的理性价值之一而已。只可叹柴米关系生存，夫子看得明白，老百姓当然首位是要为一条小命打拼，为日常生活的些微小利而挣扎。能不痛惜？“仁”不能当饭充饥，又谁能看见它去甘心追求呢？鲜有自觉者啊！

15．36 子曰：“当仁，不让于师。”

朱熹注： 当仁，以仁为己任也。虽师亦无所逊，言当勇往而必为也。盖仁者，人所自有而自为之，非有争也，何逊之有？程子曰：“为仁在己，无所与逊。若善名为①外，则不可不逊。”

李贽评： 最有味。只为学者唯有当仁一事让师，故曰：“当仁不让于师。”

夏新评： 此儒家“当仁章”也。此言不啻气贯长虹！孔子似乎提出“道与师不一定具有同一性”思想观点。愚以为此章仅仅六子，其实包含大哲“面向青年、面向真理、面向未来”三个面向极切期待。中国文化，至于春秋，尊师重教，已成共识；真理追求，渐成气候。而孔子提出新观念，仁高于师，“当仁，不让于师”，一声震响。这是理论新突破，极大胆识勇气，比“吾爱吾师，吾更爱真理”早数百年而已。

15．37 子曰：**“君子贞而不谅。”**

朱熹注： 贞，正而固也。谅，则不择是非而必于信。

李贽评： 然则谅者必是硁硁小人。

夏新评： 此儒家“贞谅章”也。当为认识论中的“小大之辨”命题之内含吧。贞事大，谅为小。君子自我追求自主提升为要，而不是过失后自谅。基础性，先导性，主动性，主体性，在我先控，而不至被动懊悔。

15．38 子曰：**“事君，敬其事而后其食。”**

朱熹注：后，与后获之后同。食，禄也。君子之仕也，有官守者修其职，有言责者尽其忠。皆以敬吾之事而已，不可先有求禄之心也。

李贽评：但看“敬”字，何等精神。不期食之后而自后矣。“其食”，本分内者也，且后之，况在民间者乎？思及此，不忍言矣。

夏新评：此儒家“事君章”也。所谓食君之禄，忠君之事是也。吾怀疑此条当为门徒子夏所传，已然不合孔子一贯主张，甚而下了几级台阶。夫子之道，“谋道不谋食”，竟被“事君、敬事、后食”实用主义取代。可叹！可叹！

15．39 子曰：“**有教无类。**”

朱熹注：人性皆善，而其类有善恶之殊者，气习之染也。故君子有教，则人皆可以复于善，而不当复论其类之恶矣。

李贽评：天地父母之心。

夏新评: 此儒家“无类章”也。吾以为“有教无类”，当为人类教育理论之至论。此四字亦为教育学上真正首次放射人性光辉、人文关怀的伟大首创理论。两千年来漫长岁月，教育大家笋出，教育理论纷繁，但仅此一条“有教无类”，孔子借此即可以杰出古代思想家、教育家永载人类史册，遑论其他。

15．40 子曰：**“道不同不相为谋。”**

朱熹注：为，去声。不同，如善恶邪正之异。

李贽评：真。此是病语，亦是药语。

夏新评：此儒家“为谋章”也。孔子选择同类、同行、同党的一条准则。孔子是找同道同仁，这该是在碰了多少软硬钉子之后而获取的深邃教训呀！痛哉！痛哉！警示门徒：狐朋狗党万不可行也。

15．41 子曰：**“辞达而已矣。”**

朱熹注：辞，取达意而止，不以富丽为工。

李贽评：五字便是谈文秘密藏。

夏新评：此儒家“辞达章”也。中西文化同为人类文化，仅一“诗歌”风格即大异。伊利亚特风格夸张、敷衍，而孔子编辑《诗经》，短少、实在。大道至简，是中国哲学思维方法论之奥妙，那么，说话当然要“辞达而已矣”了。又有几位高人大人做得到？古今多少聪明人政治家被利口误？

15．42 师冕见，及阶，子曰：“阶也。”及席，子曰：“席也。”皆坐，子告之曰：“某在斯，某在斯。”师冕出。子张问曰：“与师言之道与？”子曰：“然。固相师之道也。”

朱熹注：师冕见，及阶，子曰：“阶也。”及席，子曰：“席也。”皆坐，子告之曰：“某在斯，某在斯。”见，贤遍反。师，乐师，瞽者。冕，名。再言某在斯，历举在坐之人以诏之。

师冕出。子张问曰：“与师言之道与？”与，平声。圣门学者，于夫子之一言一动，无不存心省察如此。子曰：“然。固相师之道也。”相，去声。相，助也。古者瞽必有相，其道如此。盖圣人于此，非作意而为之，但尽其道而已。尹氏曰：“圣人处己为人，其心一致，无不尽其诚故也。有志于学者，求圣人之心，于斯亦可见矣。”范氏曰：“圣人不侮鳏寡，不虐无告，可见于此。推之天下，无一物不得其所矣。”

李贽评：“及阶”言“阶”，“及席”言“席”，“皆坐”而曰：“某在斯，某在斯。”事极平常，一有“道与”之问，平常几为奇特。夫于归之“相师之道”，奇特复还平常。

夏新评：此儒家“相师章”也。孔子平等意识，职业尊重，人文关怀，礼仪程序，广大精细的一个生动案例。什么是文明、文雅、彬彬有礼？古代中国人，礼仪之邦，岂是虚名！

季氏篇第十六

16.1 季氏将伐颛臾。冉有、季路见于孔子曰：“季氏将有事于颛臾。”孔子曰:“求！无乃尔是过与？夫颛臾,昔者先王以为东蒙主,且在邦域之中矣,是社稷之臣也。何以伐为？”

朱熹注：季氏将伐颛臾。颛，音专。臾，音俞。颛臾，国名。鲁附庸也。冉有、季路见于孔子曰：“季氏将有事于颛臾。”见，贤遍反。按左传史记，二子仕季氏不同时。此云尔者，疑子路尝从孔子自卫反鲁，再仕季氏，不久而复之卫也。孔子曰：“求！无乃尔是过与？与，平声。冉求为季氏聚敛，尤用事。故夫子独责之。夫颛臾，昔者先王以为东蒙主，且在邦域之中矣，是社稷之臣也。何以伐为？”夫，音扶。东蒙，山名。先王封颛臾于此山之下，使主其祭，在鲁地七百里之中。社稷，犹云公家。是时四分鲁国，季氏取其二，孟孙叔孙各有其一。独附庸之国尚为公臣，季氏又欲取以自益。故孔子言颛臾乃先王封国，则不可伐；在邦域之中，则不必伐；是社稷之臣，则非季氏所当伐也。此事理之至当，不易之定体，而一言尽其曲折如此，非圣人不能也。

冉有曰：“夫子欲之，吾二臣者皆不欲也。”

孔子曰：“求！周任有言曰：‘陈力就列，不能者止。’危而不持，颠而不扶，则将焉用彼相矣？且尔言过矣。虎兕出于柙，龟玉毁于椟中，是谁之过与？”

冉有曰：“今夫颛臾，固而近于费。今不取，后世必为子孙忧。”

孔子曰：“求！君子疾夫舍曰‘欲之’而必为之辞。丘也闻有国有家者，不患寡而患不均，不患贫而患不安。盖均无贫，和无寡，安无倾。夫如是，故远人不服，则修文德以来之。既来之，则安之。今由与求也，相夫子，远人不服而不能来也，邦分崩离析而不能守也，而谋动干戈于邦内。吾恐季孙之忧，不在颛臾，而在萧墙之内也。”

朱熹注：冉有曰：“夫子欲之，吾二臣者皆不欲也。”夫子，指季孙。冉有实与谋，以孔子非之，故归咎于季氏。孔子曰：“求！周任有言曰：‘陈力就列，不能者止。’危而不持，颠而不扶，则将焉用彼相矣？任，平声。焉，于虔反。相，去声，下同。周任，古之良史。陈，布也。列，位也。相，瞽者之相也。言二子不欲则当谏，谏而不听，则当去也。

且尔言过矣。虎兕出于柙，龟玉毁于椟中，是谁之过与？”兕，徐履反。柙，户甲反。椟，音独。与，平声。兕，野牛也。柙，槛也。椟，匮也。言在柙而逸，在椟而毁，典守者不得辞其过。明二子居其位而不去，则季氏之恶，己不得不任其责也。冉有曰：“今夫颛臾，故而近于费。今不取，后世必为子孙忧。”夫，音扶。固，谓城郭完固。费，季氏之私邑。此则冉求之饰辞，然亦可见其实与季氏之谋矣。孔子曰：“求！君子疾夫舍曰欲之，而必为之辞。夫，音扶。舍，上声。欲之，谓贪其利。丘也闻有国有家者，不患寡而患不均，不患贫而患不安。盖均无贫，和无寡，安无倾。寡，谓民少。贫，谓财乏。均，谓各得其分。安，谓上下相安。季氏之欲取颛臾，患寡与贫耳。然是时季氏据国，而鲁公无民，则不均矣。君弱臣强，互生嫌隙，则不安矣。均则不患于贫而和，和则不患于寡而安，安则不相疑忌，而无倾覆之患。夫如是，故远人不服，则修文德以来之。既来之，则安之。夫，音扶。内治修，然后远人服。有不服，则修德以来之，亦不当勤兵于远。今由与求也，相夫子，远人不服而不能来也；邦分崩离析而不能守也。子路虽不与谋，而素不能辅之以义，亦不得为无罪，故并责之。远人，谓颛臾。分崩离析，谓四分公室，家臣屡叛。而谋动干戈于邦内。吾恐季孙之忧，不在颛臾，而在萧墙之内也。”干，楯也。戈，戟也。萧墙，屏也。言不均不和，内变将作。其后哀公果欲以越伐鲁而去季氏。谢氏曰：“当是时，三家强，公室弱，冉求又欲伐颛臾以附益之。夫子所以深罪之，为其瘠鲁以肥三家也。”洪氏曰：“二子仕于季氏，凡季氏所欲为，必以告于夫子。则因夫子之言而救止者，宜亦多矣。伐颛臾之事，不见于经传，其以夫子之言而止也与？”

李贽评：季氏将伐颛臾。冉有、季路见于孔子曰：“季氏将有事于颛臾。”心虚。孔子曰：“求！无乃尔是过与？神明。夫颛臾，昔者先王以为东蒙主，且在邦域之中矣，是社稷之臣也。何以伐为？”

冉有曰：“夫子欲之，吾二臣者皆不欲也。”既推季氏，又牵扯子路。

孔子曰：“求！周任有言曰：‘阵力就列，不能者止。’危而不持，颠而不扶，则将焉用彼相矣？且尔言过矣。虎兕出于柙，龟玉毁于椟中，拿着禁处。是谁之过与？”怎逃得此老过。

冉有曰：“今夫颛臾，故而近于费。供状。今不取，后世必为子孙忧。”

孔子曰：“求！君子疾夫舍曰‘欲之’而必为之辞。丘也闻有国有家者，不患寡而患不均，不患贫而患不安。盖均无贫，和无寡，安无倾。夫如是，故远人不服，则修文德以来之。既来之，则安之。今由与求也，相夫子，远人不服而不能来也，邦分崩离析而不能守也，而谋动干戈于邦内。吾恐季孙之忧，不在颛臾，而在萧墙之内也。”又夺季氏之魂，萧墙之变，古今同患。

两人同来，而夫子只责冉求。知子路之未，亦冉有使之也。盖子路是个直人，不知其中关戾子。夫子则知之矣。及冉有曰“吾二臣”，有分罪于子路意。夫子到底只是说求，求躲闪不得，无可奈何，只得直陈供状曰：“今不取，后世必为子孙忧。”此求与季孙之密谋可知已。夫子于是略及子路，而送言“季孙之忧，不在颛臾而在萧墙之内”。呜呼！使季孙闻之，不惊魂丧魄也哉！且将怨冉有不谋萧墙之内而谋颛臾，以为非忠于我矣。夫子真神于变恶者哉！

夏新评：此儒家“社稷章”也。为《论语》文字最长之章。主题为孔子师徒关于即将爆发的一场战争的讨论，透出许多信息。孔子反侵略反战争，立场鲜明。儒家代表谁之利益？中国百姓有何期盼诉求？只一个“均贫富”和“宁做太平犬，不做乱离人”。庶民心声何其微乎，但竟被孔子听到了代表了。夫子之言掷地有声：“丘也闻，有国有家者，不患寡而患不均，不患贫而患不安。”这是多么正义的均贫富主张！这是何等重要的社会舆情！多么符合人心所向！又多少达官充耳不闻！仅此一语，孔子伟大政治家形象耸立东方！诸位看官，此章实乃中华反分裂、反战乱、要安定之文化宣言！亦是儒家“安民安百姓”社会治理纲领，是关注民生的政治主张。孔子之言绝非偶然。孔子要“均”贫，这不是要“共产”吗？这一个“均”字的创造和声言，四方远播，民心激荡。后世农民起义响亮提出“等贵贱，均贫富”。所以，农民进步口号的始创者，乃孔子也！无论如何“均无贫，和无寡，安无倾”，于江山社稷，中国仁政思想，光芒万丈！

16．2孔子曰："天下有道，则礼乐征伐自天子出；天下无道，则礼乐征伐自诸侯出。自诸侯出，盖十世希不失矣；自大夫出，五世希不失矣；陪臣执国命，三世希不失矣。天下有道，则政不在大夫。天下有道，则庶人不议。"

朱熹注：孔子曰："天下有道，则礼乐征伐自天子出；天下无道，则礼乐征伐自诸侯出。自诸侯出，盖十世希不失矣；自大夫出，五世希不失矣；陪臣执国命，三世希不失矣。先王之制，诸侯不得变礼乐，专征伐。陪臣，家臣也。逆理愈甚，则其失之愈速。大约世数，不过如此。天下有道，则政不在大夫。言不得专政。天下有道，则庶人不议。"上无失政，则下无私议。非箝其口使不敢言也。此章通论天下之势。

李贽评：孔子曰："天下有道，则礼乐征伐自天子出；天下无道，则礼乐征伐自诸侯出。明诛臣子。自诸侯出，盖十世希不失矣；自大夫出，五世希不失矣；陪臣执国命，三世希不失矣。天下有道，则政不在大夫。天下有道，则庶人不议。"隐责君人。

读后二节，分明追求祸本，有无限感慨怨慕之意。

夏新评：此儒家"有道章"也。孔子之政论，未如西方柏拉图《理想国》式泛论，而是纵论华夏史上桩桩史实而做一番概括、抽象、总结，从现象中找规律性的东西，是一位脚踏社会土壤的政治家。孔子乃是从政治根本规则和决定事物本质的主导方面去分析世象。"天下有道"，世必有序，庶人不议。天下无道，乱象丛生，政权命促，衰亡忽焉。而天下有道无道，是老百姓能看见的。这一句"有道"，不仅显现孔子"一览乱朝纲"的宏观视野，又给出历代王朝治乱的评判标准尺度，还特将庶民卑贱角色提擢上来。此政治观少而奇也。孔子这该不是沾染了相信群众的社会观、历史观吧？

16．3孔子曰：**“禄之去公室五世矣，政逮于大夫四世矣，故夫三桓之子孙微矣。”**

朱熹注：孔子曰：“禄之去公室，五世矣；政逮于大夫，四世矣；故夫三桓之子孙，微矣。”夫，音扶。鲁自文公薨，公子遂杀子赤，立宣公，而君失其政。历成、襄、昭、定，凡五公。逮，及也。自季武子始专国政，历悼、平、桓子，凡四世，而为家臣阳虎所执。三桓，三家，皆桓公之后。此以前章之说推之，而知其当然也。此章专论鲁事，疑与前章皆定公时语。苏氏曰：“礼乐征伐自诸侯出，宜诸侯之强也，而鲁以失政。政逮于大夫，宜大夫之强也，而三桓以微。何也？强生于安，安生于上下之分定。今诸侯大夫皆陵其上，则无以令其下矣。故皆不久而失之也。”

李贽评：明白还他证左去。

夏新评：此儒家“微矣章”也。君子之泽，五世而斩；缺德之徒，既得利，必失利；既得位，必丧位。孔夫子实在是火眼金睛，以朴素唯物史观显微镜、照妖镜，把那人类社会发展史历程看过。啧啧！端的是，佞徒篡权夺位，哪一个不是得而复失？你看看猖獗一时的三桓之子孙之式微状况，难道不是如此？近现代世界西班牙、葡萄牙、英格兰、美利坚，海上霸权强徒，匆匆过客，又哪个不是曾经如此粉墨登场过？

16.4 孔子曰："益者三友，损者三友。友直，友谅，友多闻，益矣。友便辟，友善柔，友便佞，损矣。"

朱熹注：孔子曰："益者三友，损者三友。友直，友谅，友多闻，益矣。友便辟，友善柔，友便佞，损矣。"便，平声。辟，婢亦反。友直，则闻其过。友谅，则进于诚。友多闻，则进于明。便，习熟也。便辟，谓习于威仪而不直。善柔，谓工于媚悦而不谅。便佞，谓习于口语，而无闻见之实。三者损益，正相反也。尹氏曰："自天子至于庶人，未有不须友以成者。而其损益有如是者，可不谨哉？"

李贽评：今又有"便辟"而托于"直"者，"善柔"而托于"谅"者，"便"而托于"多闻"者，奈何！

夏新评：此儒家"三友章"也。人有仁道，兽有兽行。纵然人类社会，群体之间，其实绝非相类。儒家以天下一统，四海兄弟情怀视之，满世界庶众生命，无不我友。中国文化开放，广交友；中国文化谨戒，慎交友。毛泽东提出要"把朋友搞得多多的"，但强盗霸王、酒肉之徒，辟、便、佞、损之徒，不交也罢！

16．5孔子曰：“益者三乐，损者三乐。乐节礼乐，乐道人之善，乐多贤友，益矣。乐骄乐，乐佚游，乐宴乐，损矣。”

朱熹注：孔子曰：“益者三乐，损者三乐。乐节礼乐，乐道人之善，乐多贤友，益矣。乐骄乐，乐佚游，乐宴乐，损矣。”乐，五教反。礼乐之乐，音岳。骄乐宴乐之乐，音洛。节，谓辨其制度声容之节。骄乐，则侈肆而不知节。佚游，则惰慢而恶闻善。宴乐，则淫溺而狎小人。三者损益，亦相反也。尹氏曰：“君子之于好乐，可不谨哉？”

李贽评：此二篇末后叫“益矣”“损矣”二字，有万千叮咛，万千告诫之意，正所云“言有尽而意无穷”也。

夏新评：此儒家“三乐章”也。世上根本无两个完全相同之人，益损好乐，亦自各不同。士人可乐在礼、善、贤之益，而小人可乐在骄、佚、宴之损。现在却是拉你去“嗑粉”，去拜“轮子”，去信外神，和参与“阿拉伯之春”，毁你一生一国，下手太重。你洞察了没？诸君，在此五彩缤纷花花世界，可要当心损友啊！

16．6孔子曰：“侍于君子有三：言未及之而言，谓之躁；言及之而不言，谓之隐；未见颜色而言，谓之瞽。”

朱熹注：孔子曰：“侍于君子有三愆：言未及之而言谓之躁，言及之而不言谓之隐，未见颜色而言谓之瞽。”君子，有德位之通称。愆，过也。瞽，无目，不能察言观色。尹氏曰：“时然后言，则无三者之过矣。”

李贽评：“躁”之愆，浅可厌；“隐”之愆，恶可疑；“瞽”之愆，痴可怜。

夏新评：此儒家“三愆章”也。孔子师徒对说话时机的研究把握，躁与隐，已然达于近现代科技社会之高水平认知矣！所谓“敏于事而慎于言”，知之易，行之难。此之谓乎？

16．7孔子曰：“君子有三戒：少之时，血气未定，戒之在色；及其壮也，血气方刚，戒之在斗；及其老也，血气既衰，戒之在得。”

朱熹注：孔子曰：“君子有三戒：少之时，血气未定，戒之在色；及其壮也，血气方刚，戒之在斗；及其老也，血气既衰，戒之在得。”血气，形之所待以生者，血阴而气阳也。得，贪得也。随时知戒，以理胜之，则不为血气所使也。范氏曰：“圣人同于人者血气也，异于人者志气也。血气有时而衰，志气则无时而衰也。少未定、壮而刚、老而衰者，血气也。戒于色、戒于斗、戒于得者，志气也。君子养其志气，故不为血气所动，是以年弥高而德弥邵也。”

李贽评：孔子曰：“君子有三戒：少之时，血气未定，戒之在色；及其壮也，血气方刚，戒之在斗；及其老也，血气既衰，戒之在得。”看破世间病痛。

酒色财气，孔子之训止戒其三。国知无量之圣，不知酒之当戒也。

夏新评：此儒家“三戒章”也。为孔子对个体生命成长、个性特征发展的深刻观察、总结及戒喻，非常适用。世界各民族宗教文化都曾提出信徒行为必有所戒，画出边界。人类文明可有一种注重“律己”的善文化吗？有啊！那就是中国孔子倡导的儒家文化呀。日以进仁，修养自身，夫子主张律己。君子三戒甚而细分到少时、壮时和老年，各有所戒不同：戒色、戒斗、戒得。挽救了多少鲁莽之徒人命！

16．8 孔子曰：“君子有三畏：畏天命，畏大人，畏圣人之言。小人不知天命而不畏也，狎大人，侮圣人之言。”

朱熹注：孔子曰：“君子有三畏：畏天命，畏大人，畏圣人之言。畏者，严惮之意也。天命者，天所赋之正理也。知其可畏，则其戒谨恐惧，自有不能已者。而付畀之重，可以不失矣。大人圣言，皆天命所当畏。知畏天命，则不得不畏之矣。小人不知天命而不畏也，狎大人，侮圣人之言。”侮，戏玩也。不知天命，故不识义理，而无所忌惮如此。○尹氏曰：“三畏者，修己之诚当然也。小人不务修身诚己，则何畏之有？”

李贽评：孔子曰：“君子有三畏：畏天命，畏大人，畏圣人之言。小人不知天命而不畏也，看他转换。狎大人，侮圣人之言。”此篇文字最转换得神活。

“天命之谓性。”“大人”尽“性”之人。“圣人”之言，尽“性”之方。今之讲心学者，畏耶，狎耶，侮耶？自考之。

夏新评：此儒家“三畏章”也。大约应是夫子晚年心得。“三畏”是孔子的进取心、战斗性、批判性精神锋芒锐减了吗？倒认为是中国文化给出人的生存个性腾跃空间甚巨甚旷，尔等在世间，可做狂狷之士，可做有畏之人。而不是戒律重重，森严残厉。所谓君子之畏有三：天命、长者、智者。乃是对自然规律、社会经验、智慧知识以尊重态度待之，做人的道德是也。主体自觉，非外暴力胁迫也。此乃炎黄文化与宗教文化机制之异耶？

16.9孔子曰：“生而知之者上也，学而知之者次也；困而学之，又其次也；困而不学，民斯为下矣。”

朱熹注：困，谓有所不通。言人之气质不同，大约有此四等。杨氏曰：“生知学知以至困学，虽其质不同，然及其知之一也。故君子唯学之为贵。困而不学，然后为下。”

李贽评：孔子曰：“生而知之者上也，学而知之者次也；困而学之，又其次也；困而不学，民斯为下矣。”斯字妙，见得到此方下，肯学仍复不下也。

到“不学”方说出“民”字，唯“下”始为“民”耳。可见“士”全在“学”。今之名为“士”而“不学”者，“士”乎，“民”乎？自思之。

夏新评：此儒家“学知章”也。为孔子对生民先天、后学、不学三类生命人等的社会生存状况及所达所处位置之观察描述，以警示后学后人当奋发也。生而知之者，也许有，孔子没有否定一种可能性。但却肯定自己非生而知之。这很合思维逻辑，他是于人给力给自信。但凡一个学子，不怕困，只怕“困而不学”，甘心为下，则斯为下矣呀！

16.10孔子曰：“君子有九思：视思明，听思聪，色思温，貌思恭，言思忠，事思敬，疑思问，忿思难，见得思义。”

朱熹注：难，去声。视无所蔽，则明无不见。听无所壅，则聪无不闻。色，见于面者。貌，举身而言。思问，则疑不蓄。思难，则忿必惩。思义，则得不苟。程子曰：“九思各专其一。”谢氏曰：“未至于从容中道，无时而不自省察也。虽有不存焉者寡矣，此之谓思诚。”

李贽评：天下惟禽兽无“思”。此是训君子当有此“九思”，不是赞君子能有此“九思”。作训词看，味方隽永。

夏新评：此儒家“九思章”也。孔子前有“再思可也”之论，此发“君子九思”之言。貌似相悖，实则互补。再思而不须三思，在勿因犹豫失时机。九思者，世事万象复杂性，不可能一次即认知而悟达。孔子何等周详，确有点马克思主义真理相对性、绝对性、无穷性理论味道。中国人学甚而以为：人之为人盖在有思。孔子重思爱思会思，思达九方，超越六合。可谓“精骛八极，心游万仞”。此一个民族，此一种文化，不亦上乎？举目寰宇，“子民一思考，某某就发笑”，彼一民族，不亦悲乎？

16. 11 孔子曰："见善如不及，见不善如探汤。吾见其人矣，吾闻其语矣。隐居以求其志，行义以达其道。吾闻其语矣，未见其人也。"

朱熹注：

孔子曰："见善如不及，见不善如探汤。吾见其人矣，吾闻其语矣。探，吐南反。真知善恶而诚好恶之，颜、曾、闵、冉之徒，盖能之矣。语，盖古语也。隐居以求其志，行义以达其道。吾闻其语矣，未见其人也。"求其志，守其所达之道也。达其道，行其所求之志也。盖惟伊尹、太公之流，可以当之。当时若颜子，亦庶乎此。然隐而未见，又不幸而蚤死，故夫子云然。

李贽评：孔子曰："见善如不及，见不善如探汤。吾见其人矣，吾闻其语矣。隐居以求其志，行义以达其道。吾闻其语矣，未见其人也。"沮溺丈人多而孔子少也。

于古语之下平添四语，便有无限感慨。

夏新评：此儒家"探汤章"也。仁者士人修身养性向世界获取精神资源与做人有隐有防之论也。求志、行义、达道，生命地球之履与旅，其实仅此而已！

16.12齐景公有马千驷，死之日，民无德而称焉。伯夷、叔齐饿于首阳之下，民到于今称之。其斯之谓与？

朱熹注：齐景公有马千驷，死之日，民无德而称焉。伯夷叔齐饿于首阳之下，民到于今称之。驷，四马也。首阳，山名。其斯之谓与？与，平声。胡氏曰："程子以为第十二篇错简'诚不以富，亦只以异'，当在此章之首。今详文势，似当在此句之上。言人之所称，不在于富，而在于异也。"愚谓此说近是，而章首当有孔子曰字，盖阙文耳。大抵此书后十篇多阙误。

李贽评：齐景公有马千驷，死之日，民无德而称焉。伯夷、叔齐饿于首阳之下，民到于今称之。其斯之谓与？所感深矣。

"其斯之谓与"，夫子必有所指，特借景公、夷、齐为样子耳。

夏新评：此儒家"千驷章"也。孔子熟悉历史人物，以古今仁者事例教育门生。千古流芳，在于一德。富翁千驷，死而无德民不称；伯夷叔齐饿死，倒还活在民心。言永垂千古者非因财富马匹多而在道德展现。此乃夫子关于人生价值之推考与？

16．13 陈亢问于伯鱼曰："子亦有异闻乎？"对曰："未也。尝独立，鲤趋而过庭。曰：'学《诗》乎？'对曰：'未也。''不学《诗》，无以言。'鲤退而学《诗》。他日，又独立，鲤趋而过庭。曰：'学礼乎？'对曰：'未也。''不学礼，无以立。'鲤退而学礼。闻斯二者。"陈亢退而喜曰："问一得三：闻《诗》，闻礼，又闻君子之远其子也。"

朱熹注：陈亢问于伯鱼曰："子亦有异闻乎？"亢，音刚。亢以私意窥圣人，疑必阴厚其子对曰："未也。尝独立，鲤趋而过庭。曰：'学诗乎？'对曰：'未也。''不学诗，无以言。'鲤退而学诗。事理通达，而心气和平，故能言。他日又独立，鲤趋而过庭。曰：'学礼乎？'对曰：'未也。''不学礼，无以立。'鲤退而学礼。品节详明，而德性坚定，故能立。闻斯二者。"当独立之时，所闻不过如此，其无异闻可知。陈亢退而喜曰："问一得三，闻诗，闻礼，又闻君子之远其子也。"远，去声。尹氏曰："孔子之教其子，无异于门人，故陈亢以为远其子。"

李贽评：陈亢问于伯鱼曰："子亦有异闻乎？"对曰："未也。尝独立，鲤趋而过庭。曰：'学《诗》乎？'对曰：'未也。''不学《诗》，无以言。'鲤退而学《诗》。他日，又独立，鲤趋而过庭。曰：'学礼乎？'对曰：'未也。''不学礼，无以立。'鲤退而学礼。闻斯二者。"陈亢退而喜曰："问一得三：闻《诗》，闻礼，又闻君子之远其子也。"痴子竟何所得。

此公的是妙人。

夏新评：此儒家"学诗章"也。存两悬疑：一是时人以孔子好奇异，二是孔子究竟有无私教私心。夫子内心私密终于大白天下，孔子对儿子伯鱼并无特殊，与对待子贡子路颜回他们这一帮门徒无异，又何来爱有差等？孔子对爱子之教，教些什么呢？原来是教一个《诗》，为人生最好的精神食粮；教一个《礼》，乃人间最好的立身之本。诗书传家，有此出发。孔子之教可谓教根本。孔子视野已然聚焦家庭教育，开辟中华文化又一优势，要教育培养出优质群体献于人类。此章一出，孔子的精神世界与家庭秘密曝光矣！圣人何私？铁证在此！

16. 14 邦君之妻，君称之曰“夫人”，夫人自称曰“小童”；邦人称之曰“君夫人”，称诸异邦曰“寡小君”；异邦人称之，亦曰“君夫人”。

朱熹注：寡，寡德，谦辞。吴氏曰：“凡语中所载如此类者，不知何谓。或古有之，或夫子尝言之，不可考也。”

李贽评：邦君之妻，君称之曰“夫人”，夫人自称曰“小童”；邦人称之曰“君夫人”，称诸异邦曰“寡小君”；异邦人称之，亦曰“君夫人”。古文之最高奇者。

妙在寻他断续不出，神化至此！

夏新评：此儒家“异邦章”也。愚却以为，此章在《论语》中当为最无聊者，无有“子曰”，恐非先生之言。但称谓关乎正名，勿要用错。中国文化于亲属戚友称谓之丰富盖甲全球，为各民族语言之首，达300余种。

阳货篇第十七

17．1阳货欲见孔子，孔子不见，归孔子豚。孔子时其亡也，而往拜之。遇诸涂。谓孔子曰："来！予与尔言。"曰："怀其宝而迷其邦，可谓仁乎？"曰："不可。""好从事而亟失时，可谓知乎？"曰："不可。""日月逝矣，岁不我与。"孔子曰："诺。吾将仕矣。"

朱熹注：阳货欲见孔子，孔子不见，归孔子豚。孔子时其亡也，而往拜之，遇诸涂。归，如字，一作馈。阳货，季氏家臣，名虎。尝囚季桓子而专国政。欲令孔子来见己，而孔子不往。货以礼，大夫有赐于士，不得受于其家，则往拜其门。故瞰孔子之亡而归之豚，欲令孔子来拜而见之也。谓孔子曰："来！予与尔言。"曰："怀其宝而迷其邦，可谓仁乎？"曰："不可。""好从事而亟失时，可谓知乎？"曰："不可。""日月逝矣，岁不我与。"孔子曰："诺。吾将仕矣。"好、亟、知，并去声。怀宝迷邦，谓怀藏道德，不救国之迷乱。亟，数也。失时，谓不及事几之会。将者，且然而未必之辞。货语皆讥孔子而讽使速仕。孔子固未尝如此，而亦非不欲仕也，但不仕于货耳。故直据理答之，不复与辩，若不谕其意者。阳货之欲见孔子，虽其善意，然不过欲使助己为乱耳。故孔子不见者，义也。其往拜者，礼也。必时其亡而往者，欲其称也。遇诸涂而不避者，不终绝也。随问而对者，理之直也。对而不辩者，言之孙而亦无所诎也。杨氏曰："扬雄谓孔子于阳货也，敬所不敬，为诎身以信道。非知孔子者。盖道外无身，身外无道。身诎矣而可以信道，吾未之信也。"

李贽评：阳货欲见孔子，良心。孔子不见，归孔子豚。奸。孔子时其亡也，而往拜之。毫无成心。遇诸涂。谓孔子曰："来！予与尔言。"做模样。曰："怀其宝而迷其邦，可谓仁乎？"曰："不可。""好从事而亟失时，可谓知乎？"曰："不可。""日月逝矣，岁不我与。"孔子曰："诺。吾将仕矣。"

到底是个孔子不见。阳货都是有意，孔子一味无心。所谓山鬼之伎俩有限，而老僧之伎俩无穷也。孟子谓"亦瞰其亡也而往拜之"，是说孟子话，孔子那得如此？孔子如此，不独貌似阳虎矣。

夏新评：此儒家"士耻章"也。疑事有特异，古人尚送礼，礼尚往来，而孔子不受。孔子为何惧怕阳货，完全处于被动局面？盖在“少也贱”卑微身世成长之心理阴影。少年孔子确曾身魋一根草绳做腰带赴宴被阳货赶出，奇耻大辱！但吾每次诵读此章之际，不禁要热血奔涌，内心愤懑，怒发上冲冠，必咬牙大声斥责：阳货，你这个泼皮，尔何来如此嚣张粗莽无礼？敢对孔夫子发号施令，大耍淫威地吼叫：“尔来，我有话对尔说。”这个“尔”字岂是尔等对圣贤孔子称呼的代词吗？是尔可以对书生言说的话语吗？太粗痞！太恶劣！尔仅此一回对知识分子态度，令天下学子、古今士人千年蒙羞！非切齿痛斥尔等蠢货不可解恨。有知识无官职君子士人如此般没有地位，被人要弄贬损，而孔子竟然委曲求全，可见时道险恶，世风日下，以至于何等地步？亦可见民间庶众乡贤，即便上识天文，下知地理，怀兴邦济世之才，有经天纬地之志，怕是也只得对一方泼皮无赖地痞之流忍气吞声，落一个明哲保身而已。如此世道，可悲！可叹！可憎！

17．2 子曰："性相近也，习相远也。"

朱熹注：此所谓性，兼气质而言者也。气质之性，固有美恶之不同矣。然以其初而言，则皆不甚相远也。但习于善则善，习于恶则恶，于是始相远耳。程子曰："此言气质之性。非言性之本也。若言其本，则性即是理，理无不善，孟子之言性善是也。何相近之有哉？"

李贽评：分疏明白。原是说性善，倒为程朱注脚看坏了"近"字，可恨。

夏新评：此儒家"人性章"也。表达中华古代哲学、伦理学方面之重大唯物主义立场，亦为孔子在社会学领域之重大发现，可谓之为"后天善恶论"也。人性自古成为中外哲学关注的一个重要命题。但人性是先天具有的，还是后天养正的？争议不休。西方以为人性是生而有，东方主张人性乃教而成。儒家师徒孔子孟子荀子等不仅早已关注人性论，而且已获得丰富深入感悟，从人性先天相近到后天习得相远，形成差异个性，再到孟子"人性善"和荀子"人性恶"，这个主题的探讨仍未有所止，似乎构建起相当完整、深刻的理论体系。孔子"性相近、习相远"认知，哲人智慧，近于人性后天论、人性实践论、人性唯物论。此一命题之确立，则德文化、善文化、和文化，修身教化，在中华土地得以大昌矣！

17．3 子曰：“唯上知与下愚不移。”

朱熹注：知，去声。此承上章而言。人之气质相近之中，又有美恶一定，而非习之所能移者。程子曰“人性本善，有不可移者何也？语其性则皆善也，语其才则有下愚之不移。所谓下愚有二焉：自暴自弃也。人苟以善自治，则无不可移，虽昏愚之至，皆可渐磨而进也。唯自暴者拒之以不信，自弃者绝之以不为，虽圣人与居，不能化而入也，仲尼之所谓下愚也。然其质非必昏且愚也，往往强戾而才力有过人者，商辛是也。圣人以其自绝于善，谓之下愚，然考其归则诚愚也。”或曰：“此与上章当合为一，子曰二字，盖衍文耳。”

李贽评：婆心。正要他移。不移是病，移便是药。要知此是慨叹语，亦是激发语。若作实说，便与“相近”处有碍。

夏新评：此儒家“上智章”也。此章给孔子带来巨大被人攻讦口实。只可惜为后人误读，先生本意，哪里是说上层有知底层愚笨？孔子曾经自我一个“吾少也贱”表白，足以粉碎此类胡说八道观点。老人家何曾以高高在上尊贵者自居而鄙视下等人？倒是以为，任何个体皆有明智之举与愚笨之为，这是一定的。古今难易！如此而已。

17．4 子之武城，闻弦歌之声。夫子莞尔而笑，曰："割鸡焉用牛刀？"子游对曰："昔者偃也闻诸夫子曰：'君子学道则爱人，小人学道则易使也。'"子曰："二三子！偃之言是也。前言戏之耳。"子曰："唯上知与下愚不移。"

朱熹注：子之武城，闻弦歌之声。弦，琴瑟也。时子游为武城宰，以礼乐为教，故邑人皆弦歌也。夫子莞尔而笑，曰："割鸡焉用牛刀？"莞，华版反。焉，于虔反。莞尔，小笑貌，盖喜之也。因言其治小邑，何必用此大道也。子游对曰："昔者偃也闻诸夫子曰：'君子学道则爱人，小人学道则易使也。'"易，去声。君子小人，以位言之。子游所称，盖夫子之常言。言君子小人，皆不可以不学。故武城虽小，亦必教以礼乐。子曰："二三子！偃之言是也。前言戏之耳。"嘉子游之笃信，又以解门人之惑也。治有大小，而其治之必用礼乐，则其为道一也。但众人多不能用，而子游独行之。故夫子骤闻而深喜之，因反其言以戏之。而子游以正对，故复是其言，而自实其戏也。

李贽评：子之武城，闻弦歌之声。夫子莞尔而笑，曰："割鸡焉用牛刀？"反语。子游对曰："昔者偃也闻诸夫子曰：'君子学道则爱人，小人学道则易使也。'"极甚不像个苏州人。子曰："二三子！偃之言是也。妙，圆甚。前言戏之耳。"

"割鸡焉用牛刀"，乃是夫子喜极，故反言之。不料子游不解，认真起来。夫子只说他"是"，自家反招一个"戏"语，何等圆活。真个是时中圣人。吾辈从此亦得待板人之法。

夏新评：此儒家"弦歌章"也。中国士人不必整日以正人君子面目表情自虐。君子是活生生的人，充满生命活力、情趣、人性。你看，这孔子竟与门生开足玩笑，轻松生活。中国修身文化主张省身、省心、省言、省行。孔子率先作示范，此章实证也。

17．5公山弗扰以费畔，召，子欲往。子路不说，曰："末之也，已，何必公山氏之之也？"子曰："夫召我者，而岂徒哉？如有用我者，吾其为东周乎？"

朱熹注：公山弗扰以费畔，召，子欲往。弗扰，季氏宰。与阳货共执桓子，据邑以叛。子路不说，曰："末之也已，何必公山氏之之也。"说，音悦。末，无也。言道既不行，无所往矣，何必公山氏之往乎？子曰："夫召我者而岂徒哉？如有用我者，吾其为东周乎？"夫，音扶。岂徒哉，言必用我也。为东周，言兴周道于东方。程子曰："圣人以天下无不可有为之人，亦无不可改过之人，故欲往。然而终不往者，知其必不能改故也。"

李贽评：公山弗扰以费畔，召，子欲往。圣人。子路不说，曰："末之也，已，他都得知。何必公山氏之之也？"子曰："夫召我者，而岂徒哉？如有用我者，吾其为东周乎？"

一腔热血。圣人自有圣人之手，圣人自有圣人之眼。公山一召，西方美人之思勃然。子路如何知得？"吾其为东周乎？"言必为西周，不为东周也。本朝杨升庵得之。

夏新评：此儒家"用我章"也。表白孔子心中情绪焦虑：欲经天纬地，安民济世，一统天下，而却机会难得，无展身手。夫子自十有五立志，欲要复兴文化，为国效力，为民求安，却无人赏识。虽屡碰壁，仍日夜未忘，一句"如有用我者，吾其为东周乎"？如此悲戕，令谁人不心中酸痛！中国士人为国担当，为民使命，责任自觉，百折不挠，委曲求全，可以感天动地。吾每读及此章，热血奔涌，仰望苍穹，夜能不寐！

17.6子张问仁于孔子。孔子曰："能行五者于天下，为仁矣。""请问之。"曰："恭宽信敏惠。恭则不侮，宽则得众，信则人任焉，敏则有功，惠则足以使人。"

朱熹注：子张问仁于孔子。孔子曰："能行五者于天下，为仁矣。"请问之。曰："恭、宽、信、敏、惠。恭则不侮，宽则得众，信则人任焉，敏则有功，惠则足以使人。"行是五者，则心存而理得矣。于天下，言无适而不然，犹所谓虽之夷狄不可弃者。五者之目，盖因子张所不足而言耳。任，倚仗也，又言其效如此。张敬夫曰："能行此五者于天下，则其心公平而周遍可知矣，然恭其本与？"李氏曰："此章与六言、六蔽、五美、四恶之类，皆与前后文体大不相似。"

李贽评：言效，正要他行。孔子自"天下"言"仁"，宋人定要从一人身上言"仁"，何故？何故？

夏新评：此儒家"能行章"也。包含孔子对世界政治的一个重要理论判断，亦中西文化大分野。人类拿什么行天下？有仁行天下，有兵行天下。则必有一个共天下，和一个霸天下。一个王道，一个霸道。孔子欲以"五者行天下"。此五者即"恭、宽、信、敏、惠"。所谓"得人心者得天下"者也。吾观乎世界四大文明，唯中华有此天人智慧。而两千年后人类现今苦痛正是霸道之毒，以"四大舰队"行天下。岂不悲哉可怜！

儒家之仁，非为耍耍嘴巴子对着天空胡诌一通，而是要"行"的。明明白白，仁在行，不在言，"天下归仁"。奇了，孔子为何想到以仁为思想核心？又从哪里得到仁、义、礼、智、信，恭、宽、敏、惠、恕，温、良、忠、俭、让，等等，这一系列伦理范畴的？中国伦理哲学因孔子而丰富，这是世界文明的福气。中华文化馈赠，道德高地，理论新章，时代之奇，人类大步！

17.7 佛肸召，子欲往。子路曰："昔者由也闻诸夫子曰：'亲于其身为不善者，君子不入也。'佛肸以中牟畔，子之往也，如之何？"子曰："然。有是言也。不曰坚乎，磨而不磷；不曰白乎，涅而不缁。吾岂匏瓜也哉？焉能系而不食？"

朱熹注：佛肸召，子欲往。佛，音弼。肸，许密反。佛肸，晋大夫赵氏之中牟宰也。子路曰："昔者由也闻诸夫子曰：'亲于其身为不善者，君子不入也。'佛肸以中牟畔，子之往也，如之何！"子路恐佛肸之浼夫子，故问此以止夫子之行。亲，犹自也。不入，不入其党也。子曰："然。有是言也。不曰坚乎，磨而不磷；不曰白乎，涅而不缁。磷，力刃反。涅，乃结反。磷，薄也。涅，染皁物。言人之不善，不能浼己。杨氏曰："磨不磷，涅不缁，而后无可无不可。坚白不足，而欲自试于磨涅，其不磷缁也者，几希。"吾岂匏瓜也哉？焉能系而不食？"焉，于虔反。匏，瓠也。匏瓜系于一处而不能饮食，人则不如是也。张敬夫曰："子路昔者之所闻，君子守身之常法。夫子今日之所言，圣人体道之大权也。然夫子于公山佛肸之召皆欲往者，以天下无不可变之人，无不可为之事也。其卒不往者，知其人之终不可变而事之终不可为耳。一则生物之仁，一则知人之智也。"

李贽评：佛肸召，子欲往。圣人。子路曰："昔者由也闻诸夫子曰：'亲于其身为不善者，君子不入也。'佛肸以中牟畔，子之往也，如之何？"子曰："然。有是言也。不曰坚乎，磨而不磷；不曰白乎，涅而不缁。吾岂匏瓜也哉？焉能系而不食？"未坚未白之言。

颜子知他"钻之弥坚"，曾子知他"江汉以濯之"，邵子知他以"万世为王"。子曰："由！知德者鲜矣。"

夏新评：此儒家"匏瓜章"也。人群有小，世界有浊。孔子有一颗远污之心，却又怀有担当之志，何以也。儒者做人有道德坚守，"亲于其身为不善者，君子不入也"为其一。然人有追求，墨有绳直，非为桎梏。"不曰坚乎，磨而不磷；不曰白乎，涅而不缁"为其二。可以想见，孔子当然要为这个世界之坚白而作为。此情犹今之中国共产党为达于世界和谐而以原则性与灵活性结合者也。

17.8子曰：“由也！女闻六言六蔽矣乎？”对曰：“未也。”“居！吾语女。好仁不好学，其蔽也愚；好知不好学，其蔽也荡；好信不好学，其蔽也贼；好直不好学，其蔽也绞；好勇不好学，其蔽也乱；好刚不好学，其蔽也狂。”

朱熹注：子曰：“由也，女闻六言六蔽矣乎？”对曰：“未也。”女，音汝，下同。蔽，遮掩也。“居！吾语女。语，去声。○礼：君子问更端，则起而对。故孔子谕子路，使还坐而告之。好仁不好学，其蔽也愚；好知不好学，其蔽也荡；好信不好学，其蔽也贼；好直不好学，其蔽也绞；好勇不好学，其蔽也乱；好刚不好学，其蔽也狂。”好、知，并去声。六言皆美德，然徒好之而不学以明其理，则各有所蔽。愚，若可陷可罔之类。荡，谓穷高极广而无所止。贼，谓伤害于物。勇者，刚之发。刚者，勇之体。狂，躁率也。范氏曰：“子路勇于为善，其失之者，未能好学以明之也，故告之以此。曰勇、曰刚、曰信、曰直，又皆所以救其偏也。”

李贽评：搔着子路痒处，亦搔着子路痛处，亦搔着天下万世痛痒处。呜呼！今天下蔽者岂少哉？言良知而不言“学”，亦愚，亦荡，亦贼，亦绞，亦乱，亦狂。

夏新评：此儒家“六蔽章”也。孔子曾言：人曰“井有仁焉”；此曰：“六言六蔽”，引导单纯、忠厚门徒好看见真实人间社会。生生世界，万千气象。人上百千，其必有诡，六言六蔽岂止？昏君邪教，隐天蔽日；霸权当道，天下大黑，亦不足怪。然则吾不甚信此章，细细咀嚼，当非孔子之思亦非孔子之语也。

17.9子曰："小子何莫学夫《诗》？诗，可以兴，可以观，可以群，可以怨。迩之事父，远之事君；多识于鸟兽草木之名。"

朱熹注：子曰："小子！何莫学夫诗？夫，音扶。小子，弟子也。诗，可以兴，感发志意。可以观，考见得失。可以群，和而不流。可以怨。怨而不怒。迩之事父，远之事君。人伦之道，诗无不备，二者举重而言。多识于鸟兽草木之名。"其绪余又足以资多识。学诗之法，此章尽之。读是经者，所宜尽心也。

李贽评：子曰："小子何莫学夫《诗》？诗，可以兴，可以观，可以群，可以怨。迩之事父，远之事君；多识于鸟兽草木之名。""矣乎"是训辞，非问辞。

夏新评：此儒家"兴观章"也。看官，你当细读此章须明了中华传统文化教育可是自今日始，可明了孔子如同你我庶人对自己儿孙有一番苦心。华夏上古国风家风在此已落地铸就，父母之爱子乃要孩子吃人参果似的读经书。中华民族有福，先祖已然备下精神大餐"六经"，举世唯一！而孔子话语风格，称儿子为"小子"，寓平等，好亲切。循循善诱，哪里有丝毫"父为子纲"的强制味道？此章亦侧面交代孔子何以花数年时间收集、删削、修韵、编纂《诗经》，给世界奉献第一部诗歌总集瑰宝缘由。《诗》"可以兴，可以观，可以群，可以怨"。却原来《诗》书于青少年，于人类有如此之巨大"意义"作用呀！故而孔子才下足编辑功夫。孔子自谓"述而不作"，却撂下如此多文明经典，遂平生之志，值了！

17．10子谓伯鱼曰：“女为《周南》、《召南》矣乎？人而不为《周南》、《召南》，其犹正墙面而立也与？”

朱熹注：女，音汝。与，平声。为，犹学也。周南召南，诗首篇名。所言皆修身齐家之事。正墙面而立，言即其至近之地，而一物无所见，一步不可行。

李贽评：合看两篇，《诗》之用如此。今特以之取科第而已。所云夜明珠弹黄雀者，非耶？孔子言“学”言“为”，孟子方言“颂”字。

夏新评：此儒家“伯鱼章”也。是为孔家私事，孔氏家教也。谁谓孔子之心中无妻无子无家？无情无义无孝？孔丘与伯鱼实在为一对有情父子。这个伯鱼必每日装在乃父心中，甚是幸福。而此一人父，谆谆教诲爱子要诵读《诗经》之《周南》《召南》，以备将来立足于社会。此一教导指引如何？窃以为，孔子之教子，智教也，高教也，远教也，天教也！孔子之于独子，有大爱，真爱，至爱，洋溢于此。后世那些鼠目寸光之徒，私心私教诲淫诲盗，枉为人父孩亲也。而孔子之开放广纳远观意识亦隐约可见。

17．11子曰：“礼云礼云，玉帛云乎哉？乐云乐云，钟鼓云乎哉？”

朱熹注：敬而将之以玉帛，则为礼；和而发之以钟鼓，则为乐。遗其本而专事其末，则岂礼乐之谓哉？程子曰：“礼只是一个序，乐只是一个和。只此两字，含蓄多少义理。天下无一物无礼乐。且如置此两椅，一不正，便是无序。无序便乖，乖便不和。又如盗贼至为不道，然亦有礼乐。盖必有总属，必相听顺，乃能为盗。不然，则叛乱无统，不能一日相聚而为盗也。礼乐无处无之，学者须要识得。”

李贽评：意在言外。水月镜花，是绝妙文字。

夏新评：此儒家“礼云章”也。是为孔子对社会上关于“礼”的片面性浅解认知置疑的一种解答。当时社会上有一种普遍倾向，以为礼、乐，不过是玉帛、钟鼓此类物质形式而已。其实它是，又不是。形而下者谓之器，形而上者谓之道，孔子已悟。无论如何，礼乐乃形上之抽象，人类之创造，应当于其珍惜之，甚爱之。它也确有可爱，夫子譬喻之，像玉帛，像钟鼓，人们这才懂了。

17．12 子曰：“色厉而内荏，譬诸小人，其犹穿窬之盗也与？”

朱熹注：荏，而审反。与，平声。厉，威严也。荏，柔弱也。小人，细民也。穿，穿壁。窬，踰墙。言其无实盗名，而常畏人知也。

李贽评：照妖镜。“色厉内荏”，便是“小人”，何必又“譬诸小人”。

夏新评：此儒家“色厉章”也。孔子或已将上层达官贵胄峨冠凤袍、大腹便便看透，乃外强中干，行尸走肉罢了。古往今来，中国文化把几多魔王看过？为什么美利坚以核武恐吓中国人，毛泽东一句“原子弹啊，纸老虎”，弄得人家华府政客顿时失容呢？原来，华夏祖宗先人早已看穿小人“色厉而内荏，其犹穿窬之盗”的把戏。这是中华士人眼光太犀利，还是中国文化太厉害？！老天爷，你还让小人活不？

17．13子曰：**“乡原，德之贼也。”**

朱熹注：乡者，鄙俗之意。原，与愿同。荀子原悫，注读作愿是也。乡原，乡人之愿者也。盖其同流合污以媚于世，故在乡人之中，独以愿称。夫子以其似德非德，而反乱乎德，故以为德之贼而深恶之。详见孟子末篇。

李贽评：撞着老捕快，又偷不成。

夏新评：此儒家“乡愿章”也。乡风民俗，虽接地气，可惜其中裹挟多少迷信、巫卜、鬼怪、污浊成分同行。中国文化没有私敌，却一再对道德小人穷追猛打做分野，只怨言行不一卑劣之徒，尔亵渎破坏了道德规则和腐蚀了社会风气啊！

17．14 子曰：**“道听而途说，德之弃也。”**

朱熹注： 虽闻善言，不为己有，是自弃其德也。王氏曰：“君子多识前言往行以畜其德，道听途说，则弃之矣。”

李贽评： 可怜，贼也不会做。

夏新评： 此儒家“道听章”也。谣言、鬼话当然像山岳一样古老，像山雾一样弥漫。但是总有人不把脑袋戴在身上，毫无根据，不做判断，信谎传谣，德之弃也。太可怜，太可悲！古今皆不缺如此君啊。

17．15子曰："鄙夫可与事君也与哉？"其未得之也，患得之，既得之，患失之，苟患失之，无所不至矣。

朱熹注：子曰："鄙夫可与事君也与哉？与，平声。鄙夫，庸恶陋劣之称。其未得之也，患得之；既得之，患失之。何氏曰："患得之，谓患不能得之。"苟患失之，无所不至矣。"小则吮痈舐痔，大则弑父与君，皆生于患失而已。胡氏曰："许昌靳裁之有言曰：'士之品大概有三：志于道德者，功名不足以累其心；志于功名者，富贵不足以累其心；志于富贵而已者，则亦无所不至矣。'志于富贵，即孔子所谓鄙夫也。"

李贽评：一部《春秋》。

夏新评：此儒家"鄙夫章"也。中国文化何以锐利至此，把一个利欲熏心，患得患失小人刻画到活灵活现，入木三分，淋漓尽致？孔子实在把人性弱点透视。其未得而患得，既得而患失。孔子该目睹世间身旁多少具象活物现世宝，实践——认识——再实践——再认识。才对鄙夫个性丑态特质上升为抽象为如此逼真肖妙的？《论语》通今，当代邦国鄙夫，何其相似乃尔！

17.16子曰：“古者民有三疾，今也或是之亡也。古之狂也肆，今之狂也荡；古之矜也廉，今之矜也忿戾；古之愚也直，今之愚也诈而已矣。”

朱熹注：子曰：“古者民有三疾，今也或是之亡也。气失其平则为疾，故气?之偏者亦谓之疾。昔所谓疾，今亦无之，伤俗之益衰也。古之狂也肆，今之狂也荡；古之矜也廉，今之矜也忿戾；古之愚也直，今之愚也诈而已矣。”狂者，志愿太高。肆，谓不拘小节。荡则踰大闲矣。矜者，持守太严。廉，谓棱角厉。忿戾则至于争矣。愚者，暗昧不明。直，谓径行自遂。诈则挟私妄作矣。范氏曰：“末世滋伪。岂唯贤者不如古哉？民性之蔽，亦与古人异矣。”

李贽评：剖析分明，亦是一剂起死回生之药。只怕讳疾忌医，仍复辜负此老耳。若到今日，并“荡”与“忿戾”亦都“诈”矣。

夏新评：此儒家“三疾章”也。为孔子对古今社会人品变迁的纵向比较认知，并未偏颇颂古非今。毫无疑问，人民是历史的创造者，群体为道德发展者，但道德在每个人身上的实现参差不齐。“肆、荡、戾、诈”，民德之伤。孔子概括“民有三疾”，已然不易，将之道出，必得罪人，这是需要理论勇气的。

17. 17 子曰：“巧言令色，鲜矣仁。”

朱熹注： 重出。

李贽评： 再说一番，更有味。

夏新评： 此儒家“鲜仁章”也。中国文化对鬼神存有一点“不语”不揭穿其骗局的方法论策略，对世间奸佞之徒则有不共戴天之忿。所以，某些公知说“汪精卫卖国有功”，要为之翻案成功，实在难于上青天。孔氏奋勇，穷追猛打“巧言令色”，非仇其人也，乃恨其“鲜矣仁”也。要造中华文化一片仁义道德、诚信礼善和乐天空，谁与丘易？

17.18 子曰：**“恶紫之夺朱也，恶郑声之乱雅乐也，恶利口之覆邦家者。”**

朱熹注： 恶，去声。覆，芳服反。朱，正色。紫，闲色。雅，正也。利口，捷给。覆，倾败也。范氏曰：“天下之理，正而胜者常少，不正而胜者常多，圣人所以恶之也。利口之人，以是为非，以非为是，以贤为不肖，以不肖为贤。人君苟悦而信之，则国家之覆也不难矣。”

李贽评： 文格妙甚！只用二“也”字叫一“者”字，主客了然。后人如何有此手笔。

夏新评： 此儒家“三恶章”也。中国民间风俗，以红色为喜庆。此一认知选择确立，原来孔子立下汗马功劳：恶紫之夺朱也。夫子为性情中人，有大爱，有雅好，亦有所恶。其恶郑声，恶利口，恶奸佞，非个人私仇好恶，乃道德是非判别使然也。警告当代愤青休得溢满，孔子早已是史上第一大愤青啊！

17.19子曰："予欲无言。"子贡曰："子如不言，则小子何述焉？"子曰："天何言哉？四时行焉，百物生焉。天何言哉？"

朱熹注：子曰："予欲无言。"学者多以言语观圣人，而不察其天理流行之实，有不待言而著者。是以徒得其言，而不得其所以言，故夫子发此以警之。子贡曰："子如不言，则小子何述焉？"子贡正以言语观圣人者，故疑而问之。子曰："天何言哉？四时行焉，百物生焉，天何言哉？"四时行，百物生，莫非天理发见流行之实，不待言而可见。圣人一动一静，莫非妙道精义之发，亦天而已，岂待言而显哉？此亦开示子贡之切，惜乎其终不喻也。程子曰："孔子之道，譬如日星之明，犹患门人未能尽晓，故曰'予欲无言'。若颜子则便默识，其它则未免疑问，故曰'小子何述'。"又曰："'天何言哉，四时行焉，百物生焉'，则可谓至明白矣。"愚按：此与前篇无隐之意相发，学者详之。

李贽评：子曰："予欲无言。"又说。子贡曰："子如不言，则小子何述焉？"钝议。子曰："天何言哉？四时行焉，百物生焉。天何言哉？"

到底说了许多。

夏新评：此儒家"四时章"也。此章在儒家思想乃至中国哲学当中占据极重的理论基础地位，何以也？孔子竟认知万物客观自存性，事物自在运动性观点。而此一日似为夫子心情不佳，故而先声明"予欲无言"。然却终于有言，且为中国哲学关于世界客观性认识之大言。"天何言哉"，天不说话，可是四季照样运行，百物自在生长。天说了什么话呢？万物是自然独立，自然存在又永无休止运动生长凋谢的呀！这是多么经典的宇宙论、物质论、客观论！竟然出自马克思主义辩证唯物论物质观运动观发表之前两千五百年地球东方人之口。儒家哲学，何其了得！人类，你当自豪！中华，焉能不骄？

17.20 孺悲欲见孔子，孔子辞以疾。将命者出户，取瑟而歌，使之闻之。

朱熹注：孺悲，鲁人，尝学士丧礼于孔子。当是时必有以得罪者。故辞以疾，而又使知其非疾，以警教之也。程子曰："此孟子所谓不屑之教诲，所以深教之也。"

李贽评：孺悲欲见孔子，孔子辞以疾。将命者出户，取瑟而歌，使之闻之。妙。

这叫作圣人不会作病，孺悲回去，定要真病。

夏新评：此儒家"子辞章"也。避见时难辞亦难，一腔心事赋瑟弦。孔子为何如此绝情辞以疾？又如何"取瑟而歌，使之闻之"，前后似有矛盾。其与孺悲必有纠结底存。此一玄案，再悬下去可也。

17．21 宰我问：“三年之丧，期已久矣。君子三年不为礼，礼必坏；三年不为乐，乐必崩。旧谷既没，新谷既升，钻燧改火，期可已矣。”子曰：“食夫稻，衣夫锦，于女安乎？”曰：“安。”“女安，则为之。夫君子之居丧，食旨不甘，闻乐不乐，居处不安，故不为也。今女安，则为之！”宰我出。子曰：“予之不仁也！子生三年，然后免于父母之怀。夫三年之丧，天下之通丧也。予也有三年之爱于其父母乎？”

朱熹注：宰我问：“三年之丧，期已久矣。期，音基，下同。期，周年也。君子三年不为礼，礼必坏；三年不为乐，乐必崩。恐居丧不习而崩坏也。旧谷既没，新谷既升，钻燧改火，期可已矣。”钻，祖官反。没，尽也。升，登也。燧，取火之木也。改火，春取榆柳之火，夏取枣杏之火，夏季取桑柘之火，秋取柞楢之火，冬取槐檀之火，亦一年而周也。已，止也。言期年则天运一周，时物皆变，丧至此可止也。尹氏曰：“短丧之说，下愚且耻言之。宰我亲学圣人之门，而以是为问者，有所疑于心而不敢强焉尔。”子曰：“食夫稻，衣夫锦，于女安乎？”曰：“安。”夫，音扶，下同。衣，去声。女，音汝，下同。礼。父母之丧：既殡，食粥、麤衰。既葬，疏食、水饮，受以成布。期而小祥，始食菜果，练冠縓缘、要绖不除，无食稻衣锦之理。夫子欲宰我反求诸心，自得其所以不忍者。故问之以此，而宰我不察也。“女安则为之！夫君子之居丧，食旨不甘，闻乐不乐，居处不安，故不为也。今女安，则为之！”乐，上如字，下音洛。此夫子之言也。旨，亦甘也。初言女安则为之，绝之之辞。又发其不忍之端，以警其不察。而再言女安则为之以深责之。宰我出。子曰：“予之不仁也！子生三年，然后免于父母之怀。夫三年之丧，天下之通丧也。予也有三年之爱于其父母乎？”宰我既出，夫子惧其真以为可安而遂行之，故深探其本而斥之。言由其不仁，故爱亲之薄如此也。怀，抱也。又言君子所以不忍于亲，而丧必三年之故。使之闻之，或能反求而终得其本心也。范氏曰：“丧虽止于三年，然贤者之情则无穷也。特以圣人为之中制而不敢过，故必俯而就之。非以三年之丧，为足以报其亲也。所谓三年然后免于父母之怀，特以责宰我之无恩，欲其有以跂而及之尔。”

李贽评：宰我问：“三年之丧，期已久矣。君子三年不为礼，礼必坏；三年不为乐，乐必崩。旧谷既没，新谷既升，钻燧改火，期可已矣。”不成话，谁道宰我在言。子曰："食夫稻，衣夫锦，于女安乎？"妙，违心。曰："安。"违心。"女安，则为之。妙。夫君子之居丧，食旨不甘，闻乐不乐，居处不安，故不为也。今女安，则为之！"妙。宰我出。如何走得动。子曰："予之不仁也！子生三年，然后免于父母之怀。夫三年之丧，天下之通丧也。予也有三年之爱于其父母乎？"妙。

宰我固不成话，老孔亦狠。著著都是杀著，宰我当日如何当得起。宰我可杀处，不在起初来"问"，而在"曰安"处。

夏新评：此儒家"汝安章"也。孔子关于人类孝悌论题的一次具体解读：三年之丧有必要性。子女出生三年免于父母之怀，故三年之丧天下之通丧。这是从生物学寻根据吗？中国文化之家庭伦理太倔强了！

17．22子曰：**“饱食终日，无所用心，难矣哉！不有博弈者乎？为之，犹贤乎已。”**

朱熹注：博，局戏也。弈，围棋也。已，止也。李氏曰：“圣人非教人博弈也，所以甚言无所用心之不可尔。”

李贽评：请思“饱食终日，无所用心’”是什么东西？分明骂他是个猪。请又思，猪后来如何结果？毕竟供人一饱食而已。故曰：“难矣哉！”

夏新评：此儒家“博弈章”也。孔子似关注人类应当有所作为，人生应当有所作为。其思维丰富性，策略灵活性，选择多样性的表白，是思想解放、毋故毋必的例证。若不欲学时，博弈胜于无聊，下策之中取其弊轻者。孔子已发对人类如何休闲思考。一个“难以矣”，逼出思维创新思想解放智慧大开，是故儒家思想历史先进性有灵活性灵魂，进可好学，退可博弈，犹贤乎矣！一个对“无所用心”“因材实施”选择，乃春秋教育界之“实事求是”乎？

17．23 子路曰：“君子尚勇乎！”子曰：“君子义以为上。君子有勇而无义为乱，小人有勇而无义为盗。”

朱熹注：尚，上之也。君子为乱，小人为盗，皆以位而言者也。尹氏曰：“义以为尚，则其勇也大矣。子路好勇，故夫子以此救其失也。”胡氏曰：“疑此子路初见孔子时问答也。”

李贽评：答得斩截。

夏新评：此儒家“尚勇章”也。为什么孔子对子路“尚勇”之论如此警惕？其实包含对后生极大的关爱与保护。后生们，尚勇的口号不可以随便挂在口中做标签的！不可以轻易戴于头上做桂冠的！切记！切记！勇如一把刀，倘若被无义或鲁莽之徒操手，能无祸乎？孔子对子路这个冒失冲动的小伙之单向思维“君子尚勇”解剖得切中肯綮，云开雾散了，防止了多少暴虎冯河枉然喋血？大爱啊！

17．24子贡曰："君子亦有恶乎！"子曰："有恶：恶称人之恶者，恶居下流而上者，恶勇而不礼者，恶果敢而窒者。"曰："赐也亦有恶乎？""恶徼以为知者，恶不孙以为勇者，恶讦以为直者。"

朱熹注：子贡曰："君子亦有恶乎？"子曰："有恶：恶称人之恶者，恶居下流而讪上者，恶勇而无礼者，恶果敢而窒者。"恶，去声，下同。惟恶者之恶如字。讪，所谏反。讪，谤毁也。窒，不通也。称人恶，则无仁厚之意。下讪上，则无忠敬之心。勇无礼，则为乱。果而窒，则妄作。故夫子恶之。曰："赐也亦有恶乎？""恶徼以为知者，恶不孙以为勇者，恶讦以为直者。"徼，古尧反。知、孙，并去声。讦，居谒反。恶徼以下，子贡之言也。徼，伺察也。讦，谓攻发人之阴私。杨氏曰："仁者无不爱，则君子疑若无恶矣。子贡之有是心也，故问焉以质其是非。"侯氏曰："圣贤之所恶如此，所谓唯仁者能恶人也。"

李贽评：子贡曰："君子亦有恶乎！"何得古怪。子曰："有恶：恶称人之恶者，恶居下流而上者，恶勇而不礼者，恶果敢而窒者。""果敢而窒者"，只可惜，未可恶。曰："赐也亦有恶乎？"知他来意。"恶徼以为知者，恶不孙以为勇者，恶讦以为直者。"文品古朴。

内中"称人之恶者"更可恶。

夏新评：此儒家"有恶章"也。为孔子与爱徒高足纵论人类心中情感的负面：君子有恶，君子恶何？有喜好，有厌恶，真性情，才是真君子。恶称人之恶，恶居下讪上，恶勇而无礼，恶果敢而窒者。孔子憋了一肚子看不惯，一口气吐之甚快。

17．25 子曰：“唯女子与小人为难养也，近之则不孙，远之则怨。”

朱熹注：近、孙、远，并去声。此小人，亦谓仆隶下人也。君子之于臣妾，庄以？之，慈以畜之，则无二者之患矣。

李贽评：子曰：“唯女子与小人为难养也，近之则不孙，远之则怨。”画出。

想曾经历来。

夏新评：此儒家“难养章”也。竟被后人矫情歪曲、误读，留下孔子轻视女性的千古奇冤。实则为：孔子骂人了！真真切切！你们这些小子与小人皆为难处、难养、难调、难教者，近之则不逊，远之则怨。此“女”实为“汝”，“女子”即“你们这些小子”，直白批评门徒后生学子的缺点毛病，难得一见！一定是把老人家惹生气了？却也把一个小庶民人类群体心理剖析太形象深刻。然则此章令孔子背黑锅太久太冤枉，这哪里是批判蔑视女人呢？

请循其本，孔子有歧视女人的思想基础吗？孔子自幼丧父，与母颜征在相依为命，颠沛流离，何以歧？孔子鼓吹“入则孝出则悌”孝道，何以歧？孔子甚而主张“以德友邻”“和为贵”，何以歧？孔子推崇舜，舜帝以孝父母闻名，何以歧？孔子表彰“孝哉闵子骞，人不间于父母昆弟之言”，何以歧？孔子实乃孝子，有孝！大孝！可恨此一个“汝子难养”使夫子千古蒙冤，吾今誓洗雪之！

17．26 子曰：**“年四十而见恶焉，其终也已。”**

朱熹注：恶，去声。四十，成德之时。见恶于人，则止于此而已，勉人及时迁善改过也。苏氏曰“此亦有为而言，不知其为谁也。”

李贽评：也是个老厌物。亦须问恶人者为何如人？若是乡人之不善者，即百岁“见恶”，也无妨。

夏新评：此儒家“见恶章”也。孔子对人们修身养性向仁发展阶段性规律之一见解。老人家实在怜悯某些小人，看不下去，又放不下。人家四十而不惑，你年四十而见恶，你要决心带去病端恶行而终亡吗？

微子篇第十八

18．1 微子去之，箕子为之奴，比干谏而死。孔子曰："殷有三仁焉。"

朱熹注：微子去之，箕子为之奴，比干谏而死。微、箕，二国名。子，爵也。微子，纣庶兄。箕子、比干，纣诸父。微子见纣无道，去之以存宗祀。箕子、比干皆谏，纣杀比干，囚箕子以为奴，箕子因佯狂而受辱。孔子曰："殷有三仁焉。"三人之行不同，而同出于至诚恻怛之意，故不咈乎爱之理，而有以全其心之德也。杨氏曰："此三人者，各得其本心，故同谓之仁。"

李贽评：千古只眼。

夏新评：此儒家"三仁章"也。窃以为，司马迁修《史记》之前，已有孔子心中装着夏商周三代，通古鉴今，臧否人物。微子、箕子、比干，史上君子，三代之贤人，孔子长在心中缅怀而赞颂之，把他们记在历史的贤人堂柱上了。只可惜今日某些中国公知见不得炎黄尧舜，听不得五千年文明，坚决要否三皇，倒孔孟，要一刀砍掉五千年中华史，方解其心头之恨，然而，"桀犬吠尧堪笑止"，日头还不是挂在天上吗？

18．2 柳下惠为士师，三黜。人曰："子未可以去乎？"曰："直道而事人，焉往而不三黜？枉道而事人，何必去父母之邦？"

朱熹注： 柳下惠为士师，三黜。人曰："子未可以去乎？"曰："直道而事人，焉往而不三黜？枉道而事人，何必去父母之邦。"三，去声。焉，于虔反。士师，狱官。黜，退也。柳下惠三黜不去，而其辞气雍容如此，可谓和矣。然其不能枉道之意，则有确乎其不可拔者。是则所谓必以其道，而不自失焉者也。○胡氏曰："此必有孔子断之之言而亡之矣。"

李贽评： 有见有守。

夏新评： 此儒家"三黜章"也。孔子为君子、为士人、为后世读书人又立起一项做人做事高洁准则：直道而行。柳下惠"蒙耻救民，德弥大兮"。直道而事人，于己于人，有仁有益。中国君子心中只有耿直而无曲佞。枉道歪道诡道，非不知也，是不为也，不齿也。

18．3 齐景公待孔子曰：“若季氏，则吾不能；以季、孟之间待之。”曰：“吾老矣，不能用也。”孔子行。

朱熹注： 鲁三卿，季氏最贵，孟氏为下卿。孔子去之，事见世家。然此言必非面语孔子，盖自以告其臣，而孔子闻之尔。程子曰：“季氏强臣，君待之之礼极隆，然非所以待孔子也。以季、孟之闲待之，则礼亦至矣。然复曰‘吾老矣不能用也’，故孔子去之。盖不系待之轻重，特以不用而去尔。”

李贽评： 齐景公待孔子，曰：“若季氏则吾不能，以季、孟之闲待之。”曰：“吾老矣，不能用也。”好货。孔子行。妙。

不行何为。

夏新评： 此儒家“吾老章”也。孔子怀改世安民、为政以德之志，满怀信心，曾游说七十余邦国，干八十余君王。一腔热血却只是处处碰壁。齐景公竟以“吾老矣”为由，拒绝重用孔子。一个“不能用也”，太失望，孔子师生唯有卷起行李铺盖开路了。

18．4 齐人归女乐，季桓子受之，三日不朝，孔子行。

朱熹注：齐人归女乐，季桓子受之。三日不朝，孔子行。归，如字，或作馈。朝，音潮。季桓子，鲁大夫，名斯。按史记，“定公十四年，孔子为鲁司寇，摄行相事。齐人惧，归女乐以沮之”。尹氏曰：“受女乐而怠于政事如此，其简贤弃礼，不足与有为可知矣。夫子所以行也，所谓见几而作，不俟终日者与？”范氏曰：“此篇记仁贤之出处，而折中以圣人之行，所以明中庸之道也。”

李贽评：“子在齐闻《韶》，三月不知肉味。”“齐人归女乐”，三日不知孔子。

夏新评：此儒家“女乐章”也。当为孔子13年政治游说征途中又一具体经历和实例，亦是统治者荒淫见证。女乐靡靡，三日不朝，季恒子之流腐败如此，孔子不被待见，只好又一次失望而起程离开。春秋百姓，面对的邦国朝廷君主王侯，是一帮什么东西！

18．5楚狂接舆歌而过孔子曰："凤兮凤兮！何德之衰？往者不可谏，来者犹可追。已而！已而！今之从政者殆而！"孔子下，欲与之言。趋而辟之，不得与之言。

朱熹注：楚狂接舆歌而过孔子曰："凤兮！凤兮！何德之衰？往者不可谏，来者犹可追。已而，已而！今之从政者殆而！"接舆，楚人，佯狂辟世。夫子时将适楚，故接舆歌而过其车前也。凤有道则见，无道则隐，接舆以比孔子，而讥其不能隐为德衰也。来者可追，言及今尚可隐去。已，止也。而，语助辞。殆，危也。接舆盖知尊孔子而趋不同者也。孔子下，欲与之言。趋而辟之，不得与之言。辟，去声。孔子下车，盖欲告之以出处之意。接舆自以为是，故不欲闻而避之也。

李贽评：孔非衰凤，狂实犹龙。读此，如到异境遇异人，数日后犹飘飘欲仙，乐哉！

夏新评：此儒家"楚狂章"也。此章及后二章为《论语》中之奇特人文异象。可见华夏地域文化异彩纷呈。南方楚国士人受老子哲学出世观念影响，思维奔放，却行状怪诞，足以反映春秋文化多元性丰富性，资料弥珍。楚狂接舆表面狂而心里明，盖因其对时政当局心灰意冷，彻底失望。"凤兮凤兮，何德之衰？"春秋东周，史上乱世，把人逼成疯癫鬼样，什么世道？孔子心痛哉！

18．6长沮、桀溺耦而耕，孔子过之，使子路问津焉。长沮曰：“夫执舆者为谁？”子路曰：“为孔丘。”曰：“是鲁孔丘与？”曰：“是也。”曰：“是知津矣。”问于桀溺。桀溺曰：“子为谁？”曰：“为仲由”。曰：“是鲁孔丘之徒与？”对曰：“然。”曰：“滔滔者天下皆是也，而谁以易之？且而与其从辟人之士也，岂若从辟世之士哉？”耨而不辍。子路行以告。夫子怃然曰：“鸟兽不可与同群，吾非斯人之徒与而谁与？天下有道，丘不与易也。”

朱熹注：长沮、桀溺耦而耕，孔子过之，使子路问津焉。沮，七余反。溺，乃历反。二人，隐者。耦，并耕也。时孔子自楚反乎蔡。津，济渡处。长沮曰：“夫执舆者为谁？”子路曰：“为孔丘。”曰：“是鲁孔丘与？”曰：“是也。”曰：“是知津矣。”夫，音扶。与，平声。执舆，执辔在车也。盖本子路御而执辔，今下问津，故夫子代之也。知津，言数周流，自知津处。问于桀溺，桀溺曰：“子为谁？”曰：“为仲由。”曰：“是鲁孔丘之徒与？”对曰：“然。”曰：“滔滔者天下皆是也，而谁以易之？且而与其从辟人之士也，岂若从辟世之士哉？”耰而不辍。徒与之与，平声。滔，吐刀反。辟，去声。耰，音忧。滔滔，流而不反之意。以，犹与也。言天下皆乱，将谁与变易之？而，汝也。辟人，谓孔子。辟世，桀溺自谓。耰，覆种也。亦不告以津处。子路行以告。夫子怃然曰：“鸟兽不可与同群，吾非斯人之徒与而谁与？天下有道，丘不与易也。”怃，音武。与，如字。怃然，犹怅然，惜其不喻己意也。言所当与同群者，斯人而已，岂可绝人逃世以为洁哉？天下若已平治，则我无用变易之。正为天下无道，故欲以道易之耳。程子曰：“圣人不敢有忘天下之心，故其言如此也。”张子曰：“圣人之仁，不以无道必天下而弃之也。”

李贽评：真圣人之言。

夏新评：此儒家“问津章”也。孔子到楚国，实在是中国文化史上一桩盛事、大事。古今学者竟视若无睹，可叹可叹。为何长沮、接溺那样冲撞对待孔子师徒？原来事出有因，怪罪不得楚国士人。孔子属于北方文化发达的中央地区，老子为南方落后蛮夷地区。孔子创立儒家思想学说，而楚国为老子哲学文化范围。孔子讲仁义礼乐，彬彬有礼。而楚国士人则粗莽直率，思维方式、语言体系，情绪表达，与中原迥然不同。一个长江文明文化背景，一个黄河文明文化缩影。中原与南方，流域普系，风俗迥殊，气质不同。子路问津之冲突，实为儒、道文化观念交锋碰撞。“滔滔者天下皆是也，而谁与易之？”是为长江文明对世事认知。“鸟兽不可以同群，吾非斯人之徒而谁与？天下有道，丘不与易也。”是为黄河中原文化之社会认知。孔子师徒到楚国对话，实则是长江文化与黄河文化、中原发达文明与南方落后文明、孔子儒家思想与老子道家哲学的一次大交流、大交锋。这一次当面碰撞，火花四溅。细读此章，直道“好看！好看”！中华文明能不富也灿乎？

18.7子路从而后，遇丈人，以杖荷蓧。子路问曰："子见夫子乎？"丈人曰："四体不勤，五谷不分，孰为夫子？"植其杖而芸。子路拱而立。止子路宿，杀鸡为黍而食之，见其二子焉。明日，子路行以告。子曰："隐者也。"使子路反见之。至，则行矣。子路曰："不仕无义。长幼之节，不可废也；君臣之义，如之何其废之？欲洁其身，而乱大伦。君子之仕也，行其义也。道之不行，已知之矣。"

朱熹注：子路从而后，遇丈人，以杖荷蓧。子路问曰："子见夫子乎？"丈人曰："四体不勤，五谷不分。孰为夫子？"植其杖而芸。蓧，徒吊反。植，音值。丈人，亦隐者。蓧，竹器。分，辨也。五谷不分，犹言不辨菽麦尔，责其不事农业而从师远游也。植，立之也。芸，去草也。子路拱而立。知其隐者，敬之也。止子路宿，杀鸡为黍而食之，见其二子焉。食，音嗣。见，贤遍反。明日，子路行以告。子曰："隐者也。"使子路反见之。至则行矣。孔子使子路反见之，盖欲告之以君臣之义。而丈人意子路必将复来，故先去之以灭其迹，亦接舆之意也。子路曰："不仕无义。长幼之节，不可废也；君臣之义，如之何其废之？欲洁其身，而乱大伦。君子之仕也，行其义也。道之不行，已知之矣。"长，上声。子路述夫子之意如此。盖丈人之接子路甚倨，而子路益恭，丈人因见其二子焉。则于长幼之节，固知其不可废矣，故因其所明以晓之。伦，序也。人之大伦有五：父子有亲，君臣有义，夫妇有别，长幼有序，朋友有信是也。仕所以行君臣之义，故虽知道之不行而不可废。然谓之义，则事之可否，身之去就，亦自有不可苟者。是以虽不洁身以乱伦，亦非忘义以殉禄也。福州有国初时写本，路下有"反子"二字，以此为子路反而夫子言之也。未知是否？○范氏曰："隐者为高，故往而不反。仕者为通，故溺而不止。不与鸟兽同群，则决性命之情以饕富贵。此二者皆惑也，是以依乎中庸者为难。惟圣人不废君臣之义，而必以其正，所以或出或处而终不离于道也。"

李贽评：子路从而后，遇丈人，以杖荷蓧。动得子路拱立，其人可知也。子路问曰："子见夫子乎？"原莽。丈人曰："四体不勤，五谷不分，孰为夫子？"有理，奇。植其杖而芸。子路拱而立。亦奇。奇。止子路宿，杀鸡为黍而食之，见其二子焉。明日，子路行以告。子曰："隐者也。"使子路反见之。亦奇。奇。至，则行矣。子路曰："不仕无义。长幼之节，不可废也；君臣之义，如之何其废之？

欲洁其身，而乱大伦。君子之仕也，行其义也。道之不行，已知之矣。”骗他。

看此等光景，令人感，感！

夏新评：此儒家“丈人章”也。显示孔子师徒渐渐进入楚国中心地带，目睹文化风俗与中原有异，社会倒也安定民康。虽然“子路从而后”却并未遇到在陈被困、在匡被围那样的生命危险。丈人其实为楚国隐者士人，双方交流，各表其意。而南方好客，“杀鸡为黍而食之”，盛待了子路。这《微子篇十八》5-6-7三章，一幅幅图景，格外生动，煞是好看，反映了孔子师徒为实现社会变革理想而游说列国政治的旅途遭遇故事、艰辛历程，以及风俗民情社会反响。南方楚国文化与中原北方迥异。孔子在楚国接触到一批另类思维的江南隐士，对他认知整个春秋时代华夏民风、社情和人心有极大补充作用。北方毕竟是文明先导，气魄宏大，不似南人偏激、无礼、抗拒和怨气冲天。孔子竟不惧狂人挑战，有趣！有趣！此次接触，同样连子路也开窍深化了认识：道之不行，已知之矣。而师徒们从此并未气馁。这支追求政治变革长征的文人军旅，士气非凡。

18．8逸民：伯夷、叔齐、虞仲、夷逸、朱张、柳下惠、少连。子曰："不降其志，不辱其身，伯夷、叔齐与！"谓"柳下惠、少连，降志辱身矣，言中伦，行中虑，其斯而已矣。"谓"虞仲、夷逸，隐居放言，身中清，废中权。我则异于是，无可无不可。"

朱熹注：逸民：伯夷、叔齐、虞仲、夷逸、朱张、柳下惠、少连。少，去声，下同。逸，遗逸。民者，无位之称。虞仲，即仲雍，与大伯同窜荆蛮者。夷逸、朱张，不见经传。少连，东夷人。子曰："不降其志，不辱其身，伯夷、叔齐与！"与，平声。谓："柳下惠、少连，降志辱身矣。言中伦，行中虑，其斯而已矣。"中，去声，下同。柳下惠事见上。伦，义理之次第也。虑，思虑也。中虑，言有意义合人心。少连事不可考。然记称其"善居丧，三日不怠，三月不解。期悲哀，三年忧"。则行之中虑，亦可见矣。谓："虞仲、夷逸，隐居放言。身中清，废中权。仲雍居吴，断发文身，裸以为饰。隐居独善，合乎道之清。放言自废，合乎道之权。我则异于是，无可无不可。"孟子曰："孔子可以仕则仕，可以止则止，可以久则久，可以速则速。"所谓无可无不可也。谢氏曰"七人隐遯不污则同，其立心造行则异。伯夷、叔齐，天子不得臣，诸侯不得友，盖已遯世离群矣，下圣人一等，此其最高与！柳下惠、少连，虽降志而不枉己，虽辱身而不求合，其心有不屑也。故言能中伦，行能中虑。虞仲、夷逸隐居放言，则言不合先王之法者多矣。然清而不污也，权而适宜也，与方外之士害义伤教而乱大伦者殊科。是以均谓之逸民。"尹氏曰："七人各守其一节，而孔子则无可无不可，此所以常适其可，而异于逸民之徒也。"扬雄曰："观乎圣人则见贤人。是以孟子语夷，惠，亦必以孔子断之。"

李贽评：逸民：伯夷、叔齐、虞仲、夷逸、朱张、柳下惠、少连。子曰："不降其志，不辱其身，伯夷、叔齐与！"谓"柳下惠、少连，降志辱身矣，言中伦，行中虑，其斯而已矣。"谓"虞仲、夷逸，隐居放言，身中清，废中权。我则异于是，无可无不可。"为之堕泪。

把天下万世之身，与逸民较量，其有所感深矣。

夏新评：此儒家"逸民章"也。孔子对上古历史与人物有研究，有分类，有集成。

此章系列人物似已树立为孔门学校弟子楷模之列。孔门士人常以史上和身边之人事自警，诫励自身如何处世躬行。读此章万不可忽略“我则异于是”宏旨大义，那是一位具有独立思想独立人格独立思维的民间士人、智慧巨擘啊！无论何世何代，孔子以为，作为一个士人的基本行操可以归纳为：“不降其志，不辱其身”他！

18.9 大师挚适齐，亚饭干适楚，三饭缭适蔡，四饭缺适秦，鼓方叔入于河，播武入于汉，少师阳、击磬襄入于海。

朱熹注：大师挚适齐，大，音泰。大师，鲁乐官之长。挚，其名也。亚饭干适楚，三饭缭适蔡，四饭缺适秦。饭，扶晚反。缭，音了。亚饭以下，以乐侑食之官。干、缭、缺，皆名也。鼓方叔入于河，鼓，击鼓者。方叔，名。河，河内。播？武入于汉，○，徒刀反。播，摇也。○，小鼓。两旁有耳，持其柄而摇之，则旁耳还自击。武，名也。汉，汉中。少师阳、击磬襄入于海。少，去声。少师，乐官之佐。阳、襄，二人名。襄即孔子所从学琴者。海，海岛也。此记贤人之隐遯以附前章，然未必夫子之言也。末章放此。张子曰：“周衰乐废，夫子自卫反鲁，一尝治之。其后伶人贱工识乐之正。及鲁益衰，三桓僭妄，自大师以下，皆知散之四方，逾河蹈海以去乱。圣人俄顷之助，功化如此。如有用我，期月而可。岂虚语哉？”

李贽评：平平叙去，而有无限感慨，文品亦高古。

夏新评：此儒家“大师章”也。这是一幅人才流亡图。乱世邦国亡，树倒猢狲散，人才奔四方。国运不昌，士命维艰。真是宁做太平犬，不做乱离人。大师，亚饭，三饭，四饭如之何？孔子育人才，重英才，眼见大师流落四方，礼崩乐坏，痛哉！

18. 10 周公谓鲁公曰："君子不施其亲，不使大臣怨乎不以。故旧无大故，则不弃也。无求备于一人！"

朱熹注：周公谓鲁公曰："君子不施其亲，不使大臣怨乎不以。故旧无大故，则不弃也。无求备于一人。"施，陆氏本作弛，诗纸反。福本同。鲁公，周公子伯禽也。弛，遗弃也。以，用也。大臣非其人则去之，在其位则不可不用。大故，谓恶逆。李氏曰："四者皆君子之事，忠厚之至也。"胡氏曰："此伯禽受封之国，周公训戒之辞。鲁人传诵，久而不忘也。其或夫子尝与门弟子言之欤？

李贽评：文品古甚。

夏新评：此儒家"周公章"也。孔子虽为乡村庶民，却早已树立变革之志，天下襟怀，欲广纳人才，立新标准。"无求备于一人"，此一条对鲁公之建议乃大气魄也！

18．11周有八士：伯达、伯适、仲突、仲忽、叔夜、叔夏、季随、季騧。

朱熹注：騧，乌瓜反。或曰“成王时人”，或曰“宣王时人”。盖一母四乳而生八子也，然不可考矣。张子曰：“记善人之多也。”愚按：此篇孔子于三仁、逸民、师挚、八士，既皆称赞而品列之；于接舆、沮、溺、丈人，又每有惓惓接引之意。皆衰世之志也，其所感者深矣。在陈之叹，盖亦如此。三仁则无间然矣，其余数君子者，亦皆一世之高士。若使得闻圣人之道，以裁其所过而勉其所不及，则其所立，岂止于此而已哉?

李贽评：周有八士：伯达、伯适、仲突、仲忽、叔夜、叔夏、季随、季騧。文品古甚。

总批：读此一篇，如读稗官小说、野史、国乘，令人不寐。其亦经中之史乎。

夏新评：此儒家“八士章”也。当为孔子常挂在嘴边教育门生仿效的八位贤人。西周文化繁荣，郁郁乎文哉。非唯鉴于二代，抑亦因士人拥挤，人才济济是也。

子张篇第十九

19．1 子张曰："士见危致命，见得思义，祭思敬，丧思哀，其可已矣。"

朱熹注： 致命，谓委致其命，犹言授命也。四者立身之大节，一有不至，则余无足观。故言士能如此，则庶乎其可矣。

李贽评： 子张曰："士见危致命，见得思义，祭思敬，丧思哀，其可已矣。"逸。

"致命"不用"思"字，有理。

夏新评： 此儒家"见危章"也。"子张篇"共 25 章，无一篇章前面冠以"子曰"，应该皆为孔子门徒之言，恐是出自再传弟子之手，记述各人所师之言。孔子逝后儒学八派，可见一斑。"见得思义，见危致命"，乃门生子张观点主张，与孔子一贯思想稍有异。老人家表述会更加老到。虽谓"有杀身以成仁"，但绝不要暴虎冯河，还要危邦不居，乱邦不入。故"见得思义"或可，却不可胡乱却了少年头啊！

19．2 子张曰：**“执德不弘，信道不笃，焉能为有？焉能为亡？”**

朱熹注：焉，于虔反。亡，读作无，下同。有所得而守之太狭，则德孤；有所闻而信之不笃，则道废。焉能为有无，犹言不足为轻重。

李贽评：骂得狠。

夏新评：此儒家“执德章”也。抑亦“吾道一以贯之”而已矣。但表述软弱，似无可奈何，无能为力。较孔子思想、语言，斯在其下矣。

19．3子夏之门人问交于子张。子张曰："子夏云何？"对曰："子夏曰：'可者与之，其不可者拒之。'"子张曰："异乎吾所闻：君子尊贤而容众，嘉善而矜不能。我之大贤与，于人何所不容？我之不贤与，人将拒我，如之何其拒人也？"

朱熹注：贤与之与，平声。子夏之言迫狭，子张讥之是也。但其所言亦有过高之病。盖大贤虽无所不容，然大故亦所当绝；不贤固不可以拒人，然损友亦所当远。学者不可不察。

李贽评：子夏之门人问交于子张。先不满其师了。子张曰："子夏云何？"对曰："子夏曰：'可者与之，其不可者拒之。'""拒字病"。子张曰："异乎吾所闻：君子尊贤而容众，嘉善而矜不能。我之大贤与，于人何所不容？我之不贤与，人将拒我，如之何其拒人也？"

说得痛快。子张固妙人，所以来子夏门人之问也。

夏新评：此儒家"异闻章"也。其语言表达存在不简不彰不刚不透之弊。其意"尊贤而容众"倒也与孔子"和而不同"似相合。但此间有了一条大贤与否标准。于人何所不容，今日社会可以用吗？

19．4子夏曰："虽小道，必有可观者焉；致远恐泥，是以君子不为也。"

朱熹注：泥，去声。小道，如农圃医卜之属。泥，不通也。杨氏曰："百家众技，犹耳目鼻口，皆有所明而不能相通。非无可观也，致远则泥矣，故君子不为也。"

李贽评：老实头。

夏新评：此儒家"小道章"也。子夏虽为孔门之徒，似乎只学得其师之"小道"而已，显小家之器，与先生"纵横捭阖，天下归仁"那种气象，已然步下几级台阶。可叹！可叹！

19．5子夏曰："日知其所亡，月无忘其所能，可谓好学也已矣。"

朱熹注：亡，读作无。好，去声。〇亡，无也。谓己之所未有。尹氏曰："好学者日新而不失。"

李贽评：经历语。

夏新评：此儒家"日知章"也。子夏这种小器风格，却也寓学贵有恒、当厚积薄发之理。或为其个人一点学问心得体会也，倒也在理实用。

19．6子夏曰：“博学而笃志，切问而近思，仁在其中矣。”

朱熹注：四者皆学问思辨之事耳，未及乎力行而为仁也。然从事于此，则心不外驰，而所存自熟，故曰仁在其中矣。程子曰：“博学而笃志，切问而近思，何以言仁在其中矣？学者要思得之。了此，便是彻上彻下之道。”又曰：“学不博则不能守约，志不笃则不能力行。切问近思在己者，则仁在其中矣。”又曰：“近思者以类而推。”苏氏曰：“博学而志不笃，则大而无成；泛问远思，则劳而无功。”

李贽评：真。

夏新评：此儒家“博学章”也。言语简约铿锵，论题广大高远，将学、志、问、思与“仁”相关联，应当是“子夏曰”篇章中很出色、深刻的一章。这一回似可是得了孔氏真传吧。

19．7 子夏曰：**“百工居肆以成其事，君子学以致其道。”**

朱熹注： 肆，谓官府造作之处。致，极也。工不居肆，则迁于异物而业不精。君子不学，则夺于外诱而志不笃。尹氏曰：“学所以致其道也。百工居肆，必务成其事。君子之于学，可不知所务哉？”愚按：二说相须，其义始备。

李贽评： 今之“百工居肆以成其事”者比比，今之“君子学以致道”者几人哉！

夏新评： 此儒家“百工章”也。以为百工作器与君子致道，其理一也。从学理、意义到思维境界，与孔子诸言相较显甚低，子夏君又在老师后面好远喘气呀。

19．8 子夏曰：**“小人之过也必文。”**

朱熹注：文，去声。文，饰之也。小人惮于改过，而不惮于自欺，故必文以重其过。

李贽评：说破千古小人情状。今人倘有文过之念，这念便是小人了。

夏新评：此儒家“文过章”也。子夏之语倒颇有先师之风，接过先生批判武器，疗疾社会痼疾，长善救失，对世间小人观察抨击乃孔门护德之行为担当。子夏对小人有独到认知：其过也必文（掩饰），对他们的伎俩揭示相当深刻。

19．9 子夏曰：“君子有三变：望之俨然，即之也温，听其言也厉。”

朱熹注：俨然者，貌之庄。温者，色之和。厉者，辞之确。程子曰：“他人俨然则不温，温则不厉，惟孔子全之。”谢氏曰：“此非有意于变，盖并行而不相悖也，如良玉温润而栗然。”

李贽评：画。

夏新评：此儒家“三变章”也。看似为子夏观察士人君子心得，实则应是将过去观察其师之平日神态推及君子。孔子一个“温而厉”，这里一个“望之俨然”，何其相似乃尔？

19．10 子夏曰：“君子信而后劳其民，未信则以为厉己也。信而后谏，未信则以为谤己也。”

朱熹注： 信，谓诚意恻怛而人信之也。厉，犹病也。事上使下，皆必诚意交孚，而后可以有为。

李贽评： 小心之极。这等人极少是非。

夏新评： 此儒家“信劳章”也。其中心主旨在宣扬儒家诚信于友于民于事至为重要的一贯思想。即君子当有信，君子信与未信之反省。主题与孔子讲信相似，但四句话四个信，倒腾反复。哪里及得夫子“主忠信”“言必信”的简约铿锵？

19．11 子夏曰：“大德不逾闲，小德出入可也。”

朱熹注：大德、小德，犹言大节、小节。闲，阑也，所以止物之出入。言人能先立乎其大者，则小节虽或未尽合理，亦无害也。吴氏曰：“此章之言，不能无弊。学者详之。”

李贽评：最方而最圆。“出入”形容其活动耳，缘何便说未尽合理？

夏新评：此儒家“大德章”也。提出道德是有大小、主次、轻重分别的观点，有一丝辩证味道。道德确是有分量和边界的，大德、小德为人们掂量、取舍、守失，给出了分寸。

19．12 子游曰："子夏之门人小子，当洒扫应对进退，则可矣，抑末也。本之则无，如之何？"子夏闻之，曰："噫！言游过矣！君子之道，孰先传焉，孰后倦焉？譬诸草木，区以别矣。君子之道，焉可诬也？有始有卒者，其唯圣人乎！"

朱熹注：子游曰："子夏之门人小子，当洒扫、应对、进退，则可矣。抑末也，本之则无。如之何？"洒，色卖反。扫，素报反。子游讥子夏弟子，于威仪容节之间则可矣。然此小学之末耳，推其本，如大学正心诚意之事，则无有。子夏闻之曰："噫！言游过矣！君子之道，孰先传焉？孰后倦焉？譬诸草木，区以别矣。君子之道，焉可诬也？有始有卒者，其唯圣人乎！"别，必列反。焉，于虔反。倦，如诲人不倦之倦。区，犹类也。言君子之道，非以其末为先而传之，非以其本为后而倦教。但学者所至，自有浅深，如草木之有大小，其类固有别矣。若不量其浅深，不问其生熟，而概以高且远者强而语之，则是诬之而已。君子之道，岂可如此？若夫始终本末一以贯之，则惟圣人为然，岂可责之门人小子乎？程子曰："君子教人有序，先传以小者近者，而后教以大者远者。非先传以近小，而后不教以远大也。"又曰："洒扫应对，便是形而上者，理无大小故也。故君子只在慎独。"又曰："圣人之道，更无精粗。从洒扫应对，与精义入神贯通只一理。虽洒扫应对，只看所以然如何。"又曰："凡物有本末，不可分本末为两段事。洒扫应对是其然，必有所以然。"又曰："自洒扫应对上，便可到圣人事。"愚按：程子第一条，说此章文意，最为详尽。其后四条，皆以明精粗本末。其分虽殊，而理则一。学者当循序而渐进，不可厌末而求本。盖与第一条之意，实相表里。非谓末即是本，但学其末而本便在此也。

李贽评：两家说话，各有病痛，若教门人小子，似子夏为近也。只是可惜了这门人小子。子夏原言"本末"合一，解者失之。程伯子犹得其意也。详玩五条便可知。

夏新评：此儒家"洒扫章"也。扫地入论，令古今多少读书人感慨唏嘘。一屋不扫，何以扫天下？孔子之门徒有无高下之分，又孰高孰低？无人考究。实则当时门生内部已常有计较、议论、评价。此章子游、子夏已然相较。但总体上看，门生后学之言之思与其师已然大不如矣！

19．13 子夏曰：**“仕而优则学，学而优则仕。”**

朱熹注：优，有余力也。仕与学理同而事异，故当其事者，必先有以尽其事，而后可及其余。然仕而学，则所以资其仕者益深；学而仕，则所以验其学者益广。

李贽评：今人学未优则已仕矣。“仕而优”如何肯学？此言“仕”、“学’合一也，所以从“仕而优”说起。

夏新评：此儒家“学优章”也。本章在《论语》全书“大哉论”中，当占有一席之地。子夏之不辜孔门，子夏之在后学中地位，仅此章提出“学而优则仕”新观念，而足以奠定矣！此言最体现儒家思想精神，颠覆自古以来“门第高贵而仕”的法则。这是新兴阶层反抗门阀专断权力的纲领、心声！这是新兴士人强烈要求登上政治舞台的呼喊！这是中国科举制度的理论先导！绝对的新观念、新文化！孔子颠覆贵族权力固化，开辟出草根上升的通道，使“朝为田舍郎，暮登天子堂”成为后代世象。孔学的时代革命性、历史进步性、深刻批判性凭借此论毅然决然地向前进一大步了！

19．14 子游曰：**“丧致乎哀而止。”**

朱熹注：致极其哀，不尚文饰也。杨氏曰：“‘丧，与其易也宁戚’，不若礼不足而哀有余之意。”愚按：“而止”二字，亦微有过于高远而简略细微之弊。学者详之。

李贽评：当时必有“临丧不哀”者，故有此言。

夏新评：此儒家“丧哀章”也。似为丧礼中情绪表达、控制程度的一种劝勉，活人生存重于已逝故者，哀适可而止可也。意小事微，可有可略。

19．15 子游曰：“吾友张也为难能也，然而未仁。”

朱熹注：子张行过高，而少诚实恻怛之意。

李贽评：子游曰：“吾友张也为难能也，然而未仁。”波澜。

合读下节，乃知圣门之“辅仁”如此。

夏新评：此儒家“未仁章”也。孔子逝后，门徒仍高举“仁”之旗帜，修齐治平未止。但由子游出言评价朋友子张是否到达仁，似不够格局吧?

19．16 曾子曰：“堂堂乎张也，难与并为仁矣。”

朱熹注：堂堂，容貌之盛。言其务外自高，不可辅而为仁，亦不能有以辅人之仁也。范氏曰“子张外有余而内不足，故门人皆不与其为仁。子曰：‘刚、毅、木、讷近仁。’宁外不足而内有余，庶可以为仁矣。”

李贽评：曾子曰：“堂堂乎张也，难与并为仁矣。”“堂堂乎张也”字奇。

夏新评：此儒家“堂堂章”也。可见子张似为孔门后生中一位相貌出众、仪表堂堂之士。木秀于林，风必扰之。仁这把尺子量掉了多少正人君子？若问：子张未仁，而其谁仁？孔子仁否？志否？孔子之志为何？为大道之行也，大同世界也，为政以德也，天下归仁也，均贫富也，安民安百姓也？又何以达志？曰教化，曰授徒，曰游说，曰为官，曰变革。踽踽独行，七十三载不辍。孔子之志达耶？教化有成、学说创立，思想传播，在世尚未见成效，却在死后两千年中推行。斯可矣！

19．17 曾子曰：“吾闻诸夫子：人未有自致者也，必也亲丧乎！”

朱熹注：致，尽其极也。盖人之真情所不能自已者。尹氏曰：“亲丧故所自尽也，于此不用其诚，恶乎用其诚。”

李贽评：孝子之言。“自致”字奇。

夏新评：此儒家“亲丧章”也。可见曾子之学识、眼界，乃放在微观末务之方面。丧乃古时重事，亲者必尽致。

19．18 曾子曰："吾闻诸夫子：孟庄子之孝也，其他可能也；其不改父之臣与父之政，是难能也。"

朱熹注：孟庄子，鲁大夫，名速。其父献子，名蔑。献子有贤德，而庄子能用其臣，守其政。故其他孝行虽有可称，而皆不若此事之为难。

李贽评：决不为孟庄子而言，曾子则以为为孟庄子矣。

夏新评：此儒家"难能章"也。曾子之器量、格局，学识，实在难以与其师相并提论。此章乃一次教学回忆而已。重温师教，这样的情景在孔子逝后乃常有发生、呈现吧？

19．19 孟氏使阳肤为士师，问于曾子。曾子曰："上失其道，民散久矣。如得其情，则哀矜而勿喜！"

朱熹注：阳肤，曾子弟子。民散，谓情义乖离，不相维系。谢氏曰："民之散也，以使之无道，教之无素。故其犯法也，非迫于不得已，则陷于不知也。故得其情，则哀矜而勿喜。"

李贽评：仁人之言。

夏新评：此儒家"上失章"也。可谓曾子对社会政治大主题发表见解的一次，难得，难得。"上失其道，民散久矣"一语值得玩味。只见孔氏师徒，却也与春秋整个统治阶级格格不入。在孔门师生口中统治者是什么形象：不肖之徒、穿窬之盗、上失其道、谲而不正、言不忠信、言过其行、其身不正、克伐怨欲、邦无道、小人，等等。够了！贵胄王侯形象在孔子之流乡野草民心中太糟糕太负面了。这就是新儒学文化滋养的新兴士人之精神优势。可见儒家对官与民、治与乱本质研究心得何其多而深，这亦是中华政治文化大发展之茂盛气象。当今日本、美利坚想跟中国玩政治，必遭鄙视，只增莞尔！而如得其情，则哀矜而勿喜，展现仁者心肠。华夏大度！

19．20子贡曰："纣之不善，不如是之甚也。是以君子恶居下流，天下之恶皆归焉。"

朱熹注：恶居之恶，去声。下流，地形卑下之处，众流之所归。喻人身有污贱之实，亦恶名之所聚也。子贡言此，欲人常自警省，不可一置其身于不善之地。非谓纣本无罪，而虚被恶名也。

李贽评：公论。非为纣分疏，实不欲人为纣耳。

夏新评：此儒家"恶归章"也。子贡发声，出口不凡，对古人评价与众不同，纣王要算上古帝王中名声和争议最大的一位。可见，孔子门徒眼界奇高，中国夏商周三代帝王中之上善者与下流者，常成为师生谈论话题。另一方面，此也是古代历史人物在民间口头中广泛流传的实证。子贡说"纣之不善不如是之甚"之言，这是反潮流观点，可谓大胆独立思考，客观公正评价。众口铄金之另一端是"天下之恶皆归焉。"唯孔子之徒子贡方能有此一见！

19．21 子贡曰：“君子之过也，如日月之食焉；过也，人皆见之；更也，人皆仰之。”

朱熹注：更，平声。

李贽评：善状。

夏新评：此儒家“君过章”也。子贡之语言风格，有似其师。此章之譬，有似北辰。人之过在地，日月食在天。将二者做一比喻，只有孔子之徒聪慧若子贡者，才能说出如此深刻而形象的名言吧？好文！好意！

19．22 卫公孙朝问于子贡曰：“仲尼焉学？”子贡曰：“文、武之道，未坠于地，在人。贤者识其大者，不贤者识其小者。莫不有文武之道焉。夫子焉不学？而亦何常师之有？”

朱熹注：卫公孙朝问于子贡曰：“仲尼焉学？”朝，音潮。焉，于虔反。公孙朝，卫大夫。子贡曰：“文武之道，未坠于地，在人。贤者识其大者，不贤者识其小者，莫不有文武之道焉。夫子焉不学？而亦何常师之有？”识，音志。下焉字，于虔反。文武之道，谓文王、武王之谟训功烈，与凡周之礼乐文章皆是也。在人，言人有能记之者。识，记也。

李贽评：分明说他师文、武，而语自圆妙。

夏新评：此儒家“在人章”也。反映出孔子生前逝后即有怀疑论者，而造就子贡挺身捍卫其师的忠诚形象。但是，此章大义却不在此。是谁创造这个世界？是谁主导这个星球？孔子师徒曾是一声惊雷：“在人！”这就是中华文化的“创世纪说”！这是华夏文明的“人颂”！人类颂！人类赞歌！诸君啊，为何中华文明传而不绝，为何文武之道“未坠于地”？世界唯一绝非偶然，乃春秋士人之人文自觉也！孔子与子贡皆有上古道统传续担当认知，文化文明责任常在孔门师徒心中，言中，行中。陬邑庠校，衣敝士人，饭疏饮水，未曾妨碍他们的文明责任意识。木铎在此，人类有福，如此士人，世之梁柱矣！

19．23 叔孙武叔语大夫于朝，曰：“子贡贤于仲尼。”子服景伯以告子贡。子贡曰：“譬之宫墙，赐之墙也及肩，窥见室家之好。夫子之墙数仞，不得其门而入，不见宗庙之美，百官之富。得其门者或寡矣。夫子之云，不亦宜乎！”

朱熹注：叔孙武叔语大夫于朝，曰：“子贡贤于仲尼。”语，去声。朝，音潮。武叔，鲁大夫，名州仇。子服景伯以告子贡。子贡曰：“譬之宫墙，赐之墙也及肩，窥见室家之好。墙卑室浅。夫子之墙数仞，不得其门而入，不见宗庙之美，百官之富。七尺曰仞。不入其门，则不见其中之所有，言墙高而宫广也。得其门者或寡矣。夫子之云，不亦宜乎！”此夫子，指武叔。

李贽评：叔孙武叔语大夫于朝，曰：“子贡贤于仲尼。”子服景伯以告子贡。专学是非。子贡曰：“譬之宫墙，妙譬。赐之墙也及肩，窥见室家之好。夫子之墙数仞，不得其门而入，不见宗庙之美，百官之富。得其门者或寡矣。夫子之云，不亦宜乎！”

叔孙本欲借仲尼以奉承子贡，反为子贡所鄙。倘令闻“不亦宜乎”之语，不愧汗浃背也乎？呜呼！小人之自取贱也如此！

夏新评：此儒家“宫墙章”也。显示子贡对先师之敬仰坚如磐石，捍卫孔子形象而不畏强权。叔孙武叔这斯具有代表性，他们只见孔学门徒之贤，未识孔门人师之德。这样的片面性也许并非来者不善，偏见偏信历来何绝之有？或者心怀叵测欲离间孔子师徒，结果落得被子贡批讽得若狗血淋头，狼狈大败。痛快！

19.24叔孙武叔毁仲尼。子贡曰："无以为也！仲尼不可毁也。他人之贤者，丘陵也，犹可逾也；仲尼，日月也，无得而逾焉。人虽欲自绝，其何伤于日月乎？多见其不知量也。"

朱熹注：量，去声。无以为，犹言无用为此。土高曰丘，大阜曰陵。日月，踰其至高。自绝，谓以谤毁自绝于孔子。多，与只同，适也。不知量，谓不自知其分量。

李贽评：叔孙武叔毁仲尼。子贡曰："无以为也！妙。仲尼不可毁也。他人之贤者，丘陵也，犹可逾也；仲尼，日月也，无得而逾焉。人虽欲自绝，其何伤于日月乎？多见其不知量也。"

"无以为也"，说得最妙。叔孙认真毁仲尼为有用，不知其毁无用也。却不枉做了小人。

夏新评：此儒家"知量章"也。攻讦诋毁孔子不是今日单有的世象，春秋末代这位叔孙武叔早已披褂上阵，此为第二回合了。然则孔子是人类的精神导师，其道德哲学，山高水长；其人格魅力，日月齐光。孔门之徒不仅认知，亦已拿起反驳武器捍卫其师。今日公知精英，欲故伎重演，要废了孔毛，但是，其何伤日月乎？螳臂挡车，"多见其不知量也"，白忙乎！

19．25 陈子禽谓子贡曰："子为恭也，仲尼岂贤于子乎？"子贡曰："君子一言以为知，一言以为不知，言不可不慎也。夫子之不可及也，犹天之不可阶而升也。夫子之得邦家者，所谓立之斯立，道之斯行，绥之斯来，动之斯和。其生也荣，其死也哀。如之何其可及也？"

朱熹注：陈子禽谓子贡曰："子为恭也，仲尼岂贤于子乎？"为恭，谓为恭敬推逊其师也。子贡曰："君子一言以为知，一言以为不知，言不可不慎也。知，去声。责子禽不谨言。夫子之不可及也，犹天之不可阶而升也。阶，梯也。大可为也，化不可为也，故曰不可阶而升。夫子之得邦家者，所谓立之斯立，道之斯行，绥之斯来，动之斯和。其生也荣，其死也哀，如之何其可及也。"道，去声。立之，谓植其生也。道，引也，谓教之也。行，从也。绥，安也。来，归附也。动，谓鼓舞之也。和，所谓于变时雍。言其感应之妙，神速如此。荣，谓莫不尊亲。哀，则如丧考妣。程子曰："此圣人之神化，上下与天地同流者也。"谢氏曰："观子贡称圣人语，乃知晚年进德，盖极于高远也。夫子之得邦家者，其鼓舞群动，捷于桴鼓影响。人虽见其变化，而莫窥其所以变化也。盖不离于圣，而有不可知者存焉，此殆难以思勉及也。"

李贽评：陈子禽谓子贡曰："子为恭也，仲尼岂贤于子乎？"好货。子贡曰："君子一言以为知，一言以为不知，言不可不慎也。分明骂他不智。夫子之不可及也，犹天之不可阶而升也。夫子之得邦家者，所谓立之斯立，道之斯行，绥之斯来，动之斯和。其生也荣，其死也哀。如之何其可及也？"

对痴人不得不如此浅说。

夏新评：此儒家"天阶章"也。读此章及上三章，感动之至。捍卫华夏文化，捍卫儒家思想，捍卫孔子形象，子贡俨然一位英勇战士。其坚定性决非顽固偏执，乃在于对先生人格之敬仰佩服爱戴，及对老师学说之深刻领会认知。"立之斯立，道之斯行，馁之斯来，动之斯和"，坚信若孔子执政必定出现如此效果盛世，多么可贵可叹！孔子逝后，为什么子贡守庐六年，感天动地！只在对其师敬仰怀念之至。道德在心，正义在手，别人的诋骂、贬损，于孔子如之何？于中华文化如之何？夫子之道，理论自信，巍然！大丈夫当于是也！

尧曰篇第二十

20.1尧曰："咨！尔舜。天之历数在尔躬，允执其中。四海困穷，天禄永终。"舜亦以命禹。曰："予小子履，敢用玄牡，敢昭告于皇皇后帝：有罪不敢赦。帝臣不蔽，简在帝心。朕躬有罪，无以万方；万方有罪，罪在朕躬。"周有大赉，善人是富。"虽有周亲，不如仁人。百姓有过，在予一人。"谨权量，审法度，修废官，四方之政行焉。兴灭国，继绝世，举逸民，天下之民归心焉。所重：民、食、丧、祭。宽则得众，信则民任焉，敏则有功，公则说。

朱熹注：尧曰："咨！尔舜！天之历数在尔躬。允执其中。四海困穷，天禄永终。"此尧命舜，而禅以帝位之辞。咨，嗟叹声。历数，帝王相继之次第，犹岁时气节之先后也。允，信也。中者，无过不及之名。四海之人困穷，则君禄亦永绝矣，戒之也。舜亦以命禹。舜后逊位于禹，亦以此辞命之。今见于虞书大禹谟，比此加详。曰："予小子履，敢用玄牡，敢昭告于皇皇后帝：有罪不敢赦。帝臣不蔽，简在帝心。朕躬有罪，无以万方；万方有罪，罪在朕躬。"此引商书汤诰之辞。盖汤既放桀而告诸侯也。与书文大同小异。曰上当有汤字。履，盖汤名。用玄牡，夏尚黑，未变其礼也。简，阅也。言桀有罪，己不敢赦。而天下贤人，皆上帝之臣，己不敢蔽。简在帝心，惟帝所命。此述其初请命而伐桀之辞也。又言君有罪非民所致，民有罪实君所为，见其厚于责己薄于责人之意。此其告诸侯之辞也。周有大赉，善人是富。赉，来代反。此以下述武王事。赉，予也。武王克商，大赉于四海。见周书武成篇。此言其所富者，皆善人也。诗序云"赉所以锡予善人"，盖本于此。"虽有周亲，不如仁人。百姓有过，在予一人。"此周书太誓之辞。孔氏曰："周，至也。言纣至亲虽多，不如周家之多仁人。"谨权量，审法度，修废官，四方之政行焉。权，称锤也。量，斗斛也。法度，礼乐制度皆是也。兴灭国，继绝世，举逸民，天下之民归心焉。兴灭继绝，谓封黄帝、尧、舜、夏、商之后。举逸民，谓释箕子之囚，复商容之位。三者皆人心之所欲也。所重：民、食、丧、祭。武成曰："重民五教，唯食丧祭。"宽则得众，信则民任焉，敏则有功，公则说。说，音悦。此于武王之事无所见，恐或泛言帝王之道也。杨氏曰："论语之书，皆圣人微言，而其徒传守之，以明斯道者也。故于终篇，具载尧舜咨命之言，汤武誓师之意，与夫施诸政事者。以明圣学之所传者，一于是而已。所以着明二十篇之大旨也。孟子于终篇，亦历叙尧、舜、汤、文、孔子相承之次，皆此意也。"

李贽评：尧曰：“咨！尔舜。天之历数在尔躬，允执其中。“历数”，“数”字妙。四海困穷，天禄永终。”舜亦以命禹。净。曰：“予小子履，敢用玄牡，敢昭告于皇皇后帝：有罪不敢赦。帝臣不蔽，简在帝心。朕躬有罪，无以万方；万方有罪，罪在朕躬。”周有大赉，善人是富。“虽有周亲，不如仁人。百姓有过，在予一人。”谨权量，审法度，修废官，四方之政行焉。兴灭国，继绝世，举逸民，天下之民归心焉。所重：民、食、丧、祭。宽则得众，信则民任焉，敏则有功，公则说。

若灭若没，若断若续。斑斑驳驳，如商彝，如周鼎，古色淋漓照人。可爱，可诵。

夏新评：此儒家“尔躬章”也。文明溯源，王道荡昌，四方行政，世界大有，天下归心。尧舜道统，先王遗训，决非子虚。尧舜如此多次出现于孔门师徒话语中，岂是乌有？尧帝之政，所重“民食丧祭”，民为第一，无神祇位，民本思想根植矣！所持方法，“允执其中”，中庸之道萌生矣。此章当为思考、建构中华思想文化精神核心之大章也！华夏千载政治观大框架在此奠定矣！故吾谓此章为“古代中华政治宪章”，可乎？“谨权量，审法度，修废官”对华夏数千年政治方向指引极大，对历代历朝政权启示极大。甚而当代“为人民服务”宗旨及以德治国、依法治国宏大方针理念或由此章演绎而出，亦未可知。马克思有云：任何思想都是在继承基础上的创新，孔子当之无愧为尧舜道统传人。华夏政治理论大章，政权的合法性在哪里？在“信则民任”；政权基础在哪里？在“民之归心”，在道德政治。简直就是当代大学政治教授所做的一次高层政治报告讲演，太精彩深刻啊！

20.2子张问于孔子曰：“何如斯可以从政矣？”子曰：“尊五美，屏四恶，斯可以从政矣。”子张曰：“何谓五美？”子曰：“君子惠而不费，劳而不怨，欲而不贪，泰而不骄，威而不猛。”子张曰：“何谓惠而不费？”子曰：“因民之所利而利之，斯不亦惠而不费乎？择可劳而劳之，又谁怨？欲仁而得仁，又焉贪？君子无众寡，无小大，无敢慢，斯不亦泰而不骄乎？君子正其衣冠，尊其瞻视，俨然人望而畏之，斯不亦威而不猛乎？”子张曰：“何谓四恶？”子曰：“不教而杀谓之虐；不戒视成谓之暴；慢令致期谓之贼；犹之与人也，出纳之吝谓之有司”。

朱熹注：子张问于孔子曰：“何如斯可以从政矣？”子曰：“尊五美，屏四恶，斯可以从政矣。”子张曰：“何谓五美？”子曰：“君子惠而不费，劳而不怨，欲而不贪，泰而不骄，威而不猛。”费，芳味反。子张曰：“何谓惠而不费？”子曰：“因民之所利而利之，斯不亦惠而不费乎？择可劳而劳之，又谁怨？欲仁而得仁，又焉贪？君子无众寡，无小大，无敢慢，斯不亦泰而不骄乎？君子正其衣冠，尊其瞻视，俨然人望而畏之，斯不亦威而不猛乎？”焉，于虔反子张曰：“何谓四恶？”子曰：“不教而杀谓之虐；不戒视成谓之暴；慢令致期谓之贼；犹之与人也，出纳之吝，谓之有司。”出，去声。虐，谓残酷不仁。暴，谓卒遽无渐。致期，刻期也。贼者，切害之意。缓于前而急于后，以误其民，而必刑之，是贼害之也。犹之，犹言均之也。均之以物与人，而于其出纳之际，乃或吝而不果。则是有司之事，而非为政之体。所与虽多，人亦不怀其惠矣。项羽使人，有功当封，刻印刓，忍弗能予，卒以取败，亦其验也。尹氏曰：“告问政者多矣，未有如此之备者也。故记之以继帝王之治，则夫子之为政可知也。”

李贽评：子张问于孔子曰：“何如斯可以从政矣？”子曰：“尊五美，屏四恶，斯可以从政矣。”“尊”、“屏”二字古。子张曰：“何谓五美？”子曰：“君子惠而不费，劳而不怨，欲而不贪，泰而不骄，威而不猛。”名目奇，真个美。子张曰：“何谓惠而不费？”子曰：“因民之所利而利之，斯不亦惠而不费乎？择可劳而劳之，又谁怨？欲仁而得仁，又焉贪？君子无众寡，无小大，无敢慢，斯不亦泰而不骄乎？君子正其衣冠，尊其瞻视，俨然人望而畏之，斯不亦威而不猛乎？”文法错综，妙甚。子张曰：“何谓四恶？”子曰：“不教而杀谓之虐；不戒视成谓之暴；慢令致期谓之贼；犹之与人也，出纳之吝谓之有司”。文法甚古。

是绝好文字。

夏新评： 此儒家“五美章”也。孔子念念要培养出一大批从政人才，所为者何？旨在实现“为政以德”“安民”仁政。什么样人才方可从政呢？正是门徒们思考和焦虑的，先师给出“惠、劳、欲、泰、威”五德修养中庸边界。干部之德一直是中华政治文化关切命题。“因民之所利而利之”，这是一切事情出发之根本点。

20．3孔子曰：“不知命，无以为君子也；不知礼，无以立也；不知言，无以知人也。”

朱熹注：子曰：“不知命，无以为君子也。程子曰：“知命者，知有命而信之也。人不知命，则见害必避，见利必趋，何以为君子？”不知礼，无以立也。不知礼，则耳目无所加，手足无所措。不知言，无以知人也。”言之得失，可以知人之邪正。尹氏曰：“知斯三者，则君子之事备矣。弟子记此以终篇，得无意乎？学者少而读之，老而不知一言为可用，不几于侮圣言者乎？夫子之罪人也，可不念哉？”

李贽评：文法极平顺。

夏新评：此儒家“知命章”也。吾竟以为，此章或为孔子给予后生门徒之政治交代、临别寄语；亦为对狂徒的警告，对人类的提醒。切记：倒行逆施，破坏生态，独私天下，贪得无厌，乃不知命，自取灭亡；尊重客观，遵循规律，知天知礼，天人合一，方可大道之行，永存永续，不败于地。哲人智慧，高远思虑，江河之水，日月之光。天下世人，常铭永记。一万年以后，还应读《论语》。道德的力量是真正的力量，道德的方向是人类的方向。五千年的履历，予生民自信：孔子文章在，人间万年长！

诸君，《论语》全书掩卷之际，遥想先圣夫子，放眼历史长河，关照子孙后代，顺天命，尊道德，必以立，必以为。人类数千年憧憬追寻：理想国、乌托邦、大同之世，自由人联合体。华夏道统，终放光华；伟大理想，一定实现！炎黄子孙有静气，强盗大神何所惧？中华正气，地之经也！天之伦也！其谁可撼？五千年智识在心胸，人类前程，世界未来，命运共同只在大道之行也，天下归仁焉！

孔子——人类的精神导师，将与人类同在，与世界同行，与日月同辉。